Walter Kempler

Erlebnisaktivierende Familientherapie

Psychotherapeutische, wachstumsorientierende, systemische Interventionen

Aus dem Amerikanischen von Stefanie Brandes-Kreutz

Junfermann-Verlag · Paderborn
1989

Originaltitel: Experiential Psychotherapy Within Families
Übersetzung aus dem Amerikanischen: Stefanie Brandes-Kreutz
Einbandgestaltung: Inga Koch

Satz: adrupa Paderborn
Druck: PDC – Paderborner Druck Centrum

CIP-Kurztitelaufnahme:
Kempler, Walter:
Erlebnisaktivierende Familientherapie : psychotherapeutische, wachstumsorientierende, systemische Interventionen / Walter Kempler. Aus d. Amerikan. von Stefanie Brandes-Kreutz. – Paderborn : Junfermann, 1989
(Reihe innovative Psychotherapie und Humanwissenschaften ; Bd. 43)
Einheitssacht.: Experiential psychotherapy within families <dt.>
ISBN 3-87387-281-1
NE: GT

ISBN 3-87387-281-1

Inhalt

Dieses Buch ist all jenen Familien gewidmet, an deren Leben ich teilgenommen habe: Patientenfamilien und meiner eigenen, früheren wie heutigen. Und insbesondere meiner Familie, in der ich hier und heute lebe und die den fruchtbaren Boden für dieses Buch bereitet hat.

Abschnitt I

1 Überblick

Was ist Familientherapie?

Familientherapie ist ein eigenständiger psychotherapeutischer Ansatz, bei dem Menschen, die Probleme haben, im Beziehungsfeld ihrer bestehenden Familie behandelt werden. Der familientherapeutische Ansatz wird besonders von den Menschen geschätzt, die an eine Familie gebunden sind, sei es aus Abhängigkeitsgründen, wie z.B. bei Kindern, oder aus Neigung, wie bei Erwachsenen, die ihre Probleme in der engen Familienbande begründet sehen. Für Therapeuten, die die Familientherapie angewendet haben und sich von ihrer Wirksamkeit überzeugen konnten, ist sie zu einer bevorzugten und in vielen Bereichen anwendbaren Methode geworden.

Paartherapie und Familientherapie, bei der auch die Kinder mit einbezogen werden, wurden oft getrennt voneinander gesehen. Dies zeigt, daß es Therapeuten vorziehen, entweder Paare oder aber ganze Familien zu behandeln, statt das Behandlungskonzept selbst zu verändern. Die Anwesenheit von Kindern mag zuweilen den Sprachgebrauch verändern, aber das ist schließlich auch bei Anwesenheit von Erwachsenen nicht anders. Erwartungen, die man an Kinder stellt, werden – hoffentlich sorgfältig – an deren Fähigkeiten angepaßt. Die Erwartungen ändern sich aber wiederum auch mit den Erwachsenen. Der hier beschriebene Behandlungsansatz kann sowohl bei Paaren und Familien als auch bei Schizophrenen, Neurotikern, Persönlichkeitsgestörten, Arbeitgebern, Arbeitnehmern, Ausländern, Einheimischen und Therapeuten angewendet werden. Mit anderen Worten: jede Bevölkerungsgruppe – sei sie nun familiärer, sozialer oder gewerblicher Art –, die ein gemeinsames Ziel hat, ist für eine erlebnisaktivierende Psychotherapie in ihrer „Familie" geeignet.

Für den hier beschriebenen therapeutischen Ansatz ist die Familie ein äußerst wertvolles und geeignetes Feld für therapeutische Interaktion. Die ganze Familie wird einbezogen, und man arbeitet mit allen Familienmitgliedern gleichzeitig und am selben Ort. Das Potential eines jeden Familienmitglieds wird beachtet und als Hilfsmittel benutzt, um das Verhalten der übrigen Familienmitglieder zu verändern und/oder zu verstehen. Wenn also, genauer gesagt, ein Kind als das Problem angesehen wird, so werden alle anderen Kinder auch in die Therapie einbezogen. Wenn in einer Familie ein Kind als das Problem identifiziert wurde, ist es unwahrscheinlich, daß die anderen Kinder nicht auch in irgendeiner Weise in dem Interaktionsnetz eingebunden sind, das das identifizierte Problemkind so schmerzlich einschnürt. Gibt es zuhause zwei Elternteile, müssen beide an der Therapie teilnehmen; ebenso die Großmutter, der Onkel oder wer auch immer im Haushalt lebt und somit Teil der Familie ist. All das gilt dann, wenn das „Problem" bei einem oder mehreren Kindern liegt.

Wenn Eltern oder Paare der Meinung sind, daß ihre Schwierigkeiten nur bei ihnen selbst liegen, werden die Kinder ausgeklammert. Sollten jedoch die Kinder zum Hauptgesprächsthema werden, ist es besser, wenn sie dabei sind. Ein Kollege zog mich unlängst wegen einer depressiven, geplagten Mutter zu Rate, bei der die Einzeltherapie wenig Erfolg hatte. Ihr Mann trank, zwei Kinder waren wegen ihres Lispelns in sprachtherapeutischer Behandlung, ein weiteres Kind versagte in der Schule und ein vierter Sohn befand sich wegen seines hyperaktiven und destruktiven Verhaltens irgendwoanders in Einzeltherapie. Als die Familienmitglieder gemeinsam behandelt wurden, kam es innerhalb weniger Monate zu tiefgreifenden, erfreulichen Veränderungen. Solche Erfahrungen macht man in der Familientherapie oft.

Die Familie hat auf den Einzelnen eine äußerst starke Wirkung. Von Kindheit an haben unsere Vertrauten, also die, die wir lieben, den größten Einfluß auf unser Leben. Bezieht man diese Vertrauenspersonen in die Therapie mit ein und kann sich der Therapeut in das Geschehen einfühlen, so kann und wird dies entscheidend zu einer Verhaltensänderung beitragen. Der familiäre Bezugsrahmen ist auch deshalb wichtig, weil man zu der Erkenntnis gelangt ist, daß das emotionale Umfeld eines Menschen, d.h. die Auswirkungen, die das Verhalten seiner Bezugspersonen auf ihn hat, eine große Bedeutung für die Beibehaltung und/oder Änderung seines Verhaltens hat. Für *John Donnes* berühmte Zeile „Niemand ist eine Insel" wird man nirgends einen deutlicheren Beweis finden als im menschlichen Verhalten. Eine Einzeltherapie mit jemandem zu machen, der Familie hat, stellt sowohl den Therapeuten als auch den Patienten vor eine unnötig schwere Aufgabe. Familienmitglieder sind die einflußreichsten Verbündeten, die wir finden können. Oft hemmen sie, ohne es zu merken, die Entwicklung eines geliebten Menschen. Bezieht man sie in die Therapie mit ein, so genügt das häufig schon, um daran etwas zu ändern. Läßt man sie jedoch draußen, so führt das oft dazu, daß sie sich von dem geliebten Menschen distanzieren und es zu unnötigen Spannungen und Verdächtigungen kommt.

Es kann vorkommen, daß es einem bestimmten Familienmitglied nicht gelingt, sich in ein vorgegebenes Schema zu fügen und daß es sich dagegen auflehnt. Im Grunde genommen sagt dieses Familienmitglied „au". Wenn sich alle übrigen Familienmitglieder einig sind, wird ersterer als krank bezeichnet und seine Auflehnung als Symptom angesehen. Ein Junge, der in so einer Familie aufgewachsen ist, hat vielleicht nie gelernt, wie er seine Einwände zum Ausdruck bringen kann; oder er wird, falls er es doch tut, von den anderen unbewußt ignoriert. Durch Familientherapie ist es möglich, sogar schwer gestörtes Verhalten positiv zu verändern, und zwar allein dadurch, daß die Familienmitglieder ermutigt werden bzw. ihnen die Gelegenheit gegeben wird, das Ganze aus einem anderen Blickwinkel zu betrachten. Die Einzeltherapie arbeitet in der Regel mit dem identifizierten Patienten und versucht, ihn an eine Umgebung anzupassen, die man als äußerst schädlich für ihn bezeichnen könnte. Wenn man darauf besteht, daß die ganze Familie an der Therapie teilnimmt, so beinhaltet dies, daß die frühere, durch den Patienten oder die Familie erfolgte Problemzuschreibung überprüft wird. Das allein kann schon therapeutische Wirkung haben, und so ist es in vielen Fällen auch.

Bei diesem Prozeß der Neuorientierung, bei dem wir die Natur menschlicher Probleme so betrachten, wie sie sich im Rahmen der Familie darstellt, dürfen wir auf keinen Fall dem häufig zu beobachtenden Fehler erliegen, einem anderen die Schuld zuzuschieben. Damit meine ich die Tendenz, die Kinder zu entlasten und die Eltern als Übeltäter zu betrachten. Bei dem hier beschriebenen familientherapeutischen Ansatz wird keinem die Schuld zugeschoben. Vielmehr sollen die Verhaltensmuster verändert werden, damit aus der Familie, in der eine oder mehrere Personen leiden, ein emotionaler

Schutzraum wird, in dem man Kraft schöpfen kann, denn dazu sollte die Familie eigentlich da sein.

Was ist erlebnisaktivierende Familientherapie?

Erlebnisse sind die Bausteine unseres Lebens. Erlebnisse, bei denen es zu Interaktionen mit anderen Menschen kommt (sogenannte „Begegnungen"), sind für die Entwicklung von Fähigkeiten, die wir zur Bewältigung künftiger Erlebnisse brauchen, am wichtigsten. Die Begegnungen, die innerhalb unserer Familie stattfinden – ob damals oder jetzt – fördern und beeinflussen unsere Fähigkeiten am meisten. Ziel der erlebnisaktivierenden Familientherapie ist es, die Menschen dazu zu bringen, daß sie im Leben gut zurechtkommen. Der Begriff „erlebnisaktivierend" (*experiential*) soll verdeutlichen, daß die Therapiesitzung selbst das Experimentierfeld ist, auf dem wir neue Erfahrungen machen. Es ist keine Therapie, bei der „über etwas geredet" wird, sondern bei der „gehandelt" wird. Dadurch, daß wir mit der gegenwärtigen Familie arbeiten, daß wir die Art neuer Begegnungen während der Therapiesitzung untersuchen und daß sich der Therapeut als Person voll und ganz in die Gruppe einbringt, schaffen wir die wichtigsten Voraussetzungen für das Erreichen unseres Ziels.

Abgesehen von diesen Grundregeln wird die Therapie auch durch die zahlreichen Facetten jeder einzelnen Persönlichkeit – einschließlich der des Therapeuten – geprägt, die jeden Augenblick der Begegnungen in der Sitzung beeinflussen. Für diese Augenblicke gibt es keine Grundregeln oder Theorien; da gibt es nur Menschen. Wichtig ist nur, wer wir füreinander sind und was wir miteinander tun. Die Hauptklagen, die von den Patienten kommen, sind im Grunde immer dieselben: „Au, ich bekomme nicht das, was ich will, und das tut weh." Abgesehen davon ist jedoch jedes Muster schmerzlich ineinandergreifenden (interdependenten) Verhaltens einzigartig. *Wie* es den Menschen mißlingt, das, was sie wollen, auszudrücken, danach zu suchen oder es effektiv anzustreben, *wie* sie andere finden, die zu diesem Mißlingen beitragen – all das ist die einzigartige Herausforderung jeder Therapiestunde, in der der Therapeut zum Beispiel ebenfalls versucht, das zu erreichen, was er von diesen Leuten will: ihr auf individueller und familiärer Ebene effektives, integriertes Verhalten.

Erlebnisaktivierende Psychotherapie ist ein ahistorischer Ansatz. Sie basiert auf der Annahme, daß jeder Einzelne in diesem Augenblick seines Lebens eine einzigartige Zusammensetzung aus seiner gesamten Vergangenheit ist, daß der Aspekt oder die Facette, die für den aktuellen Augenblick am wichtigsten ist, zum Vorschein kommen wird und dann die ganze Vergangenheit der Person hindurchschimmert, so als blickte man in einen Diamanten hinein. Grundlegend für diesen Ansatz ist der Glaube an die Bedeutung des Unmittelbaren, des Gegenwärtigen, und zwar nicht, um eine weiter gefaßte Perspektive auszuschließen, sondern um einen Mittelpunkt zu schaffen, mit dem man weiter gefaßte Perspektiven leicht in Beziehung setzen kann.

Dies ist ein erlebnisaktivierender bzw. phänomenologischer Ansatz, der sich durch Exploration, Experimente und Spontaneität auszeichnet. Mit Spontaneität meine ich, daß ich es mir und den anderen Anwesenden erlaube, daß das in uns verborgene Material so oft wie möglich an die Oberfläche kommt.Es bedeutet, daß ich eine Atmosphäre fördere, in der die verborgenen, hin- und herschwankenden Gefühle als Teil unseres verbalen Austausches willkommen sind. Ich fördere diese Atmosphäre, indem ich mich entsprechend verhalte, indem ich das lebe und manchmal auch, indem ich meine Schwierigkeiten, mich so zu verhalten, offen ausspreche – nicht aber, indem ich über diese gewünschte Atmosphäre rede (sie ansage oder verkünde). Beim Erforschen und Experimentieren ist kein Thema tabu; wir können damit spielen, es zerpflücken oder es „anprobieren". Spontaneität ist jedoch kein Freibrief für irrelevante oder abstrakte Gespräche, wie verlockend das auch sein mag.Beim erlebnisaktivierenden Ansatz würde ein solches Verhalten seitens des Therapeuten oder des Patienten als begegnungshemmend angesehen werden. Der Ansatz basiert auf der Annahme, daß die Familienmitglieder und der Therapeut in diesem Raum und innerhalb dieses von allen akzeptierten Settings Bedürfnisse haben, die an die Oberfläche kommen werden. Diese Bedürfnisse können als ganz oder teilweise zum Ausdruck gebrachte Gedanken zum Vorschein kommen; als Gefühle, die subtil angedeutet werden oder denen man freien Lauf läßt; als Änderung der Körperhaltung, als Gestik oder vielleicht sogar als Phantasien, die der Einzelne entwickelt und die er mit der Gruppe teilt oder auch nicht.

Wenn diese Bedürfnisse zum Ausdruck gebracht werden, kommt es zu entsprechenden oder eher noch schwankenden Reaktionen: Wohlbehagen, Feindseligkeit, Besorgnis, Distanz, Entsetzen, Abscheu, Ärger, Gleichgültigkeit, Freude und so weiter. Jeder wird ermutigt, diese Zeichen menschlicher Interaktion wahrzunehmen und darauf zu achten, was diese Bewußtheit (*awareness*) mit sich bringt. Das gilt für den Therapeuten wie für den Patienten gleichermaßen.

Dieser Ansatz beinhaltet also die körperlich erlebte Selbstoffenbarung in bezug auf andere: wie wir sie erleben, was wir von ihnen wollen, was wir tun, um das, was wir von ihnen wollen, auch wirklich zu bekommen und schließlich, wie wir uns verhalten, wenn unsere Bemühungen erfolgreich oder erfolglos waren.

Sein und Handeln stehen im Mittelpunkt; über Verhalten zu reden und das „Warum" des Verhaltens zu ergründen stehen dem Wachstum für gewöhnlich im Wege. Ich sage „für gewöhnlich", weil ich das „Darüberreden" manchmal für notwendig erachte. Ich betrachte es als „Auflockerungsmittel" oder als Einleitung, was aber mit der therapeutischen Wirkung nicht verwechselt oder als solche mißverstanden werden sollte. In der Vergangenheit haben einige von uns das „Darüberreden" für die Therapie gehalten und das „Durcharbeiten", d.h. die adaptiven Verhaltensänderungen, als etwas angesehen, was der Patient allein zu bewältigen hat. Das ist bei der erlebnisaktivierenden Familientherapie anders: da ist die Praxis der Versuchsraum, in dem die Arbeit getan wird. Der Lernprozeß liegt in den Erfahrungen, die die Familie und der Therapeut miteinander machen.

Es ist mein Ziel, Familiensitzungen als bedeutsame Erfahrungen zu nutzen und die Teilnehmer zu ermutigen, sich ebenfalls einzubringen, d.h. nicht nur Zuschauer oder Kommentatoren zu sein, sondern hautnah betroffene Mitstreiter. Dieses Vorgehen beinhaltet auch, daß man, wie herkömmlich beschrieben, Widerstände aufspürt und auf sie aufmerksam macht; der Patient wird hier jedoch als jemand betrachtet, der der Bewußtheit über sich selbst und dem Sich-Einlassen auf *den gegenwärtigen Augenblick* Widerstände entgegensetzt.

Mich interessiert in erster Linie das Was und das Wie des Verhaltens; der verbale Gehalt ist für mich ausschließlich aus diesem Blickwinkel heraus interessant. Der eigentliche Gehalt oder das Thema einer Gruppensitzung könnte mit einer Trägerrakete verglichen werden: etwas, das so bald wie möglich abgeworfen werden muß, damit sich Selbst-Bewußtheit (*self-awareness*) und Selbst-Ausdruck (*self-expression*), d.h. der direkte Ausdruck des eigenen Selbst in Gegenwart eines anderen, frei entfalten können. Eine solche Erlebnisweise ist im allgemeinen sehr intensiv, und nicht alle Leute können das ohne weiteres für sich annehmen. Manchmal wird es notwendig, die Intensität dadurch abzuschwächen, daß man zeitweise die Aufmerksamkeit wieder auf Verbalisierung lenkt oder, was noch besser wäre, das Schmerzliche an diesem Erlebnis genauer ergründet. Das Erforschen unserer Unterschiede, unserer Unterschiede in der Wahrnehmung anderer, findet dann nicht in introspektiver Isolation statt, sondern in einer Atmosphäre menschlicher, familiärer und unmittelbarer Anteilnahme, und das leistet einen wesentlichen Beitrag zum Fortschritt der Therapie.

Was das bekannte Konzept der Übertragung anbelangt, so fördert die erlebnisaktivierende Psychotherapie keine regressiven Tendenzen, die sich auf den Therapeuten beziehen, nur um den Patienten zu einem späteren, „passenden" Zeitpunkt damit zu konfrontieren, wer oder was der Therapeut im Unterschied zu den auf ihn projizierten Vorstellungen wirklich ist. Bei der erlebnisaktivierenden Psychotherapie kommt es zu einer ständigen Entlarvung des Übertragungsphänomens, wenn sich der Patient ein stilisiertes oder stereotypes Bild macht, das dann „Therapeut" genannt wird. „Ich bin das, was ich zufällig gerade bin" ist natürlich eine zu starke Vereinfachung, aber dieser Ausspruch kommt der Haltung des Therapeuten, die ich in dieser Therapieform für wesentlich erachte, schon recht nahe. Die Familie hat nicht nur die Gelegenheit, dies zu erfahren; sollte irgendein Familienmitglied zu irgendeinem Zeitpunkt meine Identität mit der eines Elternteils, so wie dieser sich früher einmal verhalten hat, verwechseln, so würde das in den Mittelpunkt meiner Aufmerksamkeit rücken. Die Gruppenmitglieder haben dasselbe Recht, ein persönliches Bild vorzuschlagen oder darauf zu bestehen, wenn sie meinen, daß es genauer ist. In dieser Atmosphäre fühlt der Therapeut häufig äußerst stark die therapeutischen Aspekte des Erlebnisses. Wenn ich versuche, so weit wie möglich ein ganzer Mensch zu sein und nicht nur die Rolle des Therapeuten spiele, trage ich zu einer Atmosphäre bei, die sämtliche Familienmitglieder dazu ermutigt, sich noch stärker als ganze Persönlichkeiten einzubringen.

In dieser Therapieform kann ich als Therapeut lachen und weinen, wütend werden und manchmal sogar die anderen beleidigen. Manchmal tue ich Dinge, die sonst nur den sogenannten Patienten zugeschrieben werden. So habe ich zum Beispiel einmal bei einem Demonstrations-Erstgespräch eine Frau, die ständig in mürrischer und monotoner Art und Weise ihr seit 20 Jahren bestehendes Dickdarmgeschwür beschrieb, heftig angefahren: „Sie machen mich krank. Ich merke, daß ich mich bald übergeben muß, wenn Sie so weitermachen. Seien Sie bloß still! Ich will davon nichts mehr hören. Ich hasse die Art, wie Sie Ihren Dickdarm dazu benutzen, sich selbst und jeden in Ihrer Nähe zu zerstören. Ich wehre mich dagegen, daß Sie das auch mit mir machen. Seien Sie still, wenn das alles ist, worüber Sie sprechen können." Ich fühlte mich wirklich angeekelt, und ich sah auch angeekelt aus. Ich konnte diese Frau nicht ertragen, und das sagte ich ihr. Ich wollte sie nicht vertreiben und sagte ihr das ebenfalls. Ich fühlte mich ganz einfach von den Äußerungen über ihren Dickdarm erdrückt und mußte dagegen ankämpfen. Als ich hinterher mit Kollegen, die Zeuge dieser Sitzung gewesen waren, darüber sprach, waren sie der Ansicht, die Frau würde nicht wiederkommen. Sie kam nicht nur wieder; sie hatte sich auch ziemlich verändert. Meine Äußerungen hatten ihr Mut gemacht. Ich hatte es gewagt, die Macht dieses rachsüchtigen Dickdarms herauszufordern. Allmählich gewann sie die Macht zurück, die sie ihrem Dickdarm übertragen hatte. Mir war in dem Augenblick, als ich in der Einführungsitzung reagiert hatte, nicht klar gewesen, daß ich zu ihrem Dickdarm sprach. Ich war nur bewußt (*aware*). Und ich handelte.

In einer anderen Familie hatte ich gerade einen aufregenden und bewegenden Austausch mit der Frau gehabt. Meine Aufmerksamkeit richtete sich dann auf ihren Mann. Ich wollte, daß er sich beteiligte. Es ergab sich folgender Dialog:

Therapeut: Wo sind Sie gerade?
Er: Ich weiß es nicht (*Pause*). Ich dachte gerade an etwas anderes (*Pause*). Ich verstehe nicht, was hier geschieht. Ich glaube, das ist

alles (*Pause*). Ich habe wohl auch teilweise an das gedacht, was ich heute zu erledigen hatte.

Er konnte sich nur schlecht ausdrücken und sprach immer stockend und vorsichtig. Seine Augen blinzelten nervös, als wolle man ihn schlagen. Ich hatte das schon früher einmal angesprochen. Ich hatte ihn bei diesen Gelegenheiten mit seiner ungenauen Ausdrucksweise und seinem Blinzeln konfrontiert, jedoch ohne Erfolg. Es hatte den Anschein, als wären alle meine Versuche vergeblich gewesen.

Therapeut: Verdammt noch mal, das macht mich wütend. Sie sind ein Trottel. Das ist das Wort, das ich Ihnen an den Kopf werfen möchte. Hol Sie doch der Teufel. Sie sind ja dermaßen unsensibel. Kein Wunder, daß Sie in Ihrer Ehe Probleme haben (*Dann, nachdem ich mich soweit beruhigt hatte, daß ich anstelle der „Du"-Beschuldigung eine „Ich"-Aussage machen konnte, fuhr ich fort:*) Ich möchte, daß Sie zuhören; ich möchte, daß Sie sich beteiligen; ich möchte, daß Sie zumindest unsere Anwesenheit auf eine andere Art und Weise zur Kenntnis nehmen als sich zurückzuziehen. Am liebsten wäre es mir, wenn Sie uns für das anerkennen würden, was wir hier tun; schlimmstenfalls sagen Sie uns, daß Sie uns nicht mögen, weil Sie uns für dumm halten, aber ziehen Sie sich nicht einfach zurück.

Er: (nachdenklich) Anfangs habe ich so etwas wie Neid verspürt (*Pause*) oder Wut (*Pause*). Ich weiß nicht.

Therapeut: (*immer noch wütend*) Sie wissen nie etwas. Das ist Ihre Standardantwort. Jetzt weiß ich mal nicht. Ich weiß nicht, was ich verdammt noch mal mit Ihnen tun soll, damit ich an Sie herankomme.

Er: Tut mir leid. (*Pause*) Ich sage immer, daß es mir leid tut. Ich nehme an, es tut mir leid. Ich war neidisch (*Pause*). Ich war wütend, weil ich neidisch war.

Er versuchte sich jetzt auf mich einzulassen, und ich wollte versuchen, härter vorzugehen. Ich beschloß, ihn dazu zu bringen, daß er seine Aussage klarer macht und /oder verstärkt:

Therapeut: Versuchen Sie einmal zu sagen: „Ich sehne mich danach, Euch beiden nahe zu sein, aber ich habe nie gelernt, wie man das macht."

Ich spürte meine eigene Traurigkeit, als ich das sagte und wußte, daß ich auf dem richtigen Weg war – sonst wäre ich nicht so wütend auf ihn gewesen. Seine tränenerstickte Stimme bei dem Versuch, den Satz nachzusprechen, war der Beweis.

Therapeut: Sie müssen nicht, aber ich wünschte, Sie könnten jetzt zu uns sprechen.

Er: Ich kann nicht. Es ist zu traurig.

Therapeut: Es?

Er: Ich bin zu traurig, wenn ich daran denke.

Therapeut: Daran?

Er: Den Satz...

Therapeut: Dann versuchen Sie einmal, alle Worte mit einzubeziehen: „Ich bin so traurig, wenn ich daran denke, wie sehr ich mich nach Nähe sehne und sie nicht erreiche, weil ich das nie gelernt habe."

Ich wollte auf diesen Schlüsselsatz zurückkommen, wollte aber nicht, daß mein Drängen für ihn wichtiger würde als das Erleben seiner Sehnsucht. Er saß nachdenklich und immer noch weinend da und sagte nichts. Mehrere Minuten vergingen.

Therapeut: Mir wird plötzlich meine eigene Schwierigkeit bewußt, über Sehnsucht zu sprechen. Es würde mir leichter fallen, mit Ihnen zu diskutieren, als über meine Sehnsucht nach Nähe zu sprechen. Mir wird klar, daß ich noch immer nicht über meine Sehnsucht nach Nähe gesprochen habe und daß ich nur zögernd über Ihre reden kann. (*Ich fing an zu weinen. Er versuchte jetzt stärker, mich durch seine Tränen hindurch anzusehen. Ich merkte, daß ich durch meine Tränen hindurch lächelte.*) Das ist wohltuender als Diskussionen oder müßiges Geschwätz, aber traurig ist es sicherlich. (*„Es" dachte ich bei mir. Wie raffiniert.*) Ich fühle mich Ihnen näher, wenn wir beide traurig sind. (*Er nickte, immer noch unfähig zu sprechen*).

Er: (*schließlich*) Mit meinem Auto kann ich es – Nähe spüren, indem ich mit anderen um die Wette rase... Auf die Weise fühle ich mich so sicher. Ich kann nicht einfach nur nahe sein.

Therapeut: (*Für den Augenblick schien ich mit meiner Sache fertig zu sein und war frei, mich ihm wieder zuzuwenden. Ich bot ihm wieder den

Satz an – diesmal verändert) „Ich sehne mich nach Nähe, habe jedoch nie gelernt, wie man sie erreicht; jetzt aber lerne ich es endlich."

Während er nickte, begann er heftiger zu weinen, zog sich wieder in sich zurück und blickte auf den Boden. Seine Frau streckte liebevoll den Arm nach ihm aus und sagte. „Das erinnert mich an die Zeit, wo du...". „Lassen Sie ihn jetzt in Ruhe", unterbrach ich sie, „Sie können später mit ihm sprechen". Sie begriff meine Anweisung oder akzeptierte sie zumindest bereitwillig. Ich wollte, daß er mit seinen Gefühlen dort blieb, wo er war und nicht zu einem anderen Zeitpunkt oder Ort gelenkt würde. Ihre Bemerkung klang wie ein „Aha"-Erlebnis, und ich hatte keine Gewissensbisse, daß ich es nicht würdigte. Sie konnte es bei sich und für sich behalten.

In meinen Gedanken verließ ich sie und besuchte meinen Vater. Ich flatterte wie ein Kolibri durch vergangene Situationen. Wie er mir liebevoll das Haar zerzauste – die einzigen Male, soweit ich mich erinnere, wo er mich berührte. Wie er mich wütend anschrie. Wie er mir Vorträge hielt, um mir etwas beizubringen. Mir wurden das Fehlen seiner Berührung und die Tatsache, daß er nie liebevoll mit mir gesprochen hatte, schmerzlich bewußt. Er hatte mir nie gesagt, daß er mich liebt oder wenigstens mag. Ich erinnerte mich, wie überrascht ich einmal war, als ich aufschnappte, wie er einem Freund gegenüber erklärte, daß er mich bewundere. Ich bin traurig. Natürlich habe ich Sehnsucht.

Ich kehrte zu unserer Sitzung zurück und wurde mir wieder dieses Paares bewußt. Beide sahen mich an. Ich erzählte ihnen von meinen Gedanken. Dann berichtete er klar und verständlich von seinen eigenen Sehnsüchten und, durch seine Tränen hindurchlächelnd, erinnerte er sich daran, wie sein Vater ihm das Autofahren beigebracht hatte – das einzige Erlebnis der Nähe, das er mit seinem Vater gehabt hatte. Um sein Erlebnis zu verstärken, schlug ich ihm vor, er solle sich seinen Vater vorstellen. Das konnte er nicht. Er weinte nur. „Sagen Sie ihm", regte ich an, „wie sehr Sie sich danach gesehnt haben, ihm nahe zu sein, daß Sie aber einfach nicht wußten, wie, weil Sie es niemals gelernt hatten". Nach einer langen Pause antwortete er: „Ich war dann immer wütend und frustriert. Jetzt wird mir klar, daß er es selbst auch nie gelernt hatte."

Er war dabei, seine Persönlichkeitsanteile wieder zu integrieren, und ich freute mich. Ich war in meinen Gedanken wieder frei, und wir saßen schweigend, jeder für sich und waren einander doch nahe.

Das Handeln ist ein wesentliches Merkmal dieses Therapieansatzes. Das Erweitern der Bewußtheit ist eine kleine, notwendige Kernhandlung, aber ohne Weiterentwicklung wird die Behandlung zum leeren Gesellschaftsspiel. Bewußtheit allein genügt nicht. Worte allein genügen nicht. Wenn eine ineffiziente Verhaltensweise gezeigt und eingestanden wird, dann rückt vielleicht die Unfähigkeit, diese Bewußtheit zu nutzen, in den Mittelpunkt der Aufmerksamkeit. Entschuldigungen, Erklärungen, Verstehen und Analysieren dienen lediglich der Beschwichtigung und sind kein Ersatz für eine Veränderung unbefriedigenden Verhaltens. Sarkasmus, Weinen, Hilflosigkeit usw. ad infinitum sind ebensowenig ein Ersatz für Verhaltensänderungen. Auch die Erörterung der Frage, ob das Handeln bewußt, geplant und mühselig ablaufen sollte oder ob es eine „natürliche", frei zum Ausdruck kommende, mühelose Verhaltensänderung sein sollte, ist kein Ersatz. In jedem Augenblick sind wir verpflichtet, sowohl für unser Nicht-Verhalten als auch für unser Verhalten die Verantwortung zu übernehmen.

„Ich möchte mich ändern, aber ich kann es nicht", ist eine Antwort, die ich in der Therapie häufig höre – so als ob sich der Patient mit dem ersten „Ich" identifizierte und jede Verbindung mit dem zweiten leugnete. Für den Integrationsprozeß ist es wesentlich, daß sich der Patient mit jedem Aspekt seiner Person identifiziert. Eine Möglichkeit, das zu erreichen, besteht darin, den Patienten dazu zu bringen, den Satz folgendermaßen zu verändern: „Ich (ein Teil von mir) möchte mich ändern, aber ich (ein anderer Teil von mir) bin dagegen." Haben wir einmal eine Identität für den zweiten Teil festgelegt, kann die Person nun auf verschiedene Art und Weise versuchen, sich mit diesem „Ich bin dagegen"-Anteil in sich zu identifizieren. Es ist notwendig, daß wir die Verantwortung für alle Teile unserer Person übernehmen und nicht so tun, als würden wir von einem unbestimmten, allmächtigen Ungeheuer in uns schikaniert. Die Techniken des Psychodramas – oder, wenn man so will, die Projektionstechniken – sind nützliche Mittel, die dem Patienten dabei helfen, sich mit diesen Teilen seiner Person zu identifizieren. Anregungen des Therapeuten, der diese Äußerungen auf die genannte Art und Weise erkennen und umstrukturieren kann, unterstützen den Patienten darin, diese abgespaltenen Teile seines Selbst anzuerkennen. Ein Teil der Aufgabe besteht darin, den Widerständen des Patienten, die von seiner Person abgespaltenen Teile als zu sich gehörig anzuerkennen, energisch entgegenzutreten.

Ich werde fürs Manipulieren bezahlt. Ich bin beauftragt, meinen Klienten von seinen Inquisitoren zu befreien. Ich bin dankbar, daß man mir nicht die Anweisung gibt, Erfolg zu haben. Man fordert von mir noch nicht einmal eine Garantie. Dadurch ist es mir möglich, effektiver zu arbeiten. Manchmal denke ich bei mir, daß in der Therapie eigentlich nur von mir verlangt wird, der zu sein, der ich in dem Augenblick zufällig gerade bin. In gewisser Hinsicht glaube ich, daß das zutrifft. Manchmal sage ich mir, daß ich in der Therapie eigentlich nur versuche, die Bewußtheit zu erweitern – die Bewußtheit darüber, wer wir für den anderen sind oder die Bewußtheit über das eigene Selbst. In dem Augenblick, in dem ich das in der Therapie denke oder vielleicht sage, meine ich es auch so. Ich glaube dann in diesem Augenblick, daß alles, was zu erreichen ich hoffen kann, vielleicht die Bewußtheit unserer Unterschiede ist – in diesem Augenblick. Aber irgendwie muß ich unterschwellig zugeben, daß mein Ziel, das ich nie aufgeben werde, darin besteht, meinen Manipulationsauftrag auszuführen. Um das zu erreichen, muß ich effektiv sein. Um effektiv zu sein, muß ich eine Wirkung spüren. Und dafür wiederum muß ich emotional und nicht nur akustisch gehört werden. So oft wie möglich mit der ganzen Familie arbeiten; meine Aufmerksamkeit auf das Verhalten konzentrieren, das während unserer Begegnung gezeigt wird; und voll und ganz und so intensiv wie möglich als Teilnehmer reagieren – das ist die Art, in der ich erlebnisaktivierende Familientherapie ausübe, um das therapeutische Ziel zu erreichen.

Der besondere Wert und die besonderen Vorteile erlebnisaktivierender Familientherapie

Die Vorteile einer im Rahmen der Familie durchgeführten Therapie kommen sowohl dem Patienten als auch dem Therapeuten zugute.

Für die Patientenfamilien liegen die offensichtlichen Vorteile in dem im Vergleich zu anderen Behandlungsformen kürzeren Therapieverlauf und in der Dauerhaftigkeit des Therapieerfolgs. Für den Therapeuten ist Familientherapie aufregend, interessant und aufgrund des erlebnisaktivierenden Ansatzes besonders befriedigend.

Der familientherapeutische Ansatz verkürzt die Therapie in vielerlei Hinsicht. Zunächst einmal sind die allgegenwärtigen Quellen intrafamiliärer Verärgerung ein konstanter Anreiz für die Arbeit. Die Atmosphäre dient weniger dazu, herumzutrödeln oder vage über belanglose, irrelevante Dinge nachzudenken. Zweitens fördert sie vom ersten Augenblick des Gesprächs an eine aktive Therapie. Bei der Einzel- und Gruppentherapie ist eine Kennenlernphase erforderlich, in der die sozialen Fassaden allmählich fallengelassen werden – natürlich immer erst vom Patienten. Bei der Familientherapie besteht sehr viel weniger Notwendigkeit, sich mit dem Therapeuten vertraut zu machen, bevor die eigentliche therapeutische Arbeit beginnt. Die Anwesenheit von Familienmitgliedern, mit denen man in offenem Konflikt liegt und an die man Bedürfnisse hat, die erfüllt werden müssen, schafft einen natürlicheren und weniger umständlichen Weg für fruchtbare Auseinandersetzungen. Gekünsteltes Sozialverhalten wird durch die Struktur der Therapie selbst von Anfang an verhindert. Für gewöhnlich ziehen die Kinder zuerst einen positiven Nutzen aus dieser Atmosphäre; die Eltern sind die nächsten, und leider ist der Therapeut allzuoft der letzte. Der erlebnisaktivierende Ansatz ermutigt den Therapeuten, sich um den ersten Platz zu bemühen.

Es sind die eigenen Verwandten, mit denen die Menschen letztendlich umzugehen lernen müssen – oder sie müssen lernen, sich zu weigern. Warum also sollten Patienten ihr Verhalten jahrelang mit einem fremden Therapeuten auf dessen emotional fremden Boden untersuchen? Warum sollte man die bedeutungsvollen emotionalen Experimente nicht so nah wie möglich herankommen lassen? Warum sollte man nicht aus dem Praxisraum einen Versuchsraum machen, statt ihn in ein nüchternes, häufig nichtssagendes Klassenzimmer zu verwandeln? Die Aufgabe der Psychotherapie wird leichter, wenn alle gütig oder böswillig ineinander verschränkten Hände gleichzeitig zur Verfügung stehen. Die Hilfe kann dann von vielen Seiten kommen – vom Ehegatten, einem Kind oder auch einem Elternteil. Die Kraft jedes einzelnen Familienmitglieds steht dem Therapeuten zur Verfügung und hilft ihm, Verhaltensweisen zu verändern.

Einmal bat mich eine Mutter um Hilfe. Sie identifizierte ihre 14jährige Tochter als das Problem. Es gab noch zwei jüngere Schwestern im Alter von 12 und 10 Jahren und einen dreijährigen Sohn. Ich bat die Mutter, ihren Mann und alle vier Kinder zum Erstgespräch mitzubringen. Die Mutter erklärte sich schweren Herzens einverstanden, die anderen Töchter und ihren Mann mitzubringen, versuchte jedoch verzweifelt, den dreijährigen Sohn auszuklammern. Ich bestand darauf, und trotz eines Ultimatums ihrerseits entschied ich mich, von meinem Standpunkt nicht abzurücken. Schließlich willigte sie ein. Eine attraktive sechsköpfige Familie betrat meine Praxis. Alle nahmen Platz und sahen mich unsicher an. Das dauerte nur einen kurzen Augenblick, dann stand der dreijährige Sohn von seinem Stuhl auf und begann, im Zimmer umherzuwandern, wobei er Aschenbecher und Couchtisch umwarf. Alle Augen richteten sich auf ihn, aber keiner sagte ein Wort. Nach einer Weile versuchten die drei älteren Mädchen abwechselnd, dem Jungen zuzuflüstern, er solle sich hinsetzen. Alles ohne Erfolg. Schließlich ging er zur Tür und fing an, sie ständig aufzumachen und wieder zuzuschlagen. Nachdem Stunden vergangen zu sein schienen (in Wirklichkeit waren es nur etwa 10 Minuten), wandte sich das 14jährige, sogenannte Problemkind zu mir, deutete auf seine Eltern und platzte wütend heraus: „So geht das zuhause ständig. Sie greifen niemals ein!" Die Mutter sah uns mit triumphierendem Lächeln an und sagte: „Da haben Sie unser Problem, Doktor. Sie hat so eine niedrige Toleranzschwelle." Ich blickte sie verwundert an und antwortete: „Na, jedenfalls ist sie höher als meine." Die Therapie hatte begonnen.

Der hier beschriebene Therapieansatz betrachtet die Familie als Patienten und nicht irgendein Familienmitglied. Wenn ich in den Sitzungen die ganze Familie mit einbeziehe, verhindere ich die Einwände von einzelnen Familienmitgliedern, die sich dagegen richten, daß ich erst einmal das überprüfe, was ich als das aktuelle Problem in der Familie ansehe. In einer Familie brachte der Vater, ein Polizist, seinen „kriminellen" Sohn mit und identifizierte ihn als den Patienten. Der Vater nahm seinem Sohn gegenüber im wesentlichen folgende

Haltung ein: „Ich will nicht, daß du ein Straftäter bist, und ich versuche, das dadurch zu verhindern, daß ich dir Verbrecher zeige, damit du sehen kannst, was sie sind und wie sie so geworden sind; und auch dadurch, daß ich darauf bestehe, daß du nicht gegen irgendwelche Vorschriften verstößt, jedoch darüber hinwegsehe, wenn du es doch tust." Als wir diese Haltung in den Familiensitzungen untersuchten, halfen alle Familienmitglieder mit, den Vater von seinem zum straffälligwerden geradezu provozierenden Verhalten abzubringen. Hätte ich in der Therapie nur mit dem Sohn gearbeitet, und hätte die Familie das Problem weiterhin einzig und allein in dem Verhalten des Sohnes gesehen, so wäre dieser versteckte häusliche Druck eine enorme Kraft gewesen, die jegliche Anstrengungen des Jungen und mir vereitelt hätte. Wäre der Vater als der Patient identifiziert worden oder hätte man ihn damit konfrontiert, dann hätte er, da bin ich mir sicher, die Therapie sofort abgebrochen.

Wenn ein Familienmitglied anfängt, sein sich selbst widersprechendes Verhalten zu verändern, versucht oft ein anderes Familienmitglied automatisch, diese Veränderung zu verhindern, weil es Angst vor einer Veränderung hat. Sollte dies während des Therapiegesprächs geschehen, so erfordert das unsere unmittelbare Aufmerksamkeit. In der Einzeltherapie bleiben derartige Vorgänge vom Patienten und somit auch vom Therapeuten häufig unbemerkt.

In der Arbeit mit Familien gibt es noch einen anderen Aspekt, der den Verlauf der Psychotherapie positiv beeinflußt: Empathie. Wenn ein Familienmitglied miterlebt, wie ein anderes z.B. Angst offen zum Ausdruck bringt, statt Tapferkeit vorzutäuschen, so führt das für gewöhnlich dazu, daß der Beobachter eine neue Reaktion zeigt. Die anderen können plötzlich durch diese vorgetäuschte Tapferkeit hindurchsehen und reagieren, da sie sich nun weniger bedroht fühlen, mit Mitgefühl und Verständnis. Ein weiterer wichtiger Beitrag ist die zunehmende Bewußtheit von momentan schweigenden Familienmitgliedern, daß sie nicht die alleinige Ursache für die Probleme der anderen sind. Wenn die Projektionen auf die Ehegatten und die Kinder nicht mehr existieren, haben alle Familienmitglieder mehr Freiheit, sich neue Reaktionsmöglichkeiten zu suchen, um so ineinander verstrickten, interdependenten psychopathologischen Verhaltensweisen zu begegnen und sie zu verhindern. Familienmitglieder üben dadurch eine Wirkung aus, daß sie sich gegenseitig als einzigartige Stimuli dienen und dadurch, daß sie in einmaliger Art aufeinander reagieren. Ein wesentlicher Teil des Therapieziels besteht letztendlich darin, daß sich die Familienmitglieder in Beziehung zu den anderen aus ihrem engen Umkreis besser verstehen lernen. Es geht tatsächlich schneller, wenn man sich von vornherein mit diesen Beziehungen befaßt, statt zuerst sich selbst in Beziehung zu irgendeinem Therapeuten zu erforschen und dann später auf die Familie zurückzukommen, um dort die notwendigen und entscheidenden Konfrontationen herbeizuführen.

Die Dauerhaftigkeit von Veränderungen ist dann gesichert, wenn problematische familiäre Verhaltensmuster durchbrochen werden konnten. Statt einer Person gibt es jetzt viele, die von den problematischen Verhaltensmustern abrücken, und das macht es dem einzelnen Familienmitglied schwer, wenn nicht gar unmöglich, die ganze Familie wieder in einen Kreislauf unerträglicher Interaktionen zurückzuführen. So konnte z.B. eine Mutter, die ihre ganze Familie durch Selbstmorddrohungen ständig zu belastendem, passiven Gehorsam zwang, dieses Verhalten nicht länger aufrechterhalten, weil die ganze Familie miterlebt hatte, wie der Therapeut diesem manipulierenden und selbstzerstörerischen Verhalten energisch entgegengetreten war. In diesem Fall brachte der Ehemann die Reaktion der ganzen Familie zum Ausdruck: „Wie dumm wir doch waren. Wir dachten, Mitleid mit ihr zu haben, hieße liebevoll zu sein. Jetzt aber merke ich, daß unser eigenes Verhalten dazu beigetragen hat. Mir fällt ein Stein vom Herzen." Dann ließ er eine heftige Schimpfkanonade gegen seine Frau los, die er über Jahre hinweg angestaut hatte, und die ganze Familie, einschließlich der Ehefrau, fühlte sich besser. In einer späteren Sitzung brachte sie uns allen gegenüber ihre Dankbarkeit zum Ausdruck, nachdem sie eingesehen hatte, daß sie tatsächlich nicht mehr mit Erfolg zu jenem zerstörerischen Verhalten zurückkehren konnte und das darüber hinaus auch gar nicht mehr brauchte.

Die Vorteile, die sich aufgrund des erlebnisaktivierenden Charakters dieses Therapieansatzes für den Patienten ergeben, gehen erheblich über die zuvor erwähnten praktischen Betrachtungen hinaus, die der Arbeit mit Familien zugrundeliegen. Dieser Ansatz ist im weitesten Sinne „ahistorisch" – Säuglingsalter, Kindheit, gestern und sogar der heutige Vormittag gehören zur Geschichte des Patienten.

Wenn man vergangene und zukünftige Erwartungshaltungen außer Betracht läßt, muß sich die Aufmerksamkeit auf die Frage richten, wie sich jeder von uns in diesem Augenblick verhält. Wenn das getan wird, kommt es unvermeidlich und unmittelbar zu Handlungen. Dann hat die therapeutische Arbeit begonnen. Wer wir sind oder warum wir sind, tut nichts zur Sache und dient lediglich der Verzögerung und Ablenkung. Das Wesentliche dieser Begegnungen ist, was wir jetzt sind und wie wir jetzt miteinander umgehen. Wenn wir Familienmitglieder dazu ermutigen, sich für das gegenwärtige Verhalten verantwortlich zu zeigen, umgehen wir müßiges Spekulieren und das Überprüfen widersprüchlicher Erzählungen. Stunden unnötigen Gezänks und wechselseitiger Schuldzuweisungen werden so vermieden.

Die forsche Haltung des Therapeuten, in das Gespräch einzugreifen wann immer es ihm paßt, begünstigt eine aktive Begegnung und schafft eine Atmosphäre intensiver Beteiligung, die zwangsläufig zu schnellen Reaktionen führt. Dadurch, daß wir begegnungshemmende soziale Rollen, Haltungen und Regeln aufgeben, gelingt es uns, fruchtbare Konfrontationen heraufzubeschwören, denen sich niemand so leicht entziehen kann.

Dem Therapeuten bietet der erlebnisaktivierende Ansatz das Privileg, das Recht, die Verpflichtung, den Arbeitstag gefühlsmäßig als ganze Person zu durchleben. Ungeduld verwandelt sich in Interesse, Angst in Handlung und Erschöpfung in Erregung. Statt ein „hmmm" zu äußern, kann der Therapeut sagen: „Das interessiert mich nicht." Statt zu schweigen, wenn er mit irgend etwas, das gesagt wurde, nichts anzufangen weiß, kann er nun frei heraus sagen: „Das ergibt für mich alles keinen Sinn. Ich weiß nicht, was Sie jetzt von mir erwarten." Statt geduldig Stunden der Langeweile über sich ergehen zu lassen, kann er sagen: „Ich kann Ihnen nicht zuhören. Das langweilt mich."

Für den Therapeuten bedeutet das, daß er entspannt oder sogar in Hochstimmung nach Hause kommt, nachdem er seine psychologische Arbeit mit jeder Person, die er an dem Tag getroffen hat, beendet hat. Er kann sich nun unbelastet seiner eigenen Familie widmen und sie genießen. Es ist sogar möglich, daß sich der Therapeut in bestimmten Augenblicken seines Arbeitstages weiterentwickelt, dann nämlich, wenn er schuldeinflößende und wertlose Prämissen, die eine statische Haltung einstudierter Gleichgültigkeit glorifizieren, aufgibt.

Die Vorteile, die sich für die Patienten ergeben, treten immer deutlicher zutage. Häufig kommen Patienten in die Familientherapie, nachdem eine jahrelange Einzeltherapie nichts genützt hat, und sie berichten mit Erstaunen und manchmal auch voller Ärger, wie schnell sich ihr Leben verändert hat. Eine Familie mit zwei Kindern kam angeblich deshalb in die Therapie, weil ein Kind Probleme in der Schule hatte. Beim zweiten Besuch erfuhr die Frau von ihrem Ehemann, daß er sie nicht länger ertragen könne und schon seit einigen Monaten vorhabe, sie zu verlassen. Erst jetzt habe er jedoch den Mut, ihr das zu sagen. Sie hatte gerade eine zwei Jahre währende Einzeltherapie „abgeschlossen". Bis zu unserer siebten Sitzung war sie mit ihrem Ehemann wieder versöhnt und erzählte, sie habe von der Schule des Kindes einen Brief erhalten, in dem mit Verwunderung und Lob auf die bemerkenswerte Leistungsverbesserung des Kindes hingewiesen worden sei. Sie berichtete uns: „Trotz allem, was sich in den letzten Monaten hier zugetragen hat, muß ich Ihnen sagen, daß ich in den ganzen zwei Jahren meiner Einzeltherapie nie so mitgenommen war wie jedesmal, wenn ich hierher komme." Ich lachte leise in mich hinein und schlug ihr vor, sie solle doch das Wort „mitgenommen" durch „beteiligt" ersetzen.

Symptombeseitigung, verbesserte familiäre Interaktionen, verändertes beobachtbares Verhalten in den Sitzungen sowie subtile Hinweise am Rande bestätigen für gewöhnlich den Wert erlebnisaktivierender Familientherapie, und sie deuten auch auf andere Fortschritte hin. Eine Ehefrau berichtete nach drei Sitzungen: „Ich lebe mit meinem Mann seit fünfzehn Jahren zusammen, und jetzt hat er plötzlich aufgehört, an den Fingernägeln zu kauen." – „Stimmt", ergänzte er, „und mir war noch nicht einmal aufgefallen, daß ich das aufgegeben habe." Das Nägelkauen war nie Diskussionsthema gewesen.

Nach fünf Sitzungen mit einer Mutter und ihren vier Kindern, die von ihrem Mann verlassen worden war, enthüllte die Mutter, daß nun das eine ihrer Kinder, das Bettnässer war, seit drei Wochen trocken sei. Das war in der Therapie bis dahin nie erwähnt worden. Die identifizierte Patientin, die die Familie dazu gebracht hatte, therapeutische Hilfe zu suchen, war eine Schwester des Bettnässers, deren Verhalten als kriminell abgestempelt worden war. Ihr Verhalten hatte sich ebenfalls positiv verändert.

Wann ist erlebnisaktivierende Familientherapie angezeigt?

Von dieser Therapieform sollte keine psychodiagnostische Kategorie ausgeklammert werden. Eigentlich erscheinen die gebräuchlichen diagnostischen Klassifikationen für Einzelpersonen überholt, wenn man beginnt, die Familienpsychopathologie in Worte zu kleiden. Bestenfalls ist eine Einzeldiagnose nur eine Teildiagnose. Die ganze Person ist in psychologischer Hinsicht weitaus mehr als das, was wir physisch wahrnehmen können. Wir bestehen alle aus unseren gegenwärtigen emotionalen Bindungen, sowohl den realen als auch den phantasierten.

Ein fettleibiger, häufig arbeitsloser Mann, der ständig über seine Lebensbedingungen jammerte, wurde mir als passiv-abhängige Persönlichkeit vorgestellt. Beim zweiten Besuch kam seine Ehefrau mit, und plötzlich wurde aus ihm ein herrschsüchtiger, aggressiver Ehemann. Eine Person kann aufgrund verschiedener Begegnungen auf den einen Diagnostiker paranoid-psychotisch wirken, während sie auf den anderen einen weinerlich-depressiven Eindruck macht. Selbst wenn es sich um denselben Therapeuten in derselben Stunde handelt, verschieben sich die psychodiagnostischen Kategorien.

Ein Mann und dessen Frau kamen zu mir in die Therapie. Die Frau plapperte unzusammenhängendes Zeug, das Beschuldigungen gegen ihren Mann und andere enthielt. Bevor das Gespräch zu Ende war, schluchzte sie herzzerreißend, und aus ihrer Traurigkeit heraus hörten wir eine Geschichte von Einsamkeit und Unzulänglichkeit. Aus einer Psychose paranoiden Typs war eine depressive Neurose geworden. Die Frau schien in einem hoffnungslosen Konflikt mit ihrem unbeugsamen Ehemann gefangen. In unserer Begegnung gab ihr meine Teilnahme einen Hoffnungsschimmer. Nachdem ich ihre schmerzvolle Begegnung unterbrochen hatte, hatte sich die Diagnose geändert.

Ich leugne nicht, daß es individuelle intrapsychische Konflikte gibt; das gestörte Verhalten des Einzelnen ist jedoch notwendigerweise mit dem Verhalten anderer Menschen verknüpft, denn sonst hätte es nicht entstehen können. In Familien wird das selbsterniedrigende Verhalten eines Mitglieds entweder im Namen der Liebe toleriert oder von anderen unwissentlich ausgenutzt. Nicht nur in der Realität sondern auch in der Phantasie denkt, fühlt und lebt jedes menschliche Wesen in einem Meer von vertrauten Personen. Untersuchungen über Deprivationserscheinungen und Berichte über zufällige, langanhaltende Isoliertheit offenbaren, wie sehr wir darauf angewiesen sind, uns die Gegenwart von anderen vorzustellen, wenn wir sie längere Zeit nicht sehen können. Einsiedler behandeln Felsen und Bäume wie menschliche Wesen und sie reden auch zu den Tieren. Man kann den Einzelnen nicht länger isoliert als Patienten betrachten. Der Patient kann erst dann richtig verstanden werden, wenn man ihn zusammen mit der Familie sieht. Die Regeln, die das Verhalten beherrschen, die übernommenen Haltungen, die geheimen Abmachungen (die manchmal so geheim sind, daß sie den einzelnen Familienmitgliedern noch nicht einmal bewußt sind), die Wertehierarchie – all das tritt deutlicher zutage, wenn die ganze Familie gesehen wird.

Oft bin ich zu dem Schluß gekommen, daß der identifizierte Patient das gesündeste Familienmitglied ist. Das gestörte Verhalten ist häufig ein Zeichen für ein stark gestörtes familiäres Umfeld, in dem der identifizierte Patient kein angemessenes, ihn lähmendes Verhalten zeigen konnte oder wollte, das es ihm gestattet hätte, sich einzufügen.

Da wir nur vom Äußeren her Individuen sind, ist es nicht ungewöhnlich, wenn wir das Symptom bei einer Person und die Motivation für eine Veränderung bei einem anderen Familienmitglied finden. Bevor es die Familientherapie gab, arbeiteten Therapeuten nach dem Grundsatz, daß der Patient derjenige ist, der zur Therapie kommt, und daß es einzig und allein der Patient ist, dem wir Treue schulden. Wir verbündeten uns gegen nie gesehene Familienmitglieder. Wir entschieden uns, die Besorgnis zu ignorieren, die dieser Grundsatz notwendigerweise bei den anderen Familienmitgliedern hervorrief, was natürlich bei unseren Patienten die zwischenmenschlichen Konflikte zuhause verstärkte. Wenn dagegen der Therapeut sowohl den Kläger als auch den Beklagten sieht, erscheint die Situation in einem anderen Licht.

In einem Fall nahm auf mein Drängen hin auch der widerstrebende Vater – ein kalter, gleichgültiger Gast in seinem eigenen Heim – an der Therapie teil. Er tat dies aus Liebe zu seinem zwölfjährigen Sohn, der der identifizierte Patient war. Die Mutter war woanders in Einzeltherapie. Sie nahm ebenso wie der Vater an dieser Sitzung teil, um dem Jungen bei seiner Therapie zu helfen. Der Junge war ein Nervenbündel, er zupfte ständig an etwas herum, blinzelte unablässig mit den Augen und konnte nicht stillsitzen. Er war von zuhause weggelaufen, und das hatte zu dieser Sitzung geführt. Die Mutter war erfreut, daß der Vater ebenfalls an dieser Sitzung teilnahm, da sie einen Großteil ihrer eigenen Therapie damit verbrachte, sich über die mangelhafte Beziehung zu ihrem Mann und ihren Kindern zu beklagen. Man könnte sagen, daß der Sohn das Symptom zeigte, die Mutter die Motivation mitbrachte und der Vater das Problem hatte. Wer, so müßten wir uns wohl fragen, war hier der Patient?

Die Familientherapie macht derartige Fragen überflüssig. Entscheidend ist, daß die Familie Probleme hat, daß alle Familienmitglieder leiden und versuchen, das Problem auf ihre eigene Weise zu lösen: der Sohn mit seinem gestörten motorischen Verhalten, die Mutter durch die Beziehung zu ihrem Therapeuten und der Vater dadurch, daß er zuviel arbeitete und von zuhause wegblieb. Mit Ausnahme des Jungen hatte jeder eine „Lösung" außerhalb des Hauses gefunden. Der Junge versuchte weiterhin verzweifelt, in seiner Familie Geborgenheit zu finden.

Eine ernstliche Schwierigkeit bei der Therapie von Gesetzesbrechern besteht darin, daß die motivierende Person häufig ein Bewährungshelfer ist und nicht ein Familienmitglied. Dadurch wird eine langanhaltende und intensive therapeutische Wirkung in erheblichem Maße beeinträchtigt. Diese Straffälligen sind bekanntlich wenig motiviert, an einer Therapie teilzunehmen. Viele Straftäter, deren therapeutische Behandlung zu einer Auflage für die Erteilung der Bewährungsfrist gemacht wird, nehmen solange teil, bis ihre Bewährungsfrist abgelaufen ist und geben die Behandlung dann auf, ohne sich wesentlich verändert zu haben. Wenn schon zu einem früheren Zeitpunkt eine Familientherapie gemacht wird, kann die notwendige Motivation häufig innerhalb der Familie entwickelt werden. Verändert sich dann die Familie des Straftäters in einen Hort der Hoffnung und Entfaltungsmöglichkeiten, so kann das für ihn zu einer Quelle neuer Lebenskraft werden. Bezeichnenderweise zeigt die Statistik deutlich, daß die Rückfälligkeitsrate bei Kriminellen in einem indirekt proportionalen Verhältnis zu der Anwesenheit einer besorgten Familie im Leben des Straftäters steht.

Ein neuer diagnostischer Rahmen für den ganzen Menschen, d.h. für eine Person in einer Begegnung, bietet sich bisher noch nicht so ohne weiteres an. Ich bin mir aber sicher, daß er kommen wird; und wenn es soweit ist, wird er auf den Beziehungen beruhen, die Menschen miteinander eingehen. Er wird in angemessener Weise jede spezifische Beziehung in der Begegnung auswerten und wird eine zeitlich begrenzte Klassifikationsform sein, die sich nur auf eine spezifische Begegnung anwenden läßt. Die Vorstellung, daß man seine Neurose immer mit sich herumtrage, ist überholt. Es ist natürlich möglich, daß ein Verhalten wiederholt gezeigt wird, aber dazu bedarf es für gewöhnlich eines Gegenparts, der das entsprechende interdependente Verhalten zeigt. Anderenfalls könnte eine Therapie von Mensch zu Mensch nicht erfolgreich sein.

Zu Beginn haben alle Patienten, die in die Therapie kommen, seien es Einzelpersonen oder Familien, drei Merkmale gemeinsam. Das erste Merkmal ist ein definierbarer, unerwünschter Zustand in einem Teilbereich ihrer Welt. Für gewöhnlich wird er als Teil ihrer eigenen Person, einer anderen Person oder einer anderen Sache identifiziert. Das zweite Merkmal ist eine Kritik an diesem unerwünschten Teilbereich. Das ist ein wesentlicher und dem Symptom inhärenter Teil. Ein Verhalten an sich ist noch kein Symptom, solange es nicht von irgend jemandem verurteilt wird. Das erinnert mich an die alte Geschichte von der Person, die sich nach dem Frühstück regelmäßig erbrach. Als dieser Umstand während eines psychiatrischen Gesprächs beiläufig erwähnt wurde, versetzte dies den Therapeuten in Erstaunen. Der Patient reagierte mit der Frage: „Tut das denn nicht jeder?" Damit war ein Symptom geboren. Das, was in einer Kultur als normales Verhalten gilt, wird manchmal als „pathologisch" bezeichnet, wenn es in eine andere Kultur übertragen wird. Psychoanthropologische Studien sind voll von solchen Beispielen. Ein Verhalten wird also nur dann zum Symptom, wenn es einem anderen mißfällt.

Das dritte Merkmal ist die Bereitschaft des Patienten, eine Therapie zu machen. Das gilt, ganz gleich, ob der Patient freiwillig kommt oder nicht, ob er von einem Bewährungshelfer geschickt wird oder ein Ehegatte oder ein Elternteil ihn bringt. Manche Patienten brauchen diese Unterstützung von außen, und die bekommen sie dadurch, indem sie jemand anderen so sehr unter Leidensdruck setzen, daß dieser zur motivierenden Kraft wird.

Viele Therapeuten sehen in der Familientherapie einen vernünftigen Ansatz für Probleme familiärer Art. Das Verhalten von Kindern wird im allgemeinen als etwas anerkannt, das vom Familienleben wesentlich beeinflußt wird. Daß daran zum Teil immer noch Zweifel bestehen, finde ich einfach unglaublich. Und doch setzen manche Therapeuten Kinder wegen gestörten Verhaltens jahrelangen Analysen aus, ohne daß jemals die Familie mit einbezogen wird. Ich bin davon überzeugt, daß eine Familientherapie hier schneller Erfolg hätte. „Wir ließen unseren einjährigen Sohn für vier Tage bei einer Freundin und ihren kleinen Kindern", erzählte mir eine Frau. „Er brauchte sieben Tage – eine volle Woche – um zu seinem normalen Verhalten zurückzufinden. Es dauerte fünf Tage, bis er nachts wieder durchschlafen konnte, und sieben Tage, bis er wieder einmal lächelte und die Arme nach uns ausstreckte." Wären sie in den sieben Tagen, in denen ihr Sohn dieses Verhalten zeigte, ungeduldig gewesen, dann hätten sie dadurch sicherlich dazu beigetragen, daß sich dieses Verhaltensmuster ihres Sohnes noch über Monate oder sogar Jahre hingezogen hätte.

Neben dem Verhalten von Kindern werden auch andere Probleme bereitwillig als Grundlage für eine Familientherapie akzeptiert: Konflikte über Sexualität, Geld, den Ehrgeiz des Mannes, Mutters Haushaltsführung, Vaters Kindererziehung oder seine Mitarbeit im Haushalt oder über die Schwiegereltern, um nur einige Konflikte zu nennen – mit anderen Worten: es handelt sich dabei immer um Konflikte, die ganz klar als zwischenmenschlich und familienbezogen identifiziert werden können. Derartige Konflikte sind die Schlachtfelder, auf denen der intrapsychische Kampf ausgetragen wird. Die Schlachtfelder sind zwischenmenschlicher Natur; der Kampf selbst ist intrapsychisch. Das engste zwischenmenschliche Beziehungsgefüge – die Familie – ist der Ort, an dem der Therapeut Einfluß nehmen kann, denn sie kann am besten dazu beitragen, daß ein Verhalten geändert wird. Die Familie ist der Ort, an dem die Allmacht intrapsychischer Determinanten erfolgreich bekämpft werden kann. Die Menschen, die wir lieben, bewegen uns innerlich; das ist der Grund, warum Familientherapie wirkt.

Wie aber steht es mit Verhaltensproblemen, bei denen sich alle in der Familie einig sind, daß es sich um individuelle Probleme handelt? Ein dem Glücksspiel verfallener Ehemann oder einer mit homosexuellen Neigungen, eine Ehefrau mit der zwanghaften Neigung zu Ladendiebstählen, ein Ehemann, der trinkt und seine Frau schlägt, eine promiskuitive Hausfrau, ein Vater von vier Kindern, der ständig seinen Job verliert? Ich habe selten jemanden gesehen, den ich als „gesunden" Ehepartner einer dieser Personen bezeichnen würde; selbst dann nicht, wenn derartige Probleme bereits mit in die Ehe gebracht wurden, wie im Fall des glücksspielenden Ehemanns oder dem des unsicheren Gatten, der vor seiner Ehe und später dann heimlich während seiner Ehe homosexuelle Erlebnisse hatte. Ehegatten scheinen sich oft einen Lebensgefährten auserwählt zu haben, durch den sie mittelbar und unbehelligt ein entgegengesetztes Leben führen können. Nicht daß dies etwas Schlechtes wäre. Meine Frau zum Beispiel trägt den religiösen Anteil meines Daseins stellvertretend recht gut, indem sie ihr Leben weitgehend aus dem Glauben und aus religiöser Überzeugung heraus führt. Das ist jedoch kein Zufall; es ist bedeutsam und sollte möglichst nicht unbeachtet bleiben.

Die Frau des homosexuell veranlagten, unsicheren Mannes war ihrem Ehemann zufolge so „kooperativ und verständnisvoll", daß sie gerne an seinen Therapiesitzungen teilnehmen wollte, obwohl sie beide der Auffassung waren, daß sein Problem nichts mit ihr zu tun habe, da es schon bestanden habe, bevor sie sich kennenlernten. Wir brauchten ungefähr zwanzig Minuten, um herauszufinden, daß sie in jeder Hinsicht „kooperativ und verständnisvoll" war, nur nicht in bezug auf irgendein maskulines, energisches Auftreten ihres Mannes. Ihre Kooperationsbereitschaft ging so weit, daß sie für ihn sprechen wollte, Dinge für ihn klären wollte, für ihn handeln wollte und ihm natürlich dabei helfen wollte, zu verstehen, wie „häßlich" es doch sei, wenn er ihr gegenüber energisch auftrete oder eine andere Meinung habe als sie. Sie wollte ihn nur in ihrer Phantasie als einen heterosexuellen Mann haben. Als Person hatte er als Frau zu funktionieren. Wenn er frustriert war oder sich über sie ärgerte, entsprach er tatsächlich ihrem geheimen Wunsch und wurde zur Frau, indem er als weiblicher Part ein Verhältnis zu einem Mann einging. Als er anfing, sich gegen seine Frau aufzulehnen, nahm sein homosexuelles Interesse allmählich ab, und seine Frau wurde vorübergehend frigide.

Und natürlich erschien die Frau des Glücksspielers im Märtyrergewand, emsig damit befaßt, die Schulden, die ihr Mann durch Glücksspiele machte, zu begleichen. Sie wußte, daß ihr Mann sie nie verlassen würde, solange sie sich mit seinem unerfreulichen Charakterzug abfand. Wo sonst hätte er einen besseren Märtyrer finden können? Und im übrigen: beklagt sie sich nicht regelmäßig, während sie gleichzeitig stumpf darüber hinwegsieht, wie er sich offenkundig davonschleicht und Wetten abschließt? Sie fragte nie, wer angerufen hat, wenn sie vermutete, daß es der Buchmacher war. „Ich konnte ihn doch nicht so in Verlegenheit bringen", sagte sie zu mir und fügte wehmütig hinzu: „Ich nehme an, ich bin im Irrtum." Sie hatten eine Abmachung getroffen, die sie niemals besprochen hatten. In einem ähnlichen Fall entschloß sich die Ehefrau schließlich, ihren Mann nicht auf diese Art und Weise zu „kaufen", und er gab unverzüglich das Glücksspiel auf. Es würde die therapeutische Aufgabe unermeßlich schwierig gestalten, eine Einzeltherapie des Spielers zu versuchen, denn die Macht einer solchen Ehefrau ist weitaus größer als meine. Mit ihr als meiner Verbündeten besteht Hoffnung.

Auch für Familien mit einem psychotischen Mitglied , sei es ein Elternteil oder ein Kind, ist Familientherapie äußerst wünschenswert. Wenn es sich bei dem psychotischen Familienmitglied um ein Kind handelt, ist die Therapie schwieriger, da es den Eltern widerstrebt, die Verantwortung für das Problem zu übernehmen. Oberflächlich gesehen sind sie ganz erpicht darauf, zu „helfen", aber nur solange man ihnen nicht unterstellt, sie könnten selbst zu dem Entstehen des pathologischen Verhaltens beigetragen haben. Darüber hinaus verhalten sich diese Familien trotz der Anwesenheit beider Eltern wie Familien mit nur einem Elternteil. Das ist bei den meisten Familien, die ein Kind mit psychotischem Verhalten haben, die Regel. Ein Elternteil entscheidet, was zu tun ist, und der andere arbeitet entweder kooperativ mit oder er ist bemerkenswert unnahbar und unbeteiligt. Der bestimmende Elternteil ist ausnahmslos derjenige, mit dem sich die Verhandlungen am schwierigsten gestalten. Wenn ich mit einem solchen Elternteil zusammengerate, fühle ich mich im allgemeinen mehr wie das Kind und nicht wie der Ehegatte. Da ich mich jedoch weder unnahbar noch psychotisch verhalten kann, bleibt mir kaum etwas anderes übrig, als eine stark kämpferische Haltung einzunehmen.

Ein vor kurzem aus einem Landeskrankenhaus entlassener Jugendlicher wurde genau zu dem Zeitpunkt aus der Familientherapie herausgenommen, um ihn auf eine organische Ursache hin untersuchen zu lassen, als das unterdrückende Verhalten des Vaters zur Sprache kam. Bis zu dem Augenblick war der Vater äußerst kooperationsbereit und von der Therapie begeistert gewesen. Wir hatten bis dahin gerade mit seiner Frau gearbeitet, die aufgeschlossen war und bereitwillig mitmachte. Als der Vater jedoch seinen Vorschlag zum Ausdruck brachte, zuckte seine ergebene Ehefrau nur mit den Schultern, vergoß ein paar Tränen und verteidigte dann treu ihren Mann: „Es ist doch möglich, daß sich alle Ärzte irren. Ärzte haben nicht auf alle Fragen eine Antwort. Meine Nachbarin hat gesagt, ..." Diese Reaktion läßt sich in der Familientherapie nicht vermeiden, aber ich ärgere mich immer wieder darüber. Es wäre jedoch absurd, daß Kind in dem Bemühen behandeln zu wollen, es wieder in diese Familie einzugliedern – und ihm mit Erfolg dabei zu helfen, aus der Familie herauszukommen, wenn sein Alter es noch an die Familie bindet, ist unmöglich. Ich schreibe derartige Fehlschläge nicht dem familientherapeutischen Ansatz zu, sondern vielmehr der persönlichen Unfähigkeit des Therapeuten, zu einem bestimmten Zeitpunkt in seiner beruflichen Laufbahn die Struktur einer bestimmten Familie zu durchbrechen.

Gibt es für die Familientherapie irgendwelche Kontraindikationen? Darauf muß ich antworten, daß es absolut keine Kontraindikationen gibt. Wann immer zwei Menschen einander emotional verbunden sind und den Wunsch haben, weiterhin in Kontakt zu bleiben, können sie diesen Ansatz nutzen.

So baten mich zum Beispiel zwei lesbische Frauen, die zusammenlebten, um meine Hilfe, nicht etwa, um ihren Lebensstil zu ändern, sondern vielmehr um ihn zu verbessern. Während der Zeit, die wir miteinander verbrachten, untersuchten wir ihre emotionale Beziehung zueinander, und für jede von ihnen war die Therapie erfolgreich.

Es kommt vor, daß sich ein Familienmitglied weigert, an der Therapie teilzunehmen. Das muß jedoch für den Rest der Familie nicht bedeuten, daß er nicht gemeinsam weiterarbeiten darf. Das kommt jedoch in der Praxis sehr selten vor, besonders dann, wenn zu Beginn die ganze Familie gebeten wurde, teilzunehmen – zumindest an der ersten Sitzung. Während des Erstgesprächs kann man dann einem unwilligen und für gewöhnlich ängstlichen Familienmitglied dabei helfen, seinen Widerwillen zu überwinden. Das kann das Ziel der ersten Sitzung sein.

Ich kann mich nur an eine Situation erinnern, in der es der Therapeut war, der es ablehnte, mit einer Familie weiterzuarbeiten. Es ging um eine dreiköpfige Familie: Mutter, Vater und eine siebzehndreiviertel Jahre alte Tochter. Anfangs weigerten sich die Eltern mitzukommen. Sie schickten ihre Tochter und ließen mich dann telefonisch wissen, daß sie unverbesserlich sei, mit der falschen Clique herumziehen würde, daß sie lüge, stehle, trinke, sich durch falsche Altersangabe Zutritt zu Nachtclubs verschaffe und zu unmöglichen Zeiten nach Hause komme. Der Schlußsatz der Mutter lautete: „Ich hoffe, daß Sie etwas bei ihr erreichen können – wir können's jedenfalls nicht."

Ich ließ mich auf die Bedingungen der Eltern ein und arbeitete nur mit der Tochter, hatte aber vor, die Eltern zu einem späteren Zeitpunkt zur Teilnahme an der Therapie zu bewegen. Die Tochter erschien in äußerst eigenwilliger Aufmachung und bestätigte alle Vorwürfe ihrer Mutter und noch beträchtlich mehr. Wir arbeiteten in der Therapie gut zusammen, aber ich hatte weiterhin das Gefühl, daß es hilfreich wäre, ihre Eltern hinzuzuholen, damit ihr Zusammenleben erträglicher würde. Außerdem dachte ich, daß sie in ihre künftigen Beziehungen unbelasteter hineingehen würde, wenn sie ein paar ihrer Konflikte direkt mit ihren Eltern lösen könnte. Nach mehreren Wochen bat ich die Tochter, sie möge doch das nächste Mal ihre Eltern mitbringen. Obwohl sie etwas Angst hatte, war sie einverstanden. Als nächstes setzte ich mich mit den Eltern in Verbindung, und sie willigten ein, zu einer einzigen Sitzung zu kommen. Es war sicher auch die Neugier, mehr über die Therapie zu erfahren, die sie zum Kommen motivierte.

Die Therapiestunde begann damit, daß die Mutter zwei Gesprächsthemen anschnitt. Das erste war auf mich gerichtet und besagte im wesentlichen: „Was tun Sie mit meiner Tochter, und warum hat sie sich noch nicht geändert?" Das zweite Thema richtete sich auf die Tochter und bestand aus einem weiteren Sperrfeuer an Vorwürfen, wie: „Wie konntest du mir das nur antun?" Der Redeschwall der Mutter war unerschöpflich und konnte nur dadurch gebremst werden, daß der Vater ebenfalls anfing, auf der Tochter herumzuhacken. Die Tochter keifte ihre Mutter an. Der Vater nahm den Standpunkt ein: „Du kannst mir an den Kopf werfen, was du willst, aber mit deiner Mutter kannst du so nicht reden." Es war nur eine Sache von wenigen Minuten seit Beginn der Sitzung, daß sich alle drei gegenseitig lauthals anbrüllten: die Mutter machte der Tochter Vorwürfe, diese wiederum attackierte die Mutter, und der Vater verteidigte lebhaft und erfolglos die Mutter.

Ich bat sie, sich nicht ständig gegenseitig zu unterbrechen. Keiner hörte mich. Ich gab meine Selbstbeherrschung auf und schrie sie an, sie sollten endlich ruhig sein. Immer noch hörte mich keiner. Schließlich stand ich auf, schlug mit beiden Händen so laut ich konnte auf den Tisch und brüllte aus vollem Hals: „Maulhalten!" Man hätte die sprichwörtliche Nadel fallen hören können. Sie waren überrascht, daß ich so schnell gelernt hatte, wie man in ihrer Familie zu funktionieren hatte. Ich erklärte ihnen dann ein paar Spielregeln: keine Unterbrechungen, kein Geschrei, jeder kommt an die Reihe. Ich bat den Vater, den Anfang zu machen. Es dauerte keine fünf Minuten, bis sich alle drei wieder gegenseitig anschrien. Schließlich sagte ich zu ihnen: „Sie alle sind einfach unmöglich. Sie lassen einander nicht ausreden; Sie hören einander nicht zu; Sie interessiert nur, wer am lautesten schreien und angreifen kann. Daran sind Sie alle drei gleichermaßen beteiligt, und ich habe das Gefühl, daß es hoffnungslos ist, Sie dazu zu bringen, daß Sie richtig miteinander reden."

Die Tochter sah mich an, lächelte und sagte: „Habe ich es Ihnen nicht gesagt?" Der Vater drehte sich zur Tochter und erwiderte: „Was soll das heißen?" Die Mutter wandte sich ärgerlich zum Vater und sagte: „Du weißt doch, was sie damit meint. Wahrscheinlich hat sie dem Doktor erzählt, daß wir an allem schuld sind und daß wir ihr nicht zuhören." Und wieder ging es los. Als ich sie diesmal unterbrach, hatte ich meine Entscheidung getroffen. Die Tochter würde in zwei Monaten, sobald sie achtzehn Jahre alt war, von zuhause ausziehen. Ich kündigte an, daß ich mit ihnen unter diesen Umständen nicht arbeiten könnte, da es mir unmöglich sei, in dieser Atmosphäre zu funktionieren. Ich weigerte mich nicht nur, weiter mit ihnen zu arbeiten, sondern ließ sie auch wissen, wie verärgert ich über sie sei und erklärte ihnen, was mich an ihnen so wütend mache. Ich konfrontierte die Mutter mit ihrem schuldeinflößenden, hilflosen Verhalten, das jeden Versuch der Tochter, erwachsen zu werden, vereitelte. Ich warf dem Vater vor, daß er seinen Anteil an dem kriminellen Verhalten seiner Tochter habe, wobei ich ein Beispiel zitierte, das er vorher erwähnt hatte. Dabei ging es darum, daß er untätig dabeigestanden hatte, als seine Tochter einen gefälschten Führerschein vorzeigte, damit man ihr in einer Bar ein alkoholisches Getränk ausschenkte. Er hatte sich bei mir darüber beklagt, hatte aber damals nichts unternommen, um es zu verhindern. Ich sagte den Eltern, daß ich der Ansicht sei, sie würden das Leben ihrer Tochter verpfuschen. Dann wandte ich mich der Tochter zu und erklärte ihr, daß ich den Eindruck hätte, sie tue auch nicht viel, um die Situation zu verbessern.

Als ich meine fünfminütige Strafpredigt beendet hatte, sah mich die Mutter an und sprach zum ersten Mal ruhig, ernsthaft und ohne Umschweife: „Haben Sie vielen Dank, Doktor. Irgendwie haben wir das schon die ganze Zeit vermutet, und es ist so etwas wie eine Erleichterung, daß es einmal jemand deutlich ausspricht. Wir haben unser Bestes versucht, und das ist nicht sehr viel. Wir sind dankbar für das, was Sie tun." Sie standen auf und gingen. Sie ermutigten ihre Tochter, die Therapie weiterzumachen. Die Tochter blieb in Therapie und machte Fortschritte. Sie zog von zuhause aus und hat seit ihrem Umzug ein besseres Verhältnis zu ihren Eltern – im wesentlichen durch Telefongespräche und seltene Besuche. Für diesen Therapeuten und diese Familie war also Familientherapie nicht angezeigt.

Das Ziel erlebnisaktivierender Familientherapie

Das Ziel erlebnisaktivierender Familientherapie ist sowohl die Selbstintegration jedes Familienmitglieds als auch seine Integration in die Familie. Obwohl diese beiden Ziele keineswegs identisch sind, werden sie doch häufig gleichzeitig erreicht. Manchmal bedeutet die Selbstintegration des Einzelnen eine familiäre Ausgliederung. Meine Verantwortung gilt in erster Linie dem Menschen – jedem Einzelnen innerhalb der Familie – und erst in zweiter Linie der Einrichtung, die man „Familie" nennt. Ich halte die Familie für eine vernünftige, wertvolle und äußerst wichtige Einrichtung. Ausreichende Forschung und der gesunde Menschenverstand sagen uns, daß während der frühen Kindheit eine familiäre Beziehung mit zumindest einer Person gleichbedeutend mit Leben ist. Also ist die Familie zumindest in der Anfangszeit genauso wichtig wie der Einzelne. Ich glaube nicht, daß die Familie zu irgendeinem späteren Zeitpunkt wichtiger ist.

Die Selbstintegration des Einzelnen bedeutet, sich zumindest über die widersprüchlichen Anteile in der eigenen Person bewußt zu werden und bestenfalls diese Widersprüche teilweise zu lösen sowie zu einer Einstellung zu gelangen, die für eine fortschreitende Integration notwendig ist. Integration bedeutet das Erkennen, die Wertschätzung und den Ausdruck des eigenen Seins. Das eigene Sein anzuerkennen und zum Ausdruck zu bringen, bedeutet nicht, selbstsüchtig zu sein, und es ist auch keine mutwillige Mißachtung anderer Menschen. Die Wertschätzung der eigenen Person führt unweigerlich zur Wertschätzung von anderen. Es ist unmöglich, etwas zu geben, das man nicht besitzt. Integration bedeutet auch das Erkennen und die Wertschätzung von individuellen Unterschieden. Sie bedeutet Beisammensein durch Anerkennung der individuellen Einzigartigkeit und nicht durch Verschmelzung (Beisammensein, nicht Einssein). Sie bedeutet, Isolation und Einsamkeit in Getrenntheit und Alleinsein zu verwandeln. Auf die Entwicklung der eigenen Person werde ich später noch ausführlicher eingehen, wenn ich über meine Vorstellungen von dem Konstrukt Persönlichkeit spreche, das ich als Kampf zwischen dem Selbst und dem gesellschaftlich bedingten Konzept von dem, was man sein sollte (das Selbstkonzept oder Selbstbild) ansehe, und wenn ich über den befriedigenderen Seinszustand spreche, den man erreicht, wenn diese genannten Aspekte integriert sind.

Ich möchte, daß die Personen, die ich im Kreise ihrer Familie behandele, sehr viel erreichen. Ich möchte, daß ihnen bewußt wird, was sie wollen, wenn sie es wollen. Ich möchte, daß sie ihre Fähigkeiten im Umgang mit anderen (ihre Fähigkeiten, mit anderen zu „verhandeln") voll entwickeln. Ich möchte, daß sie handeln, daß sie in ihrem eigenen Interesse handeln, daß sie ihre Fähigkeiten, mit anderen zu verhandeln, nutzen, um das zu bekommen, was sie wollen. Ich möchte, daß sie erkennen können, wann es unmöglich ist, das, was sie von anderen wollen, auch wirklich zu bekommen und daß sie lernen, wie man trotzdem jede Begegnung abschließen kann. Ich möchte, daß sie aufgrund ihrer Erfahrung lernen, was sie erreichen können – und nicht aufgrund von Behauptungen, Ermahnungen oder Ängsten, die andere äußern. Ich möchte, daß jedes Familienmitglied lernt, seine Familie als einen Zufluchtsort zu nutzen, als einen Platz, an dem es sich emotional entwickeln und an dem es auftanken kann, als einen Schutzraum, in dem sich jeder gut aufgehoben fühlt. Und schließlich möchte ich, daß jeder die persönliche Verantwortung für diese Familie übernimmt, damit eine Atmosphäre gewahrt bleibt, die die persönliche Entfaltung fordert.

All das ist eine ziemlich hochgesteckte, idealistische Wunschvorstellung. In der Praxis wird das endgültige Therapieziel nur teilweise vom Therapeuten festgelegt. Alle Familienmitglieder haben ihre eigenen Zielvorstellungen, sowohl für sich selbst als auch im Hinblick auf die gewünschte Ebene familiärer Interaktion. Gerade dieser Umstand erfordert unsere gemeinsame Aufmerksamkeit. Wenn das von der Familie angestrebte Anfangsziel, wie etwa die Beseitigung der Symptome, die ein Familienmitglied zu Beginn der Therapie hatte, erreicht ist, bedeutet das häufig das Ende der Therapie. Andere Familien werden sich ihrer bis dahin verborgen gebliebenen Unzufriedenheit bewußt, gegen die sie angehen möchten; die Therapie geht dann also über die Beseitigung des ursprünglichen Problems hinaus. Gelegentlich möchte ein einzelnes Familienmitglied die Therapie fortsetzen, weil es eine innere Unruhe verspürt, die mit den anderen nichts zu tun hat. Wir sprechen dann darüber, und manchmal findet die Familientherapie ein Ende, während ein Familienmitglied seine persönliche innere Suche in der Therapie fortsetzt.

Jede Familie ist ein einzigartiges Gefüge unnachahmlicher Einzelpersonen, die sich wie ein äußerst faszinierendes dreidimensionales Bildpuzzle zusammenfügen. Jede Veränderung des Einzelnen beeinflußt die Gesamtgestalt der Familie. Wie jede soziale Organisation, sei sie im bürgerlichen oder im Unterweltmilieu, so hat auch die

Familie ihre eigenen, einzigartigen – offenen oder verdeckten – Regeln, Maßstäbe und Werte. Da die Familie im allgemeinen die kleinste soziale Einrichtung ist und da sie den emotionalen Kern der Menschen behütet, hat jedes Familienmitglied zwangsläufig einen größeren Einfluß auf die anderen und wird umgekehrt auch stärker durch Veränderungen in der Struktur oder Funktion beeinflußt, als dies in größeren Einrichtungen der Fall wäre. Wenngleich die hier beschriebenen allgemeinen Ziele auf alle Einzelpersonen jeglichen Alters und auf alle Familien zutreffen, ungeachtet deren ethischen, geographischen, religiösen oder nationalen Zugehörigkeit, so kann doch auf die spezifischen Ziele nicht eingegangen werden. Jede Familie versucht, sich in ihr eigenes, einzigartiges Muster zu integrieren.

Die Therapieziele werden dadurch ausgehandelt, daß der gegenwärtigen Begegnung höchste Aufmerksamkeit geschenkt wird und man darauf achtet, wie sie manipuliert wird. Die gegenwärtige Begegnung steht im Mittelpunkt. Der Therapeut hält die Begegnung lebendig, indem er darauf besteht, daß die Familienmitglieder im jetzigen Augenblick bleiben. Um das zu erreichen, fordert er von ihnen das höchste Maß an Beteiligung, das für den entsprechenden Augenblick angemessen wäre. Zudem wehrt er sich energisch gegen jegliches begegnungshemmendes Verhalten.

2 Die Begegnung

Was ist eine Begegnung?

Zwei oder mehrere Menschen treffen sich. Jeder kommt aus einem bestimmten Anlaß. Jeder versucht, sowohl auf erlerntem Wege als auch spontan, das aus der Begegnung (*encounter*) herauszuholen, was er braucht. Mit unterschiedlich erfüllten Erwartungen gehen sie wieder auseinander, und jeder hat etwas erlebt, das Teil zukünftiger Begegnungen werden wird.

Das Dasein besteht aus Erlebnissen. Man könnte sogar sagen, daß Erlebnisse das Wesen des Daseins ausmachen, daß sie der Beweis für die eigene Existenz sind. Begegnungen sind zeitlich begrenzte und an andere Erlebnisse gebundene Szenenfolgen. Die Szenenfolge, die man Leben nennt, ist ein einziges Kontinuum; Begegnungen werden als artifizielle Abschnitte betrachtet, die eine genauere Überprüfung erlauben. Begegnungen so zu beeinflussen, daß jeder Teilnehmer eine größere und beständigere Befriedigung erlangt, ist die Aufgabe der Therapie. Das therapeutische Gespräch ist eine besondere Art der Begegnung, durch die dieses Ziel erreicht wird. Die Besonderheit liegt darin, daß man den Begegnungen, zu denen es während des Gesprächs kommt, seine Aufmerksamkeit schenkt. Im therapeutischen Gespräch wird die Art der Begegnung zum Thema der Begegnung. Die Tatsache, daß man sich der Begegnung bewußt wird, sollte man nicht als ungewöhnlich ansehen. Es ist bei allen Begegnungen sinnvoll, nicht nur auf das Thema (den Inhalt), sondern auch auf die Begegnung (den Prozeß) zu achten. Nur die Betonung ist unterschiedlich. Eine gute Begegnung ist eine therapeutische Begegnung.

„Gute" und „schlechte" Begegnungen

Zwei Menschen streiten sich über irgend etwas, als plötzlich der eine unterbricht und sagt: „Es sieht nicht so aus, als käme bei unserem Gezänk irgend etwas heraus. Ich glaube, daß wir einander einfach nicht richtig zuhören. Laß uns einen Kaffee trinken gehen. Dann kann sich das Ganze etwas setzen und vielleicht können wir später unter anderen, besseren Voraussetzungen noch einmal von vorne beginnen." Diese Äußerung – oder, wenn Sie so wollen, Unterbrechung – ist eine therapeutische Intervention, die vom „Inhalt" auf den „Prozeß" übergeht und einen positiven Vorschlag beinhaltet.

Dabei fällt mir die alte Redensart ein: „Das Produkt ist nur so gut wie der Mann, der es verkauft." Diese Redensart beschreibt erlebnisaktivierende Begegnung. Sie besagt: „Achte darauf, *wie* etwas verkauft wird und *wer* es verkauft und nicht nur darauf, was verkauft wird." Sowohl dieses Sprichwort als auch die Theorie erlebnisaktivierender Begegnung bringen die Überzeugung zum Ausdruck, daß die Begegnung selbst das entscheidende Kriterium ist.

Autofahrer halten an der Ampel und fahren, so wie sie es gelernt haben, weiter, wenn die Ampel umschaltet. Dies ist eine einfache, erfolgreiche, wenn auch nicht besonders persönliche Begegnung. All diese Menschen an der bestimmten Ecke, zu der bestimmten Zeit haben somit eine Begegnung und halten sich an bestimmte, vorher festgelegte Regeln. Sie fahren aneinander vorbei, ohne den anderen zur Kenntnis zu nehmen, da sie übereingekommen sind, nur auf die Ampel zu achten, um so Verkehrsbehinderungen und Zusammenstöße zu vermeiden. Das ist eine gute Begegnung. Ein Liebespaar umarmt sich ekstatisch, kommt gleichzeitig zum Höhepunkt und sinkt dann gemeinsam in den Schlaf. Das ist ebenfalls eine gute Begegnung. Zwei Fremde gehen auf der Straße aneinander vorbei, jeder blickt den anderen flüchtig an und setzt seinen Weg fort. In dem Moment, in dem sie sich ansehen, denkt der eine: „Der kommt mir bekannt vor", durchforscht sein Gedächtnis, entscheidet: „Ach ja, er erinnert mich an den Soundso, aber offensichtlich ist er nicht der Soundso" und schließt sein Erlebnis ab. Der andere wundert sich: „Was starrt der mich so an?" Er fragt sich, ob es wohl an seiner Erscheinung liegt, blickt an sich herunter, sieht, daß alles in Ordnung ist, und damit ist für ihn die Frage erledigt. Seine Aufmerksamkeit richtet sich auf ein Schaufenster. Für beide war dies eine vollständige Begegnung.

Eine gute Begegnung ist eine vollständige Begegnung, eine, die keinen Rest an Unbehagen hinterläßt. Das Verschleiern oder das Hemmen von Begegnungen verhindert eine Vervollständigung. Unvollständige Begegnungen – unbeendete Situationen – sind die Quelle psychischer Störungen. Unbeendete Situationen hinterlassen schmerzliche Reste, die wie ein riesiges Bündel Steine mitgeschleppt werden, das den Einzelnen mit seinem Gewicht belastet und teilweise seine Wahrnehmung verschleiert oder verzerrt.

Wenn alte Situationen beendet werden, werden die Steine abgeworfen, die Menschen fühlen sich unbeschwert und können sowohl sich selbst als auch die belebte Welt um sich herum wieder besser wahrnehmen. Wenn jede neue Situation abgeschlossen wird, kann die Person ihr Leben aufgeklärt und unerschrocken fortsetzen. Sie weiß dann mehr über ihr Dasein und hat weniger Angst davor.

Soweit mag dies anderen, historisch-genetisch fundierten Theorien bemerkenswert ähnlich klingen. Der entscheidende Unterschied liegt in der Frage, worauf man die Betonung legt und was man in den Mittelpunkt stellt. Wenn man der gegenwärtigen Begegnung seine Aufmerksamkeit schenkt, können unbeendete historische und/oder genetisch determinierte Begegnungen schneller entdeckt werden. Außerdem stellt die Vervollständigung der gegenwärtigen Begegnung unweigerlich das notwendige Mittel dar, um alte, unbeendete Situationen abzuschließen. Das geschieht häufig, ohne daß man sein Gedächtnis in Anspruch nehmen oder Verbindungen zur Gegenwart herstellen muß, obwohl dies nach einer vervollständigten gegenwärtigen Begegnung oft unwillkürlich geschieht.

In einem Fall begann der ziemlich verschlossene, ordentliche, beherrschte, stets höfliche und äußerst kooperationsbereite Ehemann die Sitzung, indem er distanziert zu mir sagte:

Ehemann: Manchmal fühle ich mich von anderen Menschen überfordert.

Therapeut: Von wem? (*Um ihn dazu zu ermutigen, seine Äußerung noch zuzuspitzen.*)

Ehemann (*vage*): Von zahlreichen Leuten.

Therapeut: Sie finden es jedenfalls so wichtig, daß Sie es mir sagen. (*Wiederum auf eine Zuspitzung drängend, diesmal verbunden mit einem Wink.*)

Ehemann: Ich glaube, Sie sind einer davon.

Therapeut: Sie glauben?

Ehemann: Ich habe gelegentlich gedacht, daß Sie zuviel von mir verlangen. Selbst jetzt – die Art, wie Sie mit mir reden; Sie scheinen mehr von mir zu erwarten, als ich Ihnen geben kann.

Therapeut (*Jetzt, da er zu mir, über uns, im Hier-und-Jetzt gesprochen hat, kann man mit ihm „verhandeln". Wir können damit anfangen, unsere verschiedenen Wahrnehmungen zu erforschen.*): Im Augenblick verlange ich nur, daß wir dem anderen so klar wie möglich sagen, was wir von ihm wollen.

Ehemann: Ich habe das Gefühl, daß Sie immer noch mehr von mir verlangen.

Therapeut (*Still prüfe ich mich, ob ich vielleicht wirklich mehr verlange, finde aber nichts. Dann kommt mir plötzlich ein Gedanke.*): Versuchen Sie mal etwas: Drücken Sie das Ganze einmal umgekehrt aus.

Ehemann: Sie meinen, ich soll den Gedanken ausdrücken, daß ich mehr von Ihnen erwarte als Sie mir geben können?

Er bemühte sich ernsthaft mitzuarbeiten, aber er tat nicht das, was ich ihm vorgeschlagen hatte. Statt dessen leitete er seinen Satz mit „Sie meinen...?" ein und kleidete ihn in eine Frage. Ich hatte jedoch den Eindruck, daß die Frage tatsächlich der Klärung dienen sollte und nicht eine begegnungshemmende Taktik war. Also antwortete ich einfach mit „Ja". Einen Augenblick lang saß er schweigend aber innerlich arbeitend da, sah mich nachdenklich und direkt an und sagte dann: „Ich möchte, daß Sie mir helfen. Ich möchte mehr von Ihnen als ich bekomme. Ja, das stimmt (mit wachsender Erregung). Ich glaube nicht, daß Sie mir geben werden, was ich brauche." Offensichtlich betroffen verfiel er in Schweigen.

„Wiederholen Sie den letzten Satz", schlug ich vor, denn ich wollte, daß er seine Erregung steigerte, die mir sagte, wie wichtig dieser Satz für ihn war. Aber es hatte bereits gewirkt, und meine Bemerkung war überflüssig. Er sagte traurig: „Ich habe Ihnen gerade nicht zugehört. Ich habe mich plötzlich als Kind gesehen, wie ich auf dem Fußboden des Wohnzimmers saß. Ich muß wohl so neun oder zehn Jahre alt gewesen sein. Mein Vater saß in seinem Schaukelstuhl und las die Zeitung." Er verfiel wieder in Schweigen, und ich schlug ihm vor: „Bleiben Sie dort, und sprechen Sie mit ihm. Sagen Sie ihm, daß er Ihnen nicht gibt, was Sie brauchen." Er fing an zu weinen, als er sagte: „Bitte, leg doch die Zeitung weg und schenk mir deine Aufmerksamkeit..."

Diese affektbeladene Begegnung mit seinem Vater bildete den Anfang für seine Arbeit an der Vervollständigung dieser Begegnung. Wie sich später herausstellte, sah er andere immer weniger als Personen, die zuviel von ihm verlangen.

Angenommen, in dem vorher erwähnten Beispiel von dem Liebespaar wäre einer der beiden aus Angst (Angst, seiner Einsamkeit ins Gesicht zu sehen) oder möglicherweise auch mit dem Vorhaben, sich für irgendeine Art von Liebesentzug zu rächen, zu der Begegnung gekommen. Der Orgasmus hätte dann wahrscheinlich nicht zu einer entspannten Befriedigung, sondern eher zu Schlaflosigkeit und erhöhter Anspannung geführt. Angenommen, in dem Fall von den beiden Passanten wäre es demjenigen, der sich gefragt hatte: „Was starrt der mich so an?" nicht gelungen, diesen Gedanken loszuwerden, sondern er wäre ihm immer wieder durch den Kopf gegangen. Er hätte dann vielleicht den anderen verdächtigt, daß dieser ihn taxiert habe, weil er ihm etwas antun wolle. Für einige Teilnehmer sind das unvollständige Begegnungen, denn für sie spiegeln diese Begegnungen unerledigte Angelegenheiten aus früheren Situationen wider, und sie verstärken ihre Unfähigkeit noch, indem sie nun eine weitere unbeendete Begegnung hinzufügen.

Wenn sich eine Person in einer gegenwärtigen Begegnung anders verhält als in früheren, so hat sich ihr Lebensweg verändert, und zwar unabhängig von vergangenen, unabgeschlossenen Begegnungen. Wenn sich also der verhinderte Liebhaber seiner Bedürfnisse bewußt werden könnte, dann könnte auch jene Begegnung befriedigender ablaufen. Wenn der Passant auf der Straße seinen vermeintlichen Angreifer ansprechen könnte, dann könnte das zu einer nützlichen Klärung der Situation führen. Wenn diese Beispiele auch stark vereinfacht sind, so deuten sie doch Möglichkeiten an, wie das Verhalten dadurch geändert werden kann, daß man seine Aufmerksamkeit auf die Begegnung richtet und versucht, sie zu verbessern. Auf diese Möglichkeiten soll in dem vorliegenden Buch näher eingegangen werden.

Man könnte an diesem Punkt natürlich einwenden, daß Bewußtheit allein vielleicht nicht unbedingt zu einem anderen Verhalten bei dem Liebhaber geführt hätte. Ebenso hätte sich vielleicht auch nichts geändert, wenn der eine Passant den anderen hätte ansprechen können. Zugegeben. Aber selbst wenn die schlichte Bewußtheit oder einfache Anregungen schlechte Verhaltensmuster nicht immer beheben oder verändern, so ist es doch erstaunlich, wie oft sie hilfreich sind. Und auch, wenn das nicht der Fall sein sollte, ist das Studium des Begegnungsverhaltens innerhalb der therapeutischen Sitzung sehr viel fruchtbarer als das Forschen in der Vergangenheit, das dazu neigt, die Dauer der Therapie an die Dauer des früheren schlechten Begegnungsverhaltens anzupassen.

Jede Person in einer Begegnung trägt für sich selbst die Verantwortung, wenn es darum geht, die Begegnung so zu nutzen, daß sie das bekommt, was sie braucht. Ob eine Begegnung als erfolgreich anzusehen ist, ist eine individuelle Angelegenheit, d.h. jede an der Begegnung beteiligte Person muß das für sich allein entscheiden. Eine erfolgreiche Begegnung für den einen fällt oft mit einer erfolgreichen Begegnung für den anderen zusammen, aber ein doppelter Erfolg muß sich nicht unbedingt einstellen. Die Begegnung als solche ist die Matrix für menschliches Verhalten, aber es sind die einzelnen Personen, die die Begegnung bilden, die Aufmerksamkeit fordern und die die Ergebnisse der einzelnen Teilnehmer beurteilen.

Bevor ich mit einer detaillierteren Erörterung der Begegnung anfange, möchte ich ein paar meiner Prämissen oder Vorurteile, wenn Sie so wollen, klar darlegen: Die Verantwortung für eine Begegnung ruht ausschließlich auf den Schultern jeder einzelnen, an der Begegnung beteiligten Person, egal ob es sich um Mann, Frau oder Kind handelt. Gleichzeitig kann jedoch niemand als für eine Begegnung allein verantwortlich angesehen werden. Die Verantwortung in einer Begegnung verteilt sich gleichmäßig und vollständig auf jeden Teilnehmer. Die vorstehenden Erklärungen scheinen auf den ersten Blick widersprüchlich zu sein, sie bringen jedoch eine faire Einschätzung zum Ausdruck.

In einer Begegnung haben Handlungen, die aus Unwissenheit begangen werden, eine genauso starke Bedeutung wie vorsätzliche Handlungen, da die Konsequenzen des Verhaltens und nicht die Absichten das Kriterium darstellen. Allgemein gesagt basiert unser Sozialkodex auf der Prämisse, daß ausgeführte Handlungen verwerflicher sind als unterlassene Handlungen. Wir sind nicht schuldig, wenn wir einen Mord beobachten oder wenn wir uns selbst ermorden lassen. Ein Zeitungsartikel berichtet über den Mord an einem

Mann, den ein 15jähriger Junge verübt hat, der vermutlich damit die Ehre seiner Mutter retten wollte. Der Mann und die Mutter des Jungen hatten sich gerade voneinander getrennt. Der Mann kam zurück, schlug bedrohlich auf die Tür ein und bestand darauf, seine ehemalige Geliebte zu sehen. Die Mutter kauerte sich angsterfüllt nieder, und der Junge sprang ihr zu Hilfe und tötete den Mann. Der Ermordete wurde natürlich nicht als der Mörder angesehen, und die Mutter des Jungen wurde auf freien Fuß gesetzt. Nur der Junge wurde festgenommen. Meiner Ansicht nach hätten alle drei unter Anklage gestellt werden müssen: der Junge war für seine Tat verantwortlich, der Ermordete für die Anstiftung und die Mutter für ihr unterlassenes Handeln. Sie „tat" nichts. Untätigkeit, Naivität, Hilflosigkeit und Angst sind einige von vielen Verhaltensweisen, die wir dazu benutzen, unsere Verantwortung in einer Begegnung abzugeben. Derartige Verhaltensweisen verringern nicht die persönliche Schuld, aber, wie beabsichtigt, verringern sie oft erfolgreich die Kritik seitens anderer.

Ich bin mir dessen bewußt, daß ich mich zu Beginn eines Streits, noch bevor ich irgend etwas über die Begleitumstände weiß, fast automatisch immer für den Unterlegenen einsetze. Bei Ihnen mag das anders sein. Es ist wertvoll zu wissen, wo jeder von uns in bezug auf verschiedene Verhaltenstaktiken steht. Wenn man mit Familien arbeitet, wird einem im allgemeinen schmerzlich bewußt, daß die unterdrückte Partei gar nicht so schwach ist und häufig aufgrund der Unterstützung anderer Familienmitglieder einen stärkeren Einfluß ausüben kann als irgendeine andere Person in der Gruppe. Das Leben aller Mitglieder einer Familie wird oft dadurch gelenkt, daß Verhaltensweisen, wie Selbstmorddrohungen, Ängste oder Krankheiten unwidersprochen hingenommen werden.

In einer vierköpfigen Familie kontrollierte die Mutter, die seit 18 Jahren in Einzeltherapie war, jede Bewegung innerhalb ihrer Familie durch ihre Ängste. Natürlich unterstützten die anderen Familienmitglieder sie unbewußt dabei. Wann die Familie ausgehen sollte, ob die Familie überhaupt ausgehen sollte, wo die Familie leben sollte, in welche Schule die Kinder gehen sollten – über fast alles entschied die Mutter. Schließlich war sie ja die Kranke und „konnte nichts dafür". Deshalb war man übereingekommen, daß all ihre angstvollen Bedürfnisse erfüllt werden mußten. Als der Therapeut nach ihren 18 Jahren Einzeltherapie in den Ruhestand trat, überwies er sie an mich. Ich weigerte mich, mit ihr zu arbeiten, wenn sie nicht ihre ganze Familie mitbrächte. „Ich habe Angst, sie zu fragen", antwortete sie, worauf ich entgegnete: „Ich nicht".

Ich sprach mit ihrem Mann, der äußerst kooperationsbereit war und es schaffte, eines der Kinder dazu zu bringen, ihn und seine Frau zur ersten Sitzung zu begleiten. In dieser Sitzung wurde es ganz deutlich, daß die Frau durch ihre Ängste jegliche Art konstruktiver Begegnung verhinderte, und ich versuchte von Anfang an energisch, dagegen anzugehen. Ich kam zu dem Schluß, daß diese Frau immer dann, wenn sie sagte: „Ich habe Angst", eigentlich damit meinte „Ich will oder mag irgend etwas nicht". Ich bot ihr und ihrer Familie diese Deutung an. Sie wies sie natürlich sofort zurück, und wir hatten eine fürchterliche Auseinandersetzung. Das Ergebnis war, daß dem Ehemann bewußt wurde, daß seine Frau nicht das zerbrechliche Geschöpf war, für das er sie all die Jahre gehalten hatte.

Ich weigerte mich, mit der Familie weiterzuarbeiten, wenn sie nicht auch noch ihren anderen Sohn mitbrächte. Die Mutter sagte natürlich spontan, daß sie Angst habe, ihn zu fragen, da er dann möglicherweise zuhause ausziehen würde. Der Vater, ein stiller Mann, der sich an die Familie angepaßt hatte, indem er elf Stunden am Tag und sechs Tage in der Woche arbeitete, faßte sich nach allem, was er an diesem Tag gesehen hatte, ein Herz und antwortete: „Ich habe keine Angst. Das Schlimmste, das passieren könnte, wäre, daß er das Haus verläßt. Er ist 20 Jahre alt. Es könnte ihm nicht schaden. Ich glaube nicht, daß er so leicht noch einmal jemanden wie dich findet, der ihm wie auf Bestellung sein Essen bringt, während er auf dem Sofa liegt und fernsieht." Mein durch den Vater unterstützter Vorschlag lautete, daß der Sohn, sollte er Teil der Familie sein, sich auch an unserer gemeinsamen Arbeit als Familienmitglied zu beteiligen habe. Falls nicht, gelte er als Kostgänger und ihm seien, sofern sie einen Kostgänger im Haus haben wollten, Kost und Logis in Rechnung zu stellen. Anderenfalls hinaus mit ihm!

Der junge Mann zog aus und hielt das drei Wochen lang durch. Vor Ablauf der vierten Woche war er wieder ins Elternhaus gezogen. Er nahm an unserem Familiengespräch teil, und die Mutter berichtete fröhlich: „Zum ersten Mal in seinem Leben hat er meine Kochkünste gelobt." In dieser wie in jeder anderen Familie hatte es der aktiven Familienarbeit aller Familienmitglieder bedurft, damit das begegnungshemmende Verhalten aufrechterhalten werden konnte.

Die Anwesenheit von kleinen Kindern in der Therapie kann unergiebig sein, da sie in der Familie gefangen sind und ihnen häufig ein gutes elterliches Vorbild fehlt. Manchmal ist jedoch ihre Unschuld äußerst aufschlußreich, denn dadurch kann die Dynamik der familiären Interaktion aufgedeckt werden. Außerdem ist ihre Anwesenheit in der Therapie für sie eine ausgesprochen wertvolle Lernerfahrung.

Gegen Ende eines Erstgesprächs mit einem Ehepaar und deren 22jähriger Tochter, die gerade aus der Klinik entlassen worden war, in die man sie wegen eines akuten psychotischen Schubes eingewiesen hatte, ergriff die Tochter zum ersten Mal das Wort und sagte: „Wir hätten Sie haben sollen, als ich zehn war." Das geschah, nachdem ich ihre Eltern mit einigen ihrer gröberen begegnungshemmenden Verhaltensweisen konfrontiert hatte. Ich drehte mich zu ihr und antwortete: „Sie sind jetzt aber nicht mehr zehn Jahre alt." In Begegnungen gibt es keine Opfer und Täter, die unterschiedliche Verantwortung tragen. Ich muß noch einmal betonen, daß jede Person in einer Begegnung für sich selbst voll verantwortlich ist. Gleichzeitig kann keine Einzelperson als für die Begegnung allein verantwortlich angesehen werden. Es ergeben sich immer irgendwelche Konsequenzen, ganz gleich, ob die Verantwortung anerkannt wird oder nicht.

Schuldzuweisungen sind eine Variante des Versuchs, in einer Begegnung die Verantwortung abzugeben. Es ist der Versuch, die anderen durch Einschüchterung zu kontrollieren und gleichzeitig die Verantwortung dafür zu leugnen, um kein schlechtes Gewissen haben zu müssen. Mit diesem Vorgehen erweist der Beschuldigte sich selbst einen Bärendienst, denn wenn er damit Erfolg hat, kommt es zu einer manipulierten Situation, in der es in gegenseitigem Einverständnis eine kontrollierende und eine kontrollierte Partei gibt. Sollte der Schuldzuweisungstrick fehlschlagen, so ist dabei immer noch Energie verschwendet worden, die man besser darauf hätte verwenden können, aus der Begegnung das herauszuholen, was man braucht. Menschen, die anderen die Schuld zuschieben, erleiden natürlich dasselbe Schicksal und erliegen bisweilen solchen Einflüssen, egal, ob ihnen die Schuld von jemand anderem oder von ihrem eigenen Gewissen gegeben wird. Die Folgen sind unabhängig vom Ursprung dieselben.

Die Verantwortung wird oft fälschlicherweise so gesehen, als sei man für eine andere Person verantwortlich. „Du kommst deiner Verantwortung nicht nach..." kann ein Ehegatte zum anderen sagen, ein Elternteil zu einem Kind, ein Arbeitgeber zum Arbeitnehmer oder auch umgekehrt. In diesen Fällen haben die Personen für gewöhnlich die Erwartung, daß der andere eine Verpflichtung einhält. Diese erwartete Verpflichtung kann folgendermaßen zum Ausdruck gebracht werden: „Das, wovon ich will, daß du es tust oder wovon ich annehme, daß du es tun wirst, basiert auf Äußerungen, die du in der Vergangenheit gemacht hast oder auf deinem damals gezeigten Verhalten. Es kann nicht auf dem basieren, was du jetzt tust, denn ich weiß nicht, was du jetzt bist, solange du es mir nicht durch dein jetziges Verhalten zeigst."

Persönliche Verantwortung, also die Fähigkeit, eine Verpflichtung einzuhalten, ist im wesentlichen ein inneres Phänomen jedes Einzelnen. Sie basiert auf den psychischen Determinanten, die zu einem bestimmten Zeitpunkt in einem Menschen vorhanden sind; mit anderen Menschen hat sie wenig zu tun. Der Begriff „Verantwortung" hat mittlerweile soziale Implikationen und wird als gesellschaftliche Waffe benutzt, mit der man die anderen angreifen kann, wenn sie unsere Erwartungen nicht erfüllen. Jeder von uns hat die Verpflichtung, sein Blickfeld für das, was man vom anderen erwarten kann, so stark wie möglich zu erweitern. Wenn unsere Wahrnehmung fehlerhaft ist, dann ist es vielleicht weise, zuerst bei sich selbst nach der eigenen Blindheit zu suchen, statt einer anderen Person das Etikett „verantwortungslos" zu verpassen.

An dieser Stelle möchte ich nicht auf eine breitere Anwendung dieses Prinzips auf unser gesamtgesellschaftliches Gefüge eingehen, aber ich denke, daß es für die therapeutische Begegnung sowohl entscheidend als auch gültig ist. Man könnte sich jedoch durchaus fragen, ob nicht jede soziale Einrichtung, die dem Zweck dient, die Einhaltung von Verpflichtungen durchzusetzen und Versäumnisse zu bestrafen, auch gleichzeitig das persönliche Verantwortungsgefühl beeinträchtigt.

Ich kann nur mir selbst gegenüber und für mich selbst verantwortlich sein. Mehr nicht. Dieser Gedanke ängstigt viele Menschen, und das Wort „Anarchie" kommt ihnen in den Sinn. Wenn man sich selbst gegenüber und für sich selbst verantwortlich ist, geschieht jedoch gerade das Gegenteil: es führt dazu, daß man anderen gegenüber mehr Verantwortung übernimmt. Wir können nicht etwas geben, das wir nicht haben. Anarchie entsteht eigentlich aus übertriebenen und erzwungenen Verpflichtungen. Nur wenn ich für mich selbst Verantwortung übernehme, kann ich anderen gegenüber Verpflichtungen eingehen und sie auch einhalten. Mein persönliches Verantwortungsgefühl sollte nicht soweit gehen, daß ich es als eine Art Privileg empfinde oder als Waffe gegen andere verwende, die diese dann gegen mich richten können. In diesem Fall würde es zu einem verabscheuungswürdigen sozialen Unkraut, dessen Frucht für den Beschuldigenden und den Beschuldigten gleichermaßen giftig ist. An den Folgen trägt niemand die Schuld, und doch haben alle sie zu verantworten.

Die Ziele von Begegnungen

Eine erfolgreiche Begegnung muß im wesentlichen vier Kriterien erfüllen. Diese Kriterien können dementsprechend auch die Gradmesser für mangelhafte Begegnungen sein.

1. Ich sollte in jedem Augenblick genau wissen, „wer ich bin". Dies erfordert eine dynamische Bewußtheit darüber, was ich von Augenblick zu Augenblick brauche.
2. Eine einfühlsame Wahrnehmung oder Einschätzung der Personen, mit denen ich zusammen bin und des Kontextes unserer Begegnung.
3. Die Entwicklung und Anwendung meiner Handhabungsfähigkeiten, damit ich so effektiv wie möglich das aus der Begegnung herausholen kann, was ich brauche. Dieser Aspekt ist wichtig.
4. Die Fähigkeit, eine Begegnung abzuschließen. Dies ist möglicherweise der wesentlichste Aspekt. Er beinhaltet, daß ich jegliches unbeendetes Gefühl vervollständige, das vielleicht eine Kluft zwischen dem ursprünglichen Ziel der Begegnung und den tatsächlichen Ergebnissen repräsentiert. Es ist ein verbrei-

teter Irrtum, nicht abgeschlossene Begegnungen mit nicht erreichten Zielen gleichzusetzen. Das Ziel einer Begegnung besteht darin, daß wir unsere psychologischen Vorgänge mit der anderen Person zu einem Abschluß bringen, nicht aber notwendigerweise, daß wir die ursprünglichen Bedürfnisse, die wir in die Begegnung mitgebracht haben, als erfüllt ansehen können.

In früheren Psychotherapiemodellen ging man im wesentlichen davon aus, daß das Pathologische ausschließlich in der ersten der oben genannten Kategorien zu finden sei, d.h. in der Verschleierung des „ich bin". Als Patienten galten daher die, die um Hilfe baten. Warum sollten wir auch unsere Zeit mit denen verschwenden, die nicht genug wissen, um Hilfe zu erbitten?

Die Personen, die als „persönlichkeitsgestört" diagnostiziert wurden, also diejenigen, die z.B. nicht unter Ängsten oder Depressionen litten und deshalb auch nicht zum Psychiater gingen, um ihn um Hilfe zu bitten, wurden weitgehend als nicht therapierbar angesehen. Man nahm lediglich an, daß sie pathologisches Verhalten in anderen Personen auslösten. Sie wurden diagnostiziert, etikettiert und weggeschickt. Ihr Problem war, daß sie keine ausgesprochenen Zweifel daran hatten, wer sie waren. Sie waren Vernunftgründen nicht zugänglich. Sie verspürten keinen Leidensdruck, und von daher fehlte ihnen die Motivation, um das zu bitten, was wir ihnen geben wollten. Die Wohlwollendsten unter uns sahen sie als ernstlich leidend an – so ernstlich, daß wir uns veranlaßt sahen, den Patienten nachsichtig zu unterstellen, sie seien unveränderlich, unerreichbar und steinern geworden.

Dieses frühere Therapiemodell sagte im wesentlichen auch, daß Störungen in der zweiten und dritten Kategorie eine Angelegenheit für Sozialarbeiter seien, da es in diesen Fällen nur um vernünftige Ratschläge und um Anregungen zur Veränderung der Umgebung gehe. Der vierten Kategorie, also der Vervollständigung unbeendeter Gefühle, widmete man zumindest etwas Aufmerksamkeit. Um jedoch überhaupt in Frage zu kommen, mußte das unbeendete Gefühl aus der Kindheit abzuleiten sein, und man betrachtete es mit Skepsis, wenn es erst aufgrund von Erlebnissen jüngeren Datums entstanden war.

In der Haltung den sogenannten Persönlichkeitsstörungen gegenüber kam eine krasse Projektion zum Ausdruck: wir waren nicht etwa ungeschickt, sondern sie waren unerreichbar. In der Familientherapie werden wir mit vielen Leuten konfrontiert, die man als persönlichkeitsgestört bezeichnen würde. Es stimmt, daß sie die Probleme als nicht zu ihnen gehörig betrachten. Es stimmt, daß sie nicht auf die üblicherweise gelehrten psychotherapeutischen „Techniken" reagieren, aber sie sind nicht aus Stein; sie reagieren sehr wohl. Wenn man das Therapiemodell verändert und der Therapeut nicht nur versteinert dasitzt, dann kommen diese Leute in die Therapie, sie arbeiten in der Therapie, und sie verändern sich im Laufe der Therapie.

Eine weitere verhängnisvolle Konsequenz, die sich aus früheren Therapiemodellen ergab, war folgende: immer, wenn wir einmal die Prämisse akzeptiert hatten, daß das Problem ausschließlich in der Frage lag, wer „ich bin", untersuchten wir eigentlich nur, wer „ich" war. Und der nächste Schritt: „Um mich zu verändern, muß ich aufgrund meiner Vergangenheit etwas ungeschehen machen." Das ist falsch. Wenn wir feststellen, daß der Mangel in allen vier oben aufgeführten Bereichen besteht, die für eine erfolgreiche Begegnung notwendig sind, sehen wir das Verhalten als etwas, das sehr viel flexibler ist als früher angenommen wurde. Verhaltensänderungen können oft als Folge einer einmaligen Konfrontation mit einem neuen, effektiveren Verfahren angesehen werden.

Menschen sind so facettenreich wie Edelsteine, die an einem Faden hängen und sich willkürlich drehen. In jedem Augenblick zu wissen, „wer ich bin", ist eine äußerst schwierige Aufgabe, bei der man sich darüber bewußt sein muß, welche Facette oder welches Bedürfnis gerade zuoberst liegt und wie es in der Begegnung am direktesten zum Ausdruck gebracht werden kann. Man könnte sich durchaus fragen: „Bin ich zu irgendeinem beliebigen Zeitpunkt meine Bewußtheit oder bin ich zu irgendeinem beliebigen Zeitpunkt mein Bedürfnis?" Weiterhin: „Bin ich das, was ich zu irgendeinem beliebigen Zeitpunkt gerade bin oder bin ich das, was ich zu irgendeinem beliebigen Zeitpunkt gerade tue?" Wie *Pirandello*s Figuren könnte man fragen: „Bin ich in jenem Augenblick das, von dem ich denke, das ich es bin oder das, von dem irgendein anderer denkt, daß ich es bin?" Kann ich zu irgendeinem beliebigen Zeitpunkt überhaupt wissen, was ich bin oder kann ich das erst im Nachhinein, d.h. nach meinem Erlebnis wissen?

Die Verwirrung hinsichtlich der eigenen Identität umfaßt sehr viel mehr als die zugegeben schwierige Aufgabe der Identifikation und Trennung von den Elternfiguren. Sie beinhaltet erlernte Muster darüber, was einem bewußt und was einem nicht bewußt sein sollte. Diese Muster übernimmt man oft unbeabsichtigt von der Art der familiären Interaktion. Der Denkprozeß und die gesellschaftliche Einrichtung, die diesen Denkprozeß zum Vorschein bringt, bilden ein sich unaufhörlich erweiterndes Potential für Verwirrung über die eigene Identität. Identität verbindet sich häufig eher mit dem, was man zu sein glaubt oder was die Gesellschaft einem zu sein vorschreibt, als damit, daß man das anerkennt, was man durch seine eigenen Gefühle und Erlebnisse ist. Dies wird im folgenden noch zu erörtern sein, wenn wir eine zugegebenermaßen künstliche Einteilung der menschlichen Persönlichkeit in die Komponenten Selbst, Selbstbild (soziales Selbst oder Selbstkonzept) und Sein vornehmen.

Lassen Sie uns zur Veranschaulichung die folgende Äußerung näher betrachten: „Ich möchte ihn am liebsten zum Teufel schicken, aber ich sollte eigentlich vernünftiger sein. Ich weiß nicht, wie ich mich verhalten soll." In dieser Aussage kommen die drei voneinander getrennten (oder, wenn Sie so wollen, nicht integrierten) Facetten der Person gleichzeitig zum Ausdruck: das Selbst (*self*), das Selbstbild (*self-image*) und das Sein (*beingness*). Zunächst einmal ist da das „Ich", das etwas möchte – es verkörpert das Selbst. Dann ist da das „Ich", das etwas sollte (das Selbstbild oder Selbstkonzept). Es verkörpert die erlernte Vorstellung von dem, was diese Person sein sollte. Und schließlich gibt es noch das unentschlossene „Ich", das den augenblicklichen Zustand des Seins widerspiegelt. Der Zustand des Seins, in diesem Fall die Unentschlossenheit der Person, ist die Gesamtschau dieser Person in diesem Augenblick, unabhängig von dem „Ich", mit dem sich die Person identifizieren mag. Ein Beispiel: „Ich bin kein unentschlossener Mensch" (allgemein gesprochen). „Ich möchte ihm *wirklich* sagen, daß er verschwinden soll, aber irgend etwas sagt mir, daß ich das besser nicht täte" (immer noch unentschlossen).

Das Sein ist die entscheidende Verkörperungsinstanz. Das bedeutet nicht, daß wir die anderen „Ichs" ignorieren sollten, sondern daß wir anerkennen sollten, daß unser Sein unser Verhalten ausmacht, ob wir es zugeben oder nicht. Unser Sein bestimmt die Folgen unseres Daseins, ganz gleich, ob uns das nun gefällt oder nicht.

Ein Ziel der Therapie besteht darin, diese Komponenten wieder zu vereinen, so daß das Verhalten ein Ausdruck der *ganzen* Person ist – ein „ich bin", das uneingeschränkt in absichtlichen Handlungen zum Ausdruck kommt. Eine Aufgabe des Therapeuten ist es, den Patienten darin zu unterstützen, alle Komponenten miteinander zu konfrontieren, bis man eine Regelung gefunden hat, die allen drei Komponenten entgegenkommt. Damit meine ich keinen Waffenstillstand oder eine unangenehme Koexistenz, sondern vielmehr eine emotional erlebte Integration.

Das kann manchmal dadurch erreicht werden, daß der Therapeut vom Patienten ein aktives Erforschen jeder Persönlichkeitsnuance fordert. Dieses Erforschen erfolgt (wie beim Psychodrama) anhand ernsthafter Identifikation und Konfrontation aller drei Komponenten untereinander, wobei ständig die Positionen getauscht werden, bis man Lösungen findet. Gleichzeitig kann der Therapeut dadurch, daß er immer die „Ich"-Komponente, die den Seinszustand einer Person verkörpert, im entsprechenden Augenblick zur Verantwortung zieht, heimliche Manöver abwehren, die den Integrationsversuch vereiteln sollen. Befolgt der Patient z.B. den Vorschlag des Therapeuten, um dem Therapeuten zu gefallen und nicht, um sich selbst kennenzulernen, dann obliegt es dem Therapeuten, die Aufmerksamkeit darauf zu lenken, wie sich die Person in dem Augenblick gibt: z.B. wie ein dressierter Affe oder wie ein fügsames Kind, das das Wohlwollen des anderen möchte. Diese Konfrontation sollte so energisch wie möglich vonstatten gehen, damit weiteres zuwiderlaufendes Verhalten verhindert wird, auch wenn der Patient beteuert: „Aber ich versuche doch..."

Das Sein trägt stets die Verantwortung, und Integration ist immer das Ziel. Aufgrund eigener Erfahrung hege ich jedoch die Befürchtung, daß es noch nie zu einer vollständigen Integration gekommen ist, so wie auch die Versuche, eine solche Integration (mit oder ohne therapeutische Hilfe) zu erreichen, niemals aufhören. Das liegt wahrscheinlich im Wesen psychologischer Vorgänge.

Jede Psychotherapie hat unter anderem das Ziel, die Bewußtheit darüber, „wer ich bin", zu erweitern. Das beinhaltet automatisch, daß man dem Patienten dabei hilft, Fertigkeiten zu entwickeln, damit er auch weiterhin seine Bewußtheit erweitern kann. Wenn man nicht erkennt, was eine Person von der Begegnung will, dann kündigt das schon ein Scheitern der Begegnung an, es sei denn, dieses Defizit wird zu einem offen eingestandenen Teil der Begegnung. „Ich habe das Bedürfnis, mit dir zusammen zu sein und mit dir zu reden, aber ich weiß nicht, was ich eigentlich will" ist ein ehrlicher und geeigneter Ausgangspunkt für eine Begegnung. Häufig ist er anderen Ausgangspunkten weit überlegen, die sich den Anschein geben, als deckten sie auch die Interessen anderer mit ab oder die vorgeben, es bestünden keine Eigeninteressen, und die dazu führen, daß man die Begegnung insgeheim verärgert beschließt. Infolge einer einengenden Sexualmoral wurde sexuelle Befriedigung oft fälschlicherweise für etwas gehalten, das „ich brauche", und das führte lediglich dazu, daß die betreffende Person Gewissensbisse bekam. Ein wichtigeres Bedürfnis, wie etwa „Ich bin einsam" statt „Ich habe sexuelle Bedürfnisse" ist in solchen Fällen, wenn überhaupt, allenfalls vorübergehend befriedigt worden.

Unsere Bewußtheit und Wahrnehmung der Verhältnisse sind das Ergebnis einer einzigartigen psychologischen Verzerrung, die jeder von uns entwickelt hat. Am besten überläßt man es den „Psychophilosophen", nach dem „Warum" dieser Verzerrung zu fragen. Die erlebnisaktivierende Psychotherapie will statt dessen die Bewußtheit über die eigene psychologische Verzerrung erweitern helfen und dabei das Potential für erfolgreichere Begegnungen vergrößern. Das geschieht dadurch, daß die relativen Unterschiede, die in unserer Selbstwahrnehmung und der Wahrnehmung anderer bestehen, während der Zeit, die wir zusammen sind, erforscht werden. Auf dieses Erforschen werde ich später noch genauer eingehen.

Wenn wir ein Kleinkind beim Spielen beobachten, bekommen wir einen Eindruck von der suchenden, erkundenden Umgangsweise mit den Gegenständen um sich herum, die für die wichtigste Lernphase unseres Lebens charakteristisch ist. Unbekannte Gegenstände ziehen unmittelbar die Aufmerksamkeit auf sich und laden zum Erkunden und Experimentieren ein. Auf unbekannte Geräusche reagiert das Kind augenblicklich, und vertraute Gegenstände werden immer wieder in die Hand genommen und überprüft. Zu diesem Verhalten gehört auch, daß das Kind andere beobachtet und nachzuahmen versucht, obwohl es sich nie nur darauf beschränkt. Das Herumexperimentieren mit den Gegenständen dient dem ausschließlichen Ziel, jene innere Spannung zu befriedigen, die wir manchmal als Neugier oder Interesse bezeichnen. Das Kind hat das Ziel, größtmögliche Erfahrungen mit dem Gegenstand zu machen, wobei Fertigkeiten im Umgang mit den Dingen entwickelt werden.

Diese jungen Menschen wissen auch, wie man eine Situation abschließt. Ein schmerzhafter Sturz hat zum Beispiel einen unmittelbaren und absoluten Affekt zur Folge – eine motorische Reaktion und fast ebenso augenblickliche Erleichterung. Fallen sie beim Treppensteigen hin, schlägt ihr Verhalten sofort in Weinen um, und sie kümmern sich um ihre Wunde, denn das ist die neuartige Beschäftigung, die ihre volle Aufmerksamkeit erfordert und die abgeschlossen werden muß. Wenn das erfolgt, entscheidet das Kind, ob es die Stufen weiter hinaufklettert, sich etwas anderem zuwendet oder vielleicht einfach liegenbleibt und schläft.

Für das Kind ist es immer am wichtigsten, das Gefühl, das mit dem Erlebnis verbunden ist, zu vervollständigen. Das Kind weiß, daß die Aufgabe Selbsterfüllung heißt und nicht die Erfüllung fremdbestimmter (Selbstbild-) Vorstellungen. Ebenso wie das Beenden einer äußeren Aufgabe angesichts eines subjektiven inneren Bedürfnisses an Bedeutung verliert, so liegt auch eine Einflußnahme auf andere Menschen, die über die Erfüllung eines bestehenden Bedürfnisses hinausgeht, außerhalb des Gesichtskreises des gesunden Kindes. Säuglinge und Kleinkinder vervollständigen jede ihrer Begegnungen. Vervollständigen kann dabei heißen, daß ich das bekomme, was ich will, daß ich meine Zeit neu ausrichte, daß ich mich hinsetze und weine, daß ich versuche, die Vervollständigung anderswo zu erreichen, nachdem ich mich versichert habe, daß ich alle Möglichkeiten für eine Vervollständigung im Rahmen der gegenwärtigen Begegnung gründlich ausgeschöpft habe – oder irgendeine Kombination der oben genannten Möglichkeiten.

Die Tatsache, daß unvollständige Begegnungen hingenommen werden, kommt oft durch solche verbitterten Bemerkungen zum Ausdruck, wie: „Es macht mir *wirklich* nichts aus"; oder: „Es stört mich nicht im geringsten", begleitet von einem Achselzucken, das zeigt, daß es den Betreffenden sehr wohl stört; oder hohnlächelnd:

„Es ist mir völlig schnuppe"; oder ein ineffektives: „Was nützt es mir denn, wenn ich weine?"; oder ein: „Na und?" Zu den wesentlichen Merkmalen erlebnisaktivierender Psychotherapie gehört die Bewußtheit darüber, wie wir unsere Fähigkeit, eine Begegnung zu vervollständigen, immer wieder hintertreiben, und es gehören auch Versuche dazu, die uns dabei helfen, unsere Fertigkeiten zur Vervollständigung einer Begegnung wiederzuerlangen. Nicht dazu gehören Erörterungen darüber, warum wir diese Fertigkeiten überhaupt verloren haben. Das Ziel besteht darin, Begegnungen abzuschließen und nicht, sie zu gewinnen.

Eine Ehefrau beklagt sich: „Ich bin den ganzen Tag herumgelaufen, um die besonderen Zutaten zu kaufen, die ich zum Backen seines Lieblingskuchens brauche. Mit dem Kuchen wollte ich ihn überraschen. Er aber kam gereizt von der Arbeit nach Hause, und als ich ihm den Kuchen zeigte, schmiß er ihn auf den Boden. Selbstverständlich war ich wütend. Nach all der Mühe, die ich mir gemacht hatte, nur um ihm etwas zu geben..." Es gibt in dieser Begegnung sicher mehr Aspekte, die genauer betrachtet werden müßten, aber im Augenblick möchte ich meine Aufmerksamkeit gern auf die Aussage der Frau und auf ihre Bemerkung beschränken, sie habe etwas „gegeben". Sie gab nicht, sie versuchte zu bestechen. Ihre geheime Abmachung könnte ungefähr lauten: „Zum Ausgleich für meine Bemühungen schuldest du mir riesigen Dank. P. S.: Ich bin so selbstlos, daß ich noch nicht einmal für mich selbst um Anerkennung bitte, sondern lediglich für mein Erzeugnis. Aus deiner Wertschätzung für meinen Kuchen werde ich dann schon deine Wertschätzung für mich hochrechnen." Der Ehemann erkannte deutlich diese „geheime" Abmachung und wehrte sich dagegen, indem er den Kuchen auf den Boden warf.

Diese Frau handelte nicht im Sinne der Selbsterfüllung. Sie handelte aufgrund ihres Selbstbildes, eines Bildes, das besagte, sie habe eine gute Hausfrau zu sein und dies dadurch unter Beweis zu stellen, daß sie „das tue, was eine gute Hausfrau tun sollte". Ihr Verhalten zielte darauf ab, daß sie von ihrem Mann die Anerkennung bekam, sie sei eine „gute Ehefrau".

Sie interessierte sich nicht wirklich für ihn. Der Mann, der nach Hause kam, war unglücklich und hätte etwas gebraucht, das zu entdecken sie sich nie die Mühe gemacht hatte. Sie hatte alle Hände voll damit zu tun, ein eigenes Bedürfnis zu befriedigen. Man werte dies nicht als Kritik; es soll lediglich einer Klärung der Probleme dienen. Das Bedürfnis, das sie zu befriedigen hatte, konnte sie nicht für sich selbst befriedigen, da es im Dienste ihres Selbstbildes oder ihres sozialen Selbst stand, und diese Art von Erfüllung bedarf immer der Anerkennung durch andere Personen. Hätte sie diesen Kuchen in ihrem eigenen „Selbst"-Interesse gebacken, dann hätte sie ihre Begegnung mit dem Kuchen dann vervollständigt, wenn dieser fertiggebacken war (oder wenn sie ihn gegessen hätte), und dann hätte sie sich befriedigt gefühlt.

In diesem Beispiel wurde durch das Backen des Kuchens das Selbstbild der Frau befriedigt; das Backen des Kuchens geschah für eine andere Person. Sehen wir uns im Gegensatz dazu etwas an, bei dem das Selbst befriedigt wird: Wenn eine Frau ein Baby zur Welt gebracht hat, empfindet sie entweder eine ruhige, entspannte Wachheit oder sie schläft einen erholsamen Schlaf. Sie braucht niemanden, der ihr sagt, daß sie in diesem Augenblick Erfüllung erlebt oder daß sie es gut gemacht hat. Ähnlich ist es bei einem Künstler, der mit seinem Werk zufrieden ist und zum nächsten schreitet. Denken wir des weiteren an ein Kind, das sich beim Spielen verausgabt hat; an irgendein mit Freude gespieltes Spiel oder ein erfülltes Liebesspiel. Erfüllung bedeutet Vervollständigung. Die Aufmerksamkeit kann sich neuen Dingen zuwenden. Das Interesse ändert sich. Das Engagement für diese Sache hört auf.

Vervollständigung ist im Verhalten erwachsener Menschen eine seltene Erscheinung. Sie wird ständig dadurch behindert, daß Unklarheit darüber herrscht, ob Menschen in eigenem Interesse handeln oder im Namen irgendeines sozial erwünschten Bildes (Selbstbildes), das ihnen vorschreibt, wie sie eigentlich sein sollten oder ob sie tatsächlich ihr *Sein* (die Integration von Selbst und Selbstbild) ausleben. Solche Unklarheit führt einen in die Irre, zu ungewollten Zielen und den sich daraus ergebenden Frustrationen und Konflikten.

Das wäre an sich noch nicht so schlimm, denn Perfektion kann es nicht geben. Schlimm ist jedoch die Tatsache, daß eine solche Verwirrung noch dadurch verstärkt wird, daß die Menschen aufgrund dieser Konflikte unfähig sind, Dinge hinzunehmen, anzuerkennen und schöpferisch tätig zu sein. Wie können wir denn durch Konflikte Freude empfinden und kreativ werden? Indem wir unsere persönlicheren Anliegen zum Ausdruck bringen und anderen mitteilen. Statt dessen ist es jedoch tabu, über diese Dinge zu sprechen, und es kann zu keiner Lösung kommen. Eine Vervollständigung der Begegnung wird damit unmöglich.

Gerade aus dem Ringen um Klarheit können Lösungen hervorgehen. Man könnte also die kuchenbackende Frau fragen: „Was haben Sie zu sagen? Können Sie Ihrem Herzen vielleicht dadurch näherkommen, daß Sie der Kuchen sind, der Sie ja in jenem Augenblick der Wahrheit schon fast waren? Können Sie nicht mit Ihrem Mann sprechen? Wollen Sie vielleicht sagen: ‚Ich bemühe mich so gut ich kann um deine Liebe und Wertschätzung, voller Angst, du könntest dich von mir abwenden. Ich mußte mich verkleiden, denn wäre ich offenen Herzens gekommen, und du hättest mich nicht angenommen, dann wäre ich gestorben. Ich habe gelernt, Versteck zu spielen. Dennoch bemühe ich mich weiterhin um deine Liebe, bemühe mich, allein dir zu gehören und zu deiner Erfüllung beizutragen. So sieht mein Bedürfnis aus'?, worauf er antworten könnte: ‚Dann kannst du ja zufrieden sein. Du hast ja meine Bedürfnisse erfüllt: mein Bedürfnis, wütend zu sein, mein Bedürfnis, etwas zu zerschmettern, mein Bedürfnis, dich zurückzuweisen – kurzum mein Bedürfnis, mein Verlangen nach deiner Liebe in diesem Augenblick zu leugnen.'"

Sie: Wie konntest du das nur tun?
Er: Das war leicht.
Sie: Du bist grausam.
Er: Gibt es in deiner Liebe keinen Platz für meine Grausamkeit? Mußt du ihre Existenz in mir leugnen? So eine Liebe finde ich fragwürdig.
Sie: Meine Liebe hat Grenzen. Willst du denn meine Zerstörung als Beweis?
Er: Ja.
Sie: (*überdenkt das Ganze noch einmal*) Dann muß ich wohl zerstört werden, denn ich gehöre dir.
Er: Jetzt bist du die Grausame. Wie kann ich denn mein Bedürfnis nach Liebe noch leugnen, wenn man mir so tiefe Liebe bezeugt?
Sie: Dann zerstöre mich, denn ich bin wirklich grausam.
Er: Und deine Grausamkeit zerstört meine Sperre; ich kann sie

nicht länger aufrechterhalten. (*Mit tränenerstickter Stimme*) Ich muß zugeben, daß ich deine hingebungsvolle Liebe brauche.

Sie verfällt in Schweigen. Beide umarmen sich. Irgendwie wissen beide, daß auch das vorübergeht und wiederkommt, denn Veränderung bleibt das einzig Beständige.

3 Theorie: Drei mal Ich

Theoretische Überlegungen zur Persönlichkeitsstruktur

Theoretisieren, wenn nicht gar die Theorie an sich, ist tückisch. Anfangs noch das Produkt unserer Phantasie, können sich die Theorien später zu machtvollen, beherrschenden und kontrollierenden Faktoren entwickeln. Wie ein Kind, das ganz einfach geliebt wird, so kann sich die Theorie weiterentwickeln und seine Umgebung bereichern; wie ein Kind, das mit Schmeicheleien überhäuft wird, so kann die Theorie zu einem Ungeheuer werden, das seine Umgebung einengt und zerstört. Die Theorie (das Kind) wird soviel Einfluß haben, wie der Therapeut (die Eltern) der Theorie (dem Kind) Macht zuschreiben. Viel zu oft lassen es Eltern und Therapeuten wegen ihres mangelnden Selbstwertgefühls zu, daß die Kinder und Theorien sie beherrschen und kontrollieren. Im Endeffekt schadet und schmerzt, behindert und beengt eine solche Macht geradeso, als wolle sie sich für die zügellose und maßlose Liebe rächen.

Ich habe beschlossen, alle Produkte des Denkprozesses (d.h. denken, planen, voraussehen, erinnern, einprägen, beurteilen usw.) als Phantasien zu bezeichnen, nicht etwa, um deren Wert zu mindern, sondern um mir meine eigenen Vorstellungen davon zu bewahren. Es ist mir zu gefährlich, mich auf andere zu verlassen. Ich verlasse mich lieber auf mich selbst. Theorien, besonders die, die als „wissenschaftlich" angesehen werden, sind für mich von besonderem Reiz. „Gute" Theorien überlagern oder verzerren oft die Erfahrungen, die ich selbst gemacht habe.

Ich habe jedoch selbst ein paar Theorien entwickelt, die ich nun als die Phantasien vorstellen werde, als die ich sie ansehen möchte. Den Lesern, die mit Theorien nichts anfangen können, empfehle ich, dieses ganze Kapitel zu überschlagen. In meiner Phantasie beginnt für uns alle das Leben mit dem psychologischen Stadium des *Seins*. Das heißt, wir funktionieren als ein eindeutig ausgerichteter, biologisch verwurzelter Organismus, der noch keinen Unterschied zwischen Innen- und Außenwelt machen kann. Im Laufe des Lebens trifft das Sein auf Objekte der Umwelt. Das daraus resultierende Verhalten bezeichnet man als Anpassung. Es gibt zwei Arten psychologischer Anpassung. Die eine kann einfach als primäre psychologische Anpassung bezeichnet werden. Sie besteht in der Vereinnahmung oder Einhüllung des umgebenden Objekts im rein biologischen Sinn. Ein Beispiel dafür wäre die Verdauung, bei der das Objekt zersetzt wird, nützliche Bestandteile absorbiert und Teil des Organismus werden, während der Rest ausgeschieden wird. Das ist ein schmerzloser Vorgang. Er führt zu einer stetigen Anpassung eines nun veränderten Organismus, der jedoch immer noch als ein einziges, in sich ausgewogenes Ganzes funktioniert, was in der Psychologie als Stadium des Seins bekannt ist. Sowohl der Organismus als auch das umgebende Objekt haben sich verändert.

Wir könnten diesen Vorgang auch aus dem Blickwinkel des umgebenden Objekts betrachten. Das umgebende Objekt, z.B. eine Karotte, dringt in den Organismus ein, benutzt hier alles Mögliche, um den Organismus zu verändern und kann nun, in seiner neuen Gestalt als Teil des Organismus, seine nicht mehr benötigten Bestandteile wie Fruchtfleisch, Farbe und die Bezeichnung Karotte ausscheiden bzw. aufgeben. Der sekundäre psychologische Anpassungsprozeß besteht in der Konfrontation von Organismus und umgebenden Objekt. Im Unterschied zur primären psychologischen Anpassung wird das umgebende Objekt jedoch nicht verdaut und integriert sondern wie ein Mantel benutzt, den der Organismus über einen Teil seines Seins deckt. Dieser zugrundeliegende („unterlegene") Teil des Organismus, der von diesem „überlegenen" Mantel bedeckt wird, ist nun kein Teil des Seins mehr. Man bezeichnet ihn nun als das *Selbst*. Das umgebende Objekt, das einen Teil des Organismus bedeckt und diesen somit verdüstert, wird als *Selbstkonzept, soziales Selbst* oder *Selbstbild* bezeichnet. Vor diesem ersten eindrücklichen Erlebnis gab es keine Teile wie Selbst oder Selbstbild. Beim sekundären psychologischen Anpassungsprozeß wird ein Aspekt des Seins in zwei neue Teile zerlegt: das Selbst und das Selbstkonzept. Vom Gedanken her könnte man diese Veränderung mit dem Entstehen einer Blase vergleichen.

Ein kleines Kind haut im Scherz auf einen Stuhl und tut sich dabei weh. Das Kind weint und ist nach einigen weiteren Versuchen in Zukunft vorsichtiger. Das umgebende Objekt, in diesem Fall der

Stuhl, verlangt ausschließlich, daß er erkannt wird. Er verlangt vom Kind nicht, daß es sein Verhalten ändert, er versucht nicht, dem Kind den Unterschied zwischen Gut und Böse beizubringen, und er will beim Kind auch keine Schuldgefühle für seine Tat hervorrufen. Er verlangt vom Kind nicht, daß es sein Verhalten ändert, ohne dabei die Wünsche des Kindes zu berücksichtigen. Das Kind kann weiter frei mit dem Stuhl herumexperimentieren und wird dies normalerweise auch tun, bis es die Beziehung zum Stuhl integriert und verarbeitet hat. Das ist primäre Anpassung.

Stellen Sie sich im Gegensatz dazu vor, dasselbe Kind würde im Scherz seiner Mutter ins Gesicht hauen, und zwar so, wie es auch auf den Stuhl hauen würde. Nun tut sich das Kind vielleicht wieder weh dabei, aber auch der Mutter tut es weh und es kann sein, das sie sagt: „Nein, nein, das darfst du aber nicht" oder „Aber, aber, du böser Junge". Vielleicht zieht sie sich auch zurück oder reagiert mit unangebrachter Gereiztheit, oder sie schlägt plötzlich zurück; vielleicht auch alles zusammen. Das Kind kann nicht länger frei herumexperimentieren und sein Erlebnis in seinem eigenen Tempo integrieren. Die Mutter versucht, das Verhalten des Kindes zu lenken, wann und wie sie will. Das Kind hat nun keine Wahl mehr. Unabhängig davon, wie sich die Mutter verhält und unabhängig davon, ob ihr Verhalten konsistent ist oder nicht – das Kind lernt nicht mehr aus seinen eigenen Erlebnissen heraus. Das Kind muß z.B. lernen, daß „Nein, nein" gleichbedeutend ist mit dem schmerzhaften Schlag auf den harten Stuhl, auch wenn es das aus seiner eigenen Erfahrung heraus nicht so empfindet. Tatsächlich lernt das kleine Kind die Zusammenhänge des „Nein, nein" oft durch Spiele mit der Mutter.

Im Namen der Liebe schreibt die Mutter dem Kind vor, wie es sich verhalten „sollte", ohne dabei das Erleben des Kindes zu berücksichtigen. Sie macht somit aus einer möglichen primären Anpassung ein sekundäres Anpassungserlebnis. Die Mutter täte besser daran, den schmerzhaften Schlag zu verhindern oder dem Kind ihre eigenen Bedürfnisse klarzumachen statt zu bekehren, belehren oder sich zu beschweren. Die Mutter wird hier als Prototyp genommen. Vater, Großmutter oder irgendeine andere Elternfigur sind damit natürlich genauso gemeint. Der sekundäre psychologische Anpassungsprozeß unterscheidet sich vom primären dadurch, daß Streß ein Teil des Anpassungserlebnisses wird.

Weitere Schwierigkeiten ergeben sich, wenn, wie wir häufig beobachten können, ein Elternteil das mit integrativem Erleben verbundene Weinen des Kindes durch Bemerkungen wie „Du mußt doch nicht weinen" unterbricht. Natürlich muß das Kind weinen, wie auch Erwachsene weinen müssen. Das Weinen des Säuglings, des Kindes und des Erwachsenen geht oft mit integrativem Erleben einher und sollte weder ermutigt noch entmutigt werden. In der Therapie mit Erwachsenen stellen wir oft fest, daß das Weinen ein mit tiefgehenden verhaltensändernden Kognitionen verbundenes Phänomen ist.

Ich empfinde den sekundären Anpassungsprozeß als „pathologisch", denn er führt zu innerer Disharmonie und verhindert das Integrieren der eigenen Erlebnisse. Dadurch verringert sich zwangsläufig die Bandbreite der möglichen menschlichen Erfahrungen. Die „Blase", also das Ergebnis dieses Anpassungsprozesses, zeigt sich in bestimmten, der Ursprungssituation ähnlichen Begegnungen. Solche „Blasen" werden oft von denen gelobt, die selbst welche haben. „Er ist so nett und so höflich. Niemals kommt ein böses Wort über seine Lippen". Die Tatsache, daß er nie für seine eigenen Bedürfnisse eintritt, allein in einer ein-Zimmer-Wohnung lebt, nur einen Bruchteil seiner Fähigkeiten einsetzt und im Alter von zwei Jahren zum letzten Mal geweint hat – all das ist dem Bewunderer nicht bewußt, und das interessiert ihn auch nicht. Er ist von der Schönheit der „Blase" geblendet.

Das erinnert mich an die Geschichte von einem Mann, der sich einen schlecht sitzenden Anzug kaufte. Ein Jackenärmel war zu lang, und so schlug der Verkäufer vor, den Ärmel leicht hochzuziehen und den Arm anzuwinkeln. Der Mann beklagte sich daraufhin, daß die Hose zu lang und in der Taille zu weit sei. So schlug der Verkäufer vor, die Hose hochzuziehen und mit dem Ellbogen den Hosenbund festzuhalten. Schließlich beklagte sich der Mann, daß der Anzug schlecht geschnitten sei, da eine Schulter viel höher säße. Er bekam den Rat, einfach die andere Schulter auch hochzuziehen. Der Mann kaufte den Anzug und konnte das Geschäft nur mit Mühe verlassen. Als er auf der Straße zwei Männern begegnete, sagte der eine: „Hast du den armen Kerl gesehen? Der war ganz verkrüppelt. Hatte bestimmt einen schweren Unfall". Der andere antwortete: „Ja, aber er hat auch einen guten Schneider. Hast du gesehen, wie ausgezeichnet sein Anzug saß?"

Die sekundäre Anpassung betrifft immer nur einen Teil des menschlichen Seins und nicht das ganze Sein. Die Empfänglichkeit für diese Art von Anpassung variiert in direktem Maße mit dem Grad der Beleidigung. Im Laufe des Lebens ändert sich dann die Empfänglichkeit in umgekehrtem Verhältnis zum Alter. Das hat einen einfachen Grund. Anfangs treffen alle Erlebnisse direkt auf das Sein. Bilden sich dann Blasen und Schwielen (Selbstbild), treffen die Erlebnisse oft nur auf diesen Teil des Menschen. Sowohl die Verletzung, die wir aus einer Begegnung davongetragen haben, als auch das damit verbundene Antwortverhalten werden sich also verändern. Mit zunehmendem Alter entwickeln wir ein einzigartig vielschichtiges Verhaltensmuster und eine Empfänglichkeit, durch die alle drei Teile, nämlich das Sein, das Selbst und das Selbstkonzept zum Ausdruck kommen. Es ist offensichtlich, daß es angesichts der unendlich vielen Persönlichkeiten auch eine unendliche Zahl von Kombinationsmöglichkeiten gibt.

Wird der Patient während der Therapie mit Aspekten des Selbst oder Selbstkonzepts konfrontiert, wird er sich entweder mit dem schikanierten Selbst oder dem überheblichen Selbstbild identifizieren, niemals jedoch mit beiden gleichzeitig und niemals nur mit dem einen, ohne daß er sich nicht etwas später auch mit dem anderen identifizieren würde. Ich höre oft den Satz: „Ich wollte es ihm ja sagen, aber ich konnte einfach nicht". Frage ich dann: „Wer oder was hat Sie daran gehindert?" hängt die Antwort davon ab, wie weit sich die Person von den Anteilen ihrer Person, die sie sich nicht eingestehen will, schon entfernt hat. Dieser nicht eingestandene Anteil wird vielleicht einfach verleugnet oder auf andere projiziert. „Man tut so etwas nicht", „Ich weiß nicht, was mich daran gehindert hat", „Etwas..." oder „Es war nur so ein Gefühl" – all das sind Beispiele dafür, wie die Verantwortung für diesen Anteil der eigenen Person verleugnet wird. Bei der letzten Antwort fühlt die Person die Wirkung des „es", identifiziert sich jedoch nicht mit ihm.

Projektionen kommen z.B. in folgenden Antworten zum Ausdruck: „Man hat mir nie beigebracht, zu sagen, was ich will" (hier sind Mutter und Vater die Schuldigen) oder „Ihm (dem man begegnet ist) würde das nicht gefallen".

Eine geläufige Redewendung ist: „Also habe ich mir gesagt...", worauf ich verdrossen und mit fast schon poetischem Einschlag antworte: „Wer hat das zu wem gesagt, und wer davon sind Sie?" Es gibt noch mehr solcher Ausdrücke: „*Ich* möchte ja, aber *ich* kann nicht", „*Ich* sollte nicht, aber *ich* werde es tun" oder auch „*Ich* möchte es ja, aber *ihnen* würde es schlecht gehen, wenn *ich* es täte".

Diese Beispiele machen vier „kranke" Eigenschaften der sekundären Anpassung deutlich. Zunächst einmal gibt es im Menschen „desintegrierte" Persönlichkeitsaspekte, d.h. er hat zwei polare Kräfte in sich: Ich tue es – ich tue es nicht; ich möchte – ich kann nicht; ich bin müde – ich sollte nicht müde sein. Manchmal wird einer dieser Aspekte abgespalten und versucht, ihn aus der eigenen Person herauszudrängen; er wird dann als *es* oder *sie* bezeichnet.

Des weiteren sieht sich der Mensch bei einer solchen Abspaltung immer nur als der eine Teil bei diesem inneren Kampf. Es, Gott, die Leute, sie, du, meine Eltern, mein Gewissen, die Zeit, Vererbung, die Umstände – all das sind Bezeichnungen, die wir gern dem anderen Teil in uns geben, d. h. dem Teil, dem wir zu diesem Zeitpunkt keine besondere Beachtung schenken wollen. „Ich weiß nicht, wie ich das tun konnte. Bestimmt lag es an..." Und hier können Sie Ihren Lieblingsausdruck einsetzen. Die Bezeichnung, die der Mensch zur Identifizierung verwendet, bestimmt die Worte und die dargebotene Persönlichkeit. Der abgespaltene, verleugnete Aspekt beeinflußt hingegen stark das gegenwärtige Verhalten. Beide Aspekte sind unabhängig voneinander, aber nicht gleich. Der Raum oder das Schlachtfeld, das zwischen diesen polaren Kräften liegt, wird durch etwas ausgefüllt, das wir als „Persönlichkeit" bezeichnen.

Es gibt nicht nur zwei polare Kräfte. Kritik gehört genauso zum Selbstkonzept, wie auch Unterwerfung und Hilflosigkeit Merkmale des Selbst sind. Das letzte „kranke" Anzeichen ist die Verleugnung durch (oder die Unschuld von) beide(n) Komponenten, was die Verantwortung für den Konflikt betrifft.

„Lassen Sie mich ein Beispiel anführen". Dieser Satz demonstriert eine völlig überholte Des-Integration. Wen bitte ich denn um Erlaubnis? Den Leser? Den Verleger? Natürlich einen Teil meiner eigenen geistigen Struktur. Die Äußerung repräsentiert ein Komma im Gedankenfluß, das auf einem Teil eines früher einmal geformten und nicht mehr lebendigen Selbstbildes beruht. Sie ist somit ein historisches psychologisches Schreckgespenst im Satzbau von heute.

Während einer Schimpftirade über ihren Mann meint eine aufgebrachte Frau zu mir: „Ich werde ihm sagen, daß er endlich aufhören soll, an den Kindern herumzunörgeln, selbst wenn es mich umbringen sollte". Wer ist „es"? Ihr Mann? Ihr Gewissen? Ihre Mutter? Offensichtlich ist es nicht ihr Mann, sonst hätte sie es sicher gesagt. Eigentlich hat ihr bisher noch nie jemand damit gedroht, sie umzubringen, falls sie ihrem Mann irgend etwas „sagen" sollte. „Ach, das ist doch nur eine Redewendung" würde sie vielleicht antworten. Ja, vielleicht. Aber es wäre ohne Zweifel eine andere Aussage ohne den Zusatz „... selbst wenn *es* mich umbringen sollte". Irgendeine Kraft in ihr bedroht sie, wenn sie den Gedanken hat, ihrem Mann etwas zu „sagen", und das spiegelt sich in diesen Worten wider. Der Ursprung dieser Kraft liegt *in* dieser Patientin, auch wenn sie selbst es vorzieht, die Bedrohung in zwei Teile zu spalten: das Selbstbild und das Selbst. Die Patientin beansprucht für sich die Identität des bedrohten Selbst, während sie das unterdrückende oder „tötende" Selbstbild weit von sich weist. Sie begreift auch, das „es" keine andere Person ist, und deshalb bekommt dieser „Mörder" nur ein vages, unbestimmtes Pronomen. Sie ist also das Selbst, das sich zwar bemüht, aber bedroht wird. Was ist nun mit ihrem Verhalten und ihrer Persönlichkeit geschehen? Ihr Verhalten drückt Wut, Herausforderung, Drohung und Aggressivität aus. Sie verhält sich also wie der Mörder. Sie spricht jedoch wie das Opfer. Bei ihrem Mann vertauscht sie oft die Rollen: da ist sie sanftmütig und hilflos in ihrem Verhalten, hat jedoch mörderische Gedanken.

Ein intelligenter junger Mann erzählt: „Ich möchte sie gern heiraten, aber ich weiß, daß eine Heirat zum gegenwärtigen Zeitpunkt meiner Karriere im Wege stünde". Als er von sich berichtet, zeigt sich, daß er ein starkes Bedürfnis hat, sein soziales „ich" (Selbstkonzept) als intelligent, zurückhaltend und sozial erfolgreich darzustellen. Das andere, verleugnete „ich" (Selbst) kommt durch den Wunsch zum Ausdruck, „zu jemandem zu gehören", „geliebt zu werden", den Wunsch, aufzublühen – ein Gefühl, das immer dann in ihm aufkeimt, wenn er mit seiner potentiellen Verlobten zusammen ist. Da sich der junge Mann als das professionelle „ich" (Selbstkonzept) identifiziert, bittet er mich, ihm bei der Ausmerzung oder zumindest Bändigung seines sich sehnenden „ich" (Selbst) zu helfen. So, wie sich das professionelle „ich" ernsthaft mit Büchern und Kursen beschäftigt und nur den Notendurchschnitt vor Augen hat, so sieht sein sich sehnendes „ich" ein Mädchen, verabredet sich mit ihm, fühlt sich wohl und möchte mehr. Die Aussage des Mannes ist: „Ich möchte im Beruf Erfolg haben, aber wenn es mit ihr ernst wird und wenn ich *diese Gefühle* zulasse, werde ich sicherlich im Studium versagen und mir meine Karriere verbauen (Selbstbild)". „Diese Gefühle", die das Selbst darstellen, sagen: „Ich möchte mich nur wohl fühlen". Jede Regung, dieses Gefühl zuzulassen, gefährdet das Selbstkonzept, und das entgegnet daraufhin: „Sie ist doch gar nicht so schön oder interessant. Warum verabredest du dich also nicht mit einer anderen? Dann fühlst du dich auch nicht allein". Das Selbst nimmt diese Bemerkung hin und erwidert: „Im Augenblick bin ich einverstanden, aber ich werde nicht zulassen, daß du sie vergißt." Der Mann verabredet sich mit einer anderen und kommt schließlich als das nunmehr schikanierte Selbstbild mit der Bemerkung zu mir in die Therapie: „Ich kann sie einfach nicht vergessen".

Sowohl im primären als auch im sekundären Anpassungsprozeß kann ein Identifikationsverhalten entstehen. Im primären Prozeß wird es absorbiert und die sich daraus ergebende Identität wird Teil der ganzen Person. Das Verhalten hat sich soweit verändert, daß seine Herkunft nicht mehr klar auszumachen ist, selbst wenn man es aus nächster Nähe betrachtet. Ist die Identifikation dagegen ein Ergebnis des sekundären Anpassungsprozesses, wird es wie ein Werkzeug benutzt und behält seine eigenen Grenzen. Es ist leicht als Imitationsverhalten zu identifizieren, und man merkt ihm oft an, daß es mit den anderen Persönlichkeitsaspekten des Betreffenden nicht übereinstimmt.

Teil meiner Phantasie ist auch, daß das Denken ein Aspekt des sekundären psychologischen Anpassungsprozesses ist. Während der primären Anpassung ist das Denken überflüssig. Durch den Denkprozeß soll die Teilung des Organismus gerechtfertigt und anerkannt werden. Sein Ziel ist es, „Sinndeutungen" zu geben, und er wird dabei von der schmerzlichen Sinnlosigkeit des Trennungserlebnisses beeinflußt. Ein Beispiel soll das verdeutlichen. Ein geliebter Mensch stirbt. Wer versucht da nicht, einen „Sinn" darin zu finden? Wer hat nicht irgendwann tröstliche Erklärungen zur Hand? Wie schwierig ist es doch, einfach die Erfahrung zuzulassen. „Es tut ganz einfach weh – da ist kein Sinn – nur Schmerz und Tränen." Es scheint uns leichter zu fallen, nach einer Erklärung oder Rechtfertigung zu suchen: „Das geht über meinen Verstand, aber Gott wird sicher einen Sinn darin sehen". (Da keine adäquate Erklärung zu finden ist, schafft hier der Verstand ein Außenobjekt, um den Denkprozeß in Gang halten zu können. In diesem Fall ist das ein geheimnisvoller, stiller „Gott", der die Verantwortung für den Sinn tragen soll.) Wenn das nicht genügt, „überlegen" wir uns vielleicht eine weitere Erklärung oder verleugnen das Ganze. „Nichts hat ‚wirklich' einen Sinn. Warum sollte es also wehtun?" Es scheint äußerst schwierig zu sein, diese beiden Extrempositionen aufzugeben und die einfache Wahrheit des Erlebens gelten zu lassen: „Es tut ganz einfach weh – da gibt es keine Erklärungen – nur Schmerz."

Niemand kommt in die Therapie, wenn die Aspekte seiner Person noch integriert sind. Das Sein ist nie der Patient. Wir werden nur mit den Abkömmlingen des sekundären psychologischen Anpassungsprozesses, also dem Selbst und dem Selbstkonzept sowie mit deren Intoleranz untereinander konfrontiert. Die Therapie bedeutet hier die Wiedereingliederung des Selbst und des Selbstkonzepts in die Aspekte des Seins.

Wo liegen die Gründe für diese zwei Anpassungsarten? Das ist eine „Denk"aufgabe, die eine Erklärung verlangt. Niemand „kennt" die Antwort, aber jeder vermutet etwas. Wir haben alle unsere Phantasien. Ich habe die Phantasie – und ich hoffe, sie entspricht eher meinen Erfahrungen als meinen Gedanken –, daß es immer dann zu einem sekundären Anpassungsprozeß kommt, wenn der Mensch nicht die Zeit und auch nicht die Fähigkeit hat, etwas in Ruhe und gewissenhaft zu verarbeiten; wenn vielleicht etwas in ihm entscheidet, zum Wohl des Ganzen lieber einen Teil zu opfern – wie die Eidechse, die ihren Schwanz hergibt, um ihr Leben zu retten. Das übriggebliebene unversehrte Sein bringt die Hoffnung zum Ausdruck oder gibt sogar das Versprechen, daß es irgendwann zu einer Wiedereingliederung kommt.

Dort, wo Selbst und Selbstkonzept ihren Platz haben, kann sich der betreffende Aspekt des Seins nicht weiterentwickeln. Jede weitere Veränderung an diesem Ort spiegelt sich in der Entwicklung des Selbstbildes wider. Mit dieser Veränderung geht eine Abnahme der

Energie einher, die der Organismus für die Anpassung braucht. Ein Teil dieser Energie hat nun die Aufgabe, die Aufspaltung aufrechtzuerhalten. Die Energieverlagerung führt außerdem dazu, daß das entspannte Energiepotential durch chronische Anspannung ersetzt wird. Diese Anspannung äußert sich häufig in starken, mit Angst verbundenen Muskelkontraktionen oder auch in krampfartigen Zuckungen wie z.B. Ticks. Sie kann aber auch innerlich auftreten, wie es ja bei psychosomatischen und (vielleicht allen) körperlichen Krankheiten der Fall ist.

Ein Resultat der Aufspaltung ist die sogenannte Feindseligkeit. Sie sollte nicht mit der natürlichen Aggressivität verwechselt werden, die ein gesunder und normaler Bestandteil menschlichen Seins ist. Feindseligkeit ist ein verzerrtes, abgeschwächtes und ineffektives Verhalten, das oft mit Aggressivität verwechselt wird. Aggressivität steht im Dienste des Seins, während Feindseligkeit entweder dem Selbst oder dem Selbstbild dient, je nachdem, mit welchem Teil wir uns gerade nicht identifizieren. Die Aggressivität versucht, der Umwelt all das zu entreißen, was der Organismus benötigt. Die Feindseligkeit hingegen bewirkt nichts. Sie ist zu sehr mit dem inneren Kampf zwischen Selbst und Selbstkonzept beschäftigt, als daß sie noch wirksam sein könnte.

Selbst und Selbstkonzept sind zwei sich gegenüberliegende Pole, ähnlich den beiden ausbalancierten Schalen einer Waage: keine Seite kann ohne die andere existieren. Jede Veränderung des Selbst oder des Selbstbildes führt unweigerlich auch zu einer Veränderung des jeweils anderen Pols. Werden sie integriert, verschwinden sie beide, und ein Aspekt des Seins ist wiedergeboren. Werden in der Therapie die beiden Pole gegeneinander ausgespielt, so geschieht das nur aus taktischen Gründen, da man eine Wiedereingliederung möglich machen will. Zu einer Wiedereingliederung kommt es, wenn beide Seiten ebenbürtig werden und keine Alternative zur Konfrontation besteht. Die Integrierung findet spontan statt, da jede Seite gleichzeitig durch Unterwerfung gewinnt.

Meiner Erfahrung nach bilden sich Selbst und Selbstkonzept während des sekundären Anpassungsprozesses relativ stillschweigend und ohne größere Anzeichen. Ein indirektes Anzeichen ist das Aufkommen von Ärger. In der Therapie ist es umgekehrt: hier geht die Wiedereingliederung oft mit spontanem Lachen oder Weinen, manchmal auch mit beidem gleichzeitig einher. Dadurch verringert sich der Ärger oder die Feindseligkeit oder er/sie verschwindet sogar vollständig. Es ist auch zu beobachten, daß an die Stelle des Ärgers das Verständnis für den anderen tritt.

Eine Eigenschaft, ein Naturgesetz, haben alle drei Persönlichkeitsaspekte gemeinsam: jeder einzelne will sein Schicksal erfüllen. Das Wesen des Seins ist es, sich selbst zu erfüllen. Das Selbstkonzept tritt als schwere Bürde in das Sein oder vielleicht sollte man besser sagen „auf" das Sein; d.h. es wird einem Teil des Menschen sozusagen „zu seinem eigenen Besten" aufgebürdet. Das liegt in der Natur des Selbstbildes: jemandem etwas aufzubürden. Das Aufbürden wird zu einem seiner wesentlichen Merkmale. Ähnlich ergeht es dem Selbst, dem Teil des Seins, der beim Prozeß des Aufbürdens unterdrückt bzw. bedrückt wurde: es muß ebenfalls sein Schicksal erfüllen und weiterhin zulassen, daß ihm Hindernisse in den Weg gelegt werden. Selbstbild und Selbst arbeiten also bei der Erfüllung ihres Schicksals Hand in Hand. Schmerz und Freude, Hoch und Tief – alle Polaritäten der Gefühle müssen von beiden Persönlichkeitsaspekten erlebt werden. Dies kommt oft in verschiedenen Bemerkungen zum Ausdruck, die auf das offensichtliche Bedürfnis des Menschen nach Kummer und Leid anspielen. „Ich frage mich, warum er das tut, wo er doch die Konsequenzen kennt". „Er" hat ein Dutzend „Erklärungen" und wird es trotzdem weiterhin tun. Ermutige einen Patienten, das zu tun, was er besonders gern möchte, was ihm sein Selbst jedoch nicht erlaubt (das Selbstkonzept erlaubt es dem Selbst nicht). Sollte dieser Patient es dann tatsächlich tun, und das trotz des widerstrebenden Selbstkonzepts, dann tritt ein paar Schritte zurück und beobachtet, wie nun das Selbstkonzept an die Arbeit geht, um sich zu rächen. Ein Mann gibt seinem Selbst nach und kauft sich spontan ein Auto. Dabei setzt er sich jedoch über die Einwände seines Selbstkonzepts hinweg. Wenn er nun plötzlich hinausgeht und seinem Auto oder sich selbst Schaden zufügt, werden viele ungläubig ihren Kopf schütteln und sagen: „Er hat es sich doch so verzweifelt gewünscht" (mit dem Wort „Verzweiflung" bringen sie zum Ausdruck, daß sie den Kampf des Selbst, unter dem Selbstkonzept hervorzukommen, bemerkt haben); „Ich kann nicht glauben, was passiert ist" oder „Wie schade, daß ihm das passieren mußte" (das Unglück wird dem Schicksal zugeschrieben, nicht aber dem Selbstkonzept).

Denken und Gefühle sind Ausdrucksformen der mit Streß verbundenen Anpassung. Sie sind Bezeichnungen für den Ausdruck des Selbst (das Gefühl) und für das Selbstkonzept (das Denken). Eine im fünften Monat schwangere Frau sagte einmal zu mir: „Ich schäme mich, es zuzugeben, aber mir ist der Gedanke gekommen, daß mir in der Schwangerschaft etwas fehlt. Ich fühle sie nicht". Als sie diesen Gedanken näher verfolgte und ihn mit ihrem erst kürzlich angeeigneten Wissen über natürliche Geburt in Verbindung brachte, erklärte sie schließlich: „Ich dachte immer, Schwangerschaft sei mit körperlichen Beschwerden verbunden, deren schmerzhafter Höhepunkt die Wehen seien, und man würde schließlich mit Gefühlen von Glück und Freude über das Baby belohnt. Wie kann ich denn die Schwangerschaft erleben, wenn ich keine Beschwerden habe? Indem ich mir Umstandskleidung kaufe? Indem ich Geschenke für das Baby zusammentrage? Oder dadurch, daß die Leute im Aufzug Rücksicht auf mich nehmen, weil ich schwanger bin? Ich möchte die Schwangerschaft fühlen".

Sie wollte sie mit ihrem Verstand fühlen. Wenn sie diesen Wunsch hätte aufgeben können, wäre sie fähig gewesen, ihre Schwangerschaft wirklich zu erleben. Sie war jedoch von der mit Streß verbundenen Anpassung gefangengenommen, und dort bedeutete Schwangerschaft entweder, Freude zu empfinden, Schmerzen zu haben oder darüber nachzudenken. Hätte sie die Schwangerschaft als einen Aspekt der integrierten oder primären psychologischen Anpassung erlebt, wäre sie sich ihrer Körperveränderungen bewußt geworden und hätte so die Schwangerschaft „fühlen" können. Sie hätte ihre Kreislaufschwankungen „gefühlt", und sie hätte das Wachsen des Uterus und die Lebensfähigkeit und Lebendigkeit ihres Babys „gefühlt". Das sind die „Gefühle" bei einer integrierten primär psychologisch angepaßten Schwangerschaft.

Im Stadium des Seins sind die Gefühle organischer Natur; in der Welt des Selbst und Selbstkonzepts entspringen die Gefühle dem Verstand. Im Stadium des Seins werden die Gefühle gespürt und erlebt; in der Welt des Selbst und Selbstkonzepts sind Gefühle Reizungen des Mittelhirns.

Ich hatte ungefähr sechs Monate lang mit einem Ehepaar und dessen Tochter gearbeitet. Er war ein ehemaliger Preisboxer, der später Lehrer geworden war. Sie arbeitete auf dem Gebiet des Nachrichtenwesens. Sie hatten in der Therapie immer gewissenhaft und eifrig mitgearbeitet und waren absolut aufrichtig. Ich mochte beide sehr gern. Als sie dieses Mal zu mir kamen, begann sie das Gespräch. Voller Unschuld und Naivität sagte sie zu ihrem Mann: „Ich verstehe nicht, warum du seit meiner Rückkehr so kalt zu mir bist". (Sie war eine Woche lang beruflich unterwegs gewesen.) In ärgerlichem und verächtlichem Ton beschuldigte er sie, die Tatsachen zu verdrehen.

Die „Tatsachen" stellten sich ihm wie folgt dar: Als er vom Büro nach Hause kam und „Hallo" rief, kam sie nicht sofort die Treppe herunter; als sie herunterkam, sagte sie nur kühl „Hallo" und verschwand in der Küche. Ein weiterer Beweis für ihre Gleichgültigkeit war für den Ehemann die Tatsache, daß er Zeit genug gehabt hatte, die Blumen, die er seiner Frau schenken wollte, in eine Vase zu stellen. Erst dann habe seine Frau „die Güte" gehabt, herunterzukommen und ihn zu begrüßen. Zudem habe seine Frau die Blumen nur mit einem beiläufigen „Wie schön" gewürdigt. Beide saßen danach schweigend beim Abendessen. Er aß nichts und setzte sich schließlich ins Wohnzimmer, um Zeitung zu lesen. Sie folgte ihm, setzte sich zu seinen Füßen, legte ihren Kopf auf seine Knie und fragte was los sei. „Du weißt verdammt gut, was los ist. Du kommst immer erst, wenn *du* es willst. Das macht mich wahnsinnig. Und dann spielst du mir gegenüber auch noch die Unschuldige". Sie antwortete mit unschuldiger Miene: „Ich verstehe nicht, was du meinst".

Das waren die „Tatsachen", über die sie sich beide einig waren. Eine Ausnahme bestand darin, daß sie ihn tatsächlich bei der Arbeit angerufen hatte, seine Sekretärin aber vergessen hatte, es ihm mitzuteilen. Es war jedoch nicht „sofort nach ihrer Rückkehr" gewesen. Er hatte nämlich zu dem Zeitpunkt, zu dem er seine Frau zurückerwartete, zuhause angerufen. Dort mußte er dann von der Haushälterin erfahren, daß seine Frau bereits angekommen und, nach einer Tasse Kaffee mit dem Nachbarn, wieder fortgegangen war, um den Sohn von der Schule abzuholen – und das alles, bevor sie ihn angerufen hatte. Dabei hatte sie ihm das doch versprochen. Jawohl, und er hatte ihr schon öfter geraten, sich bei der Arbeit direkt mit ihm verbinden zu lassen. Dieses Mal hatte sie jedoch nicht darauf bestanden, zu ihm durchgestellt zu werden.

Sie saß jetzt ganz regungslos da, d.h. sie zog sich wohl eher in ihre Unschuld zurück und tat so, als ob sie alles verstände. Er saß genauso regungslos da, aber bei ihm war es wohl eher der Ausdruck von Verachtung und Wut. Was für ein Bild! Jeder verkörpert die Haltung seines Selbstbildes. Es sind gelernte soziale Verhaltensweisen, die Schmerz und Einsamkeit bedeuten und deren Aufrechterhaltung ein beträchtliches Maß an Energie erfordert. Keinem von beiden war es bei dieser Begegnung möglich, sich von der Stelle zu rühren und die Situation zu verändern. Ich erzählte ihnen von meinem Schmerz, meiner Traurigkeit und meinem Gefühl der Hilflosigkeit. Ich erzählte ihnen, was ich sah: zwei Menschen, die sich brauchten und zusammen sein wollten, jeder aber versuchte, seine Gefühle und Bedürfnisse vor dem anderen zu verbergen, wenn auch auf unterschiedliche Art und Weise; zwei Menschen, die beide unfähig waren, ihre erstaunlich ähnlichen Gefühle bei dieser Auseinandersetzung auszudrücken. Beide empfanden die natürliche Angst (des Selbst): „Wird diese Auseinandersetzung unserer Liebe schaden? Werden wir hinterher noch dasselbe füreinander empfinden? Wird er oder sie sich für eine(n) andere(n) interessieren? Ist mein Platz in seinem oder ihrem Leben verändert oder bedroht?" Alle Zweifel hatten denselben Ursprung: es waren Zweifel darüber, ob sie selbst liebenswert sind. Und diese Zweifel konnten nicht behoben werden, weil ihnen immer das gleiche Hindernis, nämlich das Selbstbild, im Wege stand, das es dem jeweiligen Selbst verbot, Ängste oder Sorgen auszudrücken; das Selbstbild, das es dem Selbst verbot, Gefühle von Schmerz zu zeigen, schon gar nicht dem geliebten Menschen gegenüber, wenn noch irgendwelche Zweifel darüber bestehen, ob dieser Mensch sie oder ihn auch wirklich liebt (ob sie selbst auch wirklich liebenswert sind). Es tat mir weh, mit ansehen zu müssen, wie sehr sie sich beide voreinander versteckten. Das waren für mich „die Tatsachen"; so erlebte ich sie und so sagte ich es ihnen auch. Dadurch, daß ich mein „Selbst" zum Ausdruck brachte, machte ich mich auch gleichzeitig zum Wortführer für ihre beiden „Selbst". Dadurch kamen neue „Tatsachen" hinzu. Dadurch, daß ich meinen Schmerz mit ihnen teilte, konnten sie wieder anders aufeinander zugehen.

Die Interventionen werde ich in einem späteren Kapitel noch ausführlich besprechen. Im Augenblick möchte ich diese Begegnung nur mit den Begriffen Selbst, Selbstkonzept und Sein erklären. Unsere individuellen Bedürfnisse sind mehr als individuell; sie sind universal. Individualität ist nur der Grad, in dem wir unsere Bedürfnisse wahrnehmen und die ganz besondere Art und Weise, wie wir versuchen, sie zu erfüllen – beides haben wir in früheren Erlebnissen gelernt.

Verachtung, Wut, Unschuld, Unnahbarkeit – all das sind Ausdrucksweisen des Selbstkonzepts oder Selbstbildes. Es sind soziale und nicht biologische Reaktionen. Es sind gelernte Verhaltensweisen. Es interessiert mich nicht, *warum* sie gezeigt werden; es interessiert mich nur, *ob* sie gezeigt werden.

Mir ist es lieber, wenn sie nicht gezeigt werden, denn ich habe sie ausprobiert und gefunden, daß man sie gut entbehren kann. Sie sind dazu da, das „Gesicht" zu wahren. Das ist das Ziel des aufgezwungenen Selbstbildes oder Selbstkonzepts, und das Gesicht, das es wahrt, ist nur sein eigenes. Aber das Gesicht des Selbstbildes genügt mir nicht, wenn das bedeutet, daß andere Teile dafür geopfert werden müssen. Viele von uns glauben, daß es notwendig sei, sein Gesicht zu wahren. Auch das Denken wird vom Selbstbild dazu benutzt, sein Ziel zu erreichen. Erst wenn wir etwas mit der Gesamtheit unseres Seins erleben, wird uns bewußt, wie begrenzt und nichtssagend das Denken sein kann.

Als das Ehepaar anfing, das, was ich sagte, in sich aufzunehmen, veränderte es sich. Als beide die anderen, bisher ausgeklammerten Anteile ihrer Person in sich zuließen, wandelten sich seine Wut in Tränen und seine Verachtung in Liebe. Ihre Unschuld wandelte sich zu dem verlegenen Geständnis, doch Bescheid zu wissen, und schließlich konnte sie ihre Zurückhaltung aufgeben, lächelnd und entspannt auf ihn zugehen und seine Hand halten. Ich hatte ihre Selbstbilder geschwächt und es jedem „Selbst" ermöglicht, darunter hervorzukommen. Das ergab sich aus dem, was ich „war" und nicht nur aus dem, was ich „sagte". Hätte ich nur ihr Verhalten „interpretiert", hätte ich nur „Verstehen" erreicht. Damit war ihre Arbeit aber noch nicht beendet. Sie hatte gerade erst angefangen. Mit dieser neuen Bewußtheit begann nun der Prozeß, die Anteile des Selbst und Selbstkonzepts wieder in das Sein zu integrieren, somit ihr Sein wieder zu neuem Leben zu erwecken und ihr „ich bin" wieder richtig akzeptieren zu können.

Anfangs hatte mir jeder durch seine Äußerungen zu verstehen gegeben: „Ich (das Selbst) bin ängstlich und nicht liebenswert, aber ich (das Selbstbild) darf nicht zulassen, daß es mir (und auch dir) bewußt wird." Wut und Zurückhaltung waren die Ausdrucksweisen des Selbstbildes bei dem Bemühen, das Selbst zu verbergen. Ich als Therapeut reagierte teilweise mit meinem besser integrierten Selbst und sprach zu den Anteilen ihres Selbst. Durch meine bisherigen Erfahrungen mit ihnen wußte ich, daß ich ihr Selbstkonzept einfach ignorieren konnte; dadurch, daß ich meinen Schmerz, meine Hilflosigkeit und meine Wahrnehmungen offenbarte, konnte ich mit ihnen „sein".

Ich zeigte ihnen, wieviel Bewußtheit ich über mich erreicht hatte. Ich zeigte es ihnen immer wieder. Solange ich fähig bin, das zu tun, sind Fortschritte in der Therapie möglich. Solange jeder von uns in einer Begegnung fähig ist , das zu tun, besteht Hoffnung auf Veränderung. Es muß nicht immer nur der Therapeut sein. Es ist nie *nur* der Therapeut.

Bei einem anderen Ehepaar stieß der Mann die Leute ständig durch endlose Fragen und Beschuldigungen von sich weg. Das erinnerte mich an ein Cartoon, das einen Patienten darstellt, wie er zum Therapeuten sagt: „Ich verstehe nicht, warum diese ganzen Idioten auf der Welt mit mir nicht zurechtkommen. Können sie mir da weiterhelfen oder sind Sie so blöd wie die anderen?" Jeder Satz des Mannes begann entweder mit „Was meinen Sie mit..." oder mit „Sie sind...", worauf entweder ein Wort wie „dumm" oder ein Satz wie „... und versuchte, mir vorzuschreiben, was ich zu tun habe" folgte. Er begann nie einen Satz mit dem Wort „ich". Als ich ihm das bei mehreren Begegnungen, die er mit seiner Frau hatte, klarmachte, fing er an, sich mir gegenüber genauso zu verhalten. Ich wies ihn nochmals auf sein Verhalten hin und sagte ihm, daß er mir gegenüber das gleiche Verhalten zeige, aber er reagierte wieder genauso. Schließlich wurde ich wütend und machte ihn voller Zorn auf sein Spiel aufmerksam, herzukommen, mir zu verstehen zu geben, daß ich ein Fachmann sei und ihm helfen müsse, dann aber alles abzutun, was ich sage. Das machte er mit seiner Frau und sicherlich auch mit anderen. Als er dann auch noch scharfsinnig feststellte „Sie sind ja wütend", wurde ich noch wütender und schrie ihn schließlich aus vollem Herzen an. Ich mußte aufhören, weil unsere Zeit abgelaufen war, und so verabschiedete ich sie. Sein Kommentar beim Gehen war: „Ich möchte, daß Sie wissen, daß ich über unser Kommunikationsproblem genauso bestürzt bin wie Sie". Er blieb teilnahmslos, und ich war ruhig. Wir gingen auseinander.

Als der Ingenieur das nächste Mal mit seiner Frau hereinkam, setzte er sich und bat mich um Erlaubnis, auf die Begegnung der vergangenen Woche eingehen zu dürfen. Er zog ein kleines Buch heraus und begann, seine Antwort auf jene Sitzung vorzulesen. Seine Frau entgegnete: „Warum zum Teufel erzählst du es ihm nicht einfach statt es ihm vorzulesen?" Er antwortete feierlich: „Ich habe beschlossen, es auf diese Art zu tun". Ich wußte diese Äußerung zu schätzen, denn es war eine „ich"-Aussage. Er las mir weiter vor. Der Kern seiner Aussage bestand darin, daß er zu dem Schluß gekommen war, ich müsse wohl ein Spiel mit ihm gespielt haben, wenn ich so wütend habe werden können. Ziel meines Spiels sei es entweder gewesen, ihn wütend zu machen oder ihn aus der Praxis zu schmeißen. An dieser Stelle unterbrach ich ihn und teilte ihm mit, daß meine Wut ganz im Gegenteil ein Ausdruck von mir gewesen sei, der es mir erlaubt habe, weiterhin mit ihm zu sein, und daß sie ganz und gar nicht gestellt gewesen sei. Er antwortete, und seine Reaktion auf mich war dieselbe wie letzte Woche: „Ich bin im Augenblick etwas verblüfft. Vielleicht habe ich auch Angst." Ich sagte ihm, mir sei klar, daß wir in verschiedenen Welten lebten, und daß vielleicht gerade das Erkennen unserer Unterschiede einen neuen Anfang bedeuten könne. Er schien mir dafür dankbar zu sein, und wir machten uns wieder an die Arbeit. Ich erklärte ihm, daß ich seine Verblüffung und seine Angst annehmen könne, nicht jedoch seine Beschuldigungen. Ich versuchte, ihm klarzumachen, in was für eine unmögliche Lage er mich brachte, wenn er einerseits um Hilfe bat und mich andererseits beschuldigte, ich würde ihm durch meine Äußerungen vorschreiben wollen, was er zu tun habe. Er entgegnete, er habe nicht die Absicht, etwas zu tun, nur weil ich das gesagt habe, und er wolle über meine Bemerkung nachdenken. Ich erwiderte, ich hielte das für eine ziemlich dumme Äußerung von einem offensichtlich so intelligenten Menschen wie ihm, denn das sei für mich ohnehin die Voraussetzung für alle Begegnungen. Er stimmte mir zu und sagte mit völlig emotionsloser Stimme: „Aber mir gefällt das nicht, was Sie sagen." Das war für ihn ein gewaltiger Fortschritt. Es war, als hätte er plötzlich gelernt, daß ihm auch etwas *nicht* gefallen durfte, auch wenn es logisch war. Er beschuldigte mich diesmal nicht.

Ein wesentlicher Gesichtspunkt bei jeder Begegnung ist die unterschiedliche Art, in der Menschen reagieren, die wiederum davon abhängt, ob sie sich in der Welt des Selbst/Selbstkonzepts oder in der Welt des Seins bewegen. In der Welt des Seins kann Wut als ein Aufeinanderzugehen verstanden werden, während dasselbe Verhalten in der Welt des Selbstbildes und des Selbst als Manipulation aufgefaßt wird. Es gibt einen wesentlichen Unterschied zwischen diesen beiden Welten: in der Welt des Seins ist das Verhalten darauf ausgerichtet, sich selbst so gut wie möglich als Ganzes in das Beziehungsfeld der anderen einzubringen; in der Welt des Selbst und des Selbstkonzepts richtet sich die Aufmerksamkeit ausschließlich auf „den anderen" und das eigene Verhalten wird nur in bezug auf und als Reaktion auf „den anderen" gesehen. Dieses Verhalten innerhalb der Welt des Selbst und Selbstkonzepts kann entweder, wie bei der oben geschilderten Begegnung, intellektueller oder aber emotionaler Art sein. Jemand kann z.B. weinen, weil er traurig ist, oder auch, um über einen anderen die Oberhand zu gewinnen. Mir ist es nicht wichtig, ob das Verhalten des Selbst/Selbstkonzepts bewußt oder unbewußt, absichtlich oder unabsichtlich gezeigt wird. Das Wissen darum ändert vielleicht meine Reaktionsweise, aber es kann mich nicht daran hindern, dieses Verhalten zu bekämpfen.

Bei dem oben genannten Ehepaar kann man leicht sagen, daß er all das aus dem Intellekt heraus angeht, was seine Frau emotional tut. Daß heißt, er versucht mit dem Intellekt zu manipulieren und sie mit dem Gefühl. Beide agieren in der Welt des Selbst und des Selbstkonzepts. Beide wollen dadurch den anderen manipulieren. Sie kann nicht mehr für sich allein weinen („Was würde das auch nützen?"), und er kann nicht ausschließlich für sich allein logisch sein. Z.B. könnte er niemals so eine abschließende Aussage machen wie: „Es ist mir egal, ob ich Sie überzeugt habe oder nicht, aber ich fühle mich äußerst wohl bei dem Gedanken, daß ich so logisch habe argumentieren können."

Theoretische Überlegungen zur Wirklichkeit

Es gibt zahllose und zum größten Teil sinnlose Definitionen und Aussagen über die Wirklichkeit, und das ist auch gut so. Wir sind ein fester Bestandteil der Wirklichkeit, und für die Wirklichkeit ist es fast unmöglich, die Wirklichkeit mit einem ihrer Arbeitsinstrumente, nämlich Worte und Ideen, zu definieren. Die Instrumente sind viel zu begrenzt als daß sie dem Konzept gewachsen wären, und das Subjekt ist viel zu sehr Teil des Objekts. Trotzdem macht es manchmal Spaß, Momente unserer „wirklichen" Existenz mit Vermutungen auszufüllen. (Das ist wirklich so.) Abgesehen davon ist es „wirklich" hilfreich, sich mit einigen „wirklichen" Ansichten über Wirklichkeit vertraut zu machen, und zwar solchen, die den Diskussionen über Wirklichkeit möglicherweise „wirkliche" Substanz verleihen, besonders, seit die Wirklichkeit auf so vielerlei Art betrachtet werden kann und es so viele verschiedene Wirklichkeiten gibt.

Psychologische Wirklichkeit ist das einzigartige Zusammentreffen von Bewußtheit und Erleben im vergänglichen Augenblick.

Bewußtheit ist die Linse, durch die wir uns selbst und die Welt um uns herum wahrnehmen. Sie beschreibt unser Erleben genau oder auch ungenau. Die Genauigkeit wird von denen beurteilt, die wir für diese Aufgabe ausgewählt haben.

Bei unserer Geburt macht die Bewußtheit keinen Unterschied zwischen Selbst und anderen, d.h. das innere Signal für Hunger und die äußere Abwesenheit von Mutters Brust werden als ein Schmerz erlebt. Wenn wir heranwachsen, wird uns nicht nur beigebracht zu unterscheiden, sondern auch, was wir unterscheiden oder nicht unterscheiden sollen; es wird uns beigebracht, wessen wir uns bewußt sein sollen. „Sei dir meiner Traurigkeit bewußt, wenn ich weine" lehrt die eine Mutter. „Ignoriere meine Traurigkeit, wenn ich weine" ordnet die andere Mutter an. „Iß deinen Teller leer" bedeutet „Die Bewußtheit über deinen leeren Teller sollte dir sagen, daß du satt bist, nicht aber die Bewußtheit über Signale, die die Nervenenden deiner Magenwände aussenden."

Tätowierungen hätten mir nicht zu gefallen, so wurde mir beigebracht. Man sagte mir, sie seien abstoßend, gehörten zur „Unterschicht", bedeuteten Selbstverstümmelung und ich solle sie nicht zum Teil meiner Bewußtheit werden lassen. Ungefähr 30 Jahre später verbrachte ich viele Stunden mit einem sehr sympathischen Patienten und achtete auf viele nonverbale Aspekte seines Verhaltens, wie z.B. Mimik, Haltung und Gestik. Ein solches Verhalten wahrzunehmen war mir beigebracht worden. Erst als mich jemand nach den Tätowierungen dieses Mannes fragte, die deutlich sichtbar seine beiden Arme bedeckten, wurde ich mir ihrer bewußt. Hätte ich diesen Mann nicht gemocht, wären mir seine Tätowierungen sicher sofort aufgefallen. Die Linse der Bewußtheit vermittelt uns allen also ein einzigartiges, wenn auch nicht einmaliges, verzerrtes Bild unserer Umwelt. Verzerrtheit ist nicht unbedingt gut oder schlecht, gesund oder pathologisch. Sie ist einfach unvermeidlich.

In bestimmten Augenblicken unseres Lebens wird sich unsere Bewußtheit vielleicht von der eines anderen Menschen unterscheiden oder aber ihr ähneln. Ersteres ist jedoch wahrscheinlicher. Diese Unterschiede zu erkennen und zu akzeptieren ist eines der grundlegenden Ziele der erlebnisaktivierenden Therapie. Die Tatsache, daß Ähnlichkeiten in der Wahrnehmung relativ selten sind, trägt dazu bei, daß wir diese besonders beachten. Das zeigt sich auch bei fast allen sozialen Gruppierungen. Ich habe noch nie von einer Gruppe gehört, in der man ausdrücklich nur Menschen gegensätzlicher Meinung zusammenbringen wollte. *Aristoteles'* Beobachtung über den Vogelflug, die sich in dem Sprichwort „Gleich und gleich gesellt sich gern" ausdrückt, beinhaltet ein Naturgesetz, das sowohl für die Gedanken und das Verhalten des Einzelnen gilt als auch für die ganze Art.

Das Erleben, der zweite Aspekt psychologischer Wirklichkeit, ist die Abfolge von sensorischen und motorischen Reaktionen des Organismus. Das einfachste Erlebnis besteht in Reiz und Reaktion zweier entgegengesetzter Kräfte. Das kann neurologisch bei weitem besser erklärt werden als psychologisch. Psychologisch gesehen beeinflussen in gewissem Maße die bisherigen Wahrnehmungen, der gegenwärtige Kontext und die antizipierten Folgen selbst die einfachsten und spontansten psychologischen Erlebnisse. Das sollte uns jedoch nicht von dem Versuch abhalten, Begegnungen zu definieren – vom elementarsten konkordanten nonverbalen Austausch bis hin zur komplexesten intrafamiliären Uneinigkeit.

Zuerst einmal ist die Erkenntnis wichtig, daß jedes Erlebnis sowohl sensorische als auch motorische Komponenten haben muß. Sie stellen zwei Seiten einer Münze dar, die nicht allein existieren können. Deshalb muß bei jeder Begegnung auf einen Reiz eine Reaktion und auf eine Handlung eine Folgehandlung folgen. Dabei müssen wir wissen, daß Handlungen und Reaktionen unterschiedlich zum Ausdruck kommen können: kortikal als nicht verbalisierte Meinungen und Haltungen, motorisch als Kampf bis hin zur Flucht und / oder viszeral als Alternativen zu einem direkten verbalen Austausch.

Als nächstes müssen wir den unmittelbaren Kontext des Erlebnisses berücksichtigen, denn dieser Kontext, der sich aus innerer und äußerer Bewußtheit zusammensetzt, bestimmt den Verhaltensablauf. Wenn ich z.B. ernsthaft bedroht werde, kann ich verbal zurückschlagen (a) wenn der Gegner kleiner ist als ich, (b) wenn ich helfende Verbündete habe oder mögliche Fluchtwege kenne oder (c) wenn meine innere Struktur es mir erlaubt, diesem Gegner gegenüberzutreten. Diese Reaktionsweise werde ich sicher eher zeigen, wenn es sich bei dem Gegner um mein Kind handelt als wenn es mein Vater oder meine Mutter ist; ich werde sie eher zeigen, wenn es zuhause zu der Auseinandersetzung kommt als wenn es in der Öffentlichkeit geschieht, etc.

Die Bewußtheit oder Wahrnehmung eines Menschen hinsichtlich seines eigenen Verhaltens stimmt oft nicht mit unserer Wahrnehmung, d.h. der Wahrnehmung des Therapeuten oder anderer Menschen überein. Wir Therapeuten müssen dringend lernen, daß alles, was über psychologische Wirklichkeit gesagt wird, auch für uns gilt, und daß wir die zusätzliche Aufgabe haben, unsere Bewußtheit einzubringen und auf das zu achten, was wir vielleicht gerade mit dem Patienten erleben. Wir haben die Fähigkeit zu sogenannter Objektivität nicht gepachtet, aber manchmal haben wir einfach etwas mehr Wissen und Bewußtheit.

Der Mensch, der gelernt hat, mehr darauf zu achten, ob sein Teller leer ist als darauf, ob er auch wirklich satt ist, muß nun diese verzerrte Bewußtheit auch auf gegenwärtige Erlebnisse übertragen. Angenommen, sein Magen ist voll aber sein Teller noch nicht leer. Vielleicht wird er sich jetzt dessen „bewußt", daß es noch andere Signale gibt als die, die sein Magen aussendet, z.B. daß da etwas am Teller klebt, das das Essen für ihn ungenießbar macht. Vielleicht flieht seine Bewußtheit auch zu einem anderen Zeitpunkt und Ort, so daß er sich dadurch aus der Affäre ziehen kann. „Mir ist gerade eingefallen, daß ich um zwei Uhr eine Verabredung habe. Wie schade, daß ich dieses ausgezeichnete Essen nicht beenden kann, aber das wirst du (er spricht hier eigentlich zu seinem eigenen Selbstkonzept) sicher verstehen." Dieses Erlebnis ist Teil verzerrter Bewußtheit. Der Mensch nimmt sich in dieser Situation anders wahr als ich ihn. Unsere psychologischen Wirklichkeiten sind also unterschiedlich.

Im allgemeinen werden wir uns eher darüber einigen können, daß ein Erlebnis stattfindet oder stattgefunden hat als über unsere Wahrnehmungen (Bewußtheit), was dieses Erlebnis eigentlich ausmachte.

Warum sollte ich meine psychologische Wirklichkeit meinem Patienten aufoktroyieren? Aller Wahrscheinlichkeit nach sitzt er nun in meiner Praxis, weil er seit vielen Jahren an Magenbeschwerden leidet und bisher keine medizinische Ursache dafür gefunden werden konnte. Meine Bewußtheit sagt mir, daß seine chronischen Magenbeschwerden ein fester Bestandteil von chronischen psychologischen Beschwerden sind, die von einer früheren sekundären Anpassung herrühren. Meine eigene psychologische Wirklichkeit, die sich aus Erlebnissen und Bewußtheit zusammensetzt, zwingt mich zu der Behauptung, daß dieser Patient seine Symptome aufgeben wird, wenn er seinem Magen wieder die Aufmerksamkeit schenken kann, die ihm zukommt. Wie das erreicht werden kann, gehört zu einem anderen Kapitel.

Der dritte Aspekt psychologischer Wirklichkeit ist der vergängliche, allgegenwärtige, augenblickliche Moment, der immer konstant und immer in Bewegung ist und in dem die ganze Bewußtheit und unser Erleben zum Ausdruck kommen. Die Bewußtheit kann sich verlagern, das Erleben kann sich verändern, aber der gegenwärtige Moment ereignet sich mit einzigartiger Beständigkeit. Die Intensität, mit der wir jeden Moment erleben, setzt sich aus dem Reichtum oder der Armut an vergangenen Erlebnissen zusammen, die unsere Bewußtheit zuläßt. Der gegenwärtige Moment ist unveränderlich. In diesem vergänglichen Moment kommt es zu Bewußtheit und Erleben. Auch wenn die Bewußtheit vielleicht zu anderen Zeiten und Orten abdriftet oder sich auf ein winziges Detail verengt; auch wenn Erlebnisse vielleicht verzerrt oder abgeschwächt werden – der gegenwärtige Moment bleibt unveränderlich bestehen. Dieser Moment enthält den gesamten tragischen Reichtum unserer vergangenen Erlebnisse, ob sie uns nun bewußt sind oder nicht. In diesem unvermeidlichen Moment existieren wir.

Im Schlaf ist die Bewußtheit getrübt und das Erlebnis verblaßt – dennoch funktionieren alle drei Aspekte psychologischer Wirklichkeit auch weiterhin. Im Schlaf hat die Bewegung die Funktion, den Kreislauf in Gang zu halten; Träume erfüllen psychologische Bedürfnisse; zu Bettnässen und aus dem Bett fallen kommt es für gewöhnlich nicht; und ein frühes Erwachen in den Ferien ist oft auf das unvorhergesehene Rasseln des Weckers zurückzuführen. Es gibt genügend Beweise, daß es auch im Schlaf eine psychologische Wirklichkeit gibt.

Phantasie ist *nicht* das Gegenteil von psychologischer Wirklichkeit. Phantasie ist eine Art psychologischer Wirklichkeit, deren wesentlicher und charakteristischer Unterschied darin besteht, daß sie das Erleben abschwächt. Sie unterscheidet sich vom Schlaf darin, daß die Bewußtheit nicht getrübt ist, aber sie ist dem Schlaf darin ähnlich, daß die Bewußtheit im wesentlichen nach innen gerichtet ist. Ich spreche lieber von einer Abschwächung als von einem Ausschalten des Erlebens, denn es ist nicht möglich, unseren sensomotorischen Apparat völlig auszuschalten. Wir können also mit anderen Menschen in einem Raum sitzen und „über etwas sprechen" oder ganz allein unseren Träumen nachhängen. Wenn wir das tun, schwebt unsere Bewußtheit fort und nimmt am gegenwärtigen Erleben nicht teil. Das „Hier" und das „Jetzt" werden vorübergehend nicht wahrgenommen. Dabei nimmt die Intensität des gegenwärtigen Erlebens, d.h. der Reiz-Reaktion-Interaktion zwischen den Beteiligten ab. Die Beteiligten sind mit uns einer Meinung, daß das, was jeder mit dem anderen macht, nicht von unmittelbarem Interesse ist – das Erleben ist also in seiner Intensität verringert. Dieses abgeschwächte Stadium ist eine spezielle Art psychologischer Wirklichkeit, die man als „Phantasie" bezeichnet.

Der Unterschied zwischen Phantasie und anderen Stadien psychologischer Wirklichkeit ist der Unterschied zwischen *von einer Erinnerung wie von einem vergangenen Zeitabschnitt zu sprechen und die Erinnerung mit all dem Beigeschmack, den Eindrücken und den Gefühlen des damaligen Ereignisses zu erleben.* Es ist der Unterschied zwischen *voller Freude zu rufen „Ich habe ein tolles Tier im Visier"* und *abzudrükken.* Es ist der Unterschied zwischen *zu sagen „ich liebe dich"* und *zu lieben.* Es ist der Unterschied zwischen *in der Welt des Beobachters/Reporters zu leben* und *sich in der Welt des Seins, Fühlens, Erlebens und Handelns aufzuhalten.* Alles, was sich auf die Vergangenheit oder die Zukunft bezieht, steht also im Dienste der Phantasie: von Erinnerungen berichten, Zukunftspläne, fünf Minuten vorher, fünf Minuten später, Hoffnungen, Träume, Erwartungen, die Welt der Ideen, planen, denken. Mit den Kollegen zusammenzusitzen und über theoretische Aspekte der Therapie zu sprechen ist Phantasie. Mit Patienten „über etwas zu sprechen" ist Phantasie.

Hat es einen Wert, phantasierte und nicht-phantasierte Wirklichkeit voneinander zu unterscheiden? Wenn nur noch die phantasierte Wirklichkeit angewendet wird, führt sie in die Einöde und sollte besser unterbrochen werden. Bei dem referierenden, distanzierten „Darüberreden" der unbeteiligten Welt wird eine Veränderung nur schlecht möglich sein. Erst wenn aus dem „Darüberreden" ein „Sein" und aus dem „Referieren" ein „Erleben" wird, dann und nur dann sind Verhaltensänderungen möglich. Wird die Phantasie dazu benutzt, sich von der nicht-phantasierten Wirklichkeit zu erholen, wie das bei der Meditation der Fall ist, dann ist sie ein wertvolles integratives Erlebnis, das zukünftige nicht-phantasierte Erlebnisse verschönt.

Jeder Therapeut hat schon einmal einen Patienten erlebt, der ohne jegliche Emotionen über ein wichtiges Kindheitserlebnis spricht. Das ist dann nur ein bedeutungsloser Diskurs, der zu keinen Veränderungen führt. Der Patient fungiert als Reporter. Das Erlebnis wird „referiert". Der Patient bezieht sich auf etwas, das ihm passiert ist; etwas, das ihn immer noch beschäftigt, dem er aber nicht zu nahe kommen möchte. In anderen Therapieansätzen kommt der Patient vielleicht erst sehr viel später in der Therapie auf diese Kindheitserinnerung zurück. Dann jedoch erlebt er diese Erinnerung mit all den Eindrücken und Gefühlen, die auch damals damit verbunden gewesen waren. Und erst dann kann damit begonnen werden,die „wirkliche" Situation des Patienten zu einem Abschluß zu bringen. Aus dem Reporter ist nun ein lebendiger Teilnehmer geworden. Damit therapeutische Bemühungen erfolgreich sein können, muß der Patient das Ereignis „erleben" und nicht nur „darüberreden"; er muß es leben und nicht nur davon erzählen. Das ist ein wesentlicher Grundsatz des in der Familientherapie angewendeten erlebnisaktivierenden Ansatzes. Er kommt in den Techniken zum Ausduck, die darauf abzielen, den Patienten „erleben" zu lassen und nicht, ihn über Erlebtes sprechen zu lassen. Wie das geschieht, wird in einem der folgenden Kapitel geschildert.

4 Der Therapeut

Wer ist der Therapeut?

In den Anfängen der modernen Psychiatrie *Freud*scher Prägung wurde man sich dessen bewußt, daß der Therapeut in der therapeutischen Begegnung auch als Person eine Rolle spielt. Diese Bewußtheit zeigte sich weitgehend in der Bemühung, den Therapeuten als Person aus der Begegnung herauszuhalten. Die Bewußtheit, daß es beim Therapeuten eine Gegenübertragung gibt, führte dazu, daß man die Lebendigkeit des Therapeuten aus der Begegnung ausklammerte. Diese Lebendigkeit wurde als Störfaktor angesehen, und man hoffte, sie durch eine längerfristige Lehranalyse ausschalten zu können.

Die Erklärung, daß diese Ausklammerung dem Schutz des Patienten dienen sollte, erscheint existentiell gesehen falsch. Eher sollte wohl die Ausklammerung des Therapeuten als Person den Therapeuten selbst, in diesem Fall *Sigmund Freud*, schützen. Des weiteren wurde behauptet, daß man zum besseren Verständnis der Gegenübertragung die Sichtweise des Therapeuten rein halten müsse, damit dieser seine Patienten objektiver sehen könne. Diese Vorstellung von einer „unbefleckten Wahrnehmung" paßte zur *Freud*schen Zeit, einer Zeit, in der Objektivität – nämlich die Trennung von Subjekt und Objekt – nicht nur als vernünftig, sondern als wirklich wissenschaftlich galt. Der Therapeut schaffte absichtlich einen Rahmen, bei dem er als Person draußenblieb. Diese Haltung, sich nur auf eine Person, den Patienten, zu konzentrieren, bedeutete zuweilen eine Abnahme und manchmal sogar die Verunmöglichung von Wachstum und Entwicklung.

Eine Folge davon war natürlich, daß die Therapie sehr lange dauerte. Daß überhaupt Fortschritte zu verzeichnen waren, könnte man als erstaunlich bezeichnen, wenn man bedenkt, daß der Therapeut, der ja schließlich ein Mensch ist, sich nicht völlig und ständig aus der Begegnung heraushalten konnte. Außerdem haben Patienten, wie wir alle, die Tendenz, sich im psychischen Bereich eher ökonomisch zu verhalten, was bedeuten würde, daß sie all das in ihrer

Phantasie zu bekommen versuchen, was sie in Wirklichkeit nicht haben können.

Menschen, die mit einer Therapie, bei der sich der Therapeut als Person heraushält, nicht zurechtkamen, bezeichnete man als nicht behandelbar. Die psychodiagnostischen Kategorien Persönlichkeitsstörungen, Psychosen und Schizophrenien – bei ihnen konnte man mit dieser Therapieform keine Veränderungen bewirken – wurden als durch Psychotherapie nicht behandelbar angesehen. Patienten, die fähig waren, einen Nutzen aus der Therapie zu ziehen, und das trotz der Verpflichtung des Therapeuten, sich als Person herauszuhalten, waren akzeptabel und wurden als „behandelbare Neurotiker" bezeichnet.

Heutzutage basiert unsere vernunftmäßige oder auch wissenschaftliche Haltung eher auf einem vereinheitlichten theoretischen Konstrukt, bei dem Subjekt und Objekt, Opfer und Täter, Gewinner und Verlierer, Gut und Böse nur Bezeichnungen sind für Polaritäten von zusammengehörigen oder zumindest miteinander verwobenen Aspekten ein und desselben Phänomens. Gemäß unserer heutigen Überzeugung ist die Psychotherapie dabei, ein Modell zu entwikkeln, bei dem Therapeut und Patient in ähnlicher, wenn auch nicht identischer Weise ermutigt werden, sich auf den anderen einzulassen, und bei dem die Lebendigkeit des Therapeuten willkommen ist. Diese neue Einstellung des Therapeuten hat den deutlichen Vorteil, daß der Patient nicht die widersprüchliche Botschaft bekommt: „Lerne aus meinen Worten, aber nicht aus meinem Verhalten."

Diese Entwicklung hin zu einem, wenn man so will existentiellen Standpunkt, bei dem der Therapeut wirklich als Person gesehen wird, der lediglich andere Erfahrungen in die therapeutische Begegnung mit einbringt, ermöglicht nun mehr Menschen eine Grundlage für Wachstum und Entwicklung, und zwar auch Persönlichkeitsgestörten, Schizophrenen und sogar Therapeuten.

Was tut der Therapeut?

Therapeuten besitzen Kräfte, die den Fortlauf der Therapie sowohl erschweren als auch beschleunigen können. Dasselbe gilt natürlich auch für den Patienten, aber früher wurde fast ausschließlich diesem

Aufmerksamkeit geschenkt. Das soll nicht heißen, daß es bezüglich der erschwerenden und beschleunigenden Kräfte zwischen Patient und Therapeut keine Unterschiede gebe. Es soll vielmehr klargemacht werden, daß da ein schwankendes Gleichgewicht besteht, bei dem Therapeut und Patient die Seiten tauschen, vielleicht sogar öfter, als sie wahrnehmen möchten.

Während der Therapie gibt es Momente, in denen weder der identifizierte Therapeut noch der identifizierte Patient weiß, was er tun soll. Solche Momente kann man als „tote Punkte" bezeichnen. Zu erkennen, daß man sich an einem toten Punkt befindet und diese Erkenntnis zu nutzen, kann einen wichtigen Sprung nach vorn bedeuten. Sollte sich längerfristig nichts verändern, kommt die Therapie zum Stillstand. Möglich wäre es nun, die Therapeut-Patient-Beziehung zu beenden. Ob dieser Zeitpunkt mit der Besserung des Patienten oder mit der Unfähigkeit des Therapeuten, weitere Veränderungen zu bewirken, zusammenhängt – sowohl Therapeut als auch Patient werden sich darüber klar werden, wenn der finanzielle Aspekt wegfällt. Denn der war bis zu diesem Zeitpunkt ein wesentlicher Bestandteil der Begegnung, sozusagen ein hinzugefügtes Gewicht, das ein Gleichgewicht in der Begegnung herstellt und aufrechterhält.

Wenn man die Lebendigkeit des Therapeuten als einen wesentlichen Faktor in der erlebnisaktivierenden Psychotherapie betrachtet, so muß man die Lebendigkeit der Begegnung als einen weiteren Faktor ansehen. Die Lebendigkeit der Begegnung wird durch die ständige besondere Aufmerksamkeit aufrechterhalten, die man zum einen dem gegenwärtigen Moment, zum anderen dem Verhalten jeder Person in diesem Moment und schließlich der Art, in der sie die Zeit nutzt, widmet.

Im Verlauf der Therapie hat der Therapeut anfangs nur die Funktion des Katalysators. Er ermutigt die Familienmitglieder zu einer offeneren und direkteren gegenseitigen Konfrontation. Z.B. werden die einzelnen auf Nuancen in ihrem Verhalten, etwa mit den Achseln zucken oder das Gesicht verziehen, aufmerksam gemacht, und es wird nach angemessenen Erklärungen für diese Gesten gesucht. Dieser katalysatorische Effekt des Therapeuten besteht weitgehend darin, daß die Bewußtheit des Patienten vergrößert und er zu einer direkteren Begegnung ermutigt wird. Dazu gehören auch Vorschläge, z.B. ein anderes Verhalten auszuprobieren, herumzuexperimentieren oder den Therapeuten in seinem Erleben zu beobachten. Manchmal können es auch einfache Anweisungen oder Ratschläge des Therapeuten sein. Oft werden solche Interventionen bereitwillig akzeptiert, und es kommt zu neuen wertvollen Erfahrungen ohne Widerstände von innen (durch das Unbewußte) oder von außen (durch Familienmitglieder).

Gelegentlich werden solche rein sachlichen Vorschläge jedoch ignoriert, und der Therapeut ist dann vielleicht frustriert. Wenn das der Fall ist, bleibt zu hoffen, daß sich der Therapeut als wertvoll genug ansieht, von seinem Gegenüber die Beachtung seiner Person zu fordern. Er sollte sich nicht hinter der Frage „Warum haben Sie sich so verhalten?" verstecken, denn das würde zu einer Unterbrechung der Begegnung führen: jeder zöge sich in die Vergangenheit zurück und würde dort nachforschen. Patienten haben natürlich die gleichen Rechte. Jeder hat das Recht, anderer Meinung zu sein oder sogar den anderen zur Hölle zu wünschen, wenn ihm danach ist, aber darf ihn nicht ignorieren. Mit solch einem Beispiel demonstriert man einen wichtigen Aspekt einer erfolgreichen Begegnung, und gleichzeitig wird diese Begegnung durch das Verbleiben im Hier-und-Jetzt lebendig gehalten.

Das wird nicht die einzige Gelegenheit sein, daß der Therapeut die Rolle des Katalysators mit der eines engagierten Teilnehmers tauscht. Vielleicht fühlt sich der Therapeut, wenn sich ein Elternteil und ein Kind auseinandersetzen, emotional stark involviert und beschließt, seine Worte und Gefühle einzubringen, damit alle daran teilhaben können. Dieser Stimulus wird, wenn damit wirklich die aktuellen Gefühle des Therapeuten zum Ausdruck gebracht werden, im allgemeinen einen heilsamen Effekt haben, selbst wenn sich später herausstellen sollte, daß diese Gefühle eigentlich auf jemand anderen bezogen oder daß die belastenden Worte des Therapeuten unangemessen waren. Das Recht, zu *sein* und das Recht, *im Unrecht zu sein* – das kommt bei uns allen manchmal vor –, trägt auch dazu bei, die Begegnung lebendig zu halten und sie einzigartig zu machen. Das Eingeständnis von Irrtümern, das oft mit Trauer oder Scham einhergeht, falls solche Gefühle vorhanden sind, schützt natürlich auch die Integrität der Begegnung und ist meiner Erfahrung nach immer positiv bewertet worden.

Erlebnisaktivierende Familientherapie bringt den Menschen nicht nur bei, wie sie ihre verbale Kommunikation verbessern können. Sie zeigt ihnen unter anderem auch, wie sie durch klarere Botschaften ihr Leben bereichern. Die Annahmen, die diesem therapeutischen Ansatz zugrunde liegen, sind folgende: Die Psyche des Menschen funktioniert nur in Zusammenhang mit der Psyche anderer Menschen; die wichtigen „Anderen", d.h. die Umgebung, in der wir leben, sind meistens innerhalb der sogenannten „Familie" zu finden; Psychotherapie im Rahmen der bestehenden Familie zu betreiben, kommt somit der Behandlung eines Individuums in seiner Ganzheit sehr nahe; die Grundeinheit für die Therapie ist der „Organismus-in-seiner-Umgebung". Eine weitere Annahme ist, daß die Beachtung dessen, was wir mit dem anderen tun, wie wir es tun und wie wir auf den anderen reagieren, die Bewußtheit über die eigene Person innerhalb der Welt der anderen erhöht; daß diese stärkere Bewußtheit, wenn sie nicht allein, sondern mit anderen erlebt wird, zu einem bedeutungsvolleren Austausch führt; und daß ein bedeutungsvollerer Austausch zu einer größeren Befriedigung in unserem Leben führt. Diesem Rahmen und diesem Ziel sind alle technischen Aspekte der erlebnisaktivierenden Psychotherapie gewidmet.

In den folgenden Beispielen werde ich natürlich weitgehend von meinen eigenen Erfahrungen als Therapeut berichten. Wenn ich beschreibe, was ein Therapeut bei diesem therapeutischen Ansatz tut, so beschreibe ich damit, was *ich* tue. Ich hätte das Gefühl, eine unnötige Distanz zwischen mir und dem Leser aufzubauen, wenn ich von meinen eigenen Erfahrungen in der dritten Person sprechen würde. In einer Hinsicht gibt es keine Trennung zwischen „dem Therapeuten" und „diesem Ansatz", denn während der Stunden, in denen ich Therapeut bin, bin ich mein Ansatz. *Was* ich als Therapeut tue, ist sozusagen öffentlich; *wie* ich es tue, bezieht sich nur auf mich. *Was* ich beschreibe, kann verallgemeinert und von anderen angewandt werden. *Wie* sich das *Was* äußert, hängt einzig und allein von der Person des Therapeuten ab.

In diesem Band wird häufig von den persönlichen Reaktionen des Therapeuten gesprochen. Sie sollen nicht als präzise Interventionen verstanden werden, sondern dienen ausschließlich dem Ziel, die allgemeinen Prämissen der erlebnisaktivierenden Psychotherapie zu verdeutlichen. Mein Verhalten in einer bestimmten Situation kann, muß aber nicht mit dem des Lesers übereinstimmen. Vorrangig ist immer die allgemeine Prämisse, daß sich der Therapeut aktiv in das Hier-und-Jetzt einbringen soll. Zum Beispiel bekommt der Therapeut mit zunehmendem Alter mehr Autorität. Eine gelegentliche Bemerkung eines älteren Therapeuten kann genauso viel Gewicht haben wie eine energischere wiederholte Intervention eines jüngeren Therapeuten. Zum Teil liegt das an der Erlebnisfähigkeit. Die Vorstellung der meisten Menschen, daß Alter mit Weisheit zusammenhänge, hat einen starken Einfluß. Eine richtungsweisende Bemerkung eines jungen Mannes wird voraussichtlich schlechter angehört als das Murren eines Graubarts. Feinfühlige Anregungen eines Weisen werden eher vernommen als ebenso angemessene Aufforderungen eines Neulings. Das beeinflußt die Art des Therapeuten, d.h. das „Wie" seiner therapeutischen Vorgehensweise. Die Grundprämissen der erlebnisaktivierenden Psychotherapie bleiben jedoch unverändert.

Ich habe den Eindruck, daß die meisten der in der Therapie auftretenden Hindernisse durch den Therapeuten bedingt sind und nicht durch den „Widerstand" des Patienten. Meiner Meinung nach stellt die Etikettierung „Widerstand" ein Armutszeugnis aus und resultiert sicherlich aus der Frustration des Therapeuten; eine einfache Aussage wie: „Ich möchte effektiver arbeiten als im Augenblick, und ich kann es (Sie) nicht leiden, wenn mir das nicht möglich ist" ist ehrlicher und wirksamer.

Der existentielle Einfluß in der Psychotherapie hat heute zum häufigen Gebrauch der „ich-du"-Formulierung geführt, denn man ist zu der Einsicht gekommen, daß der Therapeut in der therapeutischen Begegnung auch ein Mensch ist. Sieht man sich jedoch die Literatur genauer an, so bemerkt man, daß eine Begegnung immer noch anhand des individuellen Verhaltens beschrieben wird. Es ist in der Literatur tatsächlich nur von wenigen Therapien die Rede, in denen sich Therapeut und Patient ändern, und von noch weniger Therapien, in denen sich nur der Therapeut ändert. Patienten werden immer noch als individuelle pathologische Einheiten gesehen, die man mit Etiketten wie „depressiv" oder „paranoid" versieht. So wird z.B. bei paranoidem Verhalten selten gesehen, daß es durch das Verhalten des Therapeuten ausgelöst sein könnte. Man nimmt immer noch an, daß ein solches Verhalten weitgehend eine innere Angelegenheit sei. Die Behauptung, in der psychotherapeutischen Literatur sei bisher nicht ausführlich behandelt worden, inwieweit Menschen, insbesondere Therapeuten, paranoides Verhalten bei einem anderen hervorrufen können, ist eine schlichte Untertreibung.

Menschen, die als paranoid bezeichnet werden, machen mir Angst. Das war in den letzten Jahren noch schlimmer als heute. Anfangs behandelte ich sie sehr vorsichtig und vermied Nähe, in dem Bewußtsein, daß ja schließlich sie es waren, die Schwierigkeiten mit Nähe hatten. Ich war unfähig, ihnen richtig zu helfen, aber ich habe immer dafür gesorgt, daß ich mich sicher fühlte. Wenn attraktive Frauen von kleiner Statur wegen ihres paranoiden Verhaltens zu mir kamen, konnte ich sie ohne Angst konfrontieren, habe oft ihr paranoides Verhalten in Depression verwandelt und ihnen schließlich im Laufe der Zeit geholfen. Erst kürzlich bin ich darauf gekommen, diese Patienten, Männer wie Frauen, mit meinem eigenen Mißtrauen zu konfrontieren. Ich zeigte ihnen meine Gefühle, die sie durch ihr unfaires Verhalten hervorgerufen hatten, und brachte sie dazu, mir bei der Bewältigung der Gefühle beizustehen.

Dieses Verhalten habe ich immer weiterentwickelt, als ich merkte, daß ich immer weniger Angst hatte, eine Zeitlang der Patient zu sein. Eine interessante Folge davon ist, daß sich meine Wahrnehmung bezüglich dieser Menschen geändert hat; irgendwie stehe ich den paranoiden Wesenszügen nicht mehr so ängstlich gegenüber wie früher. Ich habe die Erfahrung gemacht, daß diese vielleicht anfangs mißtrauischen Menschen sehr bald Interesse zeigten, mir zu helfen. Das gefällt mir, und ihnen gefällt es auch. Da entsteht Nähe. Ich bin mir jetzt noch unsicherer geworden, was es mit dem sogenannten paranoiden Wesenszug auf sich hat.

Ein Ehepaar, das sich auseinandergelebt hatte, wurde mir von einem Kollegen überwiesen, der den Mann als gefährlich paranoid diagnostiziert hatte. Das Paar war vor zwei Jahren geschieden worden, aber dieser Mann war unfähig, sich von seiner Frau und seinen Kindern zu lösen, kam ständig bei ihnen vorbei und belästigte die Freunde seiner Frau.

In jüngster Vergangenheit war auf einen dieser Freunde geschossen worden, und das, nachdem der Ehemann gedroht hatte, den Freund zu erschießen, wenn dieser weiterhin zu seiner Frau käme. Obwohl es keine Beweise gab, verdächtigte jeder den Ehemann. Die

Frau war zu einem gemeinsamen Gespräch bereit, da sie den Wunsch hatte, sich von ihrem früheren Ehemann zu befreien. Der Mann war augenscheinlich bereit, einer gemeinsamen Therapie zuzustimmen, weil er noch immer den geheimen Wunsch hegte, sie könnten sich versöhnen. Beim Erstgespräch wurden mir all diese Informationen vermittelt. Der Ehemann zeigte sich äußerst kooperativ, lächelte unaufhörlich und war sehr freundlich, fast schon unterwürfig. Er bestritt natürlich sämtliche Vorwürfe seiner Frau, und als er sie nicht mehr einfach leugnen konnte, tat er sie lächelnd als bedeutungslos ab. Er machte mir Angst, und das sagte ich ihm. Mit ihm zusammen versuchte ich herauszufinden, warum ich Angst vor ihm hatte und warum ich ihm gegenüber mißtrauisch war.

Als ich sprach, schien er allmählich entspannter zu werden und sein Dauerlächeln aufzugeben, von dem ich ihm vorher schon gesagt hatte, daß es mir am meisten Schwierigkeiten bereite. Als er mir antwortete, wurde ich traurig und teilte ihm das mit. Bald kamen uns beiden die Tränen, als er von dem fürchterlichen Verlust erzählte, die diese Scheidung für ihn bedeutet hatte. Er begann, die Einsamkeitsgefühle, die er fast sein ganzes Leben lang gehabt hatte, und seine Verlegenheit wegen seiner Tränen mit mir zu teilen. Bei der nächsten Sitzung erzählte mir die Frau, daß ihr Mann zum ersten Mal den Scheck für den Unterhalt seiner Frau und seiner Kinder auf ihren Mädchennamen und nicht auf „Frau George ..." ausgestellt habe. Ihre Äußerung machte mich sowohl froh als auch traurig. Ich wandte mich ihm zu und zeigte ihm meine Traurigkeit. Er weinte erneut.

Manchmal schreie und brülle ich während der Therapie. Das habe ich von meinem Vater gelernt. Ich hoffe, daß meine Wut nicht so ohnmächtig ist wie seine, aber ich bezweifle es ernsthaft. Mein gerade heranwachsender Sohn reagiert positiv auf meine Wut, und das vermittelt mir das Gefühl, daß ich damit eine Wirkung erziele. Mit Wirkung meine ich, daß ich bekomme, was ich will. Wenn er ständig ein Verhalten zeigt, das über meine Toleranzschwelle hinausgeht – wenn er z.B. länger fortbleibt, als ich ihm erlaubt habe, wenn sein Zimmer schlampig aussieht, wenn er zu spät zum Abendessen kommt – und wenn meine freundlichen Aufforderungen umsonst sind, gehe ich schließlich in die Luft und halte ihm mit zorniger Stimme und Drohgebärden eine ordentliche Standpauke. Er reagiert darauf. Für ein paar Tage, manchmal auch Wochen oder Monate, ändert sich sein Verhalten. Er ist freundlicher und hilfsbereiter. Er hat mir tatsächlich gezeigt, daß dieses Vorgehen anderen ineffektiven Verhaltensweisen von mir, wie z.B. ihn inständig zu bitten, vorzuziehen ist. Ich habe schließlich gemerkt, daß dieses Reiz- und Reaktionsverhalten klischeehaft abläuft: auf ein sanftes Vorgehen der Eltern folgt keine Verhaltensänderung beim Kind; auf wirkliche Wut folgt Hilfsbereitschaft. Ich habe meinem Sohn dieses Muster beigebracht.

In der Therapie führen meine Wutausbrüche nicht immer zu kooperativem Verhalten, auch wenn ich das natürlich meistens erwarte. Ein Patient reagiert auf einfache Angebote, ein anderer auf eine deutliche Bitte, ein dritter darauf, daß man ihn bei seiner Selbst-Exploration unterstützt und wieder ein anderer nur auf heftige, emotionsgeladene Konfrontationen. Ich muß nicht nur mein eigenes Verhalten kennen, sondern auch das meines Patienten. Natürlich kann ich das nicht schon im vorhinein kennen, aber das ist auch nicht notwendig. Notwendig ist nur, daß wir interagieren; im Verlauf einer solchen Interaktion werden uns unsere Unterschiede bewußt, und wir werden uns zwangsläufig gegenseitig beeinflussen.

Ich bin nicht immer derselbe. Manchmal spüre ich ganz genau, wie ich beim anderen ein kooperatives Verhalten erreichen kann, und manchmal spüre ich das nicht. Es gibt Zeiten, in denen ich mich für den anderen mehr interessiere und eher bereit bin, mich auf ihn einzulassen. Wenn mein Selbstvertrauen etwas angeschlagen ist oder ich leicht deprimiert bin, werde ich schneller wütend und erwarte mehr. Das bedeutet für mich einen Rückfall, eine ontologische Wiederholung von früheren Umwelteinflüssen. Es ist nicht nötig, daß ich mich dieser Schwächen entledige, um ein erfolgreicher Therapeut zu sein. Als sich im Laufe der Jahre bestimmte eigene Verhaltensmuster zwangsläufig veränderten, zeigte sich in der Tat, daß ein größerer Anteil der Begegnungen effektiver verlief, aber auch, daß in anderen Begegnungen das Interesse abnahm, und folglich auch die Wirkung nachließ.

Ausbildung von Therapeuten

An dieser Stelle könnte gut die Frage kommen: Welche Ausbildung sollte ein Therapeut haben, der erlebnisaktivierend arbeiten möchte?

Die Voraussetzungen dafür, ein erlebnisaktivierender Psychotherapeut zu werden, sind einfach. Der Abschluß in einem anerkannten helfenden Beruf genügt, denn er zeigt, daß man zivilisiert genug ist und Interesse daran hat, seinen Lebensunterhalt zu verdienen, und daß man fähig ist, reflektiert zu handeln. Durch die Tätigkeit in einem helfenden Beruf sind die Voraussetzungen vollständig erfüllt, denn dadurch bekundet man sein Interesse am Umgang mit Menschen. Eine längere Lehranalyse ist nicht nötig, denn der erlebnisaktivierende Ansatz ermöglicht, ja fördert sogar die Weiterentwicklung des Therapeuten. Diese ist ein wertvoller und beispielhafter Bestandteil des therapeutischen Prozesses.

Die beruflichen Voraussetzungen sind also leicht zu erfüllen. Bei den persönlichen Fähigkeiten, die der Therapeut mitbringen sollte, sieht es jedoch anders aus. Das dringende Bedürfnis, sich in das Leben anderer einzumischen und der arrogante Wunsch, angehört zu werden, sind bei dieser Therapieform vorteilhaft, wenn nicht sogar absolut notwendig, besonders wenn man mit Familien arbeitet. Notwendig sind auch genügend Instabilität, um Experimente zu fördern und Risiken auf sich zu nehmen, sowie genügend Härte, um unnachgiebig ein Antwortverhalten zu verlangen. Wertvoll sind Neugier hinsichtlich menschlichen Verhaltens, verbunden mit dem kleinlichen Beachten jeder Verhaltensnuance, viel Toleranz für Unterschiede, sowie die Fähigkeit, sich in den anderen hineinzuversetzen. Wesentlich ist es, so intensiv gelebt zu haben, daß auch die negativen Erfahrungen ihre Spuren hinterlassen haben und einen der Gedanke daran nicht mehr schrecken kann. Äußerst lohnend ist ein selektiver, jedoch beharrlicher Widerspruch. Weise ist es, mißtrauisch und ängstlich genug zu sein, sich nicht auf das gezeigte Verhalten zu verlassen und erfahren genug, zu wissen, daß man Absichten und Motive nicht als schlecht (oder gut) abstempeln kann. Und schließlich ist es besonders erfreulich, wenn man selbstkritisch genug ist, seinem eigenen Verhalten zu mißtrauen, mutig genug, Fehler zu machen und liebevoll genug sie anzuerkennen.

Jeder Therapeut hat das Bedürfnis, durch seine Arbeit auch persönliche Befriedigung zu erzielen. „Das Geld reicht mir nicht" habe ich schon zu einigen Patienten gesagt, die scheinbar die Einstellung hatten: „Ich bezahle, also machen Sie mal". Für eine uneingeschränkte, fruchtbare Begegnung bin ich zu haben, aber ich will kein Entertainer sein. Ich wünsche und brauche von meinen Patienten unter anderem auch eine Änderung in ihrem Verhalten und nicht nur verbale und finanzielle Anerkennung.

Widerstand von Therapeuten

Der Widerstand von Therapeuten, sich intensiv auf ihre Patienten einzulassen, kommt auf vielerlei Art und Weise zum Ausdruck. Vor vielen Jahren sollte ich einmal ein Familientherapiegespräch demonstrieren. Die Therapeuten, die alle Disziplinen vertraten, äußerten ihre Vorbehalte, als ich vorschlug, die Familie in unser Besprechungszimmer zu holen und nicht den Einwegspiegel zu benutzen. Sie waren davon überzeugt, daß die Familienmitglieder dabei Angst und Unbehagen empfinden würden. Ihre Befürchtungen kamen in einfachen Bemerkungen wie „Sie würden sich bestimmt unbehaglich fühlen, besonders die Kinder" zum Ausdruck, aber auch in äußerst durchdachten psychodynamischen Formulierungen, mit denen sie mir klarmachen wollten, daß die Beteiligung der Familie durch die Anwesenheit der Therapeuten eingeschränkt sein würde. Zu keinem Zeitpunkt gab irgendeiner der Therapeuten im Raum zu, daß er persönliche Widerstände hatte.

Der Leiter des Treffens, ein scharfsinniger Kliniker, sagte: „Abgesehen davon, daß Sie sich soviel Sorgen um die Familie machen, habe ich das Gefühl, daß es da auch eine persönliche Abneigung gegen soviel Nähe gibt. Ich möchte diejenigen um Handzeichen bitten, die mit mir einer Meinung sind." Alle Hände im Raum gingen nach oben. Der Leiter fuhr fort: „Ich möchte nun diejenigen um Handzeichen bitten, die fühlen, daß dieser Widerstand in ihnen selbst begründet ist." Nicht eine Hand erhob sich. Die einzelnen Therapeuten sahen sich um, waren äußerst überrascht und lachten verlegen.

Erlebnisaktivierende Therapie hat für jeden Therapeuten eine persönliche Bedeutung. Begriffe wie „therapeutische Techniken", „therapeutische Fähigkeiten", „Therapiewerkzeuge" dienen alle nur dem Ziel, zwischen Therapeut und Patient Distanz zu schaffen. Es gibt keine Werkzeuge oder Fähigkeiten; es gibt nur Menschen.

Eine vorherrschende Meinung ist die, daß es zwei Verhaltensweisen gibt, die der Therapeut in der Therapie nicht zeigen sollte. Das erste ist die persönliche Reaktion des Therapeuten auf das Geschehen während der Sitzung. Er könnte z.B. wichtige Äußerungen machen wie „Ich habe Angst vor Ihnen" oder „Ich weiß im Augenblick nicht, was ich tun soll, und das ist mir peinlich" oder „Sie sind so attraktiv, daß ich Ihnen kaum zuhören kann" oder vielleicht „Ihr Aussehen stößt mich ab, und ich schäme mich etwas, Ihnen das zu sagen". Die Abneigung von Therapeuten, so etwas zu äußern, kommt oft in Bemerkungen wie „Ich sollte solche Gefühle nicht haben" oder „Ich bin übertrieben grausam, und außerdem ist das nur meine Meinung" zum Ausdruck.

Für mich ist es nicht wichtig, ob ich solche Gefühle *haben sollte*, sondern nur, ob ich sie *habe*. Es ist nicht wichtig, ob ich als grausam angesehen werden, wenn ich das, was ich in einer Sitzung erlebe, offen sage, sondern ob es *für mich notwendig ist*, es offen zu sagen. Mache ich die Äußerung, weil ich den Gedanken daran nicht mit mir herumtragen möchte und das schließlich zur Folge hätte, daß ich ständig damit beschäftigt wäre, ihn wegzudrängen? Ja, denn dadurch würde meine Beteiligung eingeschränkt. Das einfache Ausdrücken meines Erlebens hingegen erlaubt es mir, mich ganz einzubringen. Wenn ich zeigen kann, was in mir vorgeht, fühle ich mich sofort ganz anders. Drücke ich z.B. meine Angst aus, so nimmt sie ab. Ebenso erlebe ich oft Freude und Erleichterung, wenn ich meine Traurigkeit habe zeigen können.

Das andere persönliche Verhalten, das die Therapeuten ausschließen wollten, das aber in der erlebnisaktivierenden Psychotherapie bestens integriert ist, ist der Ausdruck von Gefühlen, die mit dem eigentlichen Thema nichts zu tun haben, wie „Ich bin heute ziemlich müde" oder „Ich kann mich heute auf nichts richtig konzentrieren; ich muß dauernd an etwas anderes denken."

Während einer Gruppentherapie hatte ich Schwierigkeiten, mich auf das Geschehen zu konzentrieren. Ich fühlte mich leer und wußte nicht warum. Schließlich sprach ich über meine Schwierigkeiten und versuchte, die Ursachen herauszufinden. Ich hatte irgendwie das Gefühl, als würde ich die anderen unterbrechen und sagte ihnen das. Mir war klar, daß das, was mich beunruhigte, absolut nichts mit ihnen zu tun hatte und teilte ihnen das ebenfalls mit. Nachdem ich einige Minuten nachgedacht hatte, erwähnte ich, daß ich traurig sei und daß mir kein Grund dafür einfalle. Ich erzählte ihnen, daß dieses

Gefühl schon seit einigen Tagen im Kommen sei, daß es mich aber heute regelrecht überwältige und ich es nicht mehr unterdrücken könne.

Dann dämmerte mir, daß heute der fünfte Todestag meines Vaters war. Als ich ihnen das sagte, mußte ich weinen. ich sprach noch weiter mit ihnen über meinen Vater und weinte die ganze Zeit. Den Rest der Therapie verbrachten wir mit meinen Tränen, sprachen wir über dieses Thema. Als das Ende unseres Treffens näherrückte, beteiligten sich auch andere in der Gruppe und erzählten mir, wie sie mein heutiges Verhalten und das Verhalten ihrer Väter empfunden hätten. Am Ende der Sitzung drückten sie ihre Anerkennung darüber aus, daß ich bereit gewesen war, mich ihnen gegenüber zu öffnen. In späteren Sitzungen kamen sie öfter auf dieses Treffen zu sprechen und betonten, es habe eine tiefgreifende Wirkung auf sie gehabt, und sie könnten jetzt eher (sie selbst) sein.

Ich glaube nicht länger, daß das, was ich bin oder was ich erlebe, für die Begegnung nicht relevant sein könnte. Was ich bin, *ist* für die Begegnung relevant. Es hat keinen Sinn, zu sagen, daß das, was ich bin, mit „ihnen" vielleicht gar nichts zu tun hat. Was ich bin, hat mit den Menschen, mit denen ich zu dem Zeitpunkt zusammen bin, zu tun. Daß sie vielleicht nicht gerade die auslösenden Faktoren sind, ist dabei nebensächlich. Genetischen Faktoren ist bisher viel zu viel Aufmerksamkeit und Bedeutung geschenkt worden. Auch ich habe vielleicht in dem Moment ihre Gefühle nicht hervorgerufen, aber das heißt nicht, daß sie auf mich keine Wirkung hätten, und das bedeutet ebensowenig, daß ich mich nicht auf sie einlassen könnte. Was ich bin, soll in jeder Begegnung als etwas angesehen werden, das für die anderen von Relevanz ist. Ist es von Relevanz, dann wird das Wissen darüber und das Miteinbeziehen die Begegnung im allgemeinen eher fördern als hemmen.

Jemand hat einmal die kritische Bemerkung über mich gemacht: „Sie profitieren manchmal mehr von der Therapie als Ihre Patienten." Mit „mehr" meinte er wohl eine größere Selbst-Bewußtheit und Erfüllung, denn das ist das „mehr", nach dem wir alle streben. Ich fühlte mich geschmeichelt, nicht kritisiert. Ich wünschte, diese Kritik wäre wahr. Irgendwie habe ich das Gefühl, daß dies auch mit einer größeren Selbst-Bewußtheit und Erfüllung bei meinen Patienten einhergeht. Eine solche Kritik scheint in einem „Waage"-Denken begründet zu sein, d.h. man geht davon aus, daß die Bereicherung des einen notwendigerweise auf Kosten des anderen geschehen müsse. Das ist oft in Familien zu beobachten, in denen sich ein Ehegatte sofort herabgesetzt oder minderwertig fühlt, wenn der andere etwas geleistet hat. Oder man fühlt sich weniger geliebt, wenn ein anderes Familienmitglied im Augenblick mehr Anerkennung bekommt.

Ein Kind macht das Abitur, und Vater oder Mutter weint – aus Anerkennung, Dankbarkeit, Stolz, aber auch wegen des bevorstehenden Verlustes. Das Selbstbild als Vater/Mutter wird geschwächt, denn das Abitur bringt das Kind der Trennung von den Eltern einen Schritt näher. Wir wissen alle, daß dies nur ein vorübergehendes Loch ist, das mit der Zeit überwunden wird; wir verlieren das Kind und gewinnen es später als Menschen oder Freund wieder. Trotzdem sind wir uns zu diesem Zeitpunkt oft nur des Verlustes bewußt. Das Bild, die Rolle oder Haltung als Vater oder Mutter ist tatsächlich geschwächt. Der ganze Mensch jedoch, von dem nur ein Teil als Vater oder Mutter bezeichnet wird, wird in Wirklichkeit durch das Abitur und durch die Traurigkeit bereichert. Und so ist es auch in der Therapie. Der Therapeut ist manches Mal bestürzt darüber, daß er sein Selbstbild als Therapeut verliert. Aber dadurch, daß er diesen Verlust so weit wie möglich erlebt und mit anderen teilt, schafft er alle Voraussetzungen für eine therapeutische Begegnung, die jedem etwas geben kann.

Durch das Transparentmachen seiner eigenen Person kann der Therapeut jederzeit eine große therapeutische Wirkung erzielen. So kann ich den anderen am besten zeigen, wer ich bin. Ich kann es ihnen so zeigen, daß kein Mißverständnis möglich ist. Mein Ich kommt vielleicht durch die einfachen, gelassenen Worte „ich bin...." zum Ausdruck; oder aber es bricht ärgerlich, kritisch und anklagend aus mir heraus. Mein Ich kann auch ganz distanziert durch ein unbestimmtes Pronomen wie „Es scheint...." ausgedrückt werden; oder mein Ich äußert sich als Phantasie, die ich zu dem Zeitpunkt habe, die ich zuerst einmal als Phantasie identifiziere und der ich dann nachgehe. Manchmal, wenn ich nur weiß, daß ich unzufrieden bin, bringe ich das zum Ausdruck und schaffe dadurch eine Ausgangsbasis für eine genauere Untersuchung und Klärung meiner Person.

Unzufriedenheit ist ein schmerzliches Gefühl für mich, ein Gefühl, für das ich, wie ein Kind, keine Geduld aufbringe. Ich bin unzufrieden, wenn ich mich nicht akzeptiert fühle, wenn ich nicht anerkannt werde, wenn ich glaube, nicht effektiv zu arbeiten. Unzufriedenheit zwingt mich zum Handeln. In der Therapie bedeutet das, daß ich mich verbal ausdrücke, daß ich den richtigen Ton finde, daß ich meine Gedanken offen ausspreche und wir gemeinsam unser „Dilemma" erforschen. Jawohl, *unser* Dilemma, denn das Dilemma ist genauso wenig nur meine Angelegenheit, wie die Sorgen meiner Klienten nur ihre Angelegenheit sind, wenn wir zusammen sind.

Wenn ich nicht genau weiß, was mich bedrückt, so spreche ich das offen aus. Wenn ich mit dem Geschehen in der Therapie unzufrieden bin, so sage ich das jedem Teilnehmer, mit dem ich unzufrieden bin. Wenn ich mir über die Effektivität unserer gemeinsamen Arbeit Sorgen mache, so bringe ich das zum Ausdruck, jedoch wahrscheinlich nicht als bloße Beobachtung, sondern als laute Selbst-Exploration oder als Angriff auf bestimmte Mitglieder, die ich in dem Augenblick für verantwortlich halte. Sollte ein Mitglied auf diesen Vorwurf nicht reagieren, werde ich ihn zu einer Reaktion auffordern. Während eines Familiengesprächs betrifft ein Dilemma immer *uns* niemals nur *mich* oder *sie.*

Ich erinnere mich an ein Erstgespräch mit einem Ehepaar. Die Frau redete nur unzusammenhängendes Zeug und der Mann antwortete immer wieder auf ihre ziellosen Äußerungen, wobei er versuchte, eine vernünftige Diskussion zustande zu bringen. Er ignorierte einfach ihre nicht relevanten Antworten, pickte immer nur ihre Stellungnahmen heraus und versuchte so, ein Gespräch zu führen. Zuerst war ich etwas beunruhigt. Das bin ich oft, wenn ich Zeuge einer mir nicht vertrauten Interaktion werde. Für kurze Zeit verhielt ich mich als stiller Beobachter. Als diese Kommunikation weiterhin so verlief, fand ich das zuerst noch lustig, dann wurde ich traurig und schließlich verwirrt. Ich wußte nicht, was ich tun oder sagen sollte. Dann aber sagte ich genau das und fügte hinzu: „Da ich nicht weiß, wo ich anfangen soll, werde ich Ihnen einfach erzählen, wie ich uns hier sehe."

Zu ihr sagte ich: „Sie sind verrückt. Ihre ganzen Versuche haben absolut keinen Sinn." Dann wandte ich mich ihm zu und betonte: „Sie sind nicht verrückt, aber Sie sind ein Dummkopf, daß Sie versuchen, mit einer verrückten Frau wie ihr vernünftig zu sprechen. Ich würde in dieser traurigen Situation gern etwas tun, aber ich weiß nicht, wohin mit meinem Interesse und meiner Traurigkeit." Er antwortete nicht, und sie wirkte plötzlich sehr traurig. „Ihre Traurigkeit wirkt auf mich sehr erleichternd, und ich kann verstehen, daß Sie traurig sind" sagte ich. Sie sah auf und antwortete: „Er will nicht, daß ich weine". Ich entgegnete: „Das ist ja noch verrückter als alles, was Sie bisher gesagt haben". Dabei zeigte ich deutlich meine Verärgerung. Sie schluchzte. Als sie damit aufhörte, konnte sie plötzlich ohne ihre Verrücktheiten sprechen. Wir arbeiteten von diesem Punkt aus weiter.

Therapeuten wollen oft keine klaren Aussagen darüber machen, was sie an einer Person nicht mögen. Diese Abneigung kommt wieder einmal auf vielerlei Art und Weise zum Ausdruck, angefangen von Äußerungen wie „Sollte man nicht besser vermeiden, die Eltern vor ihren Kindern zu kritisieren?" bis hin zu „Ist es nicht notwendig, Patienten zu mögen, damit man ihnen helfen kann?" Meine Antwort auf die zweite Frage ist: „Ich muß offen zugeben können, daß ich einen Menschen nicht mag, damit ich ihn danach soweit mag, daß ich mit ihm arbeiten kann. Ich muß mit ihm sein, bevor ich ihm helfen kann." Vor den Kindern zu sagen, was einem nicht gefällt, ist eins der besten Dinge, die wir für Kinder tun können. Wie könnten Kinder denn sonst lernen, einen Standpunkt zu vertreten, ohne ihre Integrität zu verlieren? Ich argumentiere und kritisiere vor den Kindern, dann schicke ich die Familie nach Hause und fordere sie auf, dort dasselbe zu tun. Wenn ich von *argumentieren* spreche, meine ich damit nicht *herumzanken*. Endloses Herumzanken ist dumm und führt zu keinem Ergebnis. Argumentieren bedeutet, immer wieder seine Gefühle und Gedanken auszudrücken. Wird das gemacht, verändern sich die Gefühle und der Inhalt des Gesprächs. Herumzanken hat damit nichts zu tun. Herumzanken bedeutet nur, einen Standpunkt einzunehmen und diesen stur zu verteidigen.

Ich habe Eltern oft sagen hören: „Ich habe meine Kinder alle gleich gern." Das ist eine überflüssige Lüge. Wir sind kein Stück Holz. Wir können nicht für alle Umweltreize dieselben Gefühle haben. Jedes Kind verhält sich anders und somit müssen auch unsere Reaktionen unterschiedlich sein. Ich mag meine Patienten auch nicht alle gleich gern. Das muß ich auch nicht und es würde mit mir sicherlich etwas nicht stimmen, wenn ich sie alle gleich gern hätte. Für mich sind nicht alle Menschen grau. Jeder Mensch trägt eine Vielzahl von Farben und Schattierungen in sich, von denen mir einige überhaupt nicht zusagen. Kann ich mit so einem Menschen effektiv arbeiten? Nur unter einer Bedingung. Die Bedingung ist die, daß ich zu jeder Zeit offen sagen kann, was mir an der Person nicht gefällt. Je freier ich bin, das zum Ausdruck zu bringen, was ich an einem Menschen nicht mag, desto angenehmer ist für mich das Zusammensein mit ihm und desto weniger habe ich das Bedürfnis, ihn allein zu lassen.

„Wer ich denn sei, daß ich darüber urteilen könne", werden Sie vielleicht fragen. Ich verteidige mich mit den Worten: „Das ist nicht mein Urteil, das ist meine Meinung." Ich glaube jedoch, daß beide Begriffe, Urteil wie auch Meinung, im Grunde an der eigentlichen Sache vorbeigehen. Ich bin das, was ich erlebe, und dazu muß ich auch das Recht haben. So bin ich und so drücke ich mich aus, und das muß nicht das geringste mit meinem Patienten zu tun haben. Die Entscheidung darüber liegt nicht bei mir sondern bei ihm. Es ist eine unfaire, begegnungshemmende Taktik, wenn man versucht, den Ausdruck eines Menschen von sich selbst einfach zu ignorieren, nur weil man ihn nicht als jemand anderen in der Welt sehen möchte. Ich will das Recht haben, mich so auszudrücken, wie ich es möchte, und ich gestehe dieses Recht auch meinen Patienten zu. In so einer Atmosphäre kommt es zu guten Erlebnissen.

Ich handele nicht leichtsinnig. Ich bin sicher, kein Therapeut handelt leichtsinnig. Ich bin kein Befürworter von leichtsinnigen oder gedankenlosen Äußerungen. Ich verliere nie mein Ziel aus den Augen, mit den Menschen in engeren Kontakt zu kommen. Ich vertraue jedoch darauf, daß dieser Faktor viel selbstverständlicher in uns wirkt als wir alle annehmen und daß ein Mangel an Vertrauen, den wir Therapeuten trotz guter Vorsätze doch immer wieder haben, der Grund dafür ist, daß uns Irrtümer unterlaufen, weil wir übervorsichtig handeln.

Eine Frau stellte sich mir gegenüber als intelligenter und sozial engagierter Mensch dar. Ihre äußere Erscheinung und ihre Korpulenz ekelten mich jedoch an. Ich brachte meinen Abscheu so oft und so stark zum Ausdruck, wie ich ihn auch erlebte, und das nahm einen Großteil unserer Therapiezeit in Anspruch. Anfangs protestierte sie auf vielerlei Art, unter anderem durch Aussagen wie „Das ist Ihr

Problem. Deshalb bin ich nicht hierher gekommen.“ Ich konnte ihr nicht recht geben, und im Verlauf unserer gemeinsamen Arbeit kam sie zu der Überzeugung, daß meine Haltung in Wirklichkeit viel liebevoller war als das Verhalten ihres Mannes, der ihrer abstoßenden Erscheinung nur gleichgültig gegenüberstand. Natürlich habe ich meine Äußerungen so gemäßigt, daß sie sich nicht von der Behandlung zurückziehen würde. Ich bin sicher, daß viele Beobachter ihren Rückzug erwartet hätten. Aus Erfahrung weiß ich jedoch, daß selten jemand vor einer ehrlichen und offenen Bemerkung davonläuft, unabhängig davon, ob sie positiv oder negativ ist oder ruhig oder heftig vorgetragen wird.

Mit Familien zu arbeiten zwingt den Therapeuten allein schon, sich voll und ganz in die Therapie einzubringen. Ich finde deshalb, daß Familientherapie und ein erlebnisaktivierender Ansatz unbedingt miteinander verbunden werden müßten.

Ein Kollege, der beschlossen hatte, es einmal mit Familientherapie zu versuchen, erzählte mir nach seiner ersten Erfahrung: „Es war erstaunlich. In der ersten Sitzung sind Dinge passiert, die ich in einer Einzeltherapie nicht in sechs oder mehr Monaten erreicht hätte. Es war sogar etwas beängstigend, manches erinnerte mich an meine eigene Familie und ich war mir nicht sicher, wie ich mich verhalten sollte.“

Es gibt zwei Gründe, warum es Therapeuten ablehnen, familientherapeutisch zu arbeiten: Der erste Grund hat mit dem oben Gesagten zu tun, d.h. der Therapeut hat Angst davor, daß ein Agieren in der Therapie zu einem terrorisierenden „Ausagieren“ werden könnte. Darauf werden wir später noch zu sprechen kommen, wenn wir die möglichen Risiken des erlebnisaktivierenden Ansatzes betrachten. Der andere Grund hängt einfach mit mangelnder Erfahrung zusammen. Es ist die Angst, was alles in solchen mitreißenden Interaktionen geschehen könnte, wie auch die Angst, daß der Therapeut nicht weiß, wie er sich verhalten soll.

Ich hoffe, daß dieses Buch ein paar Antworten auf die Frage gibt, wie sich der Therapeut verhalten soll. Die Befürchtungen des Therapeuten sind jedoch eine andere Angelegenheit. Die Schwierigkeit, mit diesen Phantasien umzugehen, liegt darin, daß diese Phantasien und ihre fürchterlichen Komplikationen im therapeutischen Erlebnis gar nicht Wirklichkeit werden.

Lassen Sie uns kurz die beliebte „was wäre, wenn"-Frage betrachten, die mir oft gestellt wird, wenn ich mit Kollegen über erlebnisaktivierende Familientherapie spreche: „Was wäre, wenn Sie mit einer Mutter, einem Vater und einer heranwachsenden Tochter arbeiten, und es in dieser Familie voraussichtlich inzestuöse Bindungen gibt?"

Zunächst einmal muß ich sagen, daß dies noch nie vorgekommen ist. Aber sollten da wirklich ernsthafte Befürchtungen hinsichtlich eines offenen oder verdeckten inzestuösen Verhaltens bestehen, ist es angebrachter, dies als Konflikt zwischen Vater und Mutter und nicht als Problem des Kindes darzustellen. Es wäre also ein Elternteil, der um Hilfe nachsucht, und die Kinder oder das betroffene Kind wären bei so einem Erstgespräch voraussichtlich nicht dabei. Wenn das Problem nicht offen zutage tritt, dann weiß der Therapeut jedoch, daß es existiert. Er wird dementsprechend sein Vorgehen genauer reflektieren und weniger auf sein Erleben in der Therapie achten.

Ein Ehepaar und deren attraktive 16jährige Tochter kamen zu mir in die Therapie. Sie stellten die Depression der Mutter als Hauptproblem dar, während Vater und Tochter gemeinsam bemüht seien, der Mutter zu helfen. Die Mutter war der Ansicht, daß ihre Depression mit der starken Bindung zwischen Vater und Tochter zusammenhänge, einer Bindung, in der der Vater scheinbar die Tochter anwies, nicht auf ihre Mutter zu hören und die Tochter bat, die Aufgaben von Mutter und Ehefrau im Hause zu übernehmen. Der Vater verteidigte sich vehement und beschuldigte die Mutter, den Haushalt nicht verantwortungsbewußt zu führen. Wenn die Frau das jedoch versuchte, wurde sie vom Ehemann immer noch als schlechte Mutter angesehen. Der Mann sah sich selbst als pflichtbewußter Vater, der seine schöne Tochter verteidigte. Die Tochter saß immer artig da, lächelte den Vater an, hatte für ihre Mutter nur finstere Blicke übrig und nickte zustimmend zu allem, was der Vater sagte.

Ich stellte die sichtbaren Verhaltensweisen, die jeder während unseres Gesprächs zeigte, deutlich heraus. Als ihr Verbündeter ermutigte ich die Mutter, es mit der heiligen Allianz von Vater und Tochter „aufzunehmen"; als ihr aufrichtiger Kritiker tadelte ich ihre jammervolle Haltung. Der Mann kritisierte seine Frau nicht nur, sondern war auch um ihr Wohlergehen besorgt. Das machte ich deutlich und ermutigte den Mann, seinen offensichtlich angestauten Ärger seiner Frau gegenüber direkter zum Ausdruck zu bringen.

Dann unterstützte ich seinen inzwischen fast schon untergegangenen Wunsch, wieder der gute Ehegefährte zu werden, der er früher einmal, wie er selbst zugab, sehr gern war.

Durch diese Erlebnisse ermutigt, begann die Frau innerhalb von Wochen (ein Jahr zuvor war sie auf Wunsch ihres Mannes als chronisch Depressive in der Klinik gewesen) ihr Selbstwertgefühl wieder aufzurichten und zuhause ihren angestammten Platz wieder einzunehmen. Als der Ehemann fähig war, seiner Frau sowohl mit seiner Wut als auch mit seinen Bedürfnissen offen entgegenzutreten, merkte er plötzlich, sie sehr er seine Tochter als Mittel benutzt hatte, mit seiner Frau nicht direkt kommunizieren zu müssen. Die Tochter war deutlich erleichtert und dankbar, als sie nun wieder mit ihrer Mutter Freundschaft schließen durfte.

Innerhalb von wenigen Monaten hatte sich in der Familie ein befriedigendes Gleichgewicht hergestellt, und Inzest war niemals zum Gesprächsthema erhoben worden. Hätte ich dieses Thema aufgegriffen, wären wir sicher von der eigentlichen Arbeit, nämlich diese Menschen wieder zusammenzubringen, abgelenkt worden.

„Was passiert, wenn jemand eine Einzeltherapie machen möchte, weil er seine Schwierigkeiten als intrapsychisch ansieht, der Therapeut jedoch einen familientherapeutischen Ansatz vorziehen würde? Wie kann man den Partner mit einbeziehen?" Diese Frage ähnelt der eines Kollegen: „Wie kann man jemanden, der unbedingt eine Einzeltherapie machen möchte, dazu bringen, mit seiner Familie zu kommen?" Meine Antwort: „Wie kann man sie draußenhalten?" Damit meine ich, daß die Ausrichtung des Therapeuten bestimmt, wie er arbeiten wird. Wenn er von seinem Tun überzeugt ist, werden seine Patienten es sehr wahrscheinlich ebenfalls gutheißen.

Denken Sie daran: Wir sprechen davon, wie jemand sein Problem wahrnimmt und nicht davon, wie es tatsächlich zum Ausdruck kommt. Wie es zum Ausdruck kommt, hängt von dem theoretischen Rahmen ab, in dem der Therapeut arbeitet. Deshalb kann meiner Ansicht nach jedes als intrapsychisch angesehene Problem sofort zu einem interpersonellen Problem werden, wenn man den Partner zu dem Problem des Patienten befragt. Unabhängig von dessen Antwort wird damit deutlich, welche Einstellung der Partner zu dem sogenannten identifizierten Problem hat und diese Einstellung muß auf den identifizierten intrapsychischen Konflikt des Patienten einen Einfluß haben. Selbst eine gleichgültige Haltung wird den Patienten beeinflussen.

Ein Therapeut erzählte mir einmal von einem Gespräch, das er mit einer Mutter und deren 20jährigen Tochter geführt hatte: Die Mutter begann das Gespräch mit einer langen Beschwerdeliste über das Verhalten ihrer Tochter. Der Therapeut leitete die Kritik der Mutter an die Tochter um, und dort ging es die nächsten 15 Minuten unaufhörlich weiter. Der Therapeut bat die Tochter, auf die Vorwürfe der Mutter zu antworten. Die Tochter aber zuckte nur mit den Schultern, und das Gespräch schien abzubrechen.

Zu diesem Zeitpunkt wurde dem Therapeuten bewußt, wie sehr er sich über die Mutter ärgerte. Gleichzeitig merkte er jedoch auch, daß er die Tochter nicht in gleichem Maße für das Scheitern der Begegnung verantwortlich machte. Er hatte Angst, sich unfair zu verhalten, wenn er seinem Ärger der Mutter gegenüber Luft machen würde, aber er war nun einmal ärgerlich. Hinter der Unfähigkeit, seine „unfairen" Gefühle auszudrücken, steckte die Ungerechtigkeit, die eigentlich für das Steckenbleiben der therapeutischen Begegnung verantwortlich war. Wie auch immer er seinen Ärger zum Ausdruck gebracht hätte, dieser Ärger über die Mutter hätte sicher genau das deutlich gemacht, was die Tochter vor Jahren empfunden haben mußte. Inzwischen hatte sie wahrscheinlich gelernt, der Mutter einfach nicht mehr zuzuhören und fühlte sich deshalb wohl auch weniger durch sie gestört als der Therapeut, dem das noch nicht gelang.

Das soll nicht heißen, daß es für den Therapeuten *notwendig* war, auf die Mutter wütend zu werden und der Tochter ein Beispiel zu geben. Aber so fühlte er sich zu dem Zeitpunkt. Der Ausdruck seiner Gefühle hätte für die Tochter eine wertvolle Erfahrung sein können. Wäre ihm sein Unbehagen eher bewußt geworden, hätte er die Tochter energischer dazu ermuntern können, ihrer Mutter zu widersprechen. Statt dessen nahm seine Wut immer mehr ab, je länger er wartete. Und je mehr seine Wut abnahm, desto eher hatte er das Gefühl, sich übertrieben und unfair zu verhalten. Somit war er immer weniger gewillt, sich auf die beiden einzulassen.

Ein anderer Therapeut, der sich immer mehr für Familientherapie interessierte, erzählte es mir so: „Ich kam an einen Punkt, wo ich auf den Vater so wütend war, daß es sinnlos gewesen wäre, irgend etwas zu ihm zu sagen. Ich wußte nicht, wie ich mich verhalten sollte. Der Rest der Familie saß nur schweigend da. Ich wünschte mir, diese Sitzung nie begonnen zu haben. Ich fühlte mich völlig allein, ohne jemanden, an den ich mich hätte wenden können. Ich fühlte, daß alle nur darauf warteten, daß ich etwas täte."

Diese herrliche Äußerung machte er mir gegenüber zu einem Zeitpunkt seiner Beschreibung, wo er sie in der wirklichen Sitzung hätte machen sollen. Hätte er diese Gedanken offen zum Ausdruck gebracht, hätte dies den Ausweg aus dem Dilemma bedeuten können. Den Familienmitgliedern wäre dadurch die Möglichkeit gegeben worden, dem Therapeuten und dadurch auch sich selbst zu helfen.

Wir haben oft die unnötige Angst, unsere Hilflosigkeit zu zeigen. Darin ähneln wir unseren Patienten, denn sie verbinden Hilflosigkeit häufig ebenfalls mit verringertem Selbstwertgefühl. Mich den anderen zu offenbaren, hat für mich deshalb einen besonderen Stellenwert, weil dadurch meine Energien freigesetzt werden und ich dem gemeinsamen Erleben weiterhin Aufmerksamkeit schenken kann. Würde ich meine Gefühle von Hilflosigkeit nicht zeigen, müßte ich einen Großteil meiner wertvollen Energie darauf verwenden, meine Bewußtheit über meine Frustration und Hilflosigkeit aus der Therapie herauszuhalten. Außerdem verhalte ich mich anders, wenn ich etwas ehrlich ausspreche. Das ist eine Folge der Offenheit.

Ein Ehepaar war schon seit mehreren Wochen bei mir in Therapie, als die Frau einmal zu mir sagte: „Sitzen Sie nicht nur so da. Helfen Sie mir." Ich antwortete darauf. „Ich kann Ihnen zur Zeit nichts anderes bieten als meine Aufmerksamkeit." Sie wurde wütend, sagte, daß sie mich für so etwas nicht bezahlen würde und bezeichnete mich als Scharlatan. Ich mußte lachen. Das machte sie erst richtig zornig, und sie warf mir vor, ich würde mich in meiner Unfähigkeit auch noch wohl fühlen. Jetzt wurde ich ärgerlich und erklärte ihr: „Ich fühle mich in meiner Hilflosigkeit nicht so wohl wie ich es gern täte, denn mir geht Ihre unbegründete Schimpferei langsam auf die Nerven." Wir stritten solange miteinander, bis ich sie schließlich anschrie: „Ich verstehe nicht, warum zum Teufel Sie mich nicht endlich in Ruhe lassen können. Es ist schließlich meine Hilflosigkeit und nicht Ihre." Wie ein Bumerang trafen mich meine eigenen Worte. Ich bat sie vorsichtig, doch einmal zu überlegen, warum sie so schreckliche Angst vor ihrer eigenen Hilflosigkeit habe. Sie brach zusammen und erzählte mir schluchzend, wie sehr man sie immer wegen ihrer Hilflosigkeit geringgeschätzt und verachtet hätte.

Ich werde oft gefragt: Wie ist das bei dem erlebnisaktivierenden Ansatz; bringt dieses impulsive Interagieren mit den Patienten nicht auch Gefahren mit sich? Die Antwort darauf muß natürlich lauten, daß es uns um spontanes und nicht um impulsives Verhalten geht. Impulsives Verhalten ist zwingend und leichtsinnig. Der Mensch kann nur einen begrenzten Teil von sich zum Ausdruck bringen; er hat eigentlich keine Wahl. Das Hauptmerkmal der Spontaneität ist, daß sie ein angereichertes Destillat, d.h. das Wesentliche der Person zu dem entsprechenden Zeitpunkt zum Ausdruck bringt. Wichtig ist also der *Inhalt* und nicht die Geschwindigkeit, mit der etwas ausgedrückt wird.

Das folgende Gespräch soll zeigen, was ich damit meine:

Ehefrau: *(beginnt das Gespräch)* Ich bin verwirrt. Ich fühle mich so unsicher.

Ehemann: *(in ernsthaftem und herzlichem Ton)* Hast du eine Idee, wodurch das kommt?

Ehefrau: (*schnell*) Ich glaube, es hat mit uns zu tun, seit wir hier sind.

Therapeut: (*zur Frau)* Diese Vermutung kam jetzt sehr schnell. Sie haben sich anscheinend gar keine Zeit genommen, nach einer Antwort zu suchen.

Ehefrau: Ich war nur spontan.

Therapeut: Sie waren schnell. Seine Botschaft ist in Ihren Kopf gewandert und Ihr computerartiges Gehirn hat sofort eine clevere und scheinbar passende Antwort bereitgehalten. Sie haben nicht in Ihrem tiefsten Inneren nach einer Antwort gesucht.

Als wir dem weiter nachgingen, wurde uns bewußt, wie wichtig es für die Frau war, die Gefühle ihres Mannes und ihre eigene Empfindsamkeit von sich zu weisen, um als intelligente und schlagfertige Frau zu gelten, die von keinem etwas braucht.

Ehefrau: Warum hätte ich denn suchen sollen? Ich wußte doch die Antwort.

Therapeut: Erinnern Sie sich an Tschechows „Der Krieg"?
Ehefrau: Nein.
Therapeut: In der Geschichte geht es um die Unterhaltung von Landarbeitern, die während des Krieges in einem Zug zusammengepfercht waren. Mehrere Mütter waren verzweifelt darüber, daß ihre Söhne in den Krieg ziehen wollten. Ein Mann schaltete sich in das Gespräch ein. Unbekümmert verwies er darauf, welche Ehre es sei, für sein Vaterland und nicht eines unbedeutenden Todes zu sterben. Stolz fügte er hinzu, daß sein Sohn, der kürzlich im Kampf gefallen sei, mit ihm einer Meinung wäre. Als er seine laute und stolze Rede beendet hatte, sah ihn eine der Frauen ruhig an und sagte: „Sie meinen, Ihr Sohn ist tot?" Der Mann sah die Frau für einen kurzen Moment schweigend an, dann brach er in Tränen aus. Das ist Spontaneität.

Meine Patienten waren still. Das ist auch Spontaneität. Beide antworteten nun von innen heraus. *Webster* definiert Spontaneität als „Handeln nach dem Naturgesetz und ohne äußerliche Einwirkung."

Es ist auffallend, wie selten Spontaneität in der durchschnittlichen sozialen Beziehung vorkommt. Oft *re*agieren wir nur statt zu agieren oder spontan zu sein.

A: Wie geht es Ihnen?
B: Gut.
A: Was gibt's Neues?
B: Nichts.
A: War das nicht ein Wahnsinnsspiel neulich?
B: Aber wirklich.

Nun lassen Sie uns einmal überlegen, wie das Gespräch auch verlaufen könnte.

A: Hallo, wie geht es Ihnen?
B: Ich würde es Ihnen schon sagen, aber ich habe das Gefühl, es interessiert Sie eigentlich nicht.
A: *(lächelnd)* Ach, das ist doch nur eine Floskel.
B: Warum lächeln Sie? Freuen Sie sich über irgend etwas?
A: Mich amüsiert Ihre Antwort.

B: Mich hat Ihre unehrliche Frage nicht amüsiert.

A: Ich sagte Ihnen doch: „Es ist nur eine Floskel".

B: Jetzt ärgern Sie sich wohl.

A: Quatsch! Warum sollte ich mich ärgern? *(Dreht sich leicht weg.)*

B: Sie lügen. Sie drehen sich weg und Ihre Haltung sagt mir, daß sie sich ärgern. Mir gefällt Ihre angebliche Freundlichkeit nicht.

A: *(nachdrücklich)* Ich sage Ihnen doch: Sie irren sich. Ich ärgere mich nicht. *(Heftig)* Diese Unterhaltung kommt mir nur etwas merkwürdig vor. Alles, was ich gesagt habe, war: „Wie geht es Ihnen?" Das ist doch wohl freundlich genug.

B: Ich bräuchte jemanden, der sich wirklich für mich interessiert. Ihre Fragen wirkten so leer.

A: Stehen Sie unter Drogen?

Dem Widerstand von Therapeuten, sich stärker auf die Patienten einzulassen, liegt oft die Angst zugrunde, es könnten sexuelle oder feindselige Gefühle entstehen. „Nicht etwa, daß beides von sich aus schlecht wäre", fügen sie eilig hinzu, „aber man muß doch zugeben, daß das Ausleben dieser Gefühle in der Therapie ein, gelinde gesagt, unangemessenes Verhalten wäre". Das beinhaltet, daß immer, wenn Begriffe wie „beteiligt", „Echtheit", „Intimität", „Verpflichtung" oder „Spontaneität" auftauchen, Begriffe wie „fachliche Kompetenz" und „Verantwortung" automatisch wegfallen. Also wieder ein „Waage"-Denken.

Es gab einmal eine Zeit, in der ich mir über mein sexuelles und aggressives Potential und über dessen schädlichen Einfluß auf meine Patienten Gedanken machte. (Da waren aber Familie, Freunde und Fremde ebenfalls mit eingeschlossen.) Dann wurde mir etwas klar. Nicht Vergewaltigung und Mord machten mir Angst, denn in der Phase meines Lebens zählte die Fähigkeit zu morden und zu vergewaltigen schon längst nicht mehr zu meinem Potential an Verhaltensweisen. Es war die bloße Vorstellung, die mich beunruhigte. Eigentlich war es noch nicht einmal die Vorstellung sondern meine Selbstkritik daran, daß ich diese Vorstellung, wenn auch nur vorübergehend, überhaupt hatte. So verrückt sind Vernunft und Denken, verglichen mit dem Erleben. Ich dachte darüber nach, wie intolerant ich meinen eigenen Vorstellungen gegenüber war. Ich erlebte jedoch nichts.

Dann begann ich zu suchen und herumzuexperimentieren. Ich wollte herausfinden, was ich mit meinen Patienten erlebte. Ich fand mehr Angst und Verlegenheit als Begierde und Diebstahl, obwohl es diese ebenfalls gab. Ich merkte, daß es mir sehr viel schwerer fiel, meine weichen Anteile zu zeigen, wie z.B. Unzulänglichkeitsgefühle in bestimmten Augenblicken, Tränen des Mitgefühls, meinen Wunsch, einen Mann, der traurig ist, zu umarmen, mein kleinlicher Neid, meine mir peinlichen Blähungen oder auch mein inakzeptables Desinteresse, das ich in manchen Augenblicken meinen Patienten gegenüber hatte.

Ich hatte Angst davor, meine irrationalen und scheinbar „unpassenden" Gedanken zu äußern, und es war mir oft viel zu peinlich, meinen unwichtigen Ärger und meine absurden Phantasien offen auszudrücken. Kurz gesagt wagte ich es nicht, mich so darzustellen, wie ich war. Ich sagte mir, meine Patienten würden mich ablehnen, wenn sie Bescheid wüßten und es wäre unfair, sie mit meinem wahren Ich zu belasten. Sie wären zu schwach und hilflos, als daß ich sie mit meinem Erleben konfrontieren könnte, und das unabhängig davon, wie lange diese kleinen Verrücktheiten dauerten.

Dann entdeckte ich meine Projektionen. Nein, nicht meine Patienten waren es, die diese Bewußtheiten über meine Person nicht ertragen konnten. Patienten bewältigen so etwas ohne Schwierigkeiten. Selbst heute empfinde ich es immer noch als schwieriger, einem Patienten gegenüber meine vorübergehend auftretenden Unzulänglichkeitsgefühle zuzugeben, noch dazu in dem entsprechenden Augenblick (es ist immer leichter, *später* darüber zu sprechen), als Wut oder sexuelle Erregung auszudrücken. Intimität bedeutet nicht einfach das Vorrecht, wütend zu sein oder Unzucht zu treiben. Genitale Sexualität oder Wut dienen eigentlich eher dazu, sich auf den anderen nicht einlassen zu müssen. Intimität, Echtheit, Beteiligung – welches Wort man auch immer verwendet, es hängt mit der Bereitschaft des Menschen zusammen, sich darzustellen, und zwar besonders seine inakzeptablen und verwundbaren Eigenschaften und weniger seine Genitalien.

Als Belohnung für das oben dargestellte Verhalten bekommen wir wiederholt Dankbarkeitsbezeugungen für etwas, das die Patienten als „erfrischende Echtheit, Offenheit und Ehrlichkeit" bezeichnen. Ich werde also doppelt belohnt. Zum einen befriedigt es mich mehr, mich sowohl bei der Arbeit als auch anderswo stärker auf die Menschen einzulassen. Zum anderen wird mir Lob zuteil, wie die folgende Äußerung eines Patienten zeigt, der einfach zu mir sagte: „Ich kann's nicht erklären, aber ich merke, daß es mir mehr bringt, mit ihnen zu sein als auf Ihre Worte zu hören. Ich versuche zu verstehen, aber etwas Wichtigeres scheint sich zu ereignen."

5 Individuelles begegnungshemmendes Verhalten

Wenn einmal feststeht, wann eine Begegnung als erfolgreich anzusehen ist – dann nämlich, wenn die sich begegnenden und sich im Hier-und-Jetzt bemühenden Personen ihre Persönlichkeit so gut wie möglich zum Ausdruck bringen können – dann kann jedes Verhalten an diesen Prämissen gemessen werden, und es zeigt sich daran, ob das Verhalten begegnungsfördernd oder begegnungshemmend ist. Früher galt ein begegnungsförderndes Verhalten als Kriterium für eine zufriedenstellende Begegnung. In dem Interview-Kapitel, in dem ich therapeutische Interventionen darstelle, werde ich meine Ansichten über ein erfolgreiches, begegnungsförderndes Verhalten noch ausführlicher darlegen.

Das begegnungshemmende Verhalten soll von zwei Seiten her betrachtet werden: zum einen als individuelle Taktik, zum anderen als familiäre Struktur, die wissentlich oder unwissentlich dazu beiträgt, daß eine Begegnung gehemmt und somit ein zufriedenstellendes Ergebnis verhindert wird. In diesem Kapitel werde ich auf einige der populäreren individuellen Taktiken der Begegnungshemmung eingehen.

Interaktionen können als einfache Sätze angesehen werden, in denen es für jeden Teilnehmer ein Subjekt, ein Prädikat und ein Objekt gibt. Jede Person kann schon zu einer Begegnungshemmung beitragen, indem sie nur eine dieser drei Komponenten verschleiert. Um das Subjekt oder Objekt in der Begegnung zu verschleiern, braucht man nur das Wort „ich" oder „du" durch ein anderes zu ersetzen. Die hierfür gebräuchlichsten Worte sind: es, sie, die Umstände, die Tatsache, sie Situation. Solche Begriffe dienen dazu, das Subjekt oder Objekt der Begegnung, also Sie und mich im Dunkeln zu lassen. Das Prädikat – also das, was die eine Person mit der anderen macht – kann oft dadurch verschleiert werden, daß die Aufmerksamkeit auf einen anderen Zeitpunkt und einen anderen Ort gelenkt wird. Wenn man also über sein gestriges Tun berichtet, so kann man dadurch sein augenblickliches Tun bestens tarnen. Weitere Taktiken der Begegnungshemmung sind der Gebrauch von Höflichkeitsfloskeln, um dadurch eine ehrliche Konfrontation zu vermeiden, sowie emotionale und physische Ersatzhandlungen. All das sind Variationen des „maskierten Ich". Die hier getroffene Auswahl ist zugegebenermaßen unvollständig und soll den Leser eigentlich nur ermutigen, sein eigenes Verhalten auf Verschleierungstaktiken hin zu untersuchen. Begegnungshemmendes Verhalten greift schnell um sich. Es kann von einem aufmerksamen Therapeuten ohne Schwierigkeiten erkannt werden – oft mit Vergnügen, manchmal mit Erstaunen und häufig mit Verdruß.

Eine Person kann in einer Begegnung dann am besten als Subjekt identifiziert werden, wenn sie so ziemlich jede Äußerung mit „ich" beginnt: ich bin, ich werde, ich werde nicht, ich will, ich will nicht oder irgendeine andere direkte Äußerung über die eigene Person. Es ist wirklich erstaunlich, wie wenig Menschen – ob sie nun bei mir in Therapie sind oder nicht – ganz klar sagen können, wer sie sind und was sie sich von einer Begegnung erhoffen. Diese beiden Kriterien – wer ich bin und was ich will –, verbunden mit der Fähigkeit, das Erstrebte auch wirklich zu erreichen, bilden die Grundlagen für die Definitionen von psychischer Gesundheit.

Der in der Gesellschaft verbreitetste verbale Trick, seine Identität zu verbergen, ist *die Frage*. Es wurde einmal behauptet, daß man beim Stellen einer Frage bereits die Antwort wissen müsse. Das scheint mir etwas zu hart ausgedrückt, aber diese Äußerung ist eine genauere Betrachtung wert, besonders wenn man den Gebrauch der Frage in einer Durchschnittsbegegnung untersucht. Im Rechtswesen ist den Rechtsanwälten der Verschleierungswert von Frage-Antwort-Interaktionen wohlbekannt, und sie benutzen sie deshalb sehr gern. Trotz einer Vielzahl berechtigter Einwände werden Fragen immer mehr dazu benutzt, den Fragenden zu verwirren statt dadurch Auskünfte zu erhalten, und das sowohl im Gerichtssaal als auch außerhalb.

Ein geselliger Studienfreund, der nie richtig gelernt hatte, wie man soziale Kontakte knüpft, trug immer Kaugummi bei sich. „Magst du ein Kaugummi?" fragte er Leute an der Bushaltestelle, im Buchladen, zwischen den Vorlesungen und in irgendwelchen Aufenthaltsräumen, um mit ihnen in Kontakt zu kommen. Andere vermeiden das Alleinsein durch Fragen wie „Wissen Sie, wie spät es ist?", „Schönes Wetter, nicht wahr?", „Haben Sie gestern abend das Spiel gesehen?"

Tramper fragen niemals, ob man sie mitnehmen kann. Sie erkundigen sich: „Fahren Sie bis...?" Sagt man ja, steigen sie ein.

Durch Fragen ist es auch möglich, verdeckt zu kritisieren: „Warum hast du das nur gemacht?" (Dummkopf!). „Findest du es gut, daß Johnny solange aufbleibt?" Durch Fragen kann man sehr leicht seine eigentlichen Gefühle und Meinungen verbergen: Gefühle, die man für inakzeptabel hält oder Gefühle, deren Konsequenzen man nicht tragen möchte.

„Ich muß jetzt gehen. Bist du mir böse?"

„Wird das nicht ziemlich spät?" machte sie ihm klar.

„Hat dir der Film gefallen?" statt „Ich gebe meinen Eindruck erst dann wieder, wenn ich deine Meinung kenne."

„Warum hast du mir wehgetan?" statt „Autsch, du elender Tölpel!"

„Was meinst du damit?" Diese Frage ist selten berechtigt, wenn sie in einer Begegnung mehr als einmal gestellt wird. Wird sie wiederholt gestellt, sollte das dem Therapeuten signalisieren, daß der Fragende nicht richtig an der Begegnung teilnimmt. Ist er ehrlich, wird er auf den Vorschlag des Therapeuten, die Frage als Aussage zu formulieren, bereitwillig eingehen. Sollte der Therapeut dieses Verhalten übersehen, wird der andere diese Frage noch so oft gebrauchen, bis sein Gegenspieler, sei es ein Familienmitglied oder der Therapeut darauf etwas erwidert, was er ohne Gefahr bestreiten oder verunglimpfen kann.

Dabei fällt mir ein lustiges Beispiel dafür ein, wie man durch Fragen seine Identität verbergen kann. Drei Geistliche, die an einem Konvent teilnehmen, sitzen im Hotelzimmer und spielen heimlich Karten. Es klopft an der Tür, und schnell verstecken sie die Karten. Ihr Prior kommt herein und fragt mißtrauisch: „Habe ich hier nicht jemanden Karten spielen gehört?" Der erste Geistliche antwortet: „Würde ich so etwas tun?" Der zweite sagt: „Schauen Sie her, Vater, sehen Sie irgend etwas Verdächtiges?" Der Prior wendet sich dem dritten Geistlichen zu. Der zuckt jedoch nur mit den Schultern und fragt: „Mit wem sollte ich denn spielen?"

Zur Verdeutlichung sei hier noch ein weiteres Beispiel angeführt:

A: Was meinen Sie damit?

B: Was meinen Sie mit „was ich damit meine?"

A: Wollen Sie mir irgend etwas sagen?

B: Was denn zum Beispiel?
A: Wissen Sie es nicht?
B: Wenn ich es wüßte, würde ich es doch wohl auch sagen, oder?
A: Ich weiß nicht. Würden Sie?
B: Warum sollte ich es denn nicht sagen?
A: Dann sagen Sie mir doch: Was meinen Sie?
B: Wollen Sie mich zum Narren halten?
A: Warum sollte ich Sie zum Narren halten?
B: Glauben Sie wirklich, daß ich damit etwas ausdrücken wollte?
A: Warum gucken Sie denn sonst so?
B: Wie denn?

Sowohl Patienten als auch Therapeuten benutzen die Fragemethode in der Therapie. Die Therapeuten beanspruchen diese Methode natürlich deshalb für sich, weil sie immer noch glauben, daß sie Teil ihres wissenschaftlichen Modells sei. Wirkliche Wissenschaftler sind neugierige Beobachter und Experimentatoren, aber sie stellen keine Fragen, zumindest keine von anderen Leuten. Patienten nach ihren biographischen Daten zu fragen wird schon so sehr mit einer guten ärztlichen Behandlung gleichgesetzt, daß das Fragen nie in Frage gestellt wird. In der Psychotherapie ist das Fragen der verlängerte Arm des Lernens. Durch einen Vergleich der Antworten mit den vorher erfahrenen Daten können Verbindungen hergestellt werden, die dem Therapeuten eine gewisse Vertrautheit vermitteln und somit seine Angst verringern. Dem Therapeuten steht es dann frei, bei seinem nunmehr kategorisierten Patienten andere Methoden anzuwenden.

„Aber man hat doch nicht genug Zeit oder die Gelegenheit, alles aus erster Hand zu erfahren", wird manch einer sagen. Beobachtungen und Experimente hängen vom Interesse ab und nicht von der Zeit. Therapeuten entscheiden sich dann dafür, wenn sie lieber ihre eigenen verzerrten Beobachtungen machen wollen als von den falschen Beobachtungen der anderen zu lernen.

Angenommen, Patienten kommen zur Behandlung, weil sie mehr über sich wissen möchten. Dann gibt es für sie kaum einen Grund, selbst Fragen zu stellen. Den Therapeuten zu befragen kann höchstens dazu dienen, mehr über den Therapeuten zu erfahren und sich im Fragen zu üben. Zugegeben, manchmal lernen Menschen auch etwas über sich, wenn sie andere befragen und dann Vergleiche anstellen, aber das ist keine besonders effektive Methode und außerdem mit Risiken behaftet. Sie sollten lieber ihren Therapeuten beobachten und mit ihm experimentieren.

Weil ich es ablehnte, auf Fragen zu antworten und auf „ich"-Aussagen bestand, war es mir einmal möglich, in einer Gruppe drei Personen als chronische Fragesteller zu entlarven und drei recht verschiedene Fragetypen zu entdecken. Die erste Person, intelligent, freundlich und scheinbar sehr neugierig, fragte ein anderes Gruppenmitglied: „Warum sind Sie eigentlich in der Gruppe, wo Sie doch so gut informiert und selbstsicher sind?" Auf meine Bitte, diesen Satz in der „ich"-Form auszudrücken, reagierte sie anfangs immer noch freundlich: „Ich möchte gern mehr über Sie erfahren, so daß ich dieses Wissen vielleicht auf mich anwenden aber gleichzeitig auch Ihnen damit helfen kann." Mit dieser gefühllosen, intellektuellen und vernunftgesteuerten Aussage wollte ich mich nicht zufriedengeben. Ich bat sie darum, den Satz noch einmal neu zu formulieren und hoffte, sie würde ihn persönlicher und mit mehr Emotionen ausdrücken. Voller Neid und Ressentiments kam es nun aus ihr heraus: „Sie halten sich wohl für was ganz Besonders, nur weil Sie anderen Ihre Hilfe anbieten. Dabei können Sie sich noch nicht einmal selbst helfen. Ich wünschte, ich hätte Ihr Selbstvertrauen, aber ich beneide Sie absolut nicht um Ihre Arroganz." Bei dieser Bemerkung hörte die andere Person, die bis zu diesem Zeitpunkt wirklich auf arrogante Weise gut durchdachte Interpretationen geliefert hatte, auf zu lächeln. Sie begann, über sich nachzudenken und nach sinnvollen Erklärungen zu suchen, mit dem Ergebnis, daß sie schließlich voller Betroffenheit ihren Wunsch, anerkannt zu werden, zum Ausdruck brachte. Zwischen diesen beiden Menschen kam es auch weiterhin zu fruchtbaren Begegnungen, und es entwickelte sich eine tiefe Freundschaft.

Bei der zweiten Person zeugten die Fragen von einer aufrichtigen Suche nach nützlichen Erkenntnissen. Sie sammelte Aussagen und vernünftige Ansichten wie ein Briefmarkensammler seine Briefmarken. Sie sagte nie etwas über sich selbst. Sie äußerte nie ihre Meinung über irgend etwas. Sie lebte davon, unaufhörlich Fragen zu stellen. Es war äußerst schwierig, sie zu „ich"-Aussagen zu bewegen, aber schließlich sagte sie: „Ich bin so einsam. Ich möchte, daß sich andere mit mir unterhalten, dabei weiß ich doch, daß sie sich gar nicht für mich interessieren. Wenn jemand mit mir spricht, fühle ich mich nicht so einsam, und außerdem lerne ich so manche ‚Dinge' dabei." Als ich sie ermutigte, mit uns über ihr gewaltiges und kaum zu füllendes Loch der Einsamkeit zu sprechen, das sie ständig mit klugen Worten zu stopfen suchte, begann sie zu weinen und gab ihr äußerst offensives Verhalten auf. Durch ihre ständigen Fragen war sie selbst zu einem „Ding", einem Sammler geworden. Als sie von ihrer Einsamkeit und aus ihrer Einsamkeit heraus sprach, wurde sie zu einer Person. Dabei stellte sie fest, daß ihre wohlmeinende Fragerei in Wirklichkeit ihre Einsamkeit noch verschlimmert hatte. Durch das Ablehnen ihres „Ich"seins hatte sie eigentlich ihr eigenes Sein aufgegeben und gleichzeitig die anderen mit ihren ständigen Fragen davongetrieben. Niemand möchte die Enzyklopädie eines anderen sein, zumindest nicht für längere Zeit.

Die dritte Person, ein hübsches junges Mädchen sagte im allgemeinen gar nichts. Wenn sie etwas sagte, dann stellte sie Fragen, die derart von Mimik und Gesten begleitet wurden, daß man meinte, sie wolle sich gleichzeitig damit entschuldigen. Ich bat sie, auf ihre Körpersprache zu achten, ihre Fragen als Aussage zu formulieren und dabei vielleicht auch das in Worte zu fassen, was bisher in ihren Gesten zum Ausdruck gekommen war. Zögernd begann sie, Aussagen zu formulieren, die sie jedoch ständig durch kritische Bemerkungen unterbrach wie „Das stimmt nicht... Ich meine eigentlich... Das ist schlecht ausgedrückt... Ich sollte besser den Mund halten." Sie brach ab, als Tränen in ihre Augen traten. Sie konnte nicht einmal weinen, ohne sich dabei zu kontrollieren. Fragen war für sie die einzige Möglichkeit, mit Menschen zusammenzusein, ohne daß ihr Selbstbild gleich Kritik übte. Sie konnte zuhören oder eine intelligente, einfühlsame Äußerung so in eine Frage kleiden, daß ihre Fähigkeiten nicht zu erkennen waren. Erst als ich ihre Fragerei verhinderte, sie geduldig und sanft zu Aussagen ermutigte und ihr despotisches Selbstbild herausforderte, war es ihr möglich, ihr Recht zu sprechen wieder in Anspruch zu nehmen.

In dieser Gruppe verbarg also die eine Person ihren Neid und ihre Ressentiments, die zweite ihre Einsamkeit und die dritte ihre sensitive Ausdrucksfähigkeit – und alle verwendeten dieselbe Methode, die Frage.

Eine weithin übliche Art, ein Familienerstgespräch zu beginnen, besteht darin, daß sich ein Familienmitglied – meistens ist das die Mutter – einem anderen zuwendet und es fragt: „Möchtest du anfangen?" Oft fragt auch ein Elternteil das Kind: „Möchtest du dem Doktor nicht sagen, warum wir dich hierhergebracht haben?" Oder ein Familienmitglied sagt zum Therapeuten: „Also da sind wir. Was möchten Sie wissen?"

Durch solche Fragen vermeidet der Fragesteller jegliche Aussage über sich selbst oder darüber, was er sich von diesem Treffen erhofft. Er bittet die anderen um etwas, das er selbst nicht zu geben bereit ist. Durch diese beliebte Taktik gibt sich der Betreffende den Anschein von Verantwortung, in Wirklichkeit bleibt er jedoch außerhalb der Begegnung. Eine angemessene Antwort des Kindes könnte lauten: „Wenn ich dem Doktor etwas sagen wollte, dann würde ich das auch tun." Es ist unwahrscheinlich, daß das Kind so antwortet, denn wo sollte es gelernt haben, so offen zu sprechen? Da ist es schon eher möglich, daß das Kind, weil es das von Vater oder Mutter gelernt hat, mit einer anderen Frage antwortet: „Warum sagst *du* es ihm nicht?"

Wird der Therapeut gefragt: „Was möchten Sie wissen?", so kommt darin dieselbe Vermeidungsstrategie zum Ausdruck, denn es ist klar, daß den Therapeuten das interessiert, was der Patient will. Natürlich gibt es auch Ausnahmen, aber als allgemeine Regel gilt folgendes: Egal, welche Worte man als Therapeut verwendet, solchen Fragen begegnet man am besten mit einer Bemerkung, die dem Patienten klarmacht, was man will: „Bitte, formulieren Sie das als Aussage und beginnen Sie mit dem Wort ‚ich'." Zu dem oben genannten Patienten würde ich vielleicht sagen: „Ich möchte gern wissen, was *Sie* wollen."

Während eines Familiengesprächs fragte eine Mutter wiederholt ihre Tochter: „Was denkst du über mich?" Die Tochter antwortete unterschiedlich darauf. Im großen und ganzen versuchte sie jedoch, ihre Mutter durch ihre Antworten zu beruhigen. Es nützte nichts. Erst als ich die Mutter ermutigte, ihrer Tochter gegenüber „ich"-Aussagen zu machen und nicht nur immer wieder dieselben Fragen zu stellen, konnten wir diese Begegnung zu einem fruchtbaren Ende bringen. Die Umformulierung der Mutter hörte sich ungefähr so an: „Ich möchte, daß du gut über mich denkst und mir versicherst, daß ich eine gute Mutter bin. Ich lebe in der ständigen Angst, keine gute

Mutter zu sein. Ich sehe, wie du dich verhältst und kann das akzeptieren, und dennoch gibt es mir keine Bestätigung. Ich bin so fürchterlich unsicher, wie eine gute Mutter überhaupt zu sein hat. Du weißt, ich hatte nie eine. Ich glaube, das ist es, was ich eigentlich ausdrücken will."

An diesem Punkt ermutigte ich die Mutter, ihre weiteren Äußerungen in ihrer Phantasie an ihre eigene Mutter zu richten, für die sie ja auch ganz deutlich bestimmt waren. Sie begann zu weinen und fing an, die unerledigten Geschäfte in dieser phantasierten Begegnung zu einem Abschluß zu bringen. Das wäre durch die Frage an ihre Tochter „Was denkst du über mich?" niemals möglich gewesen.

Tratschen ist wie Fragen eine beliebte Methode, wirklich relevanten Begegnungen auszuweichen. Tratschen ist all das, was *über* eine Person und nicht *zu* ihr gesagt wird. Es unterscheidet sich vom Fragen darin, daß sowohl das „du" als auch das „ich" verschleiert wird. Mit dem anderen ist keine lebendige Begegnung möglich, wenn der Tratsch immer noch mit einer früheren Begegnung beschäftigt ist, und sich der Betreffende somit in einer anderen Zeit und an einem anderen Ort befindet. Das „ich" ist also nicht voll da, und „du" als Empfänger des Tratsches, bist nur ein Gefäß, in das die Überreste einer früheren Begegnung geworfen werden.

Wird dem Therapeuten etwas über ein anderes anwesendes Mitglied gesagt, sollte der Therapeut diesem therapeutischen Ansatz entsprechend darauf bestehen, daß die Bemerkung direkt an den Betroffenen gerichtet wird. Sollte der „Schwätzer" das ablehnen, kann der Therapeut den Vorschlag machen, daß auch diese Ablehnung dem Betroffenen direkt mitgeteilt wird.

Vielen von uns scheint es leichter zu fallen, Fremden zu sagen, daß wir sie mögen, als engen Vertrauten zu sagen, daß wir sie *nicht* mögen. Manchmal äußert sich der Tratsch auch ganz subtil als positive Bemerkung an und über den Therapeuten: „Sie verstehen das sicher." Der Therapeut sollte sich vor solchen Äußerungen in acht nehmen und ein an ihn gerichtetes Lob zurückweisen, wenn dieses eigentlich nur einen Tadel verheimlichen soll, der einem anderen Familienmitglied gebührt. Einer Bemerkung wie der oben genannten könnte man z.B. mit dem Satz begegnen: „Ich möchte, daß Sie zu Ihrem Ehegatten (Sohn, Tochter...) etwas über ‚Verstehen' sagen."

Manchmal kommt der Schwätzer der Bitte nach und sagt zu einem anderen Familienmitglied: „Ich erwarte von dir eigentlich gar nicht, daß du mich verstehst. Das tust du ja nie. Du verdrehst nur immer alles." Darauf antwortet vielleicht der andere: „Ich verstehe nicht, wovon zum Teufel du eigentlich sprichst. Du bist es doch, der nicht versteht und nicht ich." Das ist jetzt der Beginn einer Begegnung.

Weniger subtil und eher gebräuchlich ist es, dem Therapeuten gegenüber Äußerungen über das Verhalten eines anderen Familienmitglieds zu machen: „Marcy macht das nichts aus." „Da wird er nie mitmachen." „Sie lehnt es ab, ..." Solchen Aussagen begegnet man am besten mit Sätzen wie: „Sagen Sie es ihm (oder ihr)." „Was können Sie den anderen über (die entsprechende Angelegenheit) sagen?" Wenn die Person, über die gesprochen wird, nicht anwesend ist, gibt es entweder die Möglichkeit, die Intensität der Begegnung durch ein kurzes Gespräch (Tratsch) zu verringern oder, in Anlehnung an das Psychodrama, eine projektive Technik anzuwenden. D.h. das anwesende Familienmitglied denkt sich eine Begegnung mit der abwesenden Person aus und spielt in dieser Begegnung beide Rollen. Manchmal kann der Therapeut auch versuchen, ein anderes Familienmitglied dafür zu gewinnen, die Rolle des Abwesenden zu spielen oder der Therapeut kann diese Rolle auch selbst übernehmen. Meiner Erfahrung nach sind die letztgenannten Möglichkeiten weniger effektiv.

Das altbekannte und oft mißbrauchte rein rhetorische „wir" ist eine weitere Methode, anonym zu bleiben. „Offensichtlich kommen wir nicht miteinander klar." „Wir verstehen uns einfach nicht." Oder die Aussage, die ich immer gern hören möchte aber leider nie so richtig höre: „Wir mögen ihn (oder sie) nicht."Die Regel lautet: Jeder spricht für sich selbst. Es gibt kein „wir" in der therapeutischen Begegnung. Es gibt nur das „ich".

Dann gibt es noch die Menschen, die ständig in einer Art *Ungewißheit* leben. Diese Menschen haben Schwierigkeiten, ihren Standort zu bestimmen und bringen das durch Unbestimmtheit, Unentschlossenheit, Unsicherheit, Unschuld, Naivität oder einfach durch den wiederholten Gebrauch des Satzes „Ich weiß nicht" zum Ausdruck. Solange die Person in dieser Ungewißheit verharrt, ist mit ihr eine Begegnung nicht möglich. „Ich weiß nicht" ist eigentlich eine entschlossene Haltung, die von einiger Kenntnis zeugt. Es erfordert nämlich viel Wissen, um so einen Standpunkt der „Unwissenheit" zu erreichen. Man muß genügend über das Thema wissen und man muß seine Einstellung zu dem Thema kennen – erst dann kann man sagen: „Ich weiß nicht."

Es ist denkbar, und das sollte man immer berücksichtigen, daß diese Haltung auch tatsächlich bedeuten kann, daß die Person über ein bestimmtes begrenztes Gebiet nichts weiß. Wahrscheinlicher und wesentlich häufiger dient sie jedoch der sozialen Manipulation und erlaubt es dem Sprechenden, im Dunkeln zu bleiben und sich der Verantwortung zu entziehen. Wäre es wirklich reine Unwissenheit, hätte der Betreffende wahrscheinlich immer noch soviel Interesse an dem Thema, daß er entweder nachfragen oder selbst überlegen würde, um besser Bescheid zu wissen. „Ich weiß nicht" wird als Ausflucht benutzt. „Ich *möchte es nicht wissen*" sollte es eher heißen, und der Therapeut kann dem Patienten anbieten, diesen Satz zu verwenden.

Auch hinter der *Unentschlossenheit* steht der Entschluß, unentschlossen sein zu wollen. Es ist sogar nötig, daß man sich immer wieder und relativ häufig dazu entschließt. Unentschlossenheit ist eine aktive Haltung, die Zeit und Energie kostet. Leugnet die Person, daß sie sich zu diesem Verhalten entschlossen hat, so bringt sie damit einen Standpunkt zum Ausdruck, zu dem sie sich ebenfalls entschlossen hat.

Das Ableugnen reicht von einfachen sozialen Operationen, wie sie oben geschildert wurden, bis hin zu dem, was wir oft als Schizophrenie bezeichnen. Die Unterschiede sind in den meisten Fällen nur graduell und wurden in der Familie gelernt. Unabhängig davon, wie stark dieses Verhalten von dem Patienten gezeigt wird – der therapeutische Ansatz bleibt derselbe: Zeigen Sie Entschlossenheit. Je unentschlossener und unsicherer der Patient ist – sei er nun als neurotisch oder psychotisch diagnostiziert – desto stärker ist die therapeutische Wirkung von Entschlossenheit. Einem wackligen „Ich weiß nicht" des Patienten kann vielleicht schon durch einfaches Bewußtmachen und Alternativvorschläge begegnet werden. Bei Patienten, die als schizophren oder psychotisch etikettiert wurden, ist ein äußerst entschlossenes und beeindruckendes Vorgehen seitens des Therapeuten besonders wichtig.

Ein Ehepaar und deren medikamentös ruhiggestellte 19jährige Tochter, die erst kürzlich aus einer psychiatrischen Klinik entlassen worden war, kamen zum ersten Mal zu mir. Die Mutter sprach für die ganze Familie. Der Vater war mit ihr ständig einer Meinung. Und die Tochter, die eher „stoned" als ruhig zu sein schien, antwortete immer „Ich weiß nicht", d.h. wenn sie überhaupt antwortete. Die Mutter berichtete von mehreren Situationen, die deutlich machten, daß sie sich für ihre Tochter aufopferte, dann aber der Tochter ärgerlich vorwarf, sie sei undankbar, ungehorsam und unkooperativ. Zum Beispiel kaufte sie ganze Kartons Zigaretten, beklagte sich dann jedoch, daß die Tochter zuviel rauche; sie bestand darauf, ihre Tochter müsse ein Auto haben, beklagte sich aber, daß diese zuviel damit herumfahre; sie tat alles, worum ihre Tochter sie bat und beklagte sich dann, ihre Tochter sei zu anspruchsvoll. Die Mutter veranlaßte immer die Tochter, diese Vorwürfe dadurch zu bestätigen, daß sie am Ende jeder Äußerung sagte: „Nicht wahr, Alice?" Daraufhin zuckte Alice manchmal mit den Achseln, und manchmal sagte sie: „Ich weiß nicht", aber meistens antwortete sie überhaupt nicht. Wenn der Therapeut sie um eine Antwort bat, murrte Alice nur ohne einmal hochzugucken und sagte dann: „Ich weiß nicht, was ich sagen soll."

Ich fragte Alice, ob sie mich nicht ansehen könne, wenn wir uns unterhalten. Sie nickte, aber es fiel ihr wohl schwer. Da sie „ja" gesagt hatte, ließ ich nicht locker. Ich formulierte für sie die Sätze, die sie sagen sollte: „Sagen Sie ihr, sie soll Sie endlich in Ruhe lassen. Sagen Sie ihr, sie soll aufhören, Zigaretten zu kaufen und Ihnen vorzuwerfen, zuviel zu rauchen, nur weil sie selbst es nicht schafft, Ihnen keine Zigaretten mehr zu kaufen. Sagen Sie ihr, sie soll sich um ihre eigenen Angelegenheiten kümmern statt so ‚gut' sein zu wollen. Sie wissen verdammt gut, was Sie ihr eigentlich sagen möchten. Sie wollen nur, daß ich es für Sie tue. Nun sagen Sie doch endlich wieder, Sie ‚wissen nicht', wovon ich überhaupt spreche. Dieses ‚Ich weiß nicht' ist doch so eine beliebte Äußerung von Ihnen." Jetzt lächelte Alice. „Also was sagen Sie?" fragte ich sie. Sie antwortete: „Sie haben recht." Ab hier nahm die Sitzung einen äußerst positiven Verlauf. „Sie werden verdammt gut lernen, das zu sagen, was in Ihnen vorgeht, wenn Sie weiterhin hierher kommen", sagte ich anerkennend.

Drumherumreden ist eine weitere Möglichkeit, durch Unklarheit im Dunkeln zu bleiben. Hier liegt die Verschwommenheit jedoch nicht in der Person sondern im Inhalt. Es gibt drei herkömmliche Vorgehensweisen: häufiger Themawechsel, konditionale Unbestimmtheit und der Gebrauch von Einleitungsfloskeln.

Damit ein *häufiger Themawechsel* überhaupt möglich ist, bedarf es eines kooperativen Partners:

Mutter: Du hast deine Socken gestern wieder nicht in den Wäschekorb getan. Ich bin es leid, dir immer alles nachzuräumen. Wir müssen endlich eine Lösung finden.

Sohn: Ich dachte, ich hätte es getan. Aber abgesehen davon, wäschst du nicht immer donnerstags? Heute ist erst Dienstag.

Mutter: Diesen Donnerstag hatte ich einen Arzttermin. Deshalb habe ich einen Tag eher gewaschen.

Sohn: Das wußte ich nicht. Was hat denn der Arzt gesagt?

Mutter: Es ist alles in Ordnung. Ich soll mich nur ein paar Tage ausruhen.

Sohn: Du solltest mit Vater ein paar Tage fortfahren.

...und so war es in dem Fall auch. Bei diesem Gespräch wird die Mutter nicht als Arbeitgeber und der Sohn nicht als Schmutzfink identifiziert. Einem solchen Themawechsel begegnet man am besten folgendermaßen: man prüft, was Therapeut und Familienmitglieder für wichtig halten bzw. worauf man nach Meinung jedes einzelnen bei diesem Gespräch besonders achten solle und stellt die Unterschiede zwischen Therapeut und Familienmitgliedern gegenüber. Wenn der Therapeut dann den Verlauf dieser speziellen Begegnung beobachtet, kann er feststellen, ob es sich um ein soziales Vermeidungsverhalten handelt oder ob bei dieser Person tatsächlich Unwissenheit vorherrscht, so daß es angebrachter wäre, Erklärungen zu geben statt zu konfrontieren.

Die *konditionale Unbestimmtheit* kommt in Bemerkungen zum Ausdruck, die mit dem Wort „wenn“ anfangen. „Wenn du doch nur etwas kleiner wärest und anders hießest, dann könntest du mir gefallen“ statt „Du gefällst mir nicht“. „Wenn es doch nur (Wunder?) gäbe, dann könnte ich (erfolgreich?) sein“ statt „Die Aufgabe ist zu schwer für mich.“

Viele *Einleitungsfloskeln* dienen ebenfalls dem Zweck, eine vollständige Begegnung zu vermeiden: „Kann sein...", „Mir scheint...", „Irgendwie...", „Vielleicht...", „Möglicherweise..." Einen Satz so zu beginnen, macht eine klare Diskussion über ein Thema schwierig, wenn nicht sogar unmöglich. „Ich bin nicht sicher, aber ich habe das Gefühl, daß es wahrscheinlich besser wäre, wenn jeder (wer auch immer das ist) vielleicht mehr oder weniger direkt sein könnte – zumindest könnte man es doch wenigstens versuchen, wenn Sie verstehen, was ich meine, hm?"

Der Gebrauch des unbestimmten Pronomens „es" (oder „sie") wurde schon an anderer Stelle als gebräuchliche Methode dargestellt, keine Verantwortung für seine Worte übernehmen zu müssen. Es gibt noch weitere *unbestimmte Ausdrücke*, die das „es" ersetzen können. „Die Zeit" (wie in dem Satz: „Wenn ich doch nur die Zeit hätte"), „die Situation", „die Umstände", „Erbfaktoren", „Verpflichtungen", „Dinge, die ich im Kopf habe" und noch zahllose weitere „Dinge" könnten aufgezählt und als verantwortliches Subjekt identifiziert werden, wenn der Sprecher auch weiterhin im Dunkeln bleiben möchte. „Du meine Güte, ich hatte so viel im Kopf, daß ich ganz vergessen habe anzurufen." Oder für den erfahreneren Geschäftsmann: „Wenn ich nicht diese unzähligen unvorhergesehenen Verpflichtungen (das sind die besten Verpflichtungen!) gehabt hätte, hätte ich schon früher angerufen."

In diesen Fällen verhält sich der Sprecher wie ein Reporter, der eine Information weitergibt. „Berichten", „vermitteln" und „verbreiten" sind Begriffe für dieses Verhalten. Sollte der Bericht natürlich gut aufgenommen werden, kann es sein, daß der Berichterstatter sich eher dafür verantwortlich fühlt.

Ein Gefühl durch ein anderes zu ersetzen, ist ein weit verbreitetes Mittel, seine wahre Persönlichkeit nicht zeigen zu müssen. Den meisten von uns ist beigebracht worden, daß Wut etwas Schlechtes ist. Manche glauben daran. In diesem Fall muß ein alternatives Verhalten gefunden werden, um negative Gefühle zum Ausdruck zu bringen. Eine Möglichkeit besteht darin, die Wut durch ein anderes Gefühl, z.B. durch Angst, zu ersetzen. In einer Familie brachte die Mutter ihren Ärger ausschließlich durch Angst zum Ausdruck. Aus jedem „ich mag ... nicht" wurde ein „ich habe Angst vor..."

Schroffheit, Reizbarkeit, Wutausbrüche – all das kann ein Ersatz für zärtliche Gefühle sein. Ein Beispiel dafür ist der provozierende „böse Junge", der Aufmerksamkeit und Interesse dadurch erreichen möchte, daß er die anderen ärgert. Das ist besonders bei Männern zu beobachten, die sich ihre Traurigkeit oder Wünsche nach Nähe nicht eingestehen dürfen. Heiterkeit als Ersatz für Traurigkeit ist ebenfalls wohlbekannt. Ich konnte das so oft beobachten, daß ich jetzt, wenn eine Familie zu mir kommt und alle miteinander lachen und scherzen, weiß, daß sie wenig später alle weinen werden.

Unterbrechen ist eine ausgezeichnete Methode, die Richtung einer Begegnung zu ändern, wenn diese zu intensiv wird. Häufig ist diese Methode in Familien zu beobachten, und sie wird von anderen dadurch unterstützt, daß diese sich der Unterbrechung nicht widersetzen. In Familien zum Beispiel, in denen das Unterbrechen dazu dient, Nähe zu vermeiden oder eine vollständige Begegnung zu verhindern, wirken die anderen immer daran mit, indem sie die Unterbrechung zulassen. Im allgemeinen geschieht das auf der verbalen Ebene, ist jedoch auch auf der Verhaltensebene möglich. Verbales Unterbrechen zeigt sich darin, daß jemand zu sprechen anfängt, wenn der andere noch spricht. Dabei redet er entweder über dasselbe Thema oder über etwas, das scheinbar auch mit dem Thema zu tun hat, in Wirklichkeit jedoch in eine andere Richtung zielt. Nonverbales Unterbrechen kann darin zum Ausdruck kommen, daß sich der Gesprächspartner ein Buch nimmt und anfängt zu lesen, daß er zum Telefon greift oder auch, daß er einfach sein Augenmerk auf etwas anderes richtet.

An welchem Punkt der Therapeut in einer solchen Situation eingreift, hängt ausschließlich davon ab, wo dieses Muster am ehesten durchbrochen werden kann. „Sie haben gerade unterbrochen" und zu den anderen: „Sie haben die Unterbrechung zugelassen" ist die einfachste und vielleicht auch fairste Intervention. Jedoch sollte der Therapeut seine Strategie je nach Kontext variieren. Er kann seine Aufmerksamkeit ständig auf diejenigen richten, die die Unterbrechung zulassen oder aber er hält, wie allgemein üblich, den Unterbrechenden für allein verantwortlich.

Schweigen ist ebenso wie Reden ein häufig angewendetes Mittel, nichts von sich preiszugeben und eine vollständige Begegnung zu verhindern. Man kann zum Beispiel einfach eine Bemerkung ignorieren, so als hätte man sie gar nicht gehört. Auch wenn die meisten das als zu kraß empfinden: wenn man diese Methode häufig anwendet, kann sie zur echten Taubheit führen. Einmal kam eine Frau, eine zwanghafte Rednerin mit einer besonders schrillen Stimme, mit ihrem Ehemann zu mir in die Praxis. Der Mann war zwei Jahre nach ihrer Hochzeit taub geworden. Es überraschte mich nicht, daß der Arzt dieses Mannes erstaunt gewesen war, für die organische Taubheit keine Ursache finden zu können. Die Spezialisierung des Arztes bringt die Gefahr mit sich, daß der Arzt nach den Ursachen forscht, ohne dabei sein Fachgebiet zu verlassen. Der Ohrenarzt hatte nie die Frau dieses Mannes gehört.

Eine Person versteckt sich dann hinter ihrem Schweigen, wenn sie auf eine Bemerkung etwas erwidern möchte, es aber aus irgendeinem Grund lieber zurückhält. Das Zurückhalten kann in einer Grimasse oder einem Achselzucken zum Ausdruck kommen, aber oft wird es so gut versteckt, daß es selbst der aufmerksamste Beobachter nicht merkt. Diese Art von Schweigen geht oft mit Tratschen einher, denn die jetzt schweigende Person wird sich später einen Dritten suchen, dem sie erzählen kann, was sie vorher nicht zu erzählen gewagt hat. Oft wird dabei die Verantwortung durch Bemerkungen abgeschoben wie „Was hätte ich denn schon sagen sollen. Sie hätten mir ja doch nicht zugehört" oder aber „Ich wollte ihm nicht die Genugtuung geben, ..."

Schwatzhaftigkeit und *Redseligkeit* verschleiern oft das, was die Person eigentlich sagen will. Eine Frau machte das einmal ganz deutlich, als sie ein äußerst redseliges Mitglied ihrer Familie anschrie: „Sei endlich still und sprich mit mir."

Harold Pinter, der englische Dramatiker, dessen Stücke herrliche Beispiele für unvollständige Begegnungen sind, äußerte sich über das Schweigen und die Tyrannei der Worte auf eine andere Art.

> Es gibt zwei Arten von Schweigen. Bei dem einen wird kein Wort gesprochen. Bei dem anderen hören wir vielleicht einen ganzen Schwall von Worten. Dieser Redeschwall bringt das zum Ausdruck, was unter ihm verborgen liegt. Darauf bezieht er sich unaufhörlich. Die Worte, die wir hören, weisen auf das hin, was wir nicht hören. Dies ist ein notwendiges Vermeidungsverhalten, eine gewaltsame, hinterlistige, verzweifelte oder spöttische Verschleierung dessen, was darunterliegt. Breitet sich dann

wahres Schweigen aus, hören wir noch das Echo, sind aber fast schon nackt. Man könnte behaupten, Reden sei das ständige Bemühen, seine Nacktheit mit Worten zu bedecken.

Das „verschleiernde" Schweigen sollte ganz klar vom „arbeitenden" Schweigen unterschieden werden. Der Unterschied kommt am einfachsten und deutlichsten im Verhalten des Menschen während des Schweigens zum Ausdruck. Beim arbeitenden Schweigen werden der Therapeut und die anderen gar nicht wahrgenommen. Die Person sitzt ganz ruhig da, starrt unverwandt ins Nichts und ist weitgehend ausdruckslos. Ab und zu wird vielleicht die Stirn gerunzelt oder eine Augenbraue hochgezogen, aber dann ist wieder keine Regung zu sehen. Die Zeit ist noch nicht reif. Erst wenn die Person jemanden ansieht oder größere motorische Aktivitäten zeigt – sei es eine deutliche und andauernde Veränderung im Gesichtsausdruck oder eine Haltungsänderung – erst dann nehme ich an, daß die Person ihre Aufmerksamkeit wieder auf uns gerichtet hat. Ich möchte wissen, was geschehen ist, und deshalb frage ich für gewöhnlich: „Wo waren Sie?" oder „Wo sind Sie jetzt?"

Dagegen wird das Schweigen, das die Identität des Betreffenden verbergen soll, im allgemeinen von bewußter motorischer Aktivität und von gelegentlicher oder eingehender Aufmerksamkeit den anderen gegenüber begleitet. Bei diesem „verschleiernden" Verhalten ist es erforderlich, daß der Therapeut die Person ganz unverblümt mit ihrem Schweigen konfrontiert. Ein sanftes Fragen hätte hier keine große Wirkung.

Wir könnten noch unbegrenzt weitere begegnungshemmende Verhaltensweisen untersuchen, aber die hier aufgeführten Beispiele erfüllen hoffentlich ihre wichtigste Aufgabe, nämlich zu mehr Bewußtheit zu führen und vielleicht das Interesse zu wecken, Verhalten unter begegnungshemmenden Gesichtspunkten zu betrachten.

Begegnungen können dadurch gehemmt werden, daß *man sich nicht auf das aktuelle Geschehen*, das Hier-und-Jetzt, *konzentriert*. „Letzte Woche war ich wütend auf dich" ist ein Beispiel für eine Bemerkung, die der Grundstein für eine neue und lohnendere Begegnung sein kann. Vielleicht ist es aber auch ein Mittel, ein ähnliches oder ganz anderes Gefühl, das man im Augenblick gerade hat, zu vermeiden. Zum Beispiel wäre es möglich, daß der schon vorher vorhandene

Ärger einer Person gerade in diesem Augenblick durch etwas, das sie ebenfalls ärgert, neu entfacht wird. Anstelle einer Auseinandersetzung im Hier-und-Jetzt wählt die Person lieber einen (ihrer Einschätzung nach) ungefährlicheren Weg und sucht sich eine Situation aus der Vergangenheit, um statt dessen „darüber zu reden".

Möglich ist aber auch, daß die Wut jetzt wieder aufkeimt, weil sich die Person sicher fühlt; d.h. es besteht genügend Distanz zur ursprünglichen Situation, so daß eine erregte Auseinandersetzung darüber unwahrscheinlich ist. Wenn jemand mir gegenüber eine solche Äußerung macht, so reagiere ich darauf ohne größere Emotionen – und das ist sicher auch die Absicht des Sprechers. Ich bin bestenfalls neugierig, aber mit Sicherheit habe ich soviel Distanz zur damaligen Situation, daß auch weitere Erläuterungen keine stärkeren Emotionen hervorrufen können – bei keinem von uns.

Sowohl bei Therapeuten als auch bei Patienten ist es beliebt, das Hier-und-Jetzt zu verlassen und in der Vergangenheit herumzuforschen. Durch das Erzählen von Kindheitserinnerungen, von Erlebnissen im vergangenen Jahr, in der vergangenen Woche oder sogar in vorangegangenen Situationen der jeweiligen Sitzung vermeidet man den gegenwärtigen Augenblick, der vielleicht gerade besonders emotionsgeladen ist.

Ein emotional gehemmter, berufstätiger Enddreißiger war nahe daran, zum ersten Mal in seinem Erwachsenenleben zu weinen. Er unterbrach jedoch dieses Erlebnis und sagte anerkennend zu mir: „Wissen Sie, als Sie vor ein paar Minuten sagten, ich würde versuchen, mir den Anschein von Heiterkeit zu geben, haben Sie den Nagel auf den Kopf getroffen. Mir war das selbst noch nicht aufgefallen." Dann fügte er hinzu: „Ich tue das wohl sehr oft..." Ich antwortete auf seinen gequälten Gesichtsausdruck hin: „Und wie würden Sie *jetzt* den Ausdruck auf Ihrem Gesicht beschreiben?"

Bei einem anderen Menschen, der vielleicht mit dieser Methode, auf seine Körpersprache zu achten, nicht so vertraut ist, würde ich eine einfache Intervention vorziehen, wie z.B.: „Ist Ihnen eigentlich bewußt, was Sie mir gerade vorspielen?" Wenn ich befürchte, eine intellektuell verbrämte Antwort zu erhalten, probiere ich es lieber mit dem „Versuchen Sie mal": „Bitte versuchen Sie mal, zu mir zu sagen: ‚Ich will Ihnen meine Traurigkeit nicht zeigen'." Wenn der Patient damit Schwierigkeiten hat, weiß ich, daß ich auf dem richtigen Weg bin. Kann er immer noch keine Traurigkeit zeigen, bitte ich ihn darum, diesen Satz immer wieder und immer lauter zu sprechen. Wenn er seinen Widerstand spüren kann, brechen oft auch seine Gefühle hervor.

Unabhängig von den Gründen, die ein Mensch hat, seine „inakzeptablen" Gefühle nicht in dem Moment, in dem er sie erlebt, zum Ausdruck zu bringen (vielleicht aus Angst, unsere Beziehung zu gefährden), ist es nicht ratsam, dieses begegnungshemmende Verhalten zu unterstützen. Wurden Patienten mit diesem Verhalten konfrontiert, antwortete meistens mehr als einer: „Aber ich bin mir dessen gar nicht bewußt, daß ich gerade wütend bin." Meine Reaktion darauf: „Das ist ja schlimm. Und wie fühlen Sie sich dabei? Oder bekomme ich die Antwort erst nächsten Dienstag?" Der unschuldig vorgetragene Einwand macht mich wütend, und ich reagiere sofort darauf. Meine Reaktion befriedigt mich. Ich habe nicht vor, erst nächsten Dienstag zu sagen: „Wissen Sie, letzte Woche haben Sie mich wütend gemacht." Außerdem gebe ich dem Patienten dadurch, daß ich meinem Unmut auf äußerst herausfordernde Weise Luft mache, die Möglichkeit, eine neue Verhaltensweise auszuprobieren. Das wird meistens akzeptiert. Die Patienten machen oft hinterher anerkennende Bemerkungen wie „Durch Ihr Verhalten schaffen Sie eine gute Atmosphäre. Ich fühle mich freier und kann versuchen, ehrlicher zu sein." In beiden Punkten nehme ich die Anerkennung an.

Zeit kann auf vielerlei Weise dazu benutzt werden, den gegenwärtigen Augenblick zu umgehen. Wenn man darüber spricht wie in „Ich hasse Termine", benutzt man Zeit wie ein Objekt, dem man die Schuld zuschieben kann. Termine werden zum bequemen Sündenbock, und dabei zerrinnt der gegenwärtige Augenblick. Füllt man die augenblickliche Situation mit der Angst von morgen wie bei „Ich habe Angst vor morgen", so nimmt mir das meine augenblickliche Angst bzw. verringert sie dadurch, daß sie auf den morgigen Tag bezogen wird und somit *jetzt* nichts dagegen unternommen werden kann. „Laß uns morgen etwas Aufregendes tun" sagte sie zu ihm und minderte dadurch ihre Langeweile.

Egal, ob es sich um die fünfzehnte oder die fünfzigste Sitzung handelt – die Arbeitsprämissen bleiben dieselben. Auch wenn wir uns alle verändert haben und der Inhalt der Sitzungen ein breites Spektrum erreicht hat – der Therapeut kann noch so lange eine

Wirkung erzielen, wie er als engagierter Mensch an der aktuellen Begegnung teilnimmt und seine Bewußtheit mit einbringt. So etwas wie eine „tiefere" Ebene gibt es bei dieser Arbeit nicht. Die tiefste Ebene ist immer dann erreicht, wenn man auf das Naheliegende achtet.

In einer der ersten Sitzungen konfrontiere ich eine unglückliche, demoralisierte, erniedrigte und ungepflegte Mutter mit ihrer Selbstdestruktivität und mit all der Wut und dem Ekel, den sie in mir auslöst. Sie weint, entschuldigt sich bei mir und antwortet zustimmend: „Ja, ich weiß." Sie schluchzt erbärmlich, als ich sie weiter konfrontiere. Ungefähr in der fünfzehnten Sitzung sagt sie dann zu mir: „Gestern habe ich dem Milchmann meine Meinung gesagt, und einen Tag davor habe ich mir ein neues Kleid gekauft."

Ich sage ihr in sanftem Ton, daß ich mir ihrer positiven Veränderungen sehr wohl bewußt sei und mich darüber sehr freue. Dann füge ich hinzu: „Ich habe ein ungutes Gefühl bei Ihren Worten. Mir kommt das vor wie eine heidnische Opfergabe zur Besänftigung eines zornigen Gottes." Sie wird wütend und beschimpft mich, ich sei äußerst mißtrauisch. Ich lache erleichtert. Ich bin doppelt erleichtert. Ihre Wut sagt mir, daß ich recht hatte, und ihre ärgerliche Antwort zeigt mir, daß es ihr wirklich besser geht.

Jede Sitzung, d.h. beinahe jeder existentielle Augenblick ist in sich vollständig. Was in früheren Sitzungen oder in unserem bisherigen Leben geschehen ist, ist ein grundlegender Aspekt unseres jetzigen Erlebens. Bei diesem therapeutischen Ansatz ist keine Richtungsänderung nötig, um weitere Sitzungen durchführen zu können oder um „tiefere Ebenen" in der Therapie zu erreichen. In jedem Moment kommen die Tiefen unserer Interaktionsfähigkeit zum Ausdruck, und mehr ist nicht nötig. Sollte ich in einer späteren Sitzung Gefühle von Oberflächlichkeit oder Eintönigkeit in unserer Begegnung haben, würde ich dieses aktuelle Gefühl einbringen und als wesentliches Merkmal unserer jetzigen Begegnung ansehen.

Das Hier-und-Jetzt kann in zwei Richtungen verlassen werden. Da gibt es zum einen die verschiedenen Rückzugsmöglichkeiten in die Vergangenheit, zu Anekdoten, Erinnerungen etc. und zum anderen die Flucht in die Zukunft, die in Pläneschmieden, Voraussagen, über Erwartungen sprechen etc. zum Ausdruck kommt. Zugegeben, manchmal ist das „Darüberreden" ein notwendiger Schritt; in manchen Fällen verdeutlicht es, daß die Distanz in dieser speziellen

Begegnung überbrückt werden kann. Dennoch sollte man nie außer acht lassen, daß dieses Verhalten auch begegnungshemmend wirkt.

„Morgen wird alles besser" ist ein Ausdruck für das psychologische Verlassen eines unangenehmen Heute. „Ich werde dir nie wieder etwas von meinen Sachen leihen" sagte die Mutter in kühlem Ton zu ihrer Tochter, als diese ihr die geborgte und nun zerrissene Bluse zurückgab. Die Mutter hat beschlossen, ihren heutigen Ärger in der Zukunft zu beenden. Besser wäre, im Hier-und-Jetzt über einen Ersatz zu verhandeln. Das könnte sich so anhören: „Das kann ich nicht akzeptieren. Ich möchte die Bluse so zurück, wie ich sie dir geliehen habe oder du mußt sie mir ersetzen." Und, falls notwendig, kann ein „Du bist verdammt nachlässig" so hinzugefügt werden, daß der Enttäuschung genügend Ausdruck verliehen wird. Die Mutter kann dann über weitere Leihgaben entscheiden, wenn es soweit ist.

Man hat uns zu sehr beigebracht, Ausflüchte zu benutzen, statt etwas so auszudrücken, daß es zu einer vollständigen Begegnung im Hier-und-Jetzt kommen könnte.

Bei einer halboffiziellen Begegnung mit dem Fakultätsleiter einer Universität und einem seiner Mitarbeiter beklagte sich ersterer darüber, sein Mitarbeiter habe sich nicht fair verhalten, als er sich um seine jetzige Stelle beworben habe. Der Fakultätsleiter war der Ansicht, daß dieser Mann bei seinem Bewerbungsgespräch hätte sagen müssen, daß er schon in anderen Stellen persönliche Schwierigkeiten mit seinen Kollegen gehabt habe. Der Mitarbeiter antwortete zu recht: „Wenn ich eine Stelle suche, zeige ich mich von meiner besten Seite und wasche nicht meine schmutzige Wäsche in der Öffentlichkeit. Das wäre ganz schön dumm von mir, und es ist dumm von Ihnen, das zu erwarten." Der Fakultätsleiter stimmte dieser vernünftigen, wenn auch arroganten Antwort zu.

Als wir drei dieses Thema weiter verfolgten, wurde mir klar, daß sich der Fakultätsleiter selbst in Schwierigkeiten gebracht hatte, indem er den gegenwärtigen Moment nicht gelebt hatte. Selbst jetzt in dieser Begegnung konnte ich sehen, daß er mit seinem wachsenden Ärger über die Reaktion dieses jungen Mannes nicht umzugehen wußte. Lieber spielte er die Rolle eines intellektuellen Fakultätsleiters, der nur „vernünftig" reagieren darf. Bei dem damaligen Bewerbungsgespräch hatte er sich nur um die Biographie des Mannes gekümmert, indem er dessen Zeugnisse studiert hatte. Diese wiederum spiegelten natürlich nur einen Bruchteil seiner Vergangenheit wider. Besser wäre es gewesen, darauf zu achten, was er während des Gesprächs mit diesem Menschen erlebte. Hätte er damals etwas im Leben des anderen „herumgeschnüffelt", hätte sein potentieller Kollege sicher irgendwann Verhaltensweisen gezeigt, die dem Fakultätsleiter mehr wertvolle Informationen gegeben hätten als das Studieren seiner Zeugnisse.

Als ich dem Fakultätsleiter meine Gedanken darüber mitteilte, erklärte mir dieser, er fühle sich aufgrund seiner Position verpflichtet, stets ein korrektes und höfliches Verhalten zu zeigen und nicht „herumzuschnüffeln".

Der Wunsch nach Intimität kann eine begegnungshemmende Taktik sein; fragen Sie die Frauen. Man kann dieses Verhalten tatsächlich auf der gesamten Skala sozialer Beziehungen finden und nicht nur in der Sexualität, wenn man sich dadurch von anderen Menschen emotional distanzieren möchte. Jeder Therapeut hat in der Therapie schon zumindest einmal mit dem Gedanken gespielt, die Vornamen zu benutzen. Ich rede die Leute normalerweise mit Vornamen an, bestehe aber nicht darauf, daß sie das bei mir genauso tun.

Als ich mit einem Ehepaar arbeitete, attackierte ich den seit mehreren Jahren depressiven Ehemann ziemlich hart, um seine Aggressivität zu mobilisieren. Er wirkte auf mich eher wie ein Eisberg als wie ein bedrückter Mensch. In den ersten paar Wochen unserer gemeinsamen Arbeit hatte er nur ganz selten mal schwach eingeworfen, daß mein „Ansatz" „gefühllos" sei.

An diesem Tag versetzte ich ihm wieder einmal einen Hieb, indem ich ihn mit seinem Nachnamen und ohne Anrede ansprach: „Smith, Sie sind tot, tot wie ein Stein. Ich empfinde überhaupt nichts für Sie." Er entgegnete: „Würden Sie mich bitte ‚Smitty' nennen. So nennt mich jeder. Ich mag es nicht, wenn man nur ‚Smith' zu mir sagt." Ich sagte ihm ehrlich, daß er mir nur wie ein einfacher Smith vorkomme, also wie eine Sache, und nicht wie ein Herr Smith oder Smitty. „Ich kann Sie zur Zeit nicht Smitty nennen. Ich will es einfach nicht." Er fügte sich dem nur teilweise. „Okay, ich verstehe." Die Begegnung war auch für mich noch nicht abgeschlossen, aber ich beschloß, es im Augenblick auf sich beruhen zu lassen.

Es vergingen einige Minuten, in denen ich mit seiner Frau eine kurze und oberflächliche Begegnung hatte. Dann wandte sich der Ehemann mir zu und sagte: „Dr. Kempler, ich..." Ich unterbrach: „Sie können mich Walt nennen." Er starrte mich für einen Augenblick mit tödlichem Schweigen an, und ich sah zum ersten Mal einen Anflug von Lächeln auf seinem Gesicht, als er antwortete: „Ich will nicht." Jetzt spürte ich erstmals etwas ihm gegenüber, und ich hätte ihn am liebsten Smitty genannt. Das erzählte ich ihm, nannte ihn jedoch nicht Smitty. Dazu war ich trotzdem noch nicht fähig. Ich vermute, ich wollte ihn noch weiterhin mit Smith aufstacheln. Zudem war ich im Augenblick noch nicht bereit, eine so wertvolle Waffe aufzugeben.

Bei dieser Therapieform muß der Therapeut bereit sein, subtile, sozial anerkannte Verhaltensweisen, die begegnungshemmend wirken, abzuwehren. Meinen unwissenschaftlichen Beobachtungen zufolge, die sich nur auf lebenslange entsprechende Erfahrungen auf diesem Gebiet stützen, sind soziale Umgangsformen nur zu dem Zweck geschaffen worden, tiefe und emotionale Begegnungen zu vermeiden. Lächle, ob du glücklich bist oder nicht; sage Danke, ob du dankbar bist oder nicht; sage, es täte dir leid, auch wenn du dich freust; sei niemals frech, sondern immer freundlich. Denk daran, Höflichkeit siegt. Die Integrität einer Begegnung hängt von der Integrität der Personen ab, die sich in der Begegnung zum Ausdruck bringen. Jedes Verhalten, sei es sozial anerkannt oder nicht, das dazu dient, das Wesen des Menschen verzerrt darzustellen oder nur teilweise zum Ausdruck kommen zu lassen und ihm statt dessen eine soziale Maske aufsetzt, ist meiner Ansicht nach ein äußerst rüdes und liebloses Verhalten.

„Nun, Sie würden sicher nicht zu ihrem Freund, den Sie im Krankenhaus besuchen, sagen: ‚Du siehst ja fürchterlich aus' oder?" so lautet eins der oft gebrauchten Gegenargumente. Doch, ich würde das wahrscheinlich sagen, denn ich genieße das Gefühl der Erleichterung, das uns alle überkommt – meinen kranken Freund eingeschlossen –, wenn wir offen miteinander sprechen. Ich bin jedoch sicher, daß es Momente gibt, in denen sogar ich eine solche Äußerung vermeiden würde. Diese unverblümte Bemerkung sollte jedoch nicht durch Höflichkeitsfloskeln ersetzt werden. Es gibt genug andere Alternativen, bei denen die eigene Integrität nicht angegriffen wird. Eine einfache „ich"-Aussage, in der zum Ausdruck kommt, wer ich in dem bestimmten Augenblick bin, ist am begegnungsförderndsten. Das gilt sowohl für therapeutische als auch für alle anderen sozialen Situationen, einschließlich der oben erwähnten Szene mit dem Freund im Krankenhaus.

Auf eine unerwünschte Einladung wie „Vielleicht können Sie heute abend mal vorbeikommen?" kommt oft die Antwort: „Ich würde ja gern, aber ausgerechnet heute abend kann ich nicht. Vielleicht ein andermal." Durch diese Antwort wird dem anderen das Gefühl vermittelt, man sei eine hilflose Schachfigur, der ein unsichtbarer, grausamer und launischer Aufseher ein großes Vergnügen untersagt. Die darin enthaltene, verdeckte Botschaft lautet eigentlich: „Sieh nicht mich als denjenigen an, der dein Angebot ablehnt."

Ein Mädchen sagt zu ihrer Zwillingsschwester: „Du bist egoistisch. Ich erlaube dir, meine Sachen anzuziehen. Du aber läßt mich nicht deine Sachen anziehen." Oberflächlich gesehen möchte dieses Kind nur, daß fair gespielt wird. In Wirklichkeit versucht sie jedoch ganz „egoistisch", ihre eigene Haltung der Schwester aufzuoktroyieren, indem sie das sozial anerkannte „fair play" vorschiebt und so tut, als handle sie ganz selbstlos. Ihre Familie unterstützt diese Haltung, die eigentlich ausdrückte: „Verdammt noch mal, du solltest lieber deine Sachen mit mir teilen, so wie es meine Regel vorschreibt. Denn meine Regel basiert auf der gesellschaftlichen Umgangsform ‚Fairness'."

Bei einer Besprechung werde ich von einem Studenten mit den Worten angegriffen: „Sie verhalten sich unfair. Sie bombardieren uns mit Ihren Ansichten, die Sie ganz offen äußern, und verteidigen sich, indem Sie zu uns sagen, wir müßten Ihre Meinung nicht teilen, wenn wir nicht wollten und wir könnten ganz offen sagen, wenn wir eine andere Einstellung dazu hätten. So geht das nicht. Sie müssen sich Ihrer Stellung als Autorität und Lehrer bewußt sein. Damit meine ich, daß Sie behutsamer und umsichtiger vorgehen sollten. Das ist allgemein üblich, und wir sollen dadurch geschützt werden. Sie aber richten sich nicht danach, und deshalb bin ich ausgesprochen wütend auf Sie." Obwohl diese Aussage des Studenten fünf Sitzungen zu spät kam, war sie dennoch willkommen. Ich hatte mit dem Studenten schon offen darüber gesprochen, daß mir manches an seinem Verhalten nicht gefällt. Meine Antwort: „Ich bin froh darüber, daß Sie jetzt endlich fähig sind, mir Ihre Meinung zu sagen. Sie haben sich dem alten sozialen Brauch widersetzt, daß man älteren Menschen und besonders seinen Lehrern Respekt entgegenbringen soll. Das gefällt mir, und ich mag Sie jetzt lieber, weil Sie mir das gesagt haben."

Bei einer anderen Gelegenheit – einem Gespräch mit einem Mann und seiner Frau – fällt mir auf, daß die Frau fortwährend lächelt. Ich mache sie auf die Diskrepanz aufmerksam, die zwischen dem ziemlich schmerzlichen und ernsten Inhalt des Gesprächs (es geht um die Fortdauer ihrer Ehe) und ihrem Lächeln liegt. Bisher hatte sie sich wohlgefühlt und lebhaft beteiligt, aber das Gespräch schien ins Nichts zu führen. Nun, da sie versucht, meinen Anweisungen zu folgen und mit mir zu kooperieren, hört sie auf zu lächeln und ich bemerke, daß sie ihren Mann nicht mehr ansieht, wenn sie mit ihm spricht. Im weiteren Verlauf unserer Sitzung sieht sie ihren Mann entweder mit ihrem Lächeln an oder aber sie dreht sich weg, sowie sie sich beim Lächeln ertappt und spricht weiter ohne zu lächeln. Dieses Verhalten rückt nunmehr in den Mittelpunkt meiner Aufmerksamkeit, zumal der Ehemann zu einer tieferen Begegnung bereit zu sein scheint. Ich mache die Frau auf ihr neues Verhalten aufmerksam – auf ihre offensichtliche Unfähigkeit, ihren Mann ohne ihre lächelnde Maske anzusehen. Sie blickt mich einen Augenblick aufmerksam und ernst an und setzt dann ihr Gespräch mit ihrem Mann fort. Nun verändert sich ihre Sprechweise ganz deutlich. Während sie vorher voller Überzeugung, leicht und gewandt gesprochen hatte und scheinbar innerlich stark beteiligt gewesen war, so spricht sie jetzt nur zögernd und beginnt jede Aussage mit den Worten wie „ich frage mich".

Ihrem Mann fallen diese Veränderungen in ihrem Verhalten nicht besonders auf, aber er scheint verblüfft darüber zu sein, was hier geschieht. Ich beschließe, das im Augenblick zu ignorieren und lieber mit seiner Frau weiterzuarbeiten. Ich weise sie auf ihre unsichere Sprechweise hin. Sie reagiert ebenfalls verblüfft und scheint nicht weiter zu wissen. Sie versucht, das Gespräch fortzusetzen, aber ihre Worte sind vage, und ihr Blick ist unsicher. Als sie mit ihrem ergebnislosen Suchen und Nachdenken fortfährt, mache ich sie auf etwas Neues aufmerksam, das gerade in dem Augenblick in mir hochgekommen ist. Ich fühle mich betrogen. Als sie zu mir gekommen war, hatte mich anfangs ihr Auftreten beeindruckt, und ich hatte das Gefühl, daß sie zu sehr starkem Engagement und Verbindlichkeit fähig wäre. Wenn ich nun jedoch ein paar soziale Fassaden niederreiße, scheint nur noch wenig von ihr übrig zu bleiben. Als ich diese Gedanken ihr gegenüber äußere, antwortet sie ziemlich klar und bestätigt, daß das, was ich gesagt habe, auf sie zutreffe. Dann fügt sie mit der leisen Überzeugung hinzu: „Ich habe noch nie mit jemandem darüber gesprochen, aber ich habe mich sehr oft wie eine Betrügerin gefühlt. Ich hätte jedoch nicht gedacht, daß man das jemals merken würde."

Ihrem Mann hatte bisher nicht gefallen, wie ihre Ehe verlief, aber er konnte sich nicht vorstellen, woran es lag. Er wußte nur, daß ihm ihre Ehe nicht gefiel. Sie fängt an zu weinen. Er wendet sich ihr liebevoll zu und sagt sichtlich bewegt: „Das hätte ich nie gedacht. Ich habe bisher nicht gewußt, daß du so fühlst." Als ich sie mit einer Möglichkeit eines unechten sozialen Verhaltens, nämlich ihrem Lächeln konfrontiert hatte, kam die Therapie in Gang.

Nicht alle sozialen Umgangsformen dienen dem Zweck, Begegnungen zu verschleiern oder Menschen voneinander zu distanzieren. Betrachten wir einmal den Ursprung sozialer Umgangsformen, so wird uns klar, daß sie früher Schutzfunktion hatten, d.h. sie vermittelten Sicherheit, wenn man mehr Intimität zuließ. Nur wenn sie veraltet sind oder eine zu starke Schutzfunktion bekommen, tragen sie dazu bei, die Menschen voneinander zu distanzieren oder ihnen Angst zu machen statt diese Angst gerade zu verringern.

Das Händeschütteln ist ein gutes Beispiel. Früher diente dieses Verhalten dazu, vor dem Gegner seine „Waffenhand" – normalerweise die rechte – zu öffnen und ihm somit die Angst zu nehmen. Ich kann mich erinnern, daß ich als Kind diese veraltete Umgangsform lernte und nicht Erleichterung dabei empfand, sondern Angst und Sorge, ob ich es auch richtig mache. Es beunruhigte mich nicht, ob die anderen wohl etwas in ihrer rechten Hand hätten, denn darin bestand ja nun wirklich keine Gefahr. Die Gefahr lag nun bei meinen Eltern, der Quelle, aus der ich Anerkennung bezog. Mißbilligung stellte für mich die Gefahr dar. Später vermittelte mir dann das Händeschütteln ein oberflächliches Gefühl von Stolz, denn es sagte mir, daß ich mich korrekt verhielt. Das befriedigte mich jedoch nur wenig. Schließlich empfand ich es als komisch und langweilig. Jetzt habe ich das Händeschütteln durch einen einfachen Gruß, oder wenn ich mich danach fühle, durch eine Umarmung ersetzt.

„Auf Wiedersehen" zu sagen und zu winken ist eher eine funktionale soziale Handlung, die es dem Menschen erlaubt, die angemessenen und unmittelbaren Gefühle beim bevorstehenden Verlust durch nonverbales und verbales Verhalten zum Ausdruck zu bringen. Dieses Verhalten wird oft, wenn die Gefühle tief genug sind, von Weinen begleitet. Geweint wird besonders dann, wenn Liebe im Spiel ist und wenn das Weggehen möglicherweise etwas Endgültiges hat, wie bei dem Kind, das in den Beruf geht oder die Mutter, die das Kleinkind zurückläßt, um einkaufen zu gehen, und das Kind zu jung ist, den vorübergehenden Charakter dieser Trennung zu verstehen. Als einer meiner Söhne ungefähr ein Jahr alt war, erzählte mir meine Frau, daß er weine, wenn er mich morgens zur Arbeit gehen sehe. Wenn ich jedoch auf Wiedersehen sagte und ihm winkte, was er gerade erst gelernt hatte, lächelte er. Wenn ich dann wegfuhr, winkte er mit Unterbrechungen oft noch fünf oder zehn Minuten weiter in Richtung Tür. Dann brauchte er nicht zu weinen. Dieses Verhalten zeigte er natürlich nur vorübergehend, und es veränderte sich, als er lernte, daß ich weggehen und mit einiger Vorhersagbarkeit zurückkommen würde. In seinem Verhalten deutet nichts darauf hin, daß Weggehen Zurückweisung bedeutet. Das scheint eine eher erwachsene und intellektuelle Vorstellung zu sein. Als das Verständnis meines Sohnes wuchs, wurde das „Auf Wiedersehen sagen und winken" ein gelegentlicher Brauch oder ein Spiel, bei dem wir frei entscheiden konnten, ob wir es spielen wollten oder nicht.

Für gewöhnlich sind soziale Umgangsformen jedoch Teil eines Systems von empfohlenen Regeln für eine (gehemmte) Begegnung. Solche Regeln werden oft ganz individuell ausgeschmückt und interpretiert und können zu einem Teil des familiären Verhaltens werden. „Sei immer fair" ist eine beliebte elterliche Regel. Sobald du irgendwelche Gefühle, insbesondere Wut zeigst, verlierst du. Ich werde diesmal höflich sein und dich ungestraft davonkommen lassen, vorausgesetzt, du verhältst dich das nächste Mal mir gegenüber genauso. Ehre Mutter und Vater bedeutet: zeige nie, daß du anderer Meinung bist. Diese und noch einige andere Beispiel für soziale Umgangsformen, die in Familien zu beobachten sind, sollen im nächsten Kapitel ausführlicher besprochen werden, wenn wir auf spezifische begegnungshemmende Verhaltensmuster in der Familie eingehen.

In der Praxis kann jeder Bestandteil menschlichen Verhaltens, sei er verbaler, emotionaler, viszeraler oder motorischer Art, dazu benutzt werden, Begegnungen zu hemmen. Bisher haben wir hauptsächlich das verbale Verhalten betrachtet. In der Familie gezeigte emotionale Reaktionen wie Traurigkeit, Angst, Furcht und Wut können auch unabsichtlich begegnungshemmend wirken. Pseudoemotionales Verhalten wie Schmollen, Wutanfälle und Gejammere wirken für gewöhnlich und absichtlich begegnungshemmend. Irgendeine Andeutung von „du hast mich verletzt" reicht im allgemeinen schon aus, weitere Konfrontationen zu verhindern, wenn man mit der Begegnung unzufrieden ist.

Jeder kann seine Gefühle haben, aber keiner sollte sie dazu benutzen, andere Menschen zu manipulieren. Man kann es natürlich versuchen, aber der andere ist verpflichtet, sich vor Manipulationen zu schützen. Im Verlauf der Therapie werden die Beteiligten ermutigt, ihre Gefühle zu zeigen, während der Rest der Familie ermutigt wird, nicht darauf zu reagieren. Oft wird pseudoemotionales Verhalten von den anderen Familienmitgliedern für echt gehalten, z.B. meinen sie, Jammern und Tränen stünden für Traurigkeit und Weinen. Wenn der Therapeut die Familie darüber aufklärt und ein solches Verhalten nicht akzeptiert, trägt er dazu bei, daß dieses Verhalten bald aufgegeben wird und ein effektiveres an seine Stelle tritt.

Ich wurde einmal von einem Kollegen konsultiert, der mit einem Ehepaar Schwierigkeiten hatte. Die Frau war seit einigen Wochen entschlossen, sich scheiden zu lassen. Der Mann, der zwischen Morddrohungen und Weinkrämpfen hin und her schwankte, hatte die Frau und den Therapeuten matt gesetzt. Alle drei kamen mit ernstem Gesicht zu mir. Der Ehemann begann sofort das Gespräch und informierte mich über das, was ich schon wußte und sagte schließlich unter Tränen: „Ich weiß nicht, was ich machen soll." Diese Worte wurden von einem dramatischen Mienenspiel begleitet. Kein einziges Mal sah er uns direkt an. Tränen rannen über sein Gesicht, als er weiter jammerte, sein Schicksal beklagte, über seine Gewissensbisse und seine Gefühle, versagt zu haben, sprach und scheinbar demütig um Hilfe bat. Er war sehr wortgewandt. Er schien sogar eher wortgewandt als traurig zu sein. Sein ganzes Verhalten kam mir so vor, als wolle er mich auf seine Seite ziehen. Von echter Traurigkeit spürte ich nichts. Ich sagte ihm das.

Er hörte auf zu weinen, steckte sein Taschentuch weg und antwortete: „Sie irren sich, Doktor, meine Traurigkeit kommt wirklich von innen heraus." Sein Taschentuch sagte mir die Wahrheit. Mein Eindruck hatte sich bestätigt, und nun ärgerte ich mich, daß er seinen Versuch, mich zu manipulieren, ableugnete. „Ihre Traurigkeit beeindruckt mich nicht. Wenn überhaupt, dann macht sie mich eher noch wütend. Sie tun mir nicht leid. Ich habe den Verdacht, daß Sie ein Schauspieler sind, der versucht, mich dahingehend zu manipulieren, daß ich Ihre Frau nach Ihren Vorstellungen ändere." Ich sagte ihm, wie ich mich fühlte und was ich dachte. Er reagierte äußerst beleidigt und war wieder mehr mit mir als mit sich selbst beschäftigt. Ich wußte, daß ich auf dem richtigen Weg war. Ich freute mich insgeheim und sagte sarkastisch zu ihm, er würde sein Talent in meiner Praxis vergeuden. Er wäre besser auf der Bühne aufgehoben. Ich verhielt mich absichtlich provokativ. Er verzog das Gesicht.

„Was bedeutet Ihr Gesichtsausdruck?" Er antwortete: „Ich weiß nicht, was ich machen soll." „Das ist gelogen" stachelte ich ihn an. „Was halten Sie von mir?" Ich hatte den Verdacht, daß sein Gesichtsausdruck über den Ärger hinwegtäuschen sollte und ich wollte Worte hören. „Ich halte Sie für ein herzloses Ekel" erwiderte er wütend. Ich lachte. „Das ist der erste ehrliche Satz, den Sie in der ganzen Stunde gesagt haben." Ich teilte ihm mit, daß ich ihm gegenüber zwar Empathie aber keine Sympathie empfinden würde. Ich schlug vor, er solle sich doch lieber um Hilfe für sich selbst bemühen, als seine Zeit damit zu vergeuden, seine Frau zu manipulieren. Deren Entschluß, sich scheiden zu lassen, stehe sowieso fest. Als sie aufstanden, um sich zu verabschieden, sagte er: „Vielen Dank. Sie haben mir sehr geholfen. Sie sind eigentlich doch kein Ekel." Das war mir klar. Ich erwiderte: „Jetzt lügen Sie ja schon wieder." Dann gingen sie. Am nächsten Tag rief er mich an und fragte, ob ich ihn als Patient aufnehmen würde. Er hatte beschlossen, seine Frau nicht mehr zu bedrängen und zu quälen und wollte statt dessen „mit mir selbst ins reine kommen. Sie machten den Eindruck, als wüßten Sie, was Sie tun und auch, was ich tue."

Ich kann mich an ein anderes Ehepaar erinnern, bei dem der Mann voller Verzweiflung seine jammernde und klagende Frau zu mir brachte. Er glaubte nicht an Therapien, aber er hatte schon alles andere versucht. Seine Frau brütete zuhause immer nur endlos vor sich hin und machte keine Hausarbeit mehr. Sie hatte so starke Ängste, wenn sie das Haus verließ, daß er auch die ganzen Einkäufe erledigen mußte. Wenn er bei der Arbeit war, rief sie ihn ständig an, um ihm zu erzählen, wie groß ihre Angst sei. Sie war eine aufgeweckte Frau, durch deren jammervolles Verhalten noch immer Funken von Lebensfreude hindurchschimmerten. Er war ein aggressiver, kein Blatt vor den Mund nehmender, tüchtiger Mann, der als Rechtsanwalt arbeitete. Er gab sofort zu, daß er kein Vertrauen zu mir habe, sagte aber gleichzeitig, er wäre mir sehr dankbar, wenn ich irgend etwas tun könnte. Nachdem ich ein wenig „herumgeschnüffelt" hatte, kam ich zu der Überzeugung, daß er ein robuster und vertrauenswürdiger Mann sei, und daß man bei ihr die Lebensfunken neu entfachen könne.

Ich machte sie in schroffem Ton darauf aufmerksam, daß sie wie ein armseliges, geprügeltes Wesen aussehe und sagte ihr frei heraus, daß sie mit dieser Haltung nur vermeiden wolle, ihren Mann ein Ekel zu nennen. Ich teilte ihr mit, daß sie, wenn sie wolle, weitersprechen dürfe. Sie müsse jedoch denjenigen, mit dem sie spreche, ansehen und jeden Satz, den sie zu mir oder zu ihrem Mann sage, mit den Worten „du Ekel" beenden. Sie lachte verlegen und protestierte leicht. Er antwortete: „Es hört sich verdammt verrückt an, aber wenn es wirkt, bin ich einverstanden." Ich blieb fest bei meinem Vorsatz und erinnerte sie immer, wenn sie den Epilog weglassen wollte.

Schon bald veränderte sich ihre ganze Haltung. Sie setzte sich gerade, fing an, über alles mögliche zu sprechen, und ihr Mann staunte darüber mehr als sie selbst. Beiden wurde schnell bewußt, was ihr Verhalten bedeutet hatte, und jeder schien sofort die Bedeutung unseres Erlebnisses in sich aufzunehmen, ohne es erst besonders analysieren und verstehen zu wollen. Dem Mann fiel auf, daß er durch seine Freundlichkeit und das Zurückhalten seines Ärgers unbewußt zu dem Verhalten beigetragen hatte. Sie war überrascht, wie gut sie sich plötzlich wieder fühlte. Obwohl sie immer noch nicht so recht wahrhaben wollte, daß sie wütend war, war sie bereit, weiter damit zu experimentieren. Die Fortschritte, die dieses Ehepaar innerhalb von ein paar Wochen machte, waren bemerkenswert, besonders wenn man berücksichtigt, daß die Frau zwei Monate zuvor noch starke Beruhigungsmittel bekommen und sich auf einen stationären Aufenthalt vorbereitet hatte. Ihr Mann war sehr froh über die Veränderung, zeigte sich äußerst kooperativ und dankbar und demonstrierte damit, daß Ehegatten nicht immer das kranke Verhalten „brauchen".

Ich wurde mal gefragt, ob ich nicht weniger beleidigende Ausdrükke als „Dummkopf", „Ekel", „fieser Kerl", „Trottel", „Scheißkerl", „verflucht", „verdammt" verwenden könnte, um meinen Gefühlen Ausdruck zu verleihen. Ich kann nicht und ich will auch nicht. Ich suche mir für jeden Patienten die schlimmsten – ja, fast schon geächtete – Bezeichnungen aus, die mir in dem Kontext unserer Begegnung für ihn einfallen. Natürlich verwende ich, wenn Kinder dabei sind, andere Begriffe. Das bedeutet jedoch nicht unbedingt, daß ich weniger Wirkung erziele, denn schon allein die Anwesenheit von Kindern wirkt als treibende Kraft. Es scheint den Menschen schwerer zu fallen, vor ihren Kindern unaufrichtig zu sein, so wie es ihnen auch schwerfällt, vor Publikum oder sogar vor einem Tonband unaufrichtig zu sein.

Ich habe mir überlegt, ob ich Bezeichnungen wie „Gauner", „Schurke" und „Lump" verwenden soll. Solche Begriffe hätten jedoch für mich einen eher komischen Beigeschmack als daß sie meinem wirklichen Ärger Ausdruck verleihen könnten. Der Leser mag nun vorschlagen, solche Bezeichnungen ganz wegzulassen. Manchmal, wenn auch nicht besonders oft, wünschte ich, ich könnte das. Ich habe jedoch herausgefunden, daß solche Provokationen wie Schimpfworte, Sarkasmus, Spott, Hohn und sogar Übertreibungen die Menschen außerordentlich gut dazu bringen können, sich in der Begegnung auf mich einzulassen, und deshalb kann ich nicht auf sie verzichten. Nichtsdestoweniger mache ich Unterschiede, d.h. ich spreche nicht zu jedem so. Ich möchte Veränderungen bewirken, aber keine Entfremdung. Ich beabsichtige, klug vorzugehen. In den Begegnungen, in denen ich die andere Person sehen kann und somit eine vollständigere Botschaft erhalte als nur durch Worte, kann ich besonnener vorgehen. Mit dem Leser ist das nicht so gut möglich. Deshalb möchte ich Sie, den Leser, darauf aufmerksam machen, daß ich solche derben Ausdrücke, die auf Sie beleidigend wirken mögen, in einer Begegnung mit Ihnen vielleicht niemals verwenden würde. Ich muß jedoch hinzufügen, daß ein beleidigtes Verhalten Ihrerseits vielleicht auch nicht unbedingt ausreichen würde, mich davon abzuhalten.

Emotionen können wie ein magisches Schutzschild verwendet werden, um Unheil abzuwehren. Jahrelang klammerte ich mich in fast jeder Begegnung an meine Furcht wie an ein Schmusetuch, bis ich entdeckte, wie sehr ich diese als einen Vorwand benutzte statt einfach ich selbst zu sein – wütend, traurig, bedürftig, ängstlich und sogar furchtsam. In meiner Familie bevorzugte meine Mutter die Furcht und konnte damit besser manipuliert werden als mit irgendeiner anderen Emotion.

Kommt es Ihnen merkwürdig vor, daß Furcht dazu benutzt werden kann, Furcht zu vertreiben? Doch, das ist möglich. Ebenso kann „Angst haben" dazu benutzt werden, das Gefühl der Angst abzuwehren. „Ich habe Angst, die Angst in mir zuzulassen" stellte einmal eine Frau voller Erleichterung fest, als die Bewußtheit darüber den Boden ihrer scheinbar so bodenlosen Ängstlichkeit berührte. Zu Beginn hatte sie über viele Ängste geklagt – verrückt zu werden, verlassen zu werden, in die Psychiatrie zu kommen.

In einer anderen Familie, die bei mir in Therapie war, trug die Mutter ihre Furcht wie einen Panzer. Sie „fürchtete" alles, ganz besonders Krankheiten. Den Familienmitgliedern zeigte sie ihre Furcht durch Bemerkungen wie „Zieh dir deinen Pullover an", „Zeig mal deine Zunge", „Ruh dich heute nachmittag mal aus; du siehst müde aus". Sie bestand jedoch nie darauf. Es war, als ob die Furcht an sich schon Wunder wirkte. Sie verhielt sich so, als ob das Motto „Furcht tötet Krankheitserreger" lauten würde. Als sie in der Therapie damit konfrontiert wurde, nahmen ihre heranwachsenden Kinder, auf denen die ständigen Ermahnungen der Mutter schwer lasteten, diese Erkenntnis gierig in sich auf, und ihre unangebrachten Befürchtungen verwandelten sich zu Aufregung und Freude. Obwohl die Mutter nicht aufgab, konnte sie doch zumindest ihr Selbstbild weniger ernst nehmen. Ich wußte, daß ihr Selbstbild jetzt, da sie ihre wichtigsten Mitspieler in diesem Verhalten verloren hatte, langsam verkümmern würde.

Somatisch äußert sich begegnungshemmendes Verhalten hauptsächlich durch Mimik, Achselzucken, Körperbewegungen, mit denen sich der Patient physisch aus der Begegnung heraushält sowie Vermeidung von Blickkontakt. Letzteres scheint eine der wichtigsten Verhaltensweisen zu sein, und die ständige Konfrontation des Patienten mit diesem Verhalten führt zu äußerst positiven Ergebnissen. Wenn jemand nicht wirklich einen ernsthaften Sehfehler hat, erlaube ich ihm nicht, eine dunkle Brille zu tragen. Auf eine Bemerkung wie „Aber ich fühle mich nicht wohl, wenn ich Sie ansehen soll" antworte ich: „Sie können mir alles über ihr Unwohlsein erzählen – wenn Sie mich dabei ansehen."

Falls nötig mache ich den Patienten über mehrere Sitzungen hinweg immer wieder darauf aufmerksam. Ein solches Vorgehen hat sich bisher immer als äußerst wichtig und nützlich erwiesen. Denken Sie an den Grundsatz des Maultiertreibers: „Zuerst einmal braucht man ihre Aufmerksamkeit." Fehlender Blickkontakt schafft die besten Voraussetzungen für eine gehemmte Begegnung. Die Bedeutung des Blickkontaktes kann nicht genug hervorgehoben werden. Eine Endvierzigerin, die seit sieben Jahren blind war, machte da keine Ausnahme. Wenn ihre Augen wie ein Sonargerät in die Richtung blickten, aus der meine Stimme kam, standen wir miteinander in Verbindung. Wenn sie wegsah, versuchte sie, etwas zu verbergen. Ich forderte sie auf, mich anzusehen, wenn wir miteinander arbeiteten. Mit einer anderen Frau, die von Geburt an blind war, sprach ich ebenfalls über dieses Thema. Ich erfuhr, daß sie nie wußte, in welche Richtung ihre Augen blickten. Schließlich fand ich heraus, daß ihre Augen ungefähr bei 1 Uhr standen, wenn sie direkt mit mir sprach. Das wurde dann ihr „mich ansehen", das ich von ihr forderte.

Die sogenannten psychosomatischen Krankheitsbilder sind subtiler aber nicht weniger wichtig als andere, sichtbarere und offensichtlich besser zu kontrollierende Verhaltensweisen. Hypertonie, Asthma, Colitis ulcerosa, Fettleibigkeit und manchmal glaube ich sogar, jede Krankheit ist der Versuch, Begegnungen innerlich zu beenden.

Begegnungshemmendes Verhalten ist nicht immer tatsächlich begegnungshemmend. Jeder Mensch hat die Pflicht, eine Begegnung für sich zu beenden, und er hat das alleinige Recht zu entscheiden, ob die Begegnung für ihn vollständig ist und ob irgend etwas an seinem Verhalten begegnungshemmend ist oder war. Die Vollständigkeit ist eine individuelle Angelegenheit, und die Interpretation des eigenen Verhaltens ist eine rein persönliche Sache. Es ist möglich, daß eine Person eines Tages all ihre Begegnungen vervollständigt, und sich dennoch die Personen, die Teil der Begegnung waren, „unvollständig" fühlen. Sollte sich herausstellen, daß das Verhalten tatsächlich nur eine Seite befriedigt hat, so wird die Befriedigung der Person, die der Ansicht war, ihre Begegnungen vervollständigt zu haben, schließlich nur vorübergehender Natur sein. Es gibt Beziehungen, in denen die Beteiligten gewissermaßen mit unvollständigen Begegnungen einverstanden sind und somit die Beziehung, wenn auch in abgeschwächtem Maße, aufrechterhalten werden kann. Wenn jedoch ein Ungleichgewicht besteht, wenn also der eine seine Angelegenheiten mit dem anderen ständig weiterverfolgt, der andere jedoch gar kein Interesse daran hat, wird es schließlich zu Uneinigkeiten kommen. Denken Sie daran: Jeder entscheidet für sich, was Vollständigkeit für ihn bedeutet. Deshalb ist es auch nicht nötig, daß beide zu einer übereinstimmenden Definition kommen. Es ist nur wichtig, daß jeder die Vollständigkeit erlebt.

Angenommen, ich verhandele mit jemandem und komme zu dem Schluß, daß ich nicht weiterverhandeln möchte. Ich komme zu der Überzeugung, daß es Zeitverschwendung ist, daß meine Bedürfnisse nicht erfüllt werden, und deshalb bin ich enttäuscht. Ich sage das dem anderen. Dieser jedoch fühlt sich „unvollständig" und bittet mich, zu bleiben und weiter zu verhandeln. Jeder von uns hat das Recht auf Erfüllung, aber keiner hat das Recht, sie vom anderen zu fordern. Wenn ich also absolut der Meinung bin, daß es hier zu keiner Erfüllung kommen kann, und wenn ich mein Bedauern „vollständig" ausgedrückt habe, bin ich frei und kann weiterhin nach der Erfüllung suchen. Der andere hat die gleiche Möglichkeit und kann so stark und vehement seine Enttäuschung über meine Entscheidung zum Ausdruck bringen wie er möchte und dadurch für sich die Begegnung vervollständigen. Wenn er dazu nicht fähig ist oder sich statt dessen lieber an mich anklammert und mich anfleht, um dadurch mein Verhalten zu manipulieren, so ist er für „seine Unvollständigkeit" selbst verantwortlich und muß die Konsequenzen auf sich nehmen.

Wenn zwei Menschen eine Begegnung beenden, zucken sie vielleicht beide mit den Schultern. Der eine bringt damit möglicherweise zum Ausdruck, daß die Begegnung für ihn vollständig ist; den letzten Rest an Wehmut drückt er mit dieser Bewegung aus. Für den anderen mag es ein Teil der Aussage „Ich weiß nicht, was ich jetzt machen soll" sein und geht vielleicht mit inneren Anzeichen von Unvollständigkeit, z.B. Kopfschmerzen, einher. Bei dem einen bedeutet das Achselzucken also Vollständigkeit, bei dem anderen dagegen eine unbefriedigende Unterbrechung. Man könnte behaupten, daß das Achselzucken immer ein Zeichen für eine noch nicht ganz vollständige Begegnung ist. Genaugenommen ist das sicherlich richtig. Wie jedes andere Ideal ist jedoch auch die persönliche Integration ein angestrebtes Ziel, das man aber nicht immer erreicht.

In einem früher erwähnten Beispiel bestand ich darauf, daß die Frau an jeden ihrer Sätze die Worte „du Ekel" anhängen sollte. Damit begann für die Frau der Prozeß der Vervollständigung. Jedes bißchen Ärger, das sie mit diesen Worten zum Ausdruck bringen konnte, half ihr dabei, einen Teil ihrer Frustration abzubauen und machte einen freieren Austausch sowie eine Erweiterung ihrer Bewußtheit möglich. Im weiteren Verlauf der Therapie wurde der Ausdruck „du Ekel" immer mehr zum Symbol ihrer Fähigkeit, zu hassen und diesen Haß auch zeigen zu dürfen, ohne daß sie das Ende ihrer Beziehung fürchten mußte. Sie stellte dann fest: „Du kannst mich also annehmen, obwohl ich nicht immer eitel Freude und Sonnenschein bin." Darauf folgte die Erkenntnis, daß ihre Intoleranz ein Wesenszug von ihr war.

Wäre dagegen die Äußerung „du Ekel" mit „Weggehen" verbunden gewesen, hätte das für alle Beteiligten eine unvollständige Begegnung bedeutet. Das ist ein in Familien übliches Fahrerflucht-Verhalten. Der Ausdruck von Ärger sollte es dem Betreffenden erlauben, mit all seiner Frustration in der Begegnung zu bleiben. Gleichzeitig sollte er zu einer Vervollständigung innerhalb der Begegnung beitragen können. Somit ist begegnungshemmendes Verhalten also nicht unbedingt die Reaktion auf das Schimpfwort. Es wird vielmehr deshalb gezeigt, weil der Betreffende weggeht, nachdem er den anderen beschimpft hat, oder aber weil sein Gegenüber mit einem anderen begegnungshemmenden Verhalten reagiert, z.B. mit den Worten: „Deine Worte verletzten mich. Wie kannst du nur so zu mir sprechen, nach allem, was ich für dich getan habe?" Die dritte Möglichkeit ist die, daß das Gegenüber beschließt, verbittert zu reagieren, dieses jedoch nicht zu zeigen.

Unausgesprochene Bitterkeit, sozusagen ein Kompromiß zwischen Traurigkeit und Wut, hat in einer Beziehung sicherlich eher eine begegnungshemmende Wirkung als ein lächerliches Schimpfwort, das dazu dient, seinem Ärger Luft zu machen. Zugegeben: eine „ich"-Aussage, die genau zusammenfaßt, wie sich der Betreffende in einem bestimmten Augenblick fühlt, ist die optimale begegnungsfördernde Methode. Dieser Weg ist jedoch für uns nicht immer gangbar und muß es auch nicht sein. Irrationale Beschimpfungen und Beschuldigungen wirken genauso begegnungsfördernd wie eine „ich"-Aussage, wenn sie in einer Begegnung dazu dienen, seinen Kummer zum Ausdruck zu bringen und in der Begegnung zu bleiben. Ein stilles Achselzucken, das mit Bitterkeit oder inneren Schmerzen einhergeht, mag im Endeffekt eine viel stärkere begegnungshemmende Wirkung haben.

Wir sehen also, daß jeder Aspekt menschlichen Verhaltens, sei er sozial anerkannt oder nicht, scheinbar grausam oder wirklich angenehm, dazu beitragen kann, eine Begegnung zu fördern und zu vervollständigen oder aber sie zu hemmen. Die Entscheidung darüber liegt einzig und allein beim Menschen selbst und steht somit nicht auf ewig fest. Der Mensch hat jederzeit das Recht, sich sein Verhalten noch einmal anzusehen und zu überprüfen. Und natürlich gibt es immer die Möglichkeit, neu zu verhandeln. Die andere Person hat dann ebenfalls das Recht, für sich zu entscheiden, ob erneute Verhandlungen für ihn von Interesse sein könnten. Das ist das Muster unserer von Begegnungen geprägten Existenz.

6 Familiäres begegnungshemmendes Verhalten

Für jede begegnungshemmende Verhaltensweise gibt es ein passendes Gegenstück. Für das gemeine, wenn auch meistens unbewußte Komplott, seine Erlebnisse abzuschwächen, bedarf es immer zweier Personen. Für jeden, der ein Gespräch unterbricht, gibt es einen anderen, der diese Unterbrechung zuläßt; für jeden, der Fragen stellt, gibt es jemanden, der entsprechend darauf antwortet. Das bedeutet nicht, wie man so oft hört, daß der eine Mitspieler den anderen für diese unerquickliche Interdependenz „braucht". Beide verhalten sich zwar so, aber das heißt nicht, daß dies immer aus einer Notwendigkeit heraus geschieht.

Oft genügt es, die Familie auf dieses Verhaltensmuster aufmerksam zu machen, damit ein Familienmitglied oder auch mehrere aus dem „Spiel" aussteigen und somit dieses interdependente Verhalten nicht mehr fortgesetzt werden kann. Wir haben dann die Aufgabe, die übrigen Familienmitglieder bei der Bewältigung ihrer nun entstandenen Frustrationen zu unterstützen, bis sie ebenfalls das unbefriedigende Verhalten aufgeben können. Andernfalls suchen sie sich vielleicht andere Personen oder andere Möglichkeiten mit derselben Person, um eine unterbrochene Beziehung wiederherzustellen. Manchmal tendieren sie dazu, einfach alte Taktiken gegen neue auszutauschen, d.h. sie machen dieselben Erfahrungen mit anderen Mitteln. Das Verhaltensmuster „depressive, weinerliche Frau – distanzierter, rationaler Mann" könnte z.B. dahingehend umgewandelt werden, daß die Frau nun ihre Wut zeigt und der Mann weniger rational reagiert, und dennoch bleibt die Beziehung genauso festgefahren wie vorher. Wenn diese Veränderung bedeutet, daß beide Partner auf dem Wege sind, ein umgänglicheres Verhalten zu lernen, so ist das in Ordnung, und man sollte sie darin bestärken. Handelt es sich jedoch um eine Veränderung, die eher darauf angelegt ist, den Therapeuten zufriedenzustellen als die Beziehung zu verbessern, so sollte man sich dem mit aller Kraft entgegenstellen. Ziel ist es, Begegnungen zu vervollständigen, so daß jeder Beteiligte eine größere persönliche Zufriedenheit erreichen kann, nicht jedoch, aus irgendwelchen Gründen Verhaltensmuster zu verändern.

Häufig ist eine ganze Familie so sehr in ein begegnungshemmendes Verhaltensmuster eingebunden, daß letzten Endes ein Familienmitglied aufgrund des Leidensdruckes deutlich erkennbare Symptome zeigt. Oder aber es kommt zu einer Trennung, sei es, daß ein Ehegatte die Scheidung verlangt oder daß ein Kind von zuhause weggeht. Die folgenden Beispiele – Auszüge aus Therapiegesprächen – machen einzelne und für gewöhnlich zu Beginn gezeigte interdependente Verhaltensmuster in Familien deutlich. In einer Familie wird selten nur eines dieser Verhaltensmuster gezeigt. Es ist jedoch möglich, daß eine Hauptprämisse existiert, die die Ursache für viele eingeschränkte Begegnungen ist. Implikationen und Verästelungen einer einzigen begegnungshemmenden Prämisse oder Handlung können wie Greifarme in viele Aspekte menschlicher Beziehungen hineinreichen.

Wenn eine Familie zum ersten Mal zu mir kommt, identifiziert sie im allgemeinen ein Familienmitglied als den „Problemträger", während sich die restlichen Familienmitglieder nur als helfende Begleitpersonen ansehen. Die Familienmitglieder sind sich nicht unbedingt einig, worin das Problem eigentlich besteht, auch wenn sie sich anfangs für gewöhnlich als eine einheitliche Gruppe darstellen. Manchmal ist die ganze Familie der Meinung, daß die unangenehme Interdependenz zwischen zweien ihrer Mitglieder bestehe, während sie selbst nur durch ihre Nähe beteiligt sei. Hierfür ein Beispiel: Ein Elternteil hat mit einem seiner Kinder Konflikte. Der andere Elternteil trägt vielleicht dadurch, daß er sich nicht einmischt, unbewußt zu diesem Konflikt bei, während die anderen Kinder es ebenso unbewußt genießen, bevorzugt zu werden, da sie ja keine Schwierigkeiten machen.

Die Prämisse in dieser Familie könnte lauten: „Jeder Elternteil muß seine Konflikte mit den Kindern selbst lösen." Zuweilen kann das eine sinnvolle Anweisung sein, z.B. wenn es um die Erziehung kleiner Kinder durch die Mutter geht. Es ist immer nachteilig für die Mutter, wenn sie ihr Kind mit den Worten ermahnt: „Warte nur, bis Papa nach Hause kommt. Dann erzähle ich ihm, was du gemacht hast. Er wird dich dann bestrafen." Durch dieses Verhalten schmälert die Mutter ihren eigenen Wert, und das Zuhause, das für den im allgemeinen erschöpften Vater ein Zufluchtsort sein sollte, wird für ihn nun zu einem Alptraum. Es gibt jedoch auch Zeiten, in denen sich ein Elternteil und eines der Kinder ständig bekämpfen. Dann ist es nicht nur ratsam, sondern eine notwendige Familienpflicht, daß der andere Elternteil sich mit einsetzt und vermittelt. Wenn diese befreiende Handlung jedoch zu einem immer wiederkehrenden Verhaltensmuster wird, sollte es eingehender betrachtet werden.

Weniger häufig wird die „mea culpa"-Klage vorgetragen. Dabei beginnt ein Elternteil, meistens die Mutter, mit den Worten: „Ich weiß, daß ich Johnnys unmögliches Verhalten auslöse, aber ich weiß nicht wie oder warum." Das Warum ist unwichtig. Wichtig ist, ob durch das Verhalten, das sie während des Gesprächs zeigt, ihre Ansicht bestätigt wird. Oft ist diese Anfangsbemerkung nur eine leere Aussage, was z.B. dadurch zum Ausdruck kommt, daß die Mutter sofort Johnny die Schuld gibt, als das Gespräch an einem toten Punkt anlangt. Wenn so etwas vorkommt, sollte man natürlich die Beteiligten darauf aufmerksam machen. Zudem gibt man dadurch den Familienmitgliedern die Möglichkeit, dieses schuldzuweisende Verhalten zu unterbrechen. Wenn man sich an den Grundsatz hält, daß die Mutter nicht allein ein schlechtes Interaktionsmuster schaffen und aufrechterhalten kann, so braucht sie auch nicht die Einzige zu sein, die die Situation wieder zurechtrückt.

Manchmal sind sich die Familien in bemerkenswerter Weise über ihr interdependentes Verhaltensmuster im klaren. Da es ihnen jedoch an der entscheidenden Bewußtheit mangelt, sie feste Reaktionsmuster haben und/oder unfähig sind, sinnvolle Alternativen auszuprobieren, können sie ihren Kurs ohne Hilfe von außen nicht ändern. Das kam einmal in einer Familie ganz deutlich zum Ausdruck, in der der Ehemann erkannt hatte, daß die ständige Fragerei seiner Frau der Grund für seine Wut war. Trotzdem waren sie unfähig, ihren Umgang miteinander so zu verändern, daß sie friedlicher zusammenleben konnten.

Was geschieht, wenn ein Elternteil mit einem seiner Kinder Streit hat? Greift der andere Elternteil ein? Ergreift er für jemanden Partei? Ist es immer derselbe, für den er Partei ergreift? Benutzt er das als Mittel, um den Ehepartner anzugreifen? Gibt der streitende Elternteil erst dann nach, wenn der Ehegatte bereit ist, ihm zu Hilfe zu kommen? Tun sich die Ehepartner immer zusammen, und zerstören dadurch die andere emotionale Rückendeckung des Kindes, nur weil sie eine einheitliche Front für wichtig halten? Diese und noch viele andere Gedanken gehen mir durch den Kopf, wenn ich in einer Familie Streitigkeiten beobachte. Ein spezielles Verhalten eines Elternteils kann allein weder begegnungshemmend noch begegnungsfördernd wirken. Wie sich das Verhalten auswirkt, hängt vom Kontext ab, von der Zusammensetzung der einzelnen Vektoren in dieser Familie und zu diesem Zeitpunkt. Wie stark und wie fähig ist der streitende Elternteil? Wie robust ist das Kind? Um welche Werte und Verdienste geht es im Augenblick bei dem Streit? Streitet man sich, weil die Tochter Mutters Haarspray benutzt hat? Ist es eine familienpolitische Angelegenheit, wie z.B. das Zuspätkommen gestern Abend? Oder ist es eine Sache von größerer Bedeutung, wie z.B. Diebstahl? Wen mag der Therapeut am liebsten, wenn er diese Begegnung beobachtet? Mit wem stimmen seine Wertvorstellungen am ehesten überein?

All das und noch einiges mehr trägt zu dem gesamten Verhalten des intervenierenden Therapeuten bei. Statt irgendwelche Faktoren zu kritisieren oder zu streichen, sollte man jeden Aspekt der Begegnung – die nun insofern ausgeweitet wurde als der Therapeut, wenn auch nur vorübergehend, in diese Familie mit einbezogen wird – als einen wichtigen Bestandteil einer gesunden Begegnung anerkennen und mit berücksichtigen. Jeder Mensch hat das ihm inhärente Bedürfnis, mit anderen Menschen und durch sie das Leben zu meistern und nicht allein zugrunde zu gehen. Während der therapeutischen Begegnung ist dieses Bedürfnis für jeden Menschen Anreiz genug, schwierige Momente durchzustehen und nicht davor zu fliehen, vorausgesetzt, der Therapeut vertreibt sie nicht durch mangelndes Einfühlungsvermögen. Weitere Schutzmaßnahmen sind nicht nötig. Die kohäsive Kraft ist immer gegenwärtig. Nur der Therapeut kann durch mangelndes Einfühlungsvermögen oder Unaufrichtigkeit vorübergehend so starke Zweifel hervorrufen, daß der Patient kaum einen Unterschied zwischen Bleiben und Weggehen sieht – und unter solchen Umständen wird er es natürlich vorziehen zu gehen.

Unabhängig davon, welche Standpunkte eine Familie in das therapeutische Gespräch mit einbringt, sollte der Therapeut hauptsächlich auf die Interaktion zwischen den Familienmitgliedern achten. Das ermöglicht es ihm, schnell und wirkungsvoll zu den eigentlichen Konflikten der Familie vorzudringen. Die eigentlichen zerstörerischen Konflikte liegen immer im beobachtbaren Interaktionsverhalten. Wenn man die augenblickliche Interaktion genau beobachtet, kann man das kritische Verhalten, durch das die Begegnung gehemmt wird, sehr schnell erkennen. Ein zeitintensives Sammeln von biographischen Daten (Geschichten erzählen) wird somit umgangen.

Bei der Suche nach den begegnungshemmenden Verhaltensweisen der Familie spielen die Ansichten, Werte und Einstellungen des Therapeuten eine wichtige Rolle. Wenn also ein Therapeut der Meinung ist, daß Kinder ihren Eltern niemals widersprechen sollten, so wird das sicher einen Einfluß auf das haben, was der Therapeut als begegnungshemmend ansieht. Es steht zu hoffen, daß der Therapeut bereit ist, auch auf sein eigenes augenblickliches Verhalten zu achten und dafür offen zu sein, wenn Familienmitglieder ihn auf seine unterschiedlichen Einstellungen aufmerksam machen. Damit sind sowohl die Einstellungen gemeint, die sich von denen der anderen Familienmitglieder unterscheiden, als auch die, die mit seinem eigenen Verhalten während des Gesprächs nicht übereinstimmen.

So wie zwei Familien ihre Probleme nicht in genau der gleichen Weise vorbringen, so können auch zwei Therapeuten nicht auf die gleiche Art agieren und reagieren, selbst wenn sie den gleichen theoretischen Hintergrund haben, und selbst wenn sie ein familiäres Verhaltensmuster in ähnlicher Weise wahrnehmen. In der Psychotherapie besteht wie bei der Prostitution wenig Gefahr, daß es zu einer Automatisierung kommt. Therapeutische Interventionen machen zwangsläufig die Einzigartigkeit jedes Therapeuten deutlich. Das ist besonders bei einem erlebnisaktivierenden Ansatz der Fall, bei dem der Therapeut dazu ermutigt wird, mit seiner ganzen Persönlichkeit zu reagieren und nicht nur ein Repräsentant einer Theorie zu sein. Es gibt keine Intervention, die man als die für alle Therapeuten in einer bestimmten therapeutischen Situation „beste" Intervention bezeichnen könnte. Die Intervention muß dem Therapeuten entsprechen, und jeder Therapeut ist einzigartig. Jede Familie ergibt mit ihrem Therapeuten eine ganz besondere Zusammensetzung, und man kann keinem Beteiligten, sei er nun der Therapeut oder nicht, vorschreiben, welche Äußerungen er am besten machen sollte.

Die folgenden Beispiele sollen nicht nur begegnungshemmende Taktiken in Familien verdeutlichen. Sie sollen auch zeigen, wie *dieser*

Therapeut die dargestellten Familienprobleme sieht. Das beinhaltet Vorurteile, Ansichten und Vorlieben, die ein Teil dessen sind, wie ich meine Begegnungen mit Familien wahrnehme. Ein anderer Therapeut erlebt eine familiäre Situation vielleicht ganz anders, achtet vielleicht auf andere Aspekte der Begegnung und ist trotzdem genauso erfolgreich – vorausgesetzt, daß die wichtigsten Bedingungen für eine gesunde Begegnung erfüllt sind.

Als Beispiel dafür, daß es zwischen Autor und Eltern unterschiedliche Standpunkte geben kann, möchte ich das Gespräch mit einem 15jährigen Jungen und seinen Eltern anführen. Der Junge war als schizophren diagnostiziert worden und befand sich zu dem Zeitpunkt stationär in der Klinik. Er kommunizierte auf der nonverbalen Ebene. Man wußte, daß er einzelne Worte sagte, und zwar für gewöhnlich dann, wenn er etwas wollte, was ihm wichtig war. In den letzten Jahren hatte er jedoch kaum noch gesprochen und nur mit Zeichensprache kommuniziert.

An einer Stelle des Gesprächs legte er seine Hand auf den Arm seines Vaters. Der Vater lächelte und legte in ähnlicher Weise seine Hand auf den Arm des Jungen. Es wurde nichts gesprochen. Eine der Krankenschwestern, die bei unserem Treffen dabei waren, wies darauf hin, daß dies ein Zeichen von Zuneigung sei, das der Junge auch in der Klinik zeige. Der Vater konnte mit dieser Information nichts anfangen. Ich machte den Vater darauf aufmerksam, daß er nicht nonverbal zu reagieren brauche, nur weil der Junge sich so verhalte. Wenn er dies ebenfalls für eine Geste der Zuneigung halte, wenn also der Junge eigentlich damit sagen wolle „ich mag dich", dann könne der Vater seine Gefühle dem Jungen gegenüber ruhig mit Worten ausdrücken. Der Vater entgegnete, daß er nun die Geste des Jungen verstehe, was vorher nicht der Fall gewesen sei.

Der Junge schien ebenfalls zu verstehen, worüber wir sprachen, denn er legte erneut seine Hand auf den Arm des Vaters, und diesmal scheinbar mit größerer Besonnenheit. Der Vater wandte sich ihm zu, sagte „ich mag dich auch" und berührte für einen Augenblick den Arm des Jungen. Der Junge reagierte, indem er die Hand des Vaters nahm und sie zurück auf seinen eigenen Arm legte. Der Vater ließ seine Hand für einen Augenblick dort liegen und zog sie dann wieder weg. Der Junge wiederholte das Ganze und legte die Hand seines

Vaters wieder auf seinen Arm. Der Vater antwortete „ich mag dich auch“ und zog seine Hand wieder fort.

Nach dem dritten Mal fragte ich den Vater, wie er denn das Ganze sehe. Er antwortete: „Nun, der Junge hat meine Hand dreimal auf seinen Arm gelegt.“ Ich erwiderte: „So sehe ich das nicht. Meiner Ansicht nach hat er Ihre Hand nur einmal auf seinen Arm gelegt, aber Sie haben sie dreimal weggezogen.“ Ich hatte den Eindruck, daß der Junge offensichtlich einen kontinuierlicheren Kontakt mit seinem Vater wollte. Der Vater war aus irgendeinem Grund unfähig, diesen ausgedehnten Kontakt aufrechtzuerhalten und sah deshalb auch die Situation ganz anders.

An diesem zentralen Punkt der Begegnung begann der Vater – durch mich ermutigt – darüber zu sprechen, wie sehr ihn seine Versuche, mit dem Jungen und seiner nonverbalen Kommunikation klarzukommen, frustrierten. Es stellte sich heraus, daß er selbst ein ziemlich ruhiger Mensch war und daß bei ihm zuhause auch immer wenig gesprochen wurde. Er bemerkte ebenfalls, daß Wut und Mißfallen sowohl bei seinen Eltern als auch in seiner eigenen Familie weitgehend durch Schweigen ausgedrückt wurde. Wir waren alle von der offensichtlichen Verbindung zu dem Jungen beeindruckt, der mit seinem nonverbalen Verhalten nur die Tradition der Familie fortsetzte, wenn auch in einer lächerlich übertriebenen Art.

Der Vater gestand zunächst einmal die Verbindung zwischen seinem Schweigen und seinen Frustrationsgefühlen ein. Dann sprachen wir über seine Wut und Frustration sich selbst und seinem Sohn gegenüber, daß es ihnen nicht gelang, eine für beide befriedigendere Beziehung zu haben. All das fand natürlich nur auf der Gesprächsebene statt, aber dem Vater wurde dadurch einiges bewußt, woran er weiterarbeiten konnte.

Ein anderer Therapeut, der an dieser Sitzung teilnahm und während unserer Sitzung äußerst einfühlsam auf den Jungen einging, sprach ständig mit dem Jungen und erklärte ihm, wie wir aufgrund unseres Gesprächs sein Verhalten sahen. Kurz vor Beendigung der Sitzung begann der Junge zu sprechen, und sein Gesichtsausdruck, der vorher von stieren, weit aufgerissenen Augen und offenem Mund und einem gelegentlichen, idiotisch anmutenden Grinsen geprägt war, veränderte sich. Nun sah er die anderen mit einem viel ernsteren und wirklich zufriedenen Gesichtsausdruck an.

Wenn es in einer Familie zu Konflikten zwischen Erwachsenen kommt, kann ein wesentlicher Grund dafür darin liegen, daß die Beteiligten einfach verschiedene Ansichten und Werte in die Ehe mitgebracht haben, daß sie den spezifischen Unterschieden intolerant gegenüberstehen und sich diese Unterschiede auf das Selbstwertgefühl der Familienmitglieder niederschlagen. Lassen Sie mich kurz auf das Schweigen eingehen. Die Vorwürfe in Familien reichen von „Du redest zuviel" bis hin zu „Du spricht überhaupt nicht mehr mit mir". Vielleicht macht das beiden Ehepartnern etwas aus; vielleicht ist aber auch nur einer über diesen Aspekt ihrer Beziehung verärgert. Die Art, wie sich jeder während des Gesprächs dem anderen gegenüber verhält, gibt Aufschluß darüber, wie wichtig ihm die Angelegenheit ist und was er unternimmt. Wenn der Therapeut Zeuge dieser Interaktion ist, kann er seinen Beobachtungen mehr entnehmen als den Worten der Beteiligten. Der Therapeut kann feststellen, wie wichtig jedem Partner die Angelegenheit ist, wie sie das Verhalten der Partner beeinflußt, und was jeder unternimmt, um angemessener zu reagieren.

Eine Frau kann in ihrem Leben die Erfahrung gemacht und in ihre Ehe mitgebracht haben, daß Schweigen eine Mißfallensbekundung ist. In ihrer Herkunftsfamilie wurde dieses Mittel des Schweigens vielleicht wirkungsvoll von einem Elternteil eingesetzt (und den Kindern beigebracht), um den anderen Elternteil zu einer versöhnlichen und nachgiebigen Haltung zu bewegen. Wenn also nun diese Frau mit ihrem Mann unzufrieden ist, so schmollt sie, egal wodurch diese Unzufriedenheit eigentlich ausgelöst wurde. Ihr Ehemann, der in einer Umgebung aufgewachsen ist, wo Mißfallen immer laut und energisch zum Ausdruck gebracht wurde und Schweigen Zustimmung bedeutete, meint zunächst, daß es am besten sei, dieses Schmollen zu ignorieren. Später, wenn er sich über ihre Unzugänglichkeit ärgert, fängt er an zu protestieren und brüllt schließlich voller Wut: „Was zum Teufel ist eigentlich los mit dir? Du solltest endlich was sagen. Los, sag doch was." Natürlich tut sie das nicht. Sein Verhalten macht sie noch wütender, also schweigt sie erst recht. Der Kreis von Schmollen und Grollen schließt sich damit.

Manchmal genügt es schon, beiden Partnern ihr Verhalten bewußt zu machen, d.h. ihnen klarzumachen, welche Funktion jeder bei diesem Spiel hat, damit zumindest einer anfängt, sein Verhalten positiv zu verändern. Man sollte dann darauf achten, welche Versuche der unnachgiebige Ehegatte unternimmt, um das alte Muster beizubehalten.

In einer anderen Familie galt eher das Muster „Weinen – Anbrüllen". Wenn sie weinte, brüllte er sie an, und sein Anbrüllen brachte sie wieder zum Weinen. In dieser Familie war sie die erste, die diesen Rahmen sprengte. Statt zu weinen ignorierte sie sein Brüllen. Das machte ihm Angst, und er wurde depressiv. Für ihn war das Anbrüllen gleichbedeutend mit einem Gefühl von Wichtigkeit und Kontrolle, das er nun verloren hatte. In der Therapie verwendeten wir mehrere Stunden auf seine depressive Haltung, die sie voller Besorgnis zur Kenntnis nahm, denn es war ja das Pendant zu ihrem alten Verhalten, das sie so gut kannte. Das Schema wurde nun durchbrochen, und sie konnte ihm schließlich dadurch helfen, daß sie ihm als interessierte und liebende Ehefrau zur Seite stand und nicht versuchte, ihn zu manipulieren. Als er sie immer öfter so erlebte und auch ihre Einstellung genauer prüfte, konnte er schließlich seinen Anteil an diesem quälenden Verhaltensmuster aufgeben.

Zwischen Eltern und ihren Kindern entstehen Konflikte auf eine andere Art und Weise. Wie bei Teilen eines Puzzles kommt es bei den Kindern zu Ausbuchtungen und Einkerbungen, die mit den elterlichen Konturen korrespondieren und sich in sie einfügen.

Das Kind zeigt vielleicht ein Verhalten, das der Vater (die Mutter) nicht akzeptiert; gleichzeitig lernt es jedoch dieses Verhalten von ihm (ihr). Am schlimmsten ist es, wenn ein Kind ein Verhalten zeigt, das der Vater (die Mutter) zwar auch zeigt, es aber bei sich nicht akzeptieren kann. Er (sie) schreit z.B. andere an; wenn jedoch das Kind gelernt hat zurückzuschreien, empfindet der Vater (die Mutter) die Wut des Kindes als völlig inakzeptabel. Bleibt der Elternteil bei dieser Einstellung, wird das Kind wahrscheinlich als psychologische Alternative motorisch darauf reagieren. Je nachdem, wie alt das Kind ist und wie heftig es von dem Elternteil angegriffen wird, kann das in einem Tick, in ruhelosem Verhalten etc. zum Ausdruck kommen. Die Anwesenheit des anderen Elternteils kann sehr hilfreich sein. Dieser kann dem Kind z.B. zeigen, welche Möglichkeiten es auch noch gibt, mit dem wütenden Elternteil umzugehen. Er kann das Kind trösten, indem er ihm ein Gefühl der Sicherheit vermittelt und ihm als Zuflucht dient. Und er kann sich ganz einfach für das Kind einsetzen.

In der Therapie kann der Therapeut ebenfalls eine dieser Funktionen übernehmen. Er kann sich als eine Hauptperson in den Kampf stürzen oder, wenn er emotional nicht so engagiert ist, einfach daran teilhaben, indem er alle zu einer direkteren Begegnung ermutigt. Welche Möglichkeit er wählt, hängt davon ab, wer er zu dem Zeitpunkt ist und welche Bedürfnisse er hat. Im nächsten Kapitel wird es speziell um die Interventionen des Therapeuten in solchen Situationen gehen. Im Augenblick möchte ich nur darauf hinweisen, daß der Therapeut im wesentlichen auf die gleiche Art reagiert, und zwar unabhängig von den Konstellationen, die zu den Konflikten geführt haben, seien es Konflikte zwischen den Eltern oder Konflikte zwischen einem Elternteil und einem Kind. Damit will ich sagen, daß der Therapeut vielleicht vernünftig reagiert, wenn er es mit einem vernünftigen Elternteil oder Kind zu tun hat, sich jedoch zu einem anderen Zeitpunkt in derselben Familie einem Elternteil gegenüber so verhält, wie er sich einem Kind gegenüber verhalten würde, d.h. energisch darauf besteht, daß ein Verhalten aufgegeben wird.

In den hier aufgeführten Beispielen geht es hauptsächlich um interdependente Verhaltensweisen, die während des Erstgesprächs deutlich hervortraten. Ich verwende als Beispiele deshalb gern Erstgespräche, weil sie dem Leser den ahistorischen Ansatz des Autoren verdeutlichen können und in ihnen das interdependente Verhalten in seiner am wenigsten komplexen Form zum Ausdruck kommt. In späteren Gesprächen tauschen die Familienmitglieder oft alte Taktiken gegen neue aus oder sie behalten das Verhaltensmuster bei und wenden nur eine neue Methode an. Es ist z.B. möglich, daß ein Ehepaar ein Verhaltensmuster, bei dem der eine Partner immer weint und der andere immer vernünftig reagiert, so austauscht, daß nun der eine immer wütend wird und der andere immer schweigt; die Interdependenz bleibt jedoch bestehen. Unser Ziel ist die Vervollständigung der Begegnung und nicht nur einfach die Veränderung von Verhaltensmustern.

Der Begriff „pathologische Interdependenz" kommt mir oft in den Sinn, wenn ich familiäre Interaktionen betrachte. Der Begriff beschreibt eine beobachtbare familiäre Verhaltenssequenz, in der jedes Mitglied durch sein Verhalten ein eigentlich unangenehmes Muster aufrechterhält. „Interdependenz" bedeutet, daß das Verhalten einer anderen Person benutzt oder zumindest toleriert wird. Alle Beteiligten tragen ihren Teil dazu bei; es gibt keine Opfer. Wenn die Interdependenz von den Beteiligten als akzeptabel, wünschenswert und nützlich angesehen wird, bezeichnet man sie als „Freundschaft", „Liebe", etc. Hat sie diese Vorzüge nicht, und wird die Beziehung trotzdem fortgesetzt, so nennt man sie eine „pathologische Interdependenz". Sie kann dadurch erreicht werden, daß alle Beteiligten mit ihrem Verhalten dazu beitragen, einen für sie unangenehmen Zustand aufrechtzuerhalten, egal, ob alle das gleiche tun oder sie sich unterschiedlich verhalten.

Die pathologische Interdependenz kann z.B. aufrechterhalten werden, wenn individuelle begegnungshemmende Verhaltensweisen familiären Charakter bekommen. Fragen stellen, vage Äußerungen machen, Unterbrechen etc. werden vielleicht von der Familie als akzeptable Interaktionen angesehen. Oder jedes Familienmitglied hat sein ganz spezielles Verhalten, und wenn diese Verhaltensweisen miteinander kombiniert werden, kommt es zu einer abgeschwächten oder unvollständigen Begegnung. In wieder anderen Familien gelten offene und verdeckte Prämissen wie Verträge, die jeder zu unterzeichnen hat und die natürlich auch die Vervollständigung einer Begegnung erschweren können. Beispiele dafür sind „Jemanden zu respektieren bedeutet, ihm nie zu widersprechen", „Kinder kommen immer zuerst" oder „Wut zeigen bedeutet verlieren". Es ist möglich, daß man sowohl alle bisher genannten als auch noch weitere Aktivitäten in einer einzigen Familie findet. Das folgende Beispiel zeigt eine familiäre pathologische Interdependenz. Es soll einen Eindruck davon vermitteln, wie sich eine intrafamiliäre Dynamik im Rahmen einer erlebnisaktivierenden Begegnung darstellt.

Der Ehemann schaukelt auf den hinteren Stuhlbeinen vor und zurück.

Frau: Hör auf zu schaukeln, das regt mich auf.

Mann: Nein.

Frau: Du machst mich ganz nervös.

Mann: Mir macht das Schaukeln Spaß.

Therapeut: (*zur Frau*) Schaukeln Sie einmal.

Frau: Der Gedanke daran macht mir Angst. Ich kann nicht. Ich erinnere mich, daß ich einmal hintenüber gefallen bin. Daran habe ich jahrelang nicht mehr gedacht. Ich habe mir damals dabei weh getan, und ich habe Angst, daß er hinfällt und sich auch weh tut.

Therapeut: (*zur Frau*) Sagen Sie ihm das.

Frau: (*aufrichtig*) Das stimmt. Das ist der Grund, warum mich das nervös macht. Ich habe Angst, daß du hinfällst und dir weh tust.

Mann: Und ich dachte, du würdest nur herumnörgeln. Wenn du es so sagst wie eben, dann merke ich, daß du dir Sorgen um mich machst, und dann macht es mir auch nichts aus, mit dem Schaukeln aufzuhören.

Frau: Jetzt, wo ich das gesagt habe, macht es mir auch nichts aus, wenn du weiterschaukelst.

Dies ist ein einfaches Beispiel. Es macht auf unkomplizierte Art deutlich, wie die Rücknahme der Projektion („dein Schaukeln ist genauso wie mein Schaukeln") und die Verdeutlichung dessen, wer „ich" bin („das ärgert mich" wird umgewandelt in „das macht mir Angst") zu einer angenehmen Getrenntheit in einer Beziehung führt, in der früher nur eine unangenehme Verkettung vorherrschte. Die Interdependenz lag darin, daß er ihre Äußerung als eine Forderung ansah, obwohl sie in Wirklichkeit nur Besorgnis ausdrückte, während sie durch sein Schaukeln angeblich verärgert war, obwohl es ihr eigentlich Angst machte.

Die Angewohnheit, ständig das Gesprächsthema zu wechseln, ist in manchen Familien ein ernstzunehmendes Problem. Manchmal werden dabei wütende Beschuldigungen geäußert, und der Therapeut muß sich entscheiden, welchen Aspekt der Interaktion er aufgreift. Als allgemeine Regel gilt, daß man eher auf das gesamte Verhalten achten sollte als nur auf das, was die Leute sagen. Welchen Aspekt der Therapeut aufgreift, hängt davon ab, ob er den Themawechsel oder die Beschuldigungen als das eigentliche begegnungshemmende Verhalten ansieht. Es kann sein, daß der Therapeut anfangs auf die wütenden Beschuldigungen eingeht und sich dann vehement gegen die gemeinsamen Anstrengungen der Familie, das Thema zu wechseln, zur Wehr setzen muß. Das führt dann unvermeidlich zu einer Diskussion über den häufigen Themawechsel der Familie, und sehr wahrscheinlich sieht der Therapeut dies als die eigentliche pathologische Interdependenz an, über die gesprochen werden muß, bevor die Therapie weitergehen kann. Beschuldigungen kann man eine Zeitlang ignorieren, einen ständigen Themawechsel dagegen nicht.

In den beiden folgenden Beispielen für Familienerstgespräche war häufiger Themawechsel ein grundlegendes familiäres Verhaltensmuster. In den beiden Familien war sich keiner dieses Verhaltens bewußt, und es wehrte sich auch keiner gegen dieses Muster, das ich als ernsthafte pathologische Interdependenz ansah. In keiner dieser Familien, auch nicht in der ersten, in der hauptsächlich kritisiert wurde, gab es Anzeichen für ein sogenanntes psychotisches Verhalten. Trotzdem erinnerte das Verhalten in diesen Familien an „Ideenflucht", ein Begriff, der zur Beschreibung bestimmter individueller Verhaltensextreme verwendet wird. Der wesentliche Unterschied lag hier jedoch zum einen darin, daß das Verhalten auch von den anderen Familienmitgliedern gezeigt wurde. Zum anderen schien, zumindest oberflächlich gesehen, ein Ziel dahinterzustecken. Vermutlich versuchten sie alle gemeinsam ein Problem zu lösen.

In der ersten Familie beginnt die Mutter mit der Klage, daß die Kinder neue Schuhe brauchen. Der Vater wird wütend und beschuldigt sie, eine Verschwenderin zu sein. Sie kontert mit der Behauptung, er würde all sein Geld für irgendeinen Tag in der Zukunft sparen, während seine Familie heute hungere. Er antwortet darauf, daß sie ihn noch nie respektiert habe. Sie leugnet das natürlich und behauptet: „Du willst ja nur eine Sklavin aber keine Frau." Er reagiert heftig auf diese Verleumdung, indem er sie beschuldigt, sie würde ständig dadurch seine Autorität untergraben, daß sie den Kindern Lügen über ihn erzähle. Sie antwortet darauf, daß das nicht notwendig sei, da die Kinder das selbst beurteilen könnten – und so ging es immer weiter. Diese Familie merkte nicht einmal, daß sie ständig das Thema wechselte und daß ihre Äußerungen voller Beschuldigungen waren. Das, was für mich die beiden wichtigsten Aspekte ihrer Interaktion waren, nahmen sie nicht einmal wahr.

Eine andere Familie benutzte dieselbe Art Themawechsel, allerdings ohne Beschuldigungen. Sie wechselten die Themen ruhig und beinahe ziellos. In dieser Familie kam die Frustration dadurch zum Ausdruck, daß sich die einzelnen Mitglieder immer mehr voneinander entfernten und immer weniger Interesse füreinander zeigten. Die Stille variierte von ziellosen Bemerkungen bis zu langem, apathischem Schweigen.

Anfangs versuche ich immer, durch Zuhören, Beobachten und das Beachten meiner eigenen Gefühle die verschiedenen Verhaltensmuster herauszufinden, um so ohne nachzudenken für mich zu klären, warum ich mich unwohl fühle und eine Möglichkeit zu entdecken, diese Erkenntnis in das Gespräch einzubringen. Bei der ersten Familie war ich ziemlich langsam in meiner Reaktion und sagte mindestens 15 Minuten gar nichts. Mir fiel auf, daß sich die Ehepartner in ihrer Wut ganz wohl fühlten, daß sie beide flüssig sprachen und rechtschaffen, intelligent und einander ebenbürtig waren. Die Kinder schienen dieser Familiensituation gleichgültig gegenüberzustehen. Sie interessierten sich mehr für die Möbel als für diese offensichtliche Wiederholung. „Es ist kein unfairer Kampf. Er ist bloß unergiebig", dachte ich bei mir. Es gab eine Menge pikanter Themen, aber die Familienmitglieder zeigten alle das gleiche Maß an Emotionen. Es gab sogar Momente, in denen sie stark nachdachten und sich nicht dabei anschrien. Mir gefiel das nicht, was vor sich ging, aber ich hatte dem nichts entgegenzusetzen. Sie baten auch nicht darum. Also war ich still.

Schließlich intervenierte ich doch. Ich wollte, daß dieses hoffnungslose Gezänk endlich aufhörte und sagte ihnen das. Da ich nicht inhaltlich in ihre weitschweifigen Zankereien verstrickt werden wollte, benutzte ich einige von den Äußerungen, die sie dem anderen gegenüber gemacht hatten, als Ausgangspunkt, um ihnen einen Teil meiner Gefühle für sie mitzuteilen. Das war, als wenn ich frei darüber assoziierte, wie ich die Familienmitglieder erlebte, und ihnen das erzählte. Während ich sprach, merkte ich, daß ich mehr zu ihr als zu ihm redete. Mir wurde langsam klar, daß sie sich beim Streiten bei weitem wohler fühlte, als wenn sie Zuneigung zeigen müßte.

Als ich das sagte, merkte ich, daß sich diese Aussage auf ihre ganze Haltung bezog, die die eines linkischen, nicht liebenswerten, bockigen Dinges war. Ich spreche von einem „Ding", weil sie mir wie ein Neutrum vorkam. Ihre Beine waren ungraziös übereinandergeschlagen, ein Arm hing über die Rückenlehne des Stuhls, und ihr Gesichtsausdruck war zuerst wütend, dann fragend und schließlich voller Verachtung. Ich machte sie auf all das aufmerksam und erzählte ihr auch von den Versuchen ihres Mannes, die Kluft zu überbrücken. Diese Versuche hatte sie noch gar nicht bemerkt. Als ich die beiden zum ersten Mal gesehen hatte, mochte ich ihn lieber als sie. Er hatte mich direkter angesehen und schien sich eher auf die Therapie einlassen zu wollen. Ihre Stimme war schrill, kalt und zu gleichgültig. Während sie miteinander sprachen, sah sie mich gelegentlich kurz an und zwinkerte mir zu. Das mochte ich an ihr nicht. Er schien um so vieles aufrichtiger zu sein und wirklich Wichtiges mitteilen zu wollen. Als die beiden weitersprachen, veränderten sich meine Gefühle. Die Frau war nun die Leidende, und der Mann schien mehr auf Sieg denn auf Verständnis bedacht. Sie kämpfte heldenhaft, und nun mochte ich sie lieber als ihn. „Sie ist o.k." dachte ich. „Ich verstehe nicht, wie sie es mit diesem rechtschaffenen Geizhals aushält." Dann wurde er wieder überzeugender, und meine Gefühle änderten sich erneut.

All diese Faktoren brachten mich zu gewissen Überlegungen, die ich ihr gegenüber äußerte. Als ich weiter mit ihr sprach, begann ihr Mann zu weinen. Sie zog ihren Arm von der Rückenlehne des Stuhls, faltete ihre Hände in ihrem Schoß, setzte sich nun aufrecht und mit nebeneinandergestellten Beinen hin und sah mich intensiv und ruhig an. Sie verhielt sich, als ob man ihr einen ernüchternden Stoß versetzt hatte und sie sich nun zusammenreißen mußte. Sie sah ihren Mann kurz an und fing dann ebenfalls an zu weinen. Ich erklärte ihm, daß er unbewußt zu ihrer Unaufmerksamkeit beitrug. Beide sahen mich interessiert und aufmerksam an, aber sie taten nichts, um an ihrem Zustand etwas zu ändern. Ich beendete die Stunde, indem ich ihnen von meinen anfänglichen Gefühlen der Hoffnungslosigkeit erzählte und von meiner Zufriedenheit, daß ein Glied in ihrer Kette der Zwietracht nun sichtbar geworden sei und daß es zwar nicht repariert aber doch zumindest stillschweigend von ihnen zur Kenntnis genommen worden sei. Aus diesem Grund hatte ich Hoffnung, und das sagte ich ihnen.

Bei der zweiten Familie kam die Ziellosigkeit sowohl durch das, was sie tat, als auch durch das, was sie nicht tat, zum Ausdruck. Ich sagte etwas dazu. Beide zeigten Hoffnungslosigkeit. Oft reagiert ein Partner; hier reagierte gar keiner. Ihre überwältigende Teilnahmslosigkeit irritierte mich. Ich sprach das an. Immer noch nichts. Ich hatte die Wahl, es ihnen gleichzutun und emotional zu reagieren oder die Ärmel hochzukrempeln und den Gegenpart zu spielen. Ich übernahm die Führung. „Also gut, fangen wir mit der Erziehung der

Kinder an. Jeder führt seine Bestrafung selbst aus. Die Mutter wird mit der Bestrafung nicht solange warten, bis der Vater nach Hause kommt und der Vater wird die Kinder selbst bestrafen, statt der Frau vorzuwerfen, was für eine schlechte Mutter sie sei." Ich forderte. Ich insistierte. Ich bestand solange auf Einzelheiten, bis diese zu meiner Zufriedenheit ausgeführt wurden. Bei meinem Kampf um mein eigenes Überleben gebe ich oft unbeabsichtigt ein wichtiges Beispiel.

Andere Familien – oder vielleicht auch dieselbe Familie mit einem anderen Problem – kennen vielleicht die Situationen, die von schlechten Begegnungen geprägt sind, sie sind jedoch unfähig, etwas daran zu ändern. Es kann zu bestimmten Zeiten und an bestimmten Orten zu schlechten Begegnungen kommen. Es ist jedoch auch möglich, daß die ganze Beziehung von schlechten Begegnungen geprägt ist. In dem folgenden Beispiel war das interdependente Verhalten ein Charakteristikum der ganzen Beziehung. Der entscheidende Punkt war bekannt und wurde von beiden oft diskutiert, er blieb jedoch unverändert. Im Kapitel über individuelles begegnungshemmendes Verhalten ging ich bereits darauf ein, daß das häufige Fragen ein ernstzunehmendes Problem ist. In dieser Familie war es das entscheidende.

Der Ehemann beginnt mit den Worten: „Ich kann es einfach nicht ertragen, daß mir meine Frau ständig Fragen stellt. Sie befragt mich über alles, was ich tue, selbst wenn sie die Antwort längst weiß. Wenn ich die Straße entlangfahre, fragt sie mich, warum ich diese Straße ausgesucht habe. Wenn ich mir ein Glas Tee nehme, fragt sie mich, warum. Wenn ich mir eine zweite Tasse Tee nehme, fragt sie mich, ob es meine zweite Tasse ist. Wenn ich meine Tochter auffordere, etwas Bestimmtes zu tun, fragt mich meine Frau, ob ich wirklich will, daß sie das tut. Wenn ich eine bestimmte Straße entlangfahre, fragt sie mich, warum ich nicht eine andere Straße genommen habe. Wenn ich zu spät nach Hause komme, fragt sie mich, warum ich so lange gebraucht habe und wenn ich früh komme, will sie wissen, was ich schon so früh zuhause suche. Sie fragt eigentlich nicht, sie kritisiert nur. Sie sucht nach allen möglichen Gelegenheiten, um mich zu kritisieren."

Die Frau verständigt sich im wesentlichen durch Fragen. Sie erzählt, daß sich ihr Mann bei Konflikten zurückziehe, ja buchstäblich weglaufe. Er habe seine Familie unzählige Male verlassen. Die längste Flucht habe 14 Monate gedauert. Sie erzählt das mit Fragen wie „Ist es nicht übertrieben, daß ein Mann seine Familie verläßt, wenn ihm das, was dort vor sich geht, nicht gefällt?" Es scheint ihr unmöglich zu sein, die Geschehnisse einfach zu schildern. Ich kann unschwer die Kritik in ihrer Art zu Sprechen ausmachen. Ebenso merke ich, daß dies die einzige Kommunikationsmöglichkeit ist, die sie kennt. In ihrer fragenden Art sagt sie ganz offen, daß ihre Fragen tatsächlich nichts bedeuten und daß sie nicht verstehen kann, warum sich ihr Mann über ihre Fragen so aufregt. Sie erklärt sich sofort bereit, keine Fragen mehr zu stellen, wenn er etwas dagegen habe. Darauf erwidert er: „Das hast du schon mal gesagt, aber du meinst es ja nicht so." Getreu ihrer Art zu sprechen antwortet sie: „Glaubst du wirklich nicht, daß ich es so meine?"

Als wir ihr interdependentes Verhalten aufschlüsselten, wurde folgendes deutlich: die Tatsache, daß der Ehemann die Fragen seiner Frau als Kritik interpretierte, hatte wenig mit seiner Frau zu tun. Es handelte sich um Projektionen, die zu einer weit zurückliegenden Beziehung seiner Vergangenheit gehörten – die Beziehung zu seiner Mutter. Seine Mutter hatte ihn immer kritisiert und hatte Fragen dazu benutzt, ihn herunterzumachen. Mit 14 lief er von zuhause fort und wollte niemals zurückkehren, weil er dieses Verhalten nicht ertragen konnte. Wenn man ihm nun bezüglich seines Verhaltens Fragen stellte, so führte das bei ihm zu wütenden, irrationalen Reaktionen, die mit seinem jetzigen Leben wenig zu tun hatten. Oberflächlich betrachtet hatte es den Anschein, als wäre seine Frau ein Abbild seiner Mutter. Als wir jedoch genauer nachforschten, fanden wir heraus, daß diese Ähnlichkeit eher oberflächlicher denn konkreter Natur war.

In den Anfangsphasen des Gesprächs fand ich es bequem, mich mit der verständlichen Abneigung des Mannes gegenüber seiner unaufhörlich fragenden und Schuld einflößenden Frau zu identifizieren. Anfangs schienen ihre ständigen Fragen die Aussagen des Mannes zu bestätigen. Als jedoch beide beim Gespräch anwesend waren und man ihr Verhalten von beiden Seiten aus betrachten konnte, zeigte sich, daß das einen unschätzbaren Wert hatte, denn dadurch wurde die Art ihrer Interdependenz deutlich.

Mir fiel auf, daß die Frau, obwohl sie unaufhörlich Fragen stellte, mit den Antworten doch scheinbar ganz zufrieden war. Das war unabhängig von dem Inhalt der Antworten, d.h. die Antworten konnten auch Kritik an ihrer Fragerei bedeuten. Sie schien immer bereit, ja regelrecht erpicht darauf zu sein, an Gesprächen und Diskussionen teilzunehmen. Schließlich wurde der Grund für ihre Fragerei deutlich. Ihre Fragen erfüllten zwei Bedürfnisse. Zum einen ermöglichten sie ihr den Kontakt mit einer anderen Person, einen Kontakt, bei dem sie in das Gespräch mit einbezogen wurde und dieses somit länger dauerte.

Der andere, eher ungewöhnliche Aspekt war der, daß sie eine geliebte Person als Wegweiser oder Wetterfahne benutzte. D.h. diese Person wurde für sie ein Hilfsmittel zum erzählen und sich orientieren. Sie benutzte ihren Ehemann als Kompaß, um sich orientieren zu können. Nur dann konnte sie eine gewisse emotionale Stabilität erreichen. Die Richtung war uninteressant, wichtig war nur, daß es überhaupt eine gab. Bei unserem Gespräch erzählte sie mir, daß sie mit ihrem Vater auf diese Art gesprochen habe. Ihr Vater sei ein zivilisierter Mann gewesen, der ihr auf jede auch nur im entferntesten vernünftige Frage eine Antwort gegeben habe. Diese in der Vergangenheit liegenden Gründe sind jedoch nur von peripherem Interesse. Es ist nicht wichtig, ob wir diese Dinge erzählt bekommen oder nicht. Wichtig ist, wie die Frau in unseren Gesprächen die Fragen einsetzt. Allein dadurch können uns die Mechanismen der Frau klar werden.

Solange ihr Mann etwas sagte, und besonders, wenn er klar zum Ausdruck brachte, wer er war und wie er sich zu dem Zeitpunkt fühlte, gab ihr das ein Gefühl der Sicherheit. Er konnte Wut und Kritik äußern – das wirkte beruhigend auf sie. Es war ihr nicht wichtig, wo sie in Bezug auf ihn stand; sie mußte nur wissen, daß es *überhaupt* einen Bezug zu ihm gab. Es war nicht wichtig, ob die Antworten zu ihren Fragen paßten oder für sie eine Bedeutung hatten, solange sie nur irgendwelche klärenden Angaben über ihren Mann enthielten. Ihre Fragerei war nicht Schuld einflößend oder feindselig gemeint. Diese Frau konnte ihre Wut energisch und direkt ausdrükken, und sie schien mit ihrer Wut sehr gut zurechtzukommen. Als sie zum ersten Mal in die Therapie kam, konnte sie kaum weinen und war absolut unfähig, ihre Ängstlichkeit zu zeigen. Das schien für sie das unsicherste und ungewohnteste Territorium zu sein. Sie konnte sofort auf eine Diskussion eingehen, die sich aufgrund ihrer Fragen ergab, aber sie fühlte sich fürchterlich verloren, wenn ihr Mann ihr nicht antwortete.

Die Therapie bestand zunächst darin, den Fragen den Stachel der Kritik zu nehmen, damit der Ehemann nicht mehr flüchten mußte. Als ich dann mit dem Mann daran arbeitete, daß er ein Recht auf seine Identität als Mann habe und ich der Frau dabei half, mit ihren Ängsten und ihren Verlorenheitsgefühlen besser umgehen zu können, konnte ich dazu beitragen, daß ihre Beziehung besser wurde.

Es gibt unzählige Situationen, in denen Interdependenz zum Ausdruck kommen kann: Konflikte wegen der Kinder, des Geldes und der Sexualität bis hin zu Fragen, was eine Familie an Sonntagen zusammen machen sollte. Wann immer ein Ehepaar oder eine Familie in eine Sackgasse gerät – jedes Mitglied hat seine eigene, sehr persönliche Werteskala. Das ist ganz natürlich und nicht zu vermeiden. Der Konflikt hängt nicht von der Einzigartigkeit der Werte ab, die jeder mitbringt, sondern davon, wie sehr er sich der Werte bewußt ist und wie gut es allen Beteiligten gelingt, über diese Werte zu sprechen.

Eine Familie beklagt sich z.B. ständig über die entsetzlichen Wochenenden, die sie miteinander verbringt. An den Sonntagvormittagen ist der Ehemann immer ganz aufgeregt und ruhelos. Er möchte mit seiner Frau etwas unternehmen, und das drückt sich darin aus, daß er früh aufsteht und sehr schnell gereizt reagiert, weil sie lieber länger schlafen möchte. Sie äußert den Wunsch, den Sonntag nicht zu verplanen und nicht zu strukturieren. Sie möchte einfach nur, daß ihre Familie „zusammen ist". Durch seine Ruhelosigkeit wird sie gereizt, und schließlich streiten sie sich.

Als sie in einer Therpiesitzung über dieses Thema sprechen, zeigt sich deutlich, daß der Mann ruhelos und nervös wird. Seine Stimme zittert und ist kaum noch zu hören. Das führt dazu, daß seine Frau immer wütender wird. Daraufhin verfällt er in das Gebaren eines vor Angst gelähmten kleinen Jungen.Diese Haltung, die ein Gespräch unmöglich macht, verstärkt noch ihre Wut, und die Interdependenz ist perfekt. Als ich ihnen klarmache, wie er sich gerade verhalten hat und wie sie darauf reagiert hat, stellen wir folgendes fest: Ihr Verhalten löst bei ihm den ganzen Schrecken und die Furcht aus, die ihn als Kind an Sonntagvormittagen befiel, wenn er darauf wartete, daß seine Mutter ihn im Waisenhaus besuchte, in dem er viele Jahre seiner Kindheit verbrachte. Er hatte nie über diese Einsamkeit und Furcht gesprochen, die Teil dieser sonntäglichen Besuche waren. Er hatte in der ständigen Angst gelebt, er könne sich nicht so verhalten, wie sie es von ihm erwartete und sie würde deshalb am folgenden Sonntag nicht wiederkommen. Die ständige Wut seiner Frau an Sonntagvormittagen rief bei ihm das alte Verhaltensmuster hervor, und er brachte seine Verzweiflung körperlich zum Ausdruck. Die Erfahrung hatte die Frau dagegen gelehrt, auf so ein unterwürfiges Verhalten mit Verachtung zu reagieren. Da ihre Familie außerdem während der Woche immer intensiv zusammen war, waren die Sonntage willkommene Ruhetage, an denen jedes Familienmitglied machen konnte, was es wollte.

Hier sehen wir also zwei Ebenen eines Interdependenzkonfliktes: die soziale und auf die Umwelt bezogene Ebene und die eher persönliche, auf Erfahrung beruhende Ebene. Bei diesem Paar war die Bewußtheit über ihren unterschiedlichen Hintergrund und ihre unterschiedlichen Ansichten für die Behandlung genauso wichtig wie die Beachtung und Veränderung individueller Verhaltensmerkmale.

Wir wollen nun eine Familie betrachten, in der die Interdependenz anhand eines Konfliktes über ihr Haus zum Ausdruck kommt: Er möchte das Haus verkaufen, und sie möchte es behalten. Beim Gespräch darüber werden ihre Gründe deutlich: Zwei Jahre später wäre ein besserer Zeitpunkt, weil dann ihre beiden Kinder ihre spezielle Schulstufe beendet hätten und ein Überwechseln für sie weniger traumatisch wäre; in den 18 Jahren ihrer Ehe sind sie 21 Mal umgezogen; sie hat das Gefühl, daß der Umzug ihre Schwierigkeiten nicht beseitigt. Seine Gründe, das Haus verkaufen zu wollen, sind: daß sie etwas näher bei ihrer Arbeit sind; daß sie ihre Zahlungen für die Hypothek reduzieren können; und daß er mehr Zeit zuhause mit seiner Familie verbringen kann. Die Tatsache, daß er nicht so oft zuhause ist, hatte die Frau als einen Hauptkonfliktpunkt beschrieben.

Da ich keine Verhaltensweise sehe, die ich aufgreifen könnte, bleibe ich zunächst auf der Inhaltsebene. Ich beschreibe, wie ich die Situation einschätze. Meiner Meinung nach besteht eine Diskrepanz in seiner Logik: Unter dem Deckmantel, eine bessere Beziehung mit seiner Frau und seinen Kindern zu wollen, hat er sich entschlossen, etwas zu tun, das all ihren Wünschen und, wie ich meine, möglicherweise sogar ihren stärksten Interessen entgegensteht. Ich erkläre ihm, daß er versuche, seiner Frau weh zu tun, jedoch vorgebe, er wolle ihre Beziehung verbessern. Ich schlußfolgere weiterhin, daß, wenn er seiner Frau weh tun wolle, es etwas mit seinen Erwartungen an sie zu tun haben müsse, die sie nicht erfülle. Also frage ich ihn: „Was wünschen Sie sich von ihr?" Er antwortet: „Ich möchte mit ihr eine offene und ehrliche Beziehung haben, in der sie mich nicht einschüchtert und in der sie mich nicht dadurch bestraft, daß sie sich von mir zurückzieht."

Als wir diesen beiden Punkten genauer nachgehen, zeigt sich, daß er mit Einschüchterung die Eindringlichkeit meint, mit der sie etwas von ihm fordert: so z.B. Aufmerksamkeit, mehr Zeit, das Teilen von Erlebnissen – jedoch von anderen Erlebnissen als er sie sich vorstellt. Die Strafe durch Rückzug stellt sich folgendermaßen dar: sie macht einen Vorschlag oder fordert etwas; er wird wütend und wirft ihr vor, sie würde ihn „einschüchtern" (weil sie es wagt, so energisch aufzutreten); sie zieht sich ängstlich in Weinen und Schweigen zurück. Anders kann sie mit ihrer Wut nicht umgehen. Er sieht das als Bestrafung. Das ist seine Fehldeutung und der springende Punkt. Seine Vorstellung, daß sie ihn bestraft, ist in gewisser Hinsicht richtig, d.h. sie würde sich offener zur Wehr setzen, wenn sie dazu fähig wäre. Da er es jedoch als Bestrafung erlebt, ist dieser Teil eine Projektion seinerseits. Das bedeutet, daß er für sein eigenes energisches Auftreten Bestrafung erwartet.

Ich frage ihn, wie er das empfindet, wenn er durch ihren Rückzug „bestraft" wird. Er antwortet: „Wenn sie ein paar Tage lang so mit mir umgeht, fühle ich mich einsam und werde noch wütender auf sie." Jetzt weiß ich, was weiter geschehen wird. Er wird ihr seine Wut zeigen, seine Einsamkeit jedoch vor ihr verbergen. Ich frage ihn: „Sagen Sie ihr, daß Sie sich einsam fühlen?" Er erwidert: „Nein, ich werde nur wütend auf sie." Da diese Art von Kommunikation bisher nicht stattgefunden hat, schlage ich vor, daß er sich zu seiner Frau wendet und ihr von dem Teil erzählt, den er bisher immer ausgeklammert hat. „Erzählen Sie ihr von ihren Einsamkeitsgefühlen." Er sieht sie an, fängt an zu weinen und sagt: „Das wäre ein Zeichen von Schwäche." Er stellt dann fest, daß er an ihr immer kritisiert hat, daß sie weint und daß sie den Wunsch hat, er möge sie trösten, wenn sie sich einsam fühle. Er kritisiert also an ihr, daß sie „Schwäche" zeigt. Dadurch vermeidet er, daß seine eigene „Schwäche" (das Bedürfnis nach Wärme, Zuneigung und Liebe) sichtbar wird, denn er ist unfähig, sie um Hilfe zu bitten.

An diesem Punkt der pathologischen Interdependenz zeigt sich, daß er Angst hat, selbst als ein bedürftiger Mensch dazustehen. Solange seine Frau hilflos und bedürftig war, konnte er sich ihr überlegen fühlen und ihr ihre Schwäche vorwerfen. Jetzt, wo sie unabhängiger ist, muß er seine eigene Schwäche annehmen, und das verstärkt seine Wut auf sie. Je wütender er auf sie wird, desto mehr zieht sie sich von ihm zurück und desto mehr sucht sie ihre Unabhängigkeit. Das wiederum führt dazu, daß er sich noch einsamer und noch bedüftiger fühlt und vor beidem muß er fliehen. Das macht ihn wütend, und somit ist der Kreis geschlossen.

In der nächsten Familie, über die wir sprechen, gibt es die Mutter, den Vater und eine 16 Jahre alte Tochter. Die Mutter ist „aus dem Gleichgewicht geraten" (mal deprimiert und mal launisch). Zur Therapie bringt sie ihren Mann, ihre Tochter und die Überzeugung mit, daß ihr Mann sie nicht liebt und „in Wirklichkeit" ihre Tochter bevorzugt. Sie verteidigt diese Haltung mit den Worten: „Er schenkt ihr viel mehr Aufmerksamkeit, interessiert sich für alles, was sie macht und billigt dies ohne Einschränkungen."

Die Tochter beklagt sich nicht und möchte lieber von beiden in Ruhe gelassen werden. Sie ist mit ihrer Mutter nicht einer Meinung, ist aber in das Geschehen nicht so stark involviert und sie scheint für ihren Vater kein besonderes Faible zu haben.

Der Ehemann und Vater beklagt sich nicht. Er ist kooperativ, pflichtbewußt, bescheiden und vor allem ein vernünftiger Mann. Er kann immer „verstehen, daß (alles) vernünftig und wichtig ist." Alles – ausgenommen natürlich die absurde Unvernunft seiner eigenen rigiden Haltung. Er ist hier, weil seine Frau ihn vernünftigerweise darum gebeten hat, nicht aber, weil sie deprimiert oder gereizt ist oder ihn aufregt. Er ist hier, weil er es für vernünftig und wichtig hält, daß seiner Frau in diesem durchaus ernstzunehmenden Leiden geholfen wird. Er würde niemals eigenmächtig oder sogar selbstgerecht auf etwas bestehen.

Die Frau kann auf etwas bestehen. Nicht offen und nicht direkt, aber durch ihr Weinen, ihr Meckern, ihr unaufhörliches Nörgeln. Natürlich sieht ihr Mann sofort ein, daß dieses Verhalten berechtigt ist.

Der Hauptvorwurf, den die Mutter dem Vater gegenüber äußert, lautet: „Du liebst mich nicht". Seine ständige und immer wieder wirkungslose, wenn auch vernünftige Antwort ist: „Aber natürlich liebe ich dich". Die Tochter repräsentiert nur einen der Schauplätze, auf denen dieser Kampf ausgetragen wird. Man hat sie ausgewählt, weil sie so leicht verfügbar ist und zum Teil wohl auch, weil sich die Mutter mit der Tochter identifiziert, die wie sie ein Einzelkind ist. Die Bemerkungen „du liebst sie mehr als mich" und „manchmal wünschte ich, ich wäre deine Tochter und nicht deine Frau" sind Abwandlungen des Hauptvorwurfs „du liebst mich nicht".

In dieser Familie wird dieser Vorwurf auf die verschiedenste Art und Weise ausgedrückt. Wenn die Frau das soziale Verhalten des Mannes kritisieren will, sagt sie z.B.: „Du schenkst anderen Frauen immer mehr Aufmerksamkeit als mir". Wenn sie an seiner Arbeit oder seinem Beruf etwas auszusetzen hat, sagt sie: „Du könntest gelegentlich mal etwas mehr Zeit für mich aufbringen, statt dich nur deiner Arbeit zu widmen". Wenn er beruflich unterwegs ist und zuhause anruft, um Hallo zu sagen, beklagt sie sich, daß er sich nicht nach ihren Rückenschmerzen erkundige. Wenn er sie auf eine Geschäftsreise mitnimmt, beklagt sie sich über die Einzelbetten, und läßt dabei außer acht, daß ihr Mann versucht hat, es ihr so angenehm wie möglich zu machen und daß eine andere Reservierung nicht möglich war.

Nie würdigt sie die Tatsache, daß ihr Mann sie ausführt, daß er anruft, wenn er unterwegs ist, daß er sie auf Reisen mitnimmt. Und er wehrt sich nicht dagegen. Er protestiert nur auf seine vernünftige, unwirksame und verläßliche Art und Weise. Sein Protest richtet sich nie gegen ihre geradezu unheimliche Fähigkeit, Mängel zu entdekken. Er ist unfähig, darin etwas Unsinniges zu sehen. Statt dessen beharrt er nur darauf, daß er sie liebt, was tatsächlich wahr zu sein scheint, und erklärt ruhig, wenn auch ohne Bedauern, warum er sich jeweils so verhalten haben.

Als ich die Interaktionen dieser Familie beobachte, habe ich den Eindruck, daß die Tochter nicht darin eingebunden zu sein scheint. Ich höre nur die Frau zu ihrem Mann sagen: „Ich bin es nicht wert, geliebt zu werden. Ich brauche dich, damit du mich davon überzeugst, daß ich liebenswert bin, aber mit deinen vernünftigen Erklärungen wird dir das nie gelingen." Die Aussage des Mannes lautet: „Ich liebe dich, und hier ist der vernünftige Beweis." Sie sprechen über verschiedene Dinge und leben in gewisser Hinsicht auch in verschiedenen Welten. Keinem von ihnen ist bewußt, daß ihre Botschaft lautet: „Ich bin es nicht wert, geliebt zu werden." Diese Botschaft steht für eine frühere unbeendete Begegnung, die sie nun auf ihre jetzige Beziehung überträgt. Das äußert sich darin, daß sie das dringende Bedürfnis hat, ihren Mann als den Menschen zu sehen, der sie nicht liebt. Ebenso ist keinem von ihnen bewußt, daß er als emotionales Rüstzeug nur sein vernünftiges Verhalten hat, daß „vernünftig zu sein" für ihn bedeutet, zu lieben und geliebt zu werden.

Diese Bewußtheit nur offenzulegen, ist allein keine therapeutische Vorgehensweise. Die therapeutische Wirkung erzielte ich dadurch, daß ich mich nicht scheute, die Frau mit ihren „nicht liebenswerten" Einstellungen und Verhaltensweisen zu konfrontieren. Diese Konfrontation mit ihren tatsächlichen, nicht liebenswerten Verhaltensweisen war für sie eine willkommene Entlastung von dem schrecklichen Mythos, sie sei es nicht wert, geliebt zu werden. Indem ich ihr sagte, daß sie nicht liebenswert ist, daß mir ihr Verhalten nicht gefällt, und indem ich mich ihrem Verhalten mit aller Macht widersetzte, sagte ich ihr im Grunde, daß sie es wert ist, geliebt zu werden. Wenn man seine eigene Meinung energisch vertritt, seine Einstellung offen und ehrlich darlegt und auch Widerspruch in Kauf nimmt, schafft man eine gesunde Grundlage für eine dauerhafte Beziehung. In diesem Fall diente ich dem Mann auch als besonders wertvolles Beispiel.

Ich rüttelte solange an seiner Mauer aus vernünftigem Verhalten, bis er schließlich zugab, daß er Unterleibsbeschwerden hat. Als ich ihn noch weiter bedrängte, konnte ich ihm die tief verwurzelte Botschaft entlocken, die er auf meine Bitte hin direkt an seine Frau richtete: „Es macht mir schreckliche Angst, mein vernünftiges Verhalten aufzugeben. Ich habe Angst, daß du mich dann nicht mehr liebst." Allmählich gelang es ihm, auch diese Projektion aufzugeben.

Obwohl bei dieser Familie vieles im wesentlichen durch Einzeltherapie mit den beiden Elternteilen erreicht wurde, war es doch zuweilen äußerst wichtig, das andere Familienmitglied dabeizuhaben, z.B. wenn eine Wahrheit herausgefunden werden mußte und dazu der Partner gebraucht wurde. Manchmal, z.B. wenn ich die Frau mit meinem „liebenden" Verhalten konfrontierte, war es für den Mann eine wertvolle Erfahrung, daß dieses Verhalten eine Alternative zu seinem Verhalten sein konnte.

In einer anderen Familie gibt es keine Kinder, zumindest keine, die man sehen kann. Die beiden Eheleute – sie Sozialarbeiterin und er Ingenieur, beide um die 50 – haben schon vor langer Zeit ihre leiblichen Kinder in die Welt hinausgeschickt, und nun ist jeder für den anderen das letzte übriggebliebene Kind. Ihre ständige Klage lautet: „Er kann nie etwas richtig machen. Er ist ein großes Kind. Ich muß ihm jede Kleinigkeit erklären, und trotzdem macht er sie nicht richtig. Er klebt an mir wie ein Kind. Ich kann nichts ohne ihn tun. Er kann nicht allein denken, und wenn er es tut, ist es falsch. Er ist selbstsüchtig und überlegt sich nie, was ich vielleicht für Bedürfnisse haben könnte." Darauf antwortet er vorsichtig: „Ich verstehe nicht, was du meinst. Ich versuche ständig, es dir recht zu machen. Ich kann nichts dafür, wenn ich manchmal einfach nicht begreife, was du von mir willst. Wenn du dir über deine Bedürfnisse im klaren bist, werde ich versuchen, sie zu befriedigen."

Als sie miteinander sprechen, sehe ich einen zwanghaften Ingenieur, in dessen Verhalten zwei Schwerpunkte zum Ausdruck kommen: der Wunsch, es seiner Frau recht zu machen und der Wunsch nach Struktur und Ordnung, damit er im Leben die Orientierung nicht verliert. Beiden Wünschen nachzukommen ist praktisch unmöglich. Seine Wünsche drückt er in Worten aus. Seine Ängstlichkeit bringt er nonverbal, durch ein unterwürfiges und nachgiebiges Verhalten und einen ständig verängstigten Blick zum Ausdruck. Sie dagegen hält ein aufmunterndes und gewandtes Plädoyer für Unabhängigkeit und Freiheit, das gleichzeitig eine beharrliche Kritik an ihrem Mann bedeutet.

Ihre fatale Interdependenz siegt ungefähr so aus: Er muß unbedingt ein guter Junge sein oder er stirbt (er hatte schon drei Herzinfarkte). Um ein „guter Junge" sein zu können und um ein Recht auf Leben zu haben muß er 1) es seiner Frau recht machen und 2) ein geordnetes Leben führen. Ihr dagegen gelingt es bestens, ihn daran zu hindern. Sie hat den Drang, ihn ständig anzutreiben und herauszufordern und betrachtet alles als etwas, das es zu vereiteln gilt. Ich habe sie als die Frau mit der „Vereitelungs-Brille“ bezeichnet, ohne die sie gar nichts sehen könnte. Ihr Plädoyer für Unabhängigkeit ist nur eine Taktik, die sie anwendet, seit er den Wunsch hat, ihr nahe zu sein. Sollte er den entgegengesetzten Wunsch äußern, würden auch ihre Forderungen entgegengesetzt sein – da bin ich sicher.

Sie sind nicht nur zwei gegensätzliche Pole, sie schaukeln sich auch jedesmal gegenseitig hoch und regen sich über den anderen auf. Je mehr er es ihr recht machen will, desto geringschätziger behandelt sie ihn und vereitelt sie seine Versuche. Je mehr sie seine Versuche vereitelt, desto mehr strengt er sich an, es ihr recht zu machen. Ähnlich ist es mit seinem Bedürfnis nach Ordnung. Je mehr Ordnung er in ihr Leben bringen will, desto willkürlicher verhält sie sich ihm gegenüber. Wenn er versucht, die Willkür zu akzeptieren, behandelt sie ihn von oben herab, weil sie das ständige Bedürfnis hat zu opponieren. Wenn er von seinem angewachsenen Ärger, den er immer in Selbstkritik umwandelt, genug terrorisiert wurde, bekommt er einen Herzinfakt. Sie widersetzt sich seinem Sterben mit der gleichen Energie wie seinem Leben (und allem anderen) und rettet jedesmal buchstäblich sein Leben. Natürlich ist er ihr äußerst dankbar und zeigt seine Dankbarkeit, indem er versucht, es ihr echt zu machen... wogegen sie natürlich opponiert...

Um es noch einmal zu sagen: im Verlauf der Therapie lege ich nicht einfach nur meine Meinung offen, sondern ermutige beide dazu, sich ihres Verhaltens bewußt zu werden und diese Bewußtheit sinnvoll anzuwenden. Bei der Frau ging ich so vor, daß ich energisch ihr Verhalten vereitelte, was ihr anfangs gefiel, sie jedoch später entsetzte. Ihn drängte ich vorsichtig, doch einmal das Risiko einzugehen, es ihr nicht recht zu machen. Manchmal drückte ich anstelle des Mannes die Verzweiflung aus, die er wohl angesichts ihrer Angriffe empfinden mußte, sowie seine Unfähigkeit, darauf zu reagieren. In solchen Augenblicken, in denen ich für ihn sprach, weinte er oft. Allmählich gelang es ihm dann immer mehr, für sich selbst zu sprechen.

Als ich dieses Paar zum ersten Mal traf, dachte ich, daß sie eher in der Therapie mitarbeiten und auf meine Vorschläge eingehen würde. Ich machte das daran fest, daß sie sich offensichtlich gut ausdrücken konnte, daß sie scheinbar bereit war, sich zu engagieren und daß sie Sozialarbeiterin war. Wenn sie sich auch beide stark veränderten und ihre Beziehung besser wurde, so war meine Wirkung auf ihn doch weitaus größer. Das gilt auch, wenn man in Betracht zieht, daß wir uns alle in den sechs Monaten unserer Arbeit weiterentwickelt hatten.

Bei einer anderen Familie ist es so, daß jeder – auch die drei Kinder – der Mutter helfen soll, aus ihren Depressionen herauszukommen. Die Frau sieht elend aus; die Kinder verhalten sich, als ob sie auf Eiern gingen; der Vater spricht sanft und respektvoll mit seiner Frau und rücksichtsvoll über sie. Mir fällt jedoch auf, daß er sich weit entfernt von ihr hinsetzt und sie nie richtig ansieht. Er beginnt mit dem Satz, daß alle in der Familie der Mutter helfen möchten und fügt erklärend hinzu, daß sie immer in Tränen ausbreche, wenn sie etwas sagen und daß sie alles als Kritik ansehe. Ich frage ihn: „Und was unternehmen Sie dann?" Er antwortet: „Nun, ich versuche, mich wie ein Gentleman zu verhalten. Ich tröste sie und spreche nicht weiter darüber. Vielleicht braucht sie Hormone. Sie braucht jedenfalls irgend etwas." Darauf erwidere ich sofort: „Da stimme ich Ihnen zu. Sie braucht irgend etwas, aber keine Hormone. Sie braucht einen Mann, der diesen Unsinn, alles als Kritik anzusehen, nicht einfach hinnimmt. Genau das braucht sie – einen Mann, der sich nicht durch ein paar Tränen wegschwemmen läßt."

Diese Situation war mir so vertraut, und der Mann schien mir soweit aufnahmefähig zu sein, daß ich mich zu dieser sofortigen Intervention entschloß. Das interdependente Verhalten sieht ungefähr so aus: sie sind beide verschiedener Meinung. Sie bricht in Tränen aus. Er zieht sich ritterlich zurück, indem er seinen Ärger in distanzierte Höflichkeit umwandelt. Die Distanz macht sie noch depressiver. Die Depression führt bei ihm zu noch mehr Distanz. Da er zur Mitarbeit bereit zu sein schien, forderte ich ihn auf, sich nicht zurückzuziehen. Anschließend forderte ich die Frau auf, im Umgang mit ihm doch lieber Worte statt Tränen zu benutzen.

Bei einem anderen Ehepaar, das sich meiner Meinung nach wie Katz und Maus verhielt, kannte die Frau nur zwei Verhaltensweisen: ihren Mann zu verspotten oder das Vorfeld für ein solches Verspotten zu bereiten. Wenn sie ihn verspottete, so war das immer mit einem Lächeln und mit sarkastischen Bemerkungen verbunden, wie

„Das Mindeste, was du tun könntest..." oder „Wenigstens...". Ihre Botschaft wurde immer von einer hochgezogenen Augenbraue begleitet, und das Gesicht hatte sie immer leicht abgewendet. Im Grunde sagte sie: „Du bist so dumm. Ich weiß nicht, warum ich mich überhaupt mit dir abgebe." Das Vorfeld zum Verspotten bereitete sie dann, wenn es keinen ersichtlichen Grund zum Verspotten gab. Sie stellte ihm dann Fragen und versuchte dadurch, ihn zu einer Meinungsäußerung zu bewegen, über die sie dann wieder spotten konnte.

Die Maus verfügte über ihre eigenen Mittel, an dieser Interaktion teilzunehmen. Der Mann verhielt sich für gewöhnlich äußerst kooperativ. Seine Frustrationen leitete er in ein gutturales Grunzen um, das immer zwischen seinen Bemerkungen zu hören war. Er verhielt sich wie eine Maus, die die Menschen auffordert, sie zu fangen. Seine Frau tat ihm den Gefallen. Das verringerte sein Selbstwertgefühl noch mehr, und er wurde noch mausähnlicher. Je mehr sie ihn verspottete, desto schlechter fühlte sie sich, weil sie darüber enttäuscht war, daß er sie nicht daran hinderte. Je mehr sie sich über ihr Verhalten ärgerte, desto mehr nörgelte sie herum. Als ich den beiden ihr begegnungshemmendes Verhalten klarmachte – sie auf ihren Sarkasmus und ihre Gestik und ihn auf sein Grunzen und sein farbloses vernünftiges Verhalten –, wurde ihnen die Interdependenz ihres Verhaltens bewußt und es wurde ihnen möglich, darüber zu sprechen.

Wenn der Leser von Fällen ehelicher Zwietracht hört, wie sie hier beschrieben werden, so mag er sich fragen, ob es in diesem Land heutzutage ein Charakteristikum von Familien ist, daß eine depressive oder ständig kritisierende Frau mit einem vernünftigen und in seinem Verhalten ineffektiven Mann zusammen ist. Das wäre jedenfalls eine ungefähre Zusammenfassung der Familien, über die wir bisher gesprochen haben. Vielleicht ist dieses verzerrte Bild jedoch durch diesen Therapeuten bedingt. Ich wäre nicht der Richtige, um diese Frage zu beantworten. Meiner Ansicht nach entstehen viele familiäre Schwierigkeiten dadurch, daß der Vater sich lieber vernünftig und distanziert verhält, statt mit einer aggressiven Bestimmtheit aufzutreten und möglicherweise Unrecht zu haben. Das Gegenstück dazu ist die Mutter, die mit ihrem nörgelnden, zänkischen oder depressiven Verhaltensmuster auf so einen frustrierenden Mann reagiert. Diese Frauen fordern in der ihnen einzig möglichen Art und Weise ein intensiveres Zusammenleben, in das sie sich beide mehr einbringen. Ich habe außerdem den Eindruck, daß die Ehemänner eigentlich dafür sind, sich stärker in die Beziehung einzubringen, daß sie das jedoch für unmännlich halten. Das ist ein trauriges Mißverständnis, denn gerade durch ihren Verzicht kommt ein Mangel an Männlichkeit zum Ausdruck. Männer scheinen nicht zu wissen, daß es nicht nur für sie selbst wichtig ist, Wünsche und Bedürfnisse zu äußern und, falls notwendig, Forderungen an ihre Frauen zu stellen. Dieses Verhalten trägt außerdem wesentlich dazu bei, daß sich die Frau als Frau fühlt.

Obwohl diese und andere Ansichten und Vorurteile den größeren Rahmen bilden, in dem ich den Familien begegne, halte ich weder den Mann noch die Frau für allein verantwortlich, wenn die Ehe in eine Sackgasse gerät. Jedes Paar bringt ein einzigartiges interdependentes Verhalten mit, und jedes Familienmitglied hat sein eigenes begegnungshemmendes Verhalten, mit dem es konfrontiert und auf das es aufmerksam gemacht werden muß. Wer als erste/r konfrontiert wird und wie energisch ihm/ihr das Verhalten vor Augen geführt wird, hängt davon ab, was der Therapeut in einem bestimmten Augenblick während der Therapie erlebt. Darauf werde ich im nächsten Kapitel genauer eingehen.

Der 12jährige Jimmy nimmt in einer psychiatrischen Klinik, in der er seit zwei Jahren untergebracht ist, mit seiner Mutter, seinem Vater und seinen drei jüngeren Brüdern an einem Therapiegespräch teil. Die Kinder sind adrett gekleidet und verhalten sich ruhig. Der Vater ist wie ein Arbeiter gekleidet. Er sitzt regungslos da und sieht niemanden an. Als ich die Familie um einen Kommentar bitte, spricht die Mutter für die Familie: „Wir hatten Jimmy hierher gebracht, weil die Lehrer in der Schule nicht mit ihm umgehen konnten." Mein erster Gedanke war, daß man dann vielleicht besser die Lehrer hierhergebracht hätte. Mein zweiter Gedanke, der unmittelbar darauf folgte, sagte mir, wie einfach ihre Beobachtung war und wie einfach sie diese ausdrücken konnte.

Als ich mit dieser Familie arbeitete, blieb die Mutter die einzige, die spontan reagierte. Immer wenn sie etwas sagte, gab sie irgend jemandem die Schuld für Jimmys Einweisung in die Klinik. Die Lehrer hatten Schuld, weil sie nicht mit Jimmy umgehen konnten; das frühere Klinikpersonal war dafür verantwortlich, daß es „ihm nicht gutging"; und da Jimmy Schwarzer war, wurde auch die Diskriminierung angesprochen, wobei die Schuld ganz allgemein außerhalb der Familie gesucht wurde. Nach mehreren Versuchen, den Vater mit einzubeziehen, sagte dieser schießlich: „Jimmy ist ein guter Junge. Wenn sich die anderen Menschen ihm gegenüber nicht so verhalten würden, gäbe es mit Sicherheit keine Probleme."

Ich ging in das Hier-und-Jetzt unserer Begegnung und äußerte mein Interesse und meine Besorgnis hinsichtlich ihres Mißtrauens, über das sie nicht nur sprachen, sondern das ich auch jetzt bei unserem Beisammensein fühlte. Ich bat sie, sich dazu zu äußern, und der Vater antwortete: „Sie haben uns herbestellt. Sie stellen die Fragen, und ich werde sie beantworten." Ich schlug dem Vater vor, daß wir uns gemeinsam bemühen sollten, Jimmys Problem besser zu verstehen. Ich sagte ihm, daß ich keine bestimmten Fragen im Kopf hätte, sondern daß ich mich nur damit vertraut machen wollte, wie die Familie funktioniere. Der Vater drehte sich von mir weg, und ich fühlte mich abgewiesen. Ich sagte ihm das, und er antwortete erneut: „Sie stellen die Fragen, und ich werde sie beantworten." Ich erklärte ihm, daß es schwierig für mich sei, mich so zu verhalten, wie er es wolle, da ich keine bestimmten Fragen hätte. Dann fiel mir eine ein, und ich fragte: „Sehen Sie in Ihrer Familie etwas, das für Jimmy ein Problem sein könnte?"

Ich wußte, daß es sinnlos wäre, das Problem von Jimmy weg auf sie selbst zu lenken, denn ihre jetzige Stellung entlastete sie ja von Grund auf. Ein unspezifisches Umlenken auf die Familie wäre jedoch ein guter Anfang. Ich wollte sie dazu bringen, über ihre Familie zu sprechen. Der Vater ignorierte meine Frage. Ich beschloß, ihn nicht weiter zu drängen, da ich den Eindruck hatte, das würde nur zu noch mehr Feindseligkeit und Rückzug führen. Statt dessen wandte ich mich der Frau zu, sagte ihr, wie schwierig ich es fände, mit ihm zu sprechen und bat sie um ihre Hilfe. Zuerst verteidigte sie ihren Mann und erklärte, er würde nie viel sprechen. Als ich sie dann zu weiterer Mitarbeit ermutigte, enthüllte sie die Überzeugung ihres Mannes: „Meine Familie hat immer recht." Sie sagte noch, das dies zu einigen Schwierigkeiten zwischen ihnen beiden geführt habe. Dann brach sie abrupt ab und meinte: „Es gibt noch einiges, was ich erzählen könnte, aber das tue ich lieber nicht."

Teilweise wegen ihres Mißtrauens, teilweise wegen ihrer einfachen, unkomplizierten Denkweise und teilweise aus dem Grund, daß die Familie nie Jimmy und schon gar nicht die Framilienstruktur als das Problem angesehen hatte, entschloß ich mich, den sanfteren Weg zu gehen und die Familie nicht aggressiv zu konfrontieren. Diese Faktoren milderten meinen Ärger, und meine Gefühle kristallisierten sich so klar heraus, daß ich sie nun in einem einfachen Vortrag zum Ausdruck bringen konnte. Ich machte den beiden klar, daß die Schwierigkeiten, die wir in diesem Gespräch haben, mit Jimmys Problem in Verbindung stehen. Ich erklärte ihnen ausführlich, wie ich den Ablauf sah: Wenn etwas geschieht, das dem Vater nicht gefällt, wird er ruhig und ernst und sucht die Schuld außerhalb seiner Person und seiner Familie. Die Mutter, die es eigentlich besser weiß, beschließt, sich dem nicht zu widersetzen. Das ermutigt Jimmy dazu, sich außerhalb der Familie, z.B. in der Schule, weiterhin ungebührlich zu betragen, was wiederum zu Ereignissen führt, die dem Vater nicht gefallen,und das hat dann wieder zur Folge, daß der Vater noch ruhiger, noch ernster und noch anklagender wird.

„Warum gerade Jimmy und nicht die anderen drei Kinder?" fragte ich. Die Mutter erklärte mir, daß Jimmy langsam im Lernen sei und daß darin der Unterschied zu seinen Geschwistern liege. Jemand,der nur langsam lernt, ist eher frustriert, eher gereizt und fängt an, sich auffällig zu verhalten, um seinem Unbehagen Ausdruck zu verleihen. In diesem Fall – und er ist nicht ungewöhnlich – wurde Jimmy in der Schule getestet, schon fast für geistig zurückgeblieben erklärt und in die Klinik eingewiesen.

Tatsächlich war es das auffällige Verhalten in der Schule, das zu seiner Einweisung führte, und dieses stand natürlich in direktem Zusammenhang mit dem zentralen familiären Verhaltensmuster, das der Vater zum Ausdruck brachte und das von der Mutter unterstützt wurde. Der Vater war, wenn nötig, durchaus fähig, die anderen Kinder zu maßregeln. Er hielt sie nicht immer für schuldlos. Da man jedoch Jimmy für retardiert erklärt hatte, hatte der Vater das Gefühl, ihn stärker beschützen zu müssen und konnte seine Wut ihm gegenüber nie direkt ausdrücken. Nach Ansicht der Mutter ist der Vater ein Mann, der zu allen seinen Kindern fair sein muß. In dieser Situation bedeutete fair zu Jimmy zu sein, ihn zu überbehüten. Die anderen Kinder, die man etwas leichter lenken konnte als Jimmy, reagierten eher auf eine außenstehende Autorität und riefen daher beim Vater weniger Frustrationen hervor.

In Familien mit einem in der Psychiatrie befindlichen Kind ist es oft das Interaktionsmuster in der Familie, das das Kind davon abhält, nach Hause zurückzukehren, und nicht das Verhalten des Kindes als solches. Das hat dazu geführt, daß man für Kinder wie Jimmy Pflegefamilien befürwortet. Ein solches Vorgehen berücksichtigt o.g. Beobachtung, denn viele Kinder kommen in anderen Familien besser zurecht als in ihrer eigenen. Abgesehen davon hat man die Bedeutung der genetischen Familie noch nicht genug anerkannt, und es ist schwierig, eine Klinik zu finden, in der Familientherapie als die wesentliche Behandlungsform angesehen wird. Jimmy stellt in der Klinik kein Problem dar. Wenn die Familie es erlaubt, wird er wahrscheinlich irgendwann in eine Pflegefamilie kommen. Er kann unmöglich nach Hause zurückkehren, solange sich das Verhalten des Vaters nicht geändert hat und die Mutter den Vater weiterhin darin unterstützt. Andernfalls würde das Verhalten der Eltern zusammen mit Jimmys Verhalten – das nicht immer so entgegenkommend ist, wie sie es gern hätten – zu einem Konflikt führen, der Jimmys Rückfall in die gleichen auffälligen Verhaltensmuster zur Folge hätte, und dieses wiederum würde eine erneute Einlieferung in die Klinik bedeuten.

In einer anderen Familie sind die Kinder erwachsen und aus dem Haus, die Mutter ist depressiv geworden, und der Vater versucht seit mehreren Jahren, ihr zu helfen. Jetzt ist er es leid. Sie hat mehrere Jahre eine Einzeltherapie gemacht, weil sie beide der Überzeugung waren, daß das Problem ausschließlich bei ihr liege. Das glauben sie noch immer. Da sie jedoch mit den Ergebnissen der Einzeltherapie unzufrieden sind, haben sie sich entschlossen, zusammen eine Therapie zu machen, um festzustellen, wie er ihr helfen könnte. Sie sind beide gebildet, intelligent, aufgeweckt und können sich gut ausdrükken. Er ist ein erfolgreicher Geschäftsmann. Beim Erstgespräch wirkt er entschlossen aber ein wenig nervös. Er ist sich seiner Nervosität nicht bewußt, gesteht sie aber sofort ein, als ich ihn darauf aufmerksam mache. Sie sieht schrecklich aus. Sie ist offensichtlich eine sehr attraktive Frau, die es in ihrer Depression sorgfältig vermieden hat, sich irgendwie zurechtzumachen.

Ihr interdependentes Verhalten sieht ungefähr so aus: Sie wird depressiv, und er versucht, ihr zu helfen – indem er mit ihr spricht, sie aufheitert, ihre Wünsche erfüllt, sie „liebt". Dadurch fühlt sie sich natürlich schlecht und sie „versucht, sich zu bessern". Sie registriert sein Bedürfnis, zu helfen, und will ihn nicht enttäuschen. Er ist sich dagegen nicht bewußt, daß die Ursache für sein Verhalten in ihm selbst liegt. Er ist der Ansicht, daß er es aus Liebe zu ihr tut. In Wirklichkeit kommt er seinem Bedürfnis nach, sein Selbstbild von einem Menschen, der jede Krise erfolgreich bewältigen kann, aufrechtzuerhalten.

All das wird bei unserer gemeinsamen Arbeit schon früh deutlich. Der Ratschlag seiner Mutter lautete: „Wenn du dich anstrengst, kannst du alles erreichen." Ihre unausgesprochene, bedrückende Botschaft war: „Wenn du das nicht tust, enttäuschst du deine arme Mutter." Seine Mutter hatte ebenfalls Depressionen. Seiner Frau kann es natürlich nicht gelingen, „sich zu bessern", auch wenn sie sich sehr bemüht. Der Mann ist angesichts seines Versagens frustriert, wird vorübergehend und so, daß es kaum jemand merkt, depressiv und fängt schließlich an, sie zu kritisieren. „Morgen wird es dir besser gehen, Liebste" wird zu einem versteckten Ultimatum, bei dem er es vermeidet, „...oder sonst..." hinzuzufügen. Morgen kommt, und sie hat noch mehr das Gefühl, versagt zu haben, worauf es ihr natürlich schlechter geht. Er wird mürrisch und gereizt.

Sie bombardiert ihn mit Äußerungen wie „Ich weiß nicht, was ich tun soll" und bittet ihn manchmal, es ihr doch zu sagen. Seine Versuche schlagen natürlich fehl. Sein Versagen frustriert ihn, er „verliert seine Beherrschung" und wird gewalttätig, indem er Fensterscheiben einschlägt, mit dem Telefon schmeißt oder mit den Fäusten gegen die Wand schlägt – und dann schickt er seine Frau wegen ihrer Depressionen in die Therapie.Er ist ein ziemlicher Perfektionist, und sie gestattet es ihm nicht, erfolgreich zu sein. In gewisser Hinsicht ist sie ebenfalls eine Perfektionistin. Sie braucht das Gefühl, daß sie für ihren Mann alles ist. Erst dann kann sie sich selbst akzeptieren.

Es gibt noch weitere Aspekte ihres interdependenten Verhaltens. Sie kann es zum Beispiel nicht ertragen, wenn er über eine längere Zeit hinweg so ruhig bleibt und fordert ihn solange heraus, bis er schließlich seine Beherrschung verliert und sich über sich selbst schämt. Seine Beherrschung bedeutet ihm soviel, daß er nach seinen Wutanfällen voller Reue über sein Verhalten ist. Jetzt hat sie die helfende Rolle. Sie hat für sich (d.h. eigentlich für ihr Selbstbild) eine Beschäftigung gefunden.

Was die psychologische Bewußtheit angeht, so ist der Mann aus Stein. So intelligent, sensibel, umgänglich und geschickt, wie er sich im sozialen Umgang zeigt, so bemerkenswert wenig ist er mit Verhaltensnuancen und deren dynamischer interaktiver Bedeutung vertraut. Die psychologischen Spiele, die er und seine Frau miteinander spielen oder die er mit sich selbst spielt, sind ihm absolut nicht bewußt.Sie dagegen – nach mehreren Jahren Psychotherapie, gepaart mit ihrer intelligenten Schwatzhaftigkeit – wurde zur unangefochtenen Interpretin ihrer beiden Verhaltensweisen.

Wir hatten ungefähr zwei Monate (acht Sitzungen) miteinander gearbeitet, als das interdependente Verhalten entscheidend unterbrochen wurde. Zuerst konfrontierte ich sie mit ihrer ständigen Drohung, sich scheiden zu lassen oder umzubringen und ermutigte ihren Mann, ihr nicht mehr zu helfen. Zusammen mit seiner wachsenden Bewußtheit über ihre Beziehung und sein eigenes Verhalten waren dies die Anfangsschritte, ihr interdependentes Verhalten aufzubrechen. Zu einem Wendepunkt in der Therapie kam es, als der Mann, nachdem ich beträchtlichen Druck auf ihn ausgeübt hatte, seiner Traurigkeit nachgab. Er weinte, als er von seinem Bedürfnis Abschied nahm, sich selbst als einen Menschen zu sehen, der alles bewältigen kann. Als er einsah, daß er doch nicht alles bewältigen konnte, war es ihm möglich, viel mehr über sein eigenes Verhalten und über seine eigenen Bedürfnisse in der Ehe zu erfahren. Dadurch nahm seine Fähigkeit, Verhaltensnuancen – besonders in der Beziehung mit seiner Frau – zu verstehen, deutlich zu.

Das hatte eine bemerkenswerte Wirkung auf ihre Depression.Als sie feststellte, daß die Hilfe ihres Mannes hauptsächlich dazu diente, sein Bild von „dem Mann, der alles bewältigen kann" aufrechtzuerhalten und als sie die Auswirkungen seiner neuen Bewußtheit deutlich zu spüren bekam – daß er nämlich nicht mehr versuchte, ihr alles recht zu machen – wurde sie wütend. „Willst du behaupten, daß ich mich immer wegen nichts schuldig gefühlt habe?" fragte sie. Sie weinte, schrie und schimpfte durch ihre Tränen hindurch auf ihren

Mann. „Ich hätte nie gedacht, daß du so egoistisch bist." Für mich bedeutete das, daß wir uns dem letzten Schritt näherten. Jetzt mußte ich beiden dabei helfen, das schlechte Wort „egoistisch" in das gute Wort „egoistisch" umzuwandeln. Sie sollten lernen, daß „Egoismus" ein gutes, reines und ehrenhaftes Wort war; daß sie „nein" zu ihm sagen konnte und das es ihm nicht nur erlaubt, sondern daß es sogar bewunderungswürdig war, wenn er nicht immer den „Helfer" spielte, d.h. wenn er auch mal etwas nicht bewältigen konnte.

Sie reagierte noch immer wütend auf die neue Erkenntnis und sagte: „Man ist so einsam, wenn man nur das ist, was man ist. Daran ist nichts Romantisches. Und außerdem kann ich mich nicht darauf freuen, daß er etwas für mich tut. Wofür brauchen wir uns denn sonst gegenseitig?" Als sie langsam ruhiger würde und ihre Fragen sie nachdenklich machten, antwortete ich: „Wenn Sie alle ihre Manipulationen, die Sie mit Romantik verschleiern, abstreifen, bleiben nur die heutigen Erlebnisse, und Sie können viel stärker daran teilhaben. Wie fühlen Sie sich jetzt, nachdem Sie auf uns geschimpft haben?"Darauf antwortet sie nachdenklich: „Großartig... (lächelnd)... Ich fühle mich gerade hervorragend." Nach ein paar Minuten arbeitenden Schweigens fügte sie hinzu: „Ich verstehe, was Sie meinen, aber ich bin nicht sicher, ob ich meine romantischen Erwartungen aufgeben will. Was Sie sagen, klingt richtig, aber..."

Weder ihr Mann noch ich unterstützten sie in dieser Aussage. Ich war froh darüber, daß dieser Aspekt ihres interdependenten Verhaltens soweit ausgeschaltet war, daß ihr Einwand keinen Einfluß auf die Bewußtheit hatte, zu der sie und ihr Mann aufgrund dieses und des vorangegangenen Gesprächs gelangt waren.

In der nächsten Familie gibt es anscheinend wieder eine aktive, energische, unglückliche Frau mit einem in seinem Verhalten ineffektiven Mann. Hier hört jedoch schon die Ähnlichkeit auf. Das werden wir sehen, wenn wir einen Teil ihres interdependenten Verhaltens genauer untersuchen. Dieses Ehepaar – beide in den Mittvierzigern – war sauber und ordentlich gekleidet und zeigte ein korrektes Verhalten. Die Frau fühlte sich scheinbar etwas wohler als ihr Mann, der etwas schüchtern wirkte. Er folgte ihr eher wie ein widerspenstiges Kind in die Praxis und nicht wie ein höflicher Mann. Nach kurzem Schweigen fing die Frau an zu jammern: „Warum muß ich immer mit allem beginnen?" Während sie das sagte, blickte sie auf den Boden, und ich antwortete: „Mir ist nicht klar, was Sie damit sagen wollen und zu wem Sie überhaupt sprechen." Da sie niemanden ansah, konnte diese jammervolle Frage sowohl eine Beschwerde bei ihrem Mann als auch eine Bitte an den Therapeuten bedeuten.

Zudem kam in ihrer Frage nicht klar zum Ausdruck, was sie eigentlich wollte, und durch den jammernden Unterton in ihrer Frage schien ein wichtiger Teil ihrer Botschaft ausgeklammert zu sein. Sie deutete auf ihren Mann und jammerte weiter, indem sie ihm sein Schweigen und sein Sich-von-ihr-zurückziehen vorwarf und das als Ablehnung interpretierte. Ich bat sie, dies doch ihrem Mann direkt zu sagen, was sie auch tat. Er reagierte mit starrem Blick und Schweigen, was mehr nach Katatonie als nach Wut aussah. Er saß ganz steif und aufrecht auf seinem Stuhl, zeigte ein schwaches, ausdrucksloses Lächeln, und seine Hände waren starr ineinander verschränkt, so als würde er beten. Ich fand nicht, daß die Frau mit ihrer Interpretation recht hatte, mußte aber zugeben, daß er zur Zeit wirklich kaum zugänglich war. Also wandte ich mich ihm zu.

Zuerst versuchte ich, mit ihm zusammen zu ergründen, warum er auf seine Frau nicht reagieren konnte. Es folgte absolut keine Reaktion. Ich sprach weiter in sanftem Ton zu ihm, und schließlich gelang es ihm zu sagen, daß er sich blockiert fühle. Ich bat ihn, diese Blokkierung doch einmal genauer zu beschreiben, und er antwortete: „Es ist, als würden die Wände langsam auf mich zukommen." Dann fuhr er fort: „Mein Kopf ist voller unzusammenhängender Gedanken. Ich weiß nicht mehr, was ich tue." An diesem Punkt entschied ich mich, zu unterbrechen, da ich sonst womöglich damit demonstriert hätte, wie man eine Psychose beschleunigt. Ich sagte: „Geben Sie sich doch nicht solche Mühe, es mir rechtmachen zu wollen. Sie können nicht all Ihre Probleme mit einem Besuch lösen. Ich möchte Ihnen helfen, daß Sie nicht mehr den Zwang verspüren, es allen rechtmachen zu müssen." Es war, als wenn sich die Anspannung in seinem Rücken löste. Sichtlich entspannt lehnte er sich in seinem Stuhl zurück. „Aber es muß mir doch besser gehen" sagte er. Ich antwortete: „Sie möchten das, und das wird auch geschehen, aber es muß ja nicht alles heute erreicht werden."

Zum ersten Mal lächelte er schwach und sah jeden von uns an. Seine Erleichterung erleichterte mich. Ich empfand nun Mitleid für die Frau, als ich ihre Lage erkannte. Ich wollte sie einbeziehen und eine Zeitlang mit ihr zusammen an ihrer Einsamkeit und Traurigkeit arbeiten. Ich mochte ihr Jammern nicht, und ich wollte es in Weinen umwandeln. Als wir miteinander arbeiteten, merkte ich, wie schwer es dieser Frau fiel, die Umwandlung zu vollziehen. Ich fühlte, daß sie es vorzog, sich von mir zurückzuziehen und daß sie sich lieber in ihr Gefängnis aus Einsamkeit und Traurigkeit begeben wollte. Wiederholt erzählte sie mir von ihrer Traurigkeit und ihren Gefühlen der Isoliertheit und versteckte sich hinter einem Tränenschleier und einem Taschentuch. Ich wehrte mich gegen ihren Rückzug, indem ich zunächst einmal mein Gefühl des Verlassenwerdens und schließlich meinen Ärger zum Ausdruck brachte. Durch das, was ich mit ihr erlebte, veränderten sich meine Gefühle ihr gegenüber: von Empathie, daß sie einen Mann hatte, der sich nicht auf sie einlassen konnte, zu Ärger und der Bewußtheit, daß auch sie sehr unzugänglich war und daß sich nur ihre Methode von der ihres Mannes unterschied.

Es wurde deutlich, auf welche Weise beide zu diesem interdependenten Verhalten beitrugen. Sie schuf eine zwischenmenschliche Distanz und fühlte sich dann isoliert und traurig. Mit dem Rückzugsverhalten ihres Mannes begründete sie dann ihre Traurigkeit und Isolation. Er reagierte darauf natürlich mit vermehrtem Rückzug; sein Rückzug verstärkte wiederum ihre Einsamkeit.

Trotz der wie immer geteilten Verantwortung für die Begegnung waren meine Gefühle den beiden gegenüber (ebenfalls wie immer) unterschiedlich. Ihm gegenüber hatte ich nun das Gefühl, als müßte ich ihn beschützen; sie dagegen regte mich auf. Ich beschloß, die Therapie zu intensivieren, indem ich die Frau stärker konfrontierte. Die Verärgerung, die ich ihr gegenüber empfand, war mir unangenehm geworden, und ich mußte sie deshalb rauslassen. Zudem war ich der Überzeugung, daß es an diesem Punkt der Therapie für ihn das Beste war, wenn ich ihm vormachte, wie er mit seiner Frau umgehen konnte.

Ein anderes Ehepaar, Ann und George, hat Eheprobleme. Für George sind es Eheprobleme. Er macht einige vage Andeutungen, daß jeder mit dem anderen unzufrieden sei, dann flüchtet er sich schnell in Unwissenheit. Da er das Problem als zwischen sich und seiner Frau begründet sieht, werden die Kinder nicht in die Therapie mit hineingenommen. Ann sieht das Problem anders. Ihrer Meinung nach hat es auch mit den Kindern zu tun. Ein Problem liege darin, daß George vor den Kindern ihre Autorität untergrabe. Die Folge davon sei, daß die Kinder ihren Bitten nicht nachkämen und sie die Kontrolle über sie verliere.

Ann und George sind Mitte Vierzig und die Kinder sind 16, 12 und 8 Jahre alt. Ann ist der Ansicht, daß es schon die ganze Ehe über Konflikte wegen der Kinder gegeben habe. Jetzt kämpfe sie darum, ihre eigene Persönlichkeit zu entwickeln und mehr Selbstachtung zu erlangen. Meiner Meinung nach führt sie auch einen persönlichen Kampf gegen drohende Depressionen. George dagegen „findet sich selbst" in seiner Arbeit. Wie er sagt, solle seine Frau ruhig unabhängig sein, wenn das ihr Wunsch sei. Er hält sich für einen vernünftigen Mann, der von seiner Frau nur verlangt, daß sie bei ihrer Suche nach Unabhängigkeit ihre Pflichten als Frau und Mutter nicht vernachlässigt. Ann stellt sich dabei unbeholfen an. Sie fährt z.B. mehrere Tage am Stück weg, um sich selbst und der Umwelt zu beweisen, wie unabhängig sie ist. George akzeptiert das, aber auf sie wirkt sein Verhalten wie ein verbittertes Schweigen, über das ein Mantel von Toleranz und Großzügigkeit gedeckt wird.

Die charakteristischen, die Kinder betreffenden Probleme sollen im folgenden dargestellt werden. Der 16jährige Junge ignoriert die Mutter, schreit sie an und hat sie auch schon gelegentlich geschlagen. Der Vater ist der Ansicht, daß der 16jährige auf der Suche nach sich selbst sei, und daß die Mutter auf ihm herumhacke und sich ihm gegenüber „heimtückisch" verhalte. Er gibt zu, daß, wenn er da hineingezogen werde, er immer auf der Seite des Jungen stehe. Die Mutter glaubt, das sei seine Art, sie anzugreifen. Also hat er beschlossen, sich großmütig aus dem Kampf herauszuhalten, indem er dem Jungen erlaubt, die Mutter beliebig zu beschimpfen. Er „hält sich also da raus", aber der Mutter ist auch das nicht recht. Sie sagt, es müsse doch noch eine andere Möglichkeit geben, als daß ihr Mann sich entweder heraushalte oder auf der Seite des Jungen stehe. Ihrer Meinung nach ist der Vater dafür verantwortlich, daß der Junge ihr keinen Respekt entgegenbringt.

In einer anderen Situation geht es um die 12jährige Tochter. Die Tochter, so erzählt die Mutter, wendet sich dem Vater zu, „weil er nicht so streng zu ihr ist. Dabei zieht sie ihn oft in etwas hinein, was ihn gar nichts angeht."

Die Situation stellt sich wie folgt dar: Der Vater findet die Tochter morgens in der Küche, wo sie leise vor sich hin weint. Er fragt sie, was los ist, und sie antwortet, daß sie nichts für die Schule zum Anziehen habe. Er versucht ihr zu helfen, indem er ihr vorschlägt, sie möge sich doch ein Kleidungsstück, das ihr gefalle, bügeln. Die Mutter kommt in die Küche, und ohne daß sie oder jemand anderes einen Kommentar abgibt, hört sie das Gespräch mit an, sieht die Tochter weinen, dreht sich um und geht aus dem Zimmer. Ein paar Minuten später kommt sie zurück und sagt: „Du hast eine Menge Kleider in deinem Schrank. Es besteht also kein Grund, so ein Theater zu machen." Dann wirft sie dem Vater vor, er würde sich bei dem Kind einschmeicheln, um es gegen sie aufzuhetzen. Der Vater gibt freundlich aber etwas selbstherrlich zu, daß er alles tue, was in seiner Macht stehe, daß er seine Kinder nicht einfach ignorieren könne und daß es Zeiten gegeben habe, in denen sich die Mutter auch nicht gerade perfekt verhalten habe.

Als wir das in der Therapie bearbeiten, stellt sich heraus, daß sich die Mutter nicht durch irgendwelche Worte provoziert gefühlt hatte, sondern durch das, was sie gesehen hatte. Deshalb war sie so wütend geworden. Ihr eigenes Schuldgefühl hatte sie provoziert. Sie hatte wahrscheinlich das Gefühl gehabt, keine gute Mutter zu sein. Ihren in Schuldgefühle umgewandelten Ärger hatte sie dann auf ihren Mann und ihre Tochter projiziert und war schließlich über die von ihr phantasierte Nachlässigkeit äußerst wütend geworden.

Der Vater reagiert geduldig und etwas gequält. Seine Haltung könnte man mit den Worten umschreiben „Es ist so schwer, es allen recht zu machen, aber das ist nun mal das traurige Schicksal von uns kleinen Göttern." Für George ist es wichtig, sich in dieser überlegenen Position zu sehen. Er ärgert sich nicht über die Unfähigkeit seiner Frau, und er versucht auch nicht, ihr da herauszuhelfen. Statt dessen zeigt er ein Verhalten, das ihre Unfähigkeit eher noch verstärkt, wenn er ihr sagt, daß sie sich richtig verhält und daß er sie großzügigerweise so akzeptiert wie sie ist. Jeder „Gott" braucht seine Anhänger.

Wie sich herausstellt, steckt hinter seiner Großzügigkeit (wie bei jedem) das Bedürfnis, der Überlegene zu sein. Solange andere ihn so sehen, braucht er seinen eigenen Unzulänglichkeitsgefühlen nicht ins Gesicht zu blicken. In dieser Familie erinnert mich die Frau an eine Bettlerin mit einer Blechbüchse und einem Schild, das die Aufschrift trägt „Fühle dich überlegen!" Ihr Ehemann hat immer großzügig etwas in ihre Büchse geworfen. Jede Art des Spendens weist diese Dynamik auf. Sollte Ann sich mehr behaupten und von ihren Kindern und ihrem Mann gleichermaßen Respekt entgegengebracht bekommen, wird der Mann seine Haltung aufgeben und fürchterliche Ängste entwickeln.

Da er nicht ängstlich sein darf (denn Götter sind nicht ängstlich und abhängig), wird er wütend und geht auf die intellektuelle Ebene. Er sagt zu ihr, es sei ihr eigener verdammter Fehler, wenn die Kinder ihr keinen Respekt entgegenbringen würden. Sie kontert, indem sie zwei altmodische Mittel benutzt: „Würde" und „Rückzug". Manchmal benutzt sie auch „Tränen". Nichts davon wirkt. Letzten Endes wird sie sich doch selbst behaupten müssen. Eine weitere Waffe der beiden ist die Androhung, sich scheiden zu lassen. Das ist immer gut, um Angst auszulösen und den anderen in die gewollte Richtung zu drängen. Unabhängig davon, wie die Familienmitglieder oder der Therapeut ihr „Problem" sehen, erzielt man dadurch Fortschritte, daß man jeden Teilnehmer mit seinem begegnungshemmenden Verhalten konfrontiert.

Als wir die Dynamik ihres Interdependenzkonflikts näher betrachten, sehen wir, daß Ann sich bemüht, von der Abhängigkeit loszukommen und daß sie Unabhängigkeit, Reife, Wachstum oder wie man es auch nennen will, erreichen möchte. Sie glaubt, das sei nur möglich, indem sie die anderen um Erlaubnis bitte, unabhängig sein zu dürfen. Der größte Widerspruch zeigt sich in dem Satz: „George sollte die Kinder dazu bringen, mich zu respektieren." George dagegen kämpft gegen seine Ängste und Abhängigkeitswünsche an, die Ann bisher für sie beide gehabt hat. Er tut alles, damit sie auch dort bleiben. Sollten sie nämlich nicht dort bleiben, würden sie frei herumschweben und könnten womöglich als seine eigenen identifiziert werden.

Wenn man nur einen Partner und nicht gleichzeitig auch den anderen behandelt, wird die Last doppelt schwer. Der eine Partner, Ann, muß nicht nur gegen ihren eigenen innerlichen Konflikt ankämpfen, sondern auch gegen den Druck ihres Mitstreiters George, der unter dem Deckmantel des Helfenwollens verzweifelt versucht, ihre Entwicklung zu verhindern. Hier sehen wir also einen Ehegatten, der nicht einfach geduldig dastehen und die Entwicklung seines Partners begrüßen kann.

„Familie, Familie an der Wand, wer von uns ist der Fairste im Land?" Dieser Vers kommt mir in den Sinn, als ich Zeuge werde, wie ein Elternpaar „vernünftig" mit seinem 17jährigen Sohn spricht. Der Sohn hat gelernt, auf die gleiche Weise zu reagieren und seine „vernünftigen" Antworten sind fast genauso manipulierend. Das Ziel, so drückt es der Vater aus, bestehe darin, eine gemeinsame Ebene zu erreichen, auf der sich alle verständigen können. Mit Unterstützung der Mutter vermittelt der Vater dem Sohn die Botschaft „Wir müssen dich so behandeln, weil du erst 17 Jahre alt bist, aber wir wollen, daß du uns so verstehst, als seist du erwachsen, und das bedeutet wiederum, daß du unsere Fairneß nicht in Frage stellen darfst."

Dieses Elternpaar hatte das verzweifelte Bedürfnis, als fair angesehen zu werden und benutzte als Mittel dazu die Vernünftigkeit. Darüber hinaus ignorierten die Eltern des öfteren das ausschweifende Verhalten ihres Sohnes, um ihre Fairneß unter Beweis zu stellen. Zum Beispiel hatte ihr Sohn ein neues Auto bekommen und mußte innerhalb eines Jahres viermal das Getriebe wechseln. Der Junge hatte gut gelernt. Er schlug aus der Nachsicht seiner Eltern Vorteile und gab ihnen als Gegenleistung das, was sie ihm gaben: „eine vernünftige Erklärung" für sein lockeres Verhalten. Das war die eine Phase.

Es gab noch eine weitere Phase, nämlich dann, wenn die Eltern die Situation nicht mehr länger tolerieren konnten. In diesem Fall hörten sie plötzlich auf, nachgiebig zu sein. Unglücklicherweise blieben sie jedoch „vernünftig", und der Sohn warf ihnen dann vor, daß es unfair sei, plötzlich ein so rigides Verhalten zu zeigen, wo er doch Einschränkungen gar nicht gewohnt sei. Natürlich ermöglichte diese Äußerung – da sie ja „vernünftig" war – ein erneutes Verhandeln zwischen Eltern und Sohn, das wieder dazu führte, daß sich die Eltern äußerst nachgiebig zeigten.

Den Jungen allein zu behandeln und zu erwarten, daß er sein Verhalten ändert, obwohl er noch bei seinen Eltern wohnt, wäre ein aussichtsloses Unterfangen. Genauso aussichtslos wäre es, die Eltern –

einzeln oder als Paar – zu behandeln, solange sie der Überzeugung sind, daß das „Problem" bei ihrem Sohn liegt. Schließlich hat er ja die Getriebe demoliert, oder etwa nicht?

Ein anderes Mal kam eine Familie mit zwei Jugendlichen, einem Jungen und einem Mädchen, zu mir in die Therapie, und es wurde mir schmerzlich bewußt, wie sehr sich diese Eltern bemühten, ihren Kindern auf konstruktivem, hilfreichem und entwicklungsförderndem Wege ihre Liebe zu zeigen, und wie unbeholfen sie sich dabei anstellten. Die Eltern konnten sich ihren Kindern nicht klar und vertrauensvoll widersetzen. Bei dem aktuellen Konflikt ging es darum, wieviel Autonomie man diesen Jugendlichen, die 15 und 16 Jahre alt waren, zugestehen sollte. Beide Elternteile bemühten sich aufrichtig, ihren Kindern ein selbständiges Erforschen und Ausprobieren zu ermöglichen. Gleichzeitig hatten sie jedoch auch das Bedürfnis, den beiden, die so unbeholfen ihren Weg suchten, Hilfestellung zu geben. Es waren unentschlossene Eltern, die es ablehnten, in das Leben ihrer Kinder einzugreifen, denen jedoch gleichzeitig deren Verhalten mißfiel. Im Mittelpunkt des Konflikts standen extreme Kleidung und Frisuren, und zwar hauptsächlich bei dem Mädchen.

Die Kinder waren intelligent und charmant. Sie waren jedoch auch, wie man schon erwarten konnte, etwas chaotisch. Keines von beiden zeigte ernstzunehmende Auffälligkeiten, wenn ich auch den Eltern zustimmen mußte, daß die aufgeplusterte Frisur des Mädchens lächerlich wirkte. Als wir miteinander sprachen, zeigten sich alle interessiert und zugänglich.

Die Therapie dauerte vier Sitzungen, in denen ich den Eltern riet, sich doch einmal über die Normen von Jugendlichen zu informieren, diese mit ihren eigenen zu vergleichen und dann entschlossen ihre Grenzen zu setzen. Ich vertraute ihnen, daß sie gerecht sein würden. Wie so oft kam es in manchen Punkten der Kindererziehung zu elterlichen Unstimmigkeiten. Ich ermutigte sie dazu, ihre Streitigkeiten offen auszutragen statt sie zu ignorieren. Das „Recht, sich streiten zu dürfen" war in dieser Familie von besonderer Bedeutung, denn bisher waren sie der Überzeugung gewesen, daß „sich lieben" heißt „einer Meinung zu sein". Jetzt schienen alle Familienmitglieder dieses Muster durchbrechen und ihren Verhaltenshorizont erweitern zu wollen.

Bei allen Familien, die mit einem Jugendlichen zu mir in die Therapie kommen, geht es im Grunde um dessen Auflehnung, auch wenn das in jeder Familie anders zum Ausdruck kommt. Das ist nicht unbedingt der einzige Konfliktpunkt, aber er ist sicher einer der häufigsten. Die Eltern von Jugendlichen können im allgemeinen nicht verstehen, daß es ein unveräußerliches Recht von Jugendlichen ist, ja daß diese sogar die biologische Verpflichtung haben, sich gegen ihre Eltern aufzulehnen. Sie müssen einfach ihre Eltern angreifen, manipulieren, unterminieren und auf jede erdenkliche Art und Weise versuchen, sie von ihrem Thron zu stürzen. Das ist für sie das Experimentierfeld, auf dem sie austesten, wo die Grenzen im sozialen Umgang liegen. Sie sind in dem Alter, in dem es zur Ausformung ihrer eigenen Identität kommt. Eltern sind dann erfolgreich, wenn sie sich ihren Kindern auf kluge Weise widersetzen können. Mit „klug" meine ich, daß sie die Auflehnung des Kindes zunächst einmal bestärken und nicht unterdrücken. Des weiteren sollten die Eltern ihre eigenen Grenzen klar und deutlich zum Ausdruck bringen. Die elterlichen Grenzen unterscheiden sich meist sehr stark vom elterlichen Verhalten, das in erster Linie darauf abzielt, jegliche Auflehnung zu unterbinden.

Man sollte Kinder in ihrer Auflehnung bestärken. Aber gleichzeitig sollten die Eltern ihre eigenen Grenzen deutlich definieren und das Kind daran hindern, diese zu übertreten. Um das zu erreichen, müssen die Eltern die beiden folgenden Voraussetzungen erfüllen: 1) Sie müssen sich darüber im klaren sein, welche Werte die Alterskameraden ihres Kindes haben, so daß sie das Kind nicht zwingen, zwischen Freunden und Familie zu wählen. Wichtiger ist noch, daß sie 2) genug Selbstwertgefühl und Selbstachtung besitzen, um sich dessen bewußt zu sein, daß sie das Recht haben, ihre eigenen Grenzen und Werte zu verteidigen, und das auch dann, wenn ihr Kind vorübergehend wütend auf sie wird. Letzteres ist das Wichtigste, was Eltern ihrem Kind vermitteln können. Nur im Zusammenhang mit dem Selbstwertgefühl seiner Eltern – das dadurch zum Ausdruck gebracht wird, daß sich die Eltern ihrem Kind widersetzen – kann das Kind ein eigenes Gefühl für seine Wichtigkeit entwickeln. Dadurch fördert man die Fähigkeit des Kindes, zu einem Individuum zu werden, das sich von dem tyrannisch anmutenden Druck der Gleichaltrigen lösen kann, es müsse sich im Namen der Nonkonformität konform verhalten. Das strenge Durchgreifen der Eltern formt zu diesem Zeitpunkt ganz besonders das persönliche und soziale Verhalten des Kindes. Man sieht es bei Eltern häufig, daß sie ihren Kindern das Recht zugestehen, selbst zu entscheiden, dann aber an ihnen herumnörgeln und kritisieren, wenn sie nicht das tun, was die Eltern wollen. Aus diesen Kindern werden später selbstsicher auftretende, durchsetzungsfähige Menschen, die jedoch in ihrem Innern von Selbstzweifeln geplagt werden.

Dann gibt es noch die Eltern, die sich ihrer selbst nicht sicher sind und diese Gefühle dadurch bekämpfen, daß sie für ihr Kind alles entscheiden. Aus diesen Kindern werden hilflose, abhängige, verbitterte, im allgemeinen recht stille, passive und scheinbar unentschlossene Menschen (fast so wie die Eltern selbst). Ich spreche von „scheinbarer" Unentschlossenheit, da sich das Kind ja im Umgang mit seinen Eltern zu dieser Haltung entschlossen hat.

Als dritten Elterntyp kann man diejenigen bezeichnen, die sich nicht richtig auf ihre Kinder einlassen. Sie erziehen ihre Kinder zu Menschen, die so sind wie sie selbst. Wir bezeichnen sie oft als schizoid, wenn wir ihre scheinbar unentschlossene, affektlose und desinteressierte Einstellung ihrem eigenen Leben gegenüber betrachten.

Wenn Eltern ihren heranwachsenden Kindern helfen wollen, müssen sie Interesse an ihnen zeigen und ihnen gelegentlich auch entschieden gegenübertreten. Sie müssen zuweilen Entscheidungen ihrer Kinder respektieren, die bestimmten elterlichen Einstellungen widersprechen. Die Eltern sollten ganz klar unterscheiden, wodurch ihre Haltung bedingt ist: ob das Verhalten des Kindes die Integrität der Eltern als Personen verletzt hat oder ob sie glauben, daß es „das Beste für ihr Kind" sei. Es ist notwendig, ein Kind so sehr zu lieben, daß man es loslassen kann und daß man sich in gewisser Hinsicht nicht darum kümmert, welche Entscheidungen es trifft. Man gibt ihm somit die Möglichkeit, unbeeinflußt etwas für sich zu entscheiden. Das ist sowohl für die Eltern als auch für das Kind eine äußerst schwierige Aufgabe und stellt einen kritischen Punkt in der Begegnung zwischen Eltern und Kind dar.

„Ich habe gerade wieder geheiratet", teilt mir eine attraktive 40jährige Frau mit. „Ich habe einen 17jährigen Sohn mit in die Ehe gebracht, und wir drei kommen einfach nicht miteinander klar.

Ständig gibt es Streit, und ich weiß nicht, wie ich mich verhalten soll." Im Verlauf des Gesprächs zeigt sich, daß diese Frau ein sehr sensibler und liebevoller Mensch ist. Sie möchte tatsächlich ihrem Sohn und ihrem Mann helfen, ihre Differenzen zu überwinden, aber sie kann einfach nicht verstehen, was falsch läuft und weiß nicht, was sie dagegen tun könnte. Der Ehemann hat Interesse an dem Jungen, kann jedoch manches an dessen Verhalten nicht leiden. Der Junge scheint den Mann ebenfalls zu mögen, kann ihn jedoch nicht als Vater akzeptieren.

Diese Art von Konflikt findet man häufig bei einer Wiederheirat, und es ist für gewöhnlich recht einfach, mit diesem Problem umzugehen. Oft muß man die Betreffenden nur darin bestärken, daß sie nicht immer der gute Elternteil oder das gehorsame Kind zu sein brauchen, wenn ihnen der andere in Wirklichkeit relativ fremd ist. In dieser Situation hat meistens jeder den starken Wunsch, sich richtig zu verhalten und vom anderen akzeptiert zu werden und hat die Angst, es könnte nicht so sein. Jeder tut so, als wäre es ihm nicht besonders wichtig, ob man ihn mag oder nicht. Jeder wird wütend und ist frustriert, wenn er für den anderen nicht die Bedeutung erlangt, die er gern hätte und die er auch höchstwahrscheinlich nie erreichen würde, zumindest nicht so umfassend, wie es sein Wunsch wäre.

In der hier beschriebenen Familie konnte dieser Konflikt schnell behoben werden. Was als nächstes zutage trat, kann am besten durch den folgenden Konfliktpunkt veranschaulicht werden. Der Vater behauptet, der Junge habe keine Manieren. Als Beispiel führt er die Tatsache an, daß der Junge immer dann, wenn er ein Zimmer betritt, in dem sich der Vater befindet, den Vater „grob" unterbricht, indem er etwas zu ihm sagt. Der Vater empfindet das als äußerst aufdringlich und störend. Das hat er dem Jungen jedoch bisher nicht gesagt, weil er Angst hat, dieser könne ihn als kalt und gleichgültig ansehen. Statt dessen hält er seine Gedanken und Gefühle solange zurück, bis seine Frustration steigt und als einziges Gefühl nur noch Wut zurückbleibt. Dann bricht es aus ihm heraus,und er wirft dem Jungen alles Mögliche vor, auch Dinge, die mit diesem speziellen Verhalten überhaupt nichts zu tun haben. Der Junge wiederum kann nicht begreifen, warum sein neuer Vater immer so wütend auf ihn ist, und er bemüht sich, nett zu sein. Er glaubt, daß sein Vater nur ein unbeherrschter Mensch ist, und so versucht er, weiterhin mit ihm gut Freund zu sein, womit er auch dem Wunsch seiner Mutter entgegenkommt, sie mögen gut miteinander auskommen.

Das gerade erwähnte Verhalten sowie die inneren Einstellungen kommen erst zum Vorschein, als sich beide mit mehr Aufrichtigkeit begegnen. Genauer gesagt erscheint der Vorwurf des Vaters, der Junge verhalte sich unhöflich, im Verlauf unseres offenen Gesprächs in einem anderen Licht. Der Vater ist in einer ziemlich strengen Familie aufgewachsen, und es ist ihm beigebracht worden, daß man Kinder nur sehen, aber nicht hören sollte. Wenn also ein Kind einen Raum betritt, so ist das angemessene soziale Verhalten, daß es solange den Mund hält, bis derjenige, der sich in dem Raum befindet, das Kind bemerkt und ihm erlaubt, etwas zu sagen. Die Erfahrungen, die der Junge mit seiner Mutter gemacht hat, sind ganz anders. Sie hat ihm beigebracht, daß immer, wenn er einen Raum betritt, in dem sich Leute befinden, es sich so gehört, etwas zu ihnen zu sagen und somit ihre Anwesenheit zur Kenntnis zu nehmen. Einfach einen Raum zu betreten und die Anwesenden durch Schweigen zu ignorieren, sei unhöflich.

Als sich diese Familie ihrer unterschiedlichen sozialen Einstellungen bewußt wurde, konnten sie sich plötzlich ganz anders wahrnehmen. Da sie nun auch gelernt hatten, sich ihrer selbst stärker bewußt zu sein und diese Bewußtheit zum Ausdruck zu bringen, konnte die Therapie bald beendet werden.

Geheime Abmachungen, feste Regeln, verdeckte Verträge – all das sind Begriffe, die von Therapeuten verwendet werden, um Prämissen zu beschreiben, die die Familien an ihr ineffektives Verhalten binden. Manche Prämissen werden als „verdeckt" bezeichnet, weil sie den Familienmitgliedern nicht bewußt sind. Manche davon sind so absurd, daß sie fast schon unglaubwürdig wirken. Hierfür ein Beispiel: Ein paar, beide so Mitte Fünfzig, seit sechs Wochen frisch verheiratet, kommt zu mir in die Therapie, weil es ein Problem in ihrer Ehe gibt. Beide sind berufstätig und verantwortungsbewußt. Aufgrund des Therapiegesprächs würde man sie – um mit herkömmlichen Begriffen zu sprechen – als persönlichkeitsgestört diagnostizieren. Sie sind konventionell gekleidet und verhalten sich höflich.

Der Ehemann beginnt mit den Worten: „Sie müssen uns helfen, Doc." Als ich ihn ermutige, weiterzusprechen, sagt er, daß er Hilfe brauche, um seine Angst vor seiner Frau zu überwinden. Er erzählt die folgende Ausgangssituation:

„Eines Abends rief sie mich von der Arbeit aus zuhause an und beschuldigte mich, mit unserer Nachbarin ein Verhältnis zu haben. Ich war allein zuhause, und das sagte ich ihr. Sie hörte mir gar nicht zu, sondern beschimpfte mich fast eine ganze Stunde lang. Dann machte ich einen Fehler: ich legte einfach auf. Das hätte ich nicht tun sollen. Es war dumm von mir, einfach aufzulegen. Ich wußte, daß sie gleich nach Hause kommen würde. Also beschloß ich, lieber wegzugehen. Sie entdeckte mich ein paar Häuserblocks entfernt und verfolgte mich noch einige Blocks weiter. Als sie mich endlich hatte, schlug sie auf mich ein, richtete das Gewehr auf mich und drohte mir, mich umzubringen. Seitdem habe ich ständig Angst vor ihr. Ich brauche dringend Hilfe, damit ich von dieser Angst loskomme, sonst geht unsere Ehe kaputt." Ich sah sie ungläubig an. Sie reagierte mit vollstem Verständnis und sagte: „Ich bin hier, um ihm auf jeden Fall zu helfen, Doc."

Von allen Verhaltensweisen, die er aufzählte, sahen beide nur seine Angst als pathologisch an. Ich fühlte mich in meiner eigenen Praxis wie ein Fremder und muß auch jetzt noch unwillkürlich grinsen, wenn ich an dieses Erlebnis denke.

Bei einem anderen Ehepaar zeigt sich eine ähnliche Verrücktheit. Es hat ebenfalls spät geheiratet; der Ehemann ist Rechtsanwalt, die Frau verwaltet die diversen gemeinsamen Besitztümer. Der Ehemann beschreibt ihr Problem: „Ich habe meiner Frau zu Weihnachten ein neues Auto gekauft. Als sie jedoch sah, daß es keine Klimaanlage hat, wollte sie es nicht haben. Ich entschuldigte mich bei ihr und erklärte, daß ich eine Klimaanlage einbauen lassen würde. Sie aber bezeichnete mich als Geizkragen, packte ihre Sachen und ging. Ich habe eine Woche nach ihr gesucht, bis ich sie endlich fand. Dann erklärte sie sich schließlich bereit, mit mir zu kommen und mir dabei zu helfen, meinen Geiz zu überwinden. Vielleicht kann alles anders werden, wenn meine Frau und Sie mir helfen."

Die meisten familiären Abmachungen, ob geheim oder nicht, zeugen von weniger Beschränktheit und sind bei weitem nicht so absurd wie die bisher genannten. Dennoch können sie genauso bindend und fast genauso lähmend sein. Die Familie sollte ein Zufluchtsort, eine

Stätte der Erholung sein und die Möglichkeit zum emotionalen Auftanken bieten. Oft trägt jedoch die Familienstruktur dazu bei, daß die Familienmitglieder durch ein paar im Verborgenen wirkende Prämissen unangenehme Erfahrungen machen müssen.

Jede Familie hat bestimmte Werte, die sie den einzelnen Familienmitgliedern aufoktroyiert. Ihre Bedeutung kommt der der zehn Gebote gleich. Daneben gibt es Prämissen, die manchmal äußerst trivial erscheinen, jedoch durch ihre subtil, lässig, unmerklich und liebevoll wirkende Art für das Kind äußerst lähmend sein können. In einer Familie zum Beispiel wurden körperliche Fähigkeiten bei Jungen hoch bewertet. Hier wetteiferten die Jüngeren und Schwächeren ständig mit ihren älteren Geschwistern. Außerdem wurde ein schwacher Junge in dieser Familie automatisch dem Lager der Mädchen zugeordnet. Ich spreche von „automatisch", weil scheinbar keine böse Absicht dahintersteckte und den Familienmitgliedern wohl nicht bewußt war, was vor sich ging, als dieser Junge sekundäre weibliche Züge annahm und sich mit Mädchen identifizierte. Es gab in dieser Familie keinen Platz für Neutralität oder besser gesagt für ein Neutrum. Jeder Junge hatte männlich stark zu sein oder er war eben „kein Junge".

In manchen Familien ist jedes Verhalten entweder gut oder schlecht, richtig oder falsch. Ein neutrales Verhalten gibt es nicht. In anderen Familien wird nie darüber gesprochen, aber den Kindern wird ein bestimmtes Verhalten entweder erlaubt oder verboten. In dem eben genannten Beispiel, in dem jegliches Verhalten als entweder gut oder schlecht angesehen wird, richtet das Kind sein Leben danach aus, auf welcher Seite es am besten abschneidet. Sein Selbstwertgefühl, seine Einstellungen, sein Beruf – alles richtet sich danach, auf welcher Seite es die meisten Punkte erzielt. In einer Familie zum Beispiel wählte jedes Kind seinen Lebensweg entsprechend seiner „Punktzahl", und es fanden sich somit unter fünf Kindern ein Minister, zwei Polizeibeamte sowie zwei mit kriminellem Hintergrund, von denen einer Alkoholiker war.

In einer anderen Familie lautete die vorherrschende Prämisse: Nur wenn du dem Menschen dienst, hat dein Leben einen Sinn. Das beeinflußte natürlich die Berufswahl der Kinder. Solange ein Kind im öffentlichen Dienst war, konnte es sein Selbstwertgefühl aufrechterhalten. Andernfalls wurde es depressiv. „Sitz nicht nur so da. Tu etwas" lautete die ängstliche Bitte eines Elternpaares, in deren Familie Untätigkeit buchstäblich als Teufelswerk galt. In diesem Fall hatte ein nachdenkliches oder passives Kind Schwierigkeiten. „Nichts zu tun" bedeutete entweder krank oder faul zu sein. Diese Eltern kannten keine anderen Alternativen.

In Familien findet man oft die Tendenz zusammenzuhalten, auch wenn es tiefgreifende Meinungsverschiedenheiten gibt. „Wir wollen in der Familie den Frieden wahren" ist oft die Erklärung für eine unangenehme Prämisse. Natürlich sind die Gründe für solche Kompromisse sehr viel komplexer als es durch diese Erklärung zum Ausdruck kommt. „Den Frieden wahren" müssen wir alle manchmal. Jugendliche scheinen dieses Phänomen stark zu übertreiben. Man kann es leicht an ihrer konformen Kleidung erkennen und an dem, was sie dem anderen sagen oder nicht sagen können. Die Mutter zur Tochter: „Warum sagst du deinem Freund nicht einfach, daß du mal eine zeitlang über etwas anderes als über Sport reden möchtest?" Die Tochter (offensichtlich erregt): „Mensch Mutti, *sowas* sagt man doch nicht."

„Den Frieden wahren" bedeutet nicht, etwas stillschweigend zu dulden, das einen gar nicht stört, denn das *ist* eine friedliche Angelegenheit. „Den Frieden wahren" bedeutet, etwas stillschweigend zu dulden, das einen eigentlich stört. Man fügt dadurch auch einen Stein in die Mauer zwischen den Menschen, die für gewöhnlich nur durch Rache oder irgendeine andere Art emotionaler Vergeltung beseitigt werden kann. Die Art der Vergeltung richtet sich nach dem Ausmaß an Verbitterung und nach der Persönlichkeit des Betreffenden. Es ist möglich, daß die auf Frieden bedachte Person einfach ihr Unbehagen „vergißt" und zu dem Schluß kommt: „Ich glaube, wir sind uns nicht mehr so nah wie wir einmal waren..."

Man muß sich nur darüber im klaren sein, daß es in der Familie die Tendenz zur Kohäsion oder, wie es auch genannt wird, zu loyalem Verhalten gibt. Diese Tendenz mag ihren Ursprung in der für das Kind richtigen Prämisse haben, daß sein Überleben davon abhängt, ob es sich der Mutter, der Quelle von allem, fügt. Die Mütter bringen dies notgedrungen, um selbst überleben zu können, ihren Kindern bei. Wenn die Eltern dem Kind nicht auch dabei helfen, zu seinen eigenen Bedürfnissen zu stehen, schaffen sie die Grundlage dafür, daß das Kind sich später zum Selbstschutz ebenfalls unangenehmen familiären Prämissen unterwirft. Weitere Fragen nach dem „Warum“ sind unnötig. Man sollte besser herauszufinden versuchen, auf welche Art und Weise sich der Einzelne den undankbaren Abmachungen unterwirft. Oft ist es Teil des in der Familie Erlernten, daß man sich solch unangenehmer Abmachungen „nicht bewußt“ ist.

Ein aufgeweckter, aber sehr nervöser 10jähriger Junge wird zu mir in die Therapie gebracht. Er wird von seiner Mutter, seinem Vater und seiner etwas älteren Schwester begleitet. Die Mutter hat zwei Jahre lang eine Einzeltherapie gemacht. Dem Vater ist noch nie die Idee gekommen, selbst eine Therapie zu machen, aber er ist jetzt bereit, daran teilzunehmen, um seinem Sohn zu helfen. Dieser war von zuhause weggelaufen, weil er seiner Familie sein schlechtes Zeugnis nicht zeigen wollte. Der Vater verlangt immer erfreuliche, gute Leistungen. Die Mutter weiß, daß der Vater von seinem Sohn etwas verlangt, was dieser nicht leisten kann und daß er das Kind dann verflucht und kritisiert. Die Mutter hat außerdem gelernt, daß der Vater wütend wird, wenn seine Autorität in Frage gestellt wird. Ihr Verhalten, das sie ihren Kindern als Beispiel gibt, ist von einem immer wiederkehrenden kapriziösen Lächeln und vagen sarkastischen Bemerkungen geprägt. Die Kinder wissen nicht, daß sich die Mutter deshalb in Psychotherapie begeben hat, damit sie einen Schutzraum, einen Zufluchtsort vor ihrem unangenehmen Familienleben hat. Der Junge, der unfähig ist, sich mit seinem Vater zu identifizieren oder dessen Forderungen zu erfüllen, kaut lächelnd auf seinen Lippen herum und zwinkert ständig. Die Tochter sieht etwas verängstigt aus, klammert sich an die Mutter, bleibt still und lächelt. Der Vater hat die Einstellung: „Ich bin vernünftig. Ihr müßt mir nur zustimmen, um das zu bestätigen.“ Er untermauert dieses Bild, indem er andere unterbricht, nicht hört oder nicht versteht, was sie sagen und wiederholt schuldeinflößende Fragen stellt – das alles ebenfalls mit einem breiten Lächeln.

Die unangenehme, unausgesprochene Prämisse oder Vermutung lautet: der Vater kann es nicht leiden, wenn sein Verhalten in Frage gestellt wird. Er hat Angst vor Fragen und mittels seiner Wutausbrüche (die er nur zuhause hat) und der vorher erwähnten Methoden zwingt er die anderen, mit ihm einer Meinung zu sein. Die Mutter und die Kinder fügen sich dem. Da ich kein Familienmitglied war und somit auch nicht lernen konnte, wie man die Prämisse befolgt, verletzte ich diese, indem ich alle Familienmitglieder damit konfrontierte. Ich sah den Vater nicht als den Schuldigen an. Für mich war die ganze Familie die Schuldige, denn jeder trug dazu bei, die Prämisse aufrechtzuerhalten. Der Vater hat genauso das Recht, unvollkommen zu sein wie jeder andere in der Familie auch.

Die Prämisse, daß es in ein Chaos münden würde, wenn man den Vater konfrontierte, erweis sich in der Tat als unbegründet. Diese Erfahrung machten wir während des Gesprächs. Aufgrund der unangenehmen Prämisse, daß man jegliche Gefühle dem Vater gegenüber, die diesem nicht genehm sein könnten, niemals offen zugeben darf, hatte jedes Familienmitglied sein eigenes Verhalten entwickelt. jeder einzelne hatte sein eigenes begegnungshemmendes Verhalten und unterstützte zudem noch den anderen, indem er während des Gesprächs öfter das Thema wechselte, um dadurch eine ernsthafte Konfrontation zu vermeiden.

Ein Abschnitt des Gesprächs verlief ungefähr so: Als ich die Mutter darauf aufmerksam machte, daß sie immer wegsah und eine Grimasse schnitt, wenn ihr Mann eine Bemerkung machte, antwortete der Sohn: „Ach, das macht sie doch ständig. Das hat wirklich keine Bedeutung. Ich halte das nicht für ein Problem."Als ich dem Jungen sagte, daß er uns unterbrochen und dadurch eine Antwort seiner Mutter verhindert habe, unterbrach uns der Vater, indem er den Jungen lächelnd fragte: „Glaubst du, daß ich das Problem bin?" Der Junge zwinkerte. Seine Schwester kam ihm zu Hilfe und sagte zum Vater: „Das hat nichts zu bedeuten. Vielleicht ist er nur nervös, weil du ihn so oft anbrüllst." Der Vater wandte sich zur Tochter und fragte sie lächelnd: „Brülle ich ihn wirklich so oft an?" Die Tochter rückte näher zur Mutter, lächelte und sah ihre Mutter an. Der Vater lächelte der Tochter noch immer zu und ich sagte zu ihm: „Sie lächeln und stellen Fragen, aber man hört von ihnen nie, was in Ihnen vorgeht." Er antwortete: „Nun ja, ..." Aber bevor er den Satz beenden konnte, verteidigte ihn die Mutter: „So ist er nun mal." Aus ihrem Lächeln wurde eine Grimasse. Ich machte sie auf ihre Grimasse aufmerksam und fragte sie, was sie empfinde, wenn sich ihr Mann so verhalte. Bevor sie antworten konnte, kam ihr ihre Tochter zu Hilfe, die nichts gesagt hatte, als ihr Vater sie konfrontiert hatte. Sie bemerkte dazu: „Wir alle wissen, daß Papa so ist, aber es stört uns nicht." Damit hatte sich der Kreis geschlossen.

Ich sprach mit ihnen über das, was mir unangenehm aufgefallen war und erklärte ihnen, zu welchem Ergebnis ich gekommen war. Die Mutter antwortete, sie habe Angst davor, den Vater direkt zu konfrontieren und sehe es außerdem als hoffnungslos an. Damit wurde zum ersten Mal eine ernstzunehmende familiäre Abmachung offen ausgesprochen, die dadurch, daß sie geheimgehalten worden war, eine subtile Macht ausgeübt hatte.

In einer anderen Familie ist die Mutter von Beruf Psychologin. Sie ist etwas älter als ihr neuer Ehemann und hat zwei halbwüchsige Söhne aus erster Ehe. In dieser Familie finden wir eine unausgesprochene Regel, die ungefähr so lauten könnte: Da die Mutter Psychologin und außerdem das älteste Familienmitglied ist, steht fest, daß ihre Äußerungen niemals in Frage gestellt werden dürfen. Als identifizierter Patient galt der älteste Sohn. Er konnte sich nur schlecht ausdrücken, hatte öfter Wutausbrüche und wurde von seiner Familie wegen seines ungewöhnlichen Verhaltens kritisiert. Er war derjenige, der mit dieser unmöglichen Regel absolut nicht zurechtkam und sich heftigst dagegen auflehnte. Da er jedoch überstimmt wurde und erst 19 Jahr alt war, hatte er keine Chance, zumal ja das Alter ein bedeutendes Kriterium für ein reifes Urteil war. Die anderen drei Familienmitglieder kamen insofern mit der Familienregel bezüglich Mutters Verhalten zurecht, als sie ein sozial anerkanntes pathologisches Verhalten zeigten (als pathologisch bezeichne ich es wegen seines Ursprungs): die Mutter zog die für sie wichtige persönliche Bestätigung und Anerkennung aus ihrem Beruf; ihr neuer Ehemann (noch Student, der seinen PH.D. machen will) verzichtet auf seine Stellung als erwachsener Partner und akzeptierte seine Frau leichten Herzens und ohne weitere Bemühungen als die alleinige Ernährerin, Managerin und Entscheidungsträgerin. Dafür konnte er in Ruhe sein Studium beenden, ohne daß größere Forderungen an ihn gestellt wurden; das dritte Familienmitglied, der jüngere Sohn, war selten zuhause und fand seine Befriedigung im Sport. Somit gelang es vier Leuten, daß drei von ihnen sozial anerkannte Leistungen erbrachten – zumindest vorläufig.

In der Therapie wurde der identifizierte Patient anfangs mein wichtigster Verbündeter, als es darum ging, die begegnungshemmende Regel zu durchbrechen. Das soll jedoch nicht heißen, daß mein Verbündeter nicht auch das Bedürfnis hatte, diese Regel aufrechtzuerhalten. Als wir miteinander arbeiteten und nach einer Lösung suchten, wurde deutlich, daß er ebenfalls von dieser Regel profitierte: als Belohnung für seine Unterwerfung bekam er von der Mutter Anerkennung und sie widmete ihm mehr Aufmerksamkeit. Ich möchte noch einmal hervorheben, daß die Mutter nicht der Hauptübeltäter war. Es bedurfte aller vier Familienmitglieder, um diese belastende Vereinbarung aufrechtzuerhalten. Jeder verhielt sich dabei so, wie es seiner Persönlichkeit am ehesten entsprach.

Wenn ich hier über familiäres begegnungshemmendes Verhalten spreche, versuche ich absichtlich, eine Generalisierung der intrafamiliären Dynamik zu vermeiden. Wenn man Generalisierungen zu große Bedeutung beimißt, achtet man zuwenig auf das, was gerade in der aktuellen Begegnung geschieht. Wenn der Therapeut über die intrafamiliäre Dynamik im allgemeinen nachdenkt, wird er außerdem dazu verleitet, gegenwärtige Interaktionen in ein vorgefaßtes Schema zu pressen. Dadurch wird seine Fähigkeit beeinträchtigt, die Einzigartigkeit jeder familiären Interaktion unvorbelastet wahrzunehmen. Aus diesem Grund habe ich die Beispiele für familiäres begegnungshemmendes Verhalten so erzählt, daß die Aufmerksamkeit des Lesers hoffentlich auf die Begegnung selbst gelenkt wird und er weniger über die ihr inhärente Bedeutung nachdenkt. Es ist sowieso nicht zu vermeiden, daß spontan irgendwelche intellektuellen Schlußfolgerungen gezogen werden. Aber auch wenn das interessant ist, so bedeuten Generalisierungen für den Therapeuten doch eine Falle, denn sie versperren ihm den Blick auf das Aktuelle und Naheliegende.

7 Intervenieren

Ein Therapeut ist ein Mensch, der ganz er selbst und zudem noch fachlich kompetent ist. Ein Therapeut ist kein Mensch, der nur fachlich kompetent ist. Das „erlebnisaktivierende Ich" ist der verbale Ausdruck eines Menschen, der ganz er selbst ist.

Aus einer Diskussion ergeben sich weitere Diskussionen, Interpretationen verhelfen zum Verstehen, und das „erlebnisaktivierende Ich-Sein" bewirkt verantwortungsvolles und aufgeschlossenes Verhalten. Was ist „erlebnisaktivierendes Ich-Sein"? Haben Sie jemals die Erfahrung gemacht und mit Überzeugung ausdrücken können: „Ich meine, was ich sage, und ich sage, was ich meine." Genau das verstehe ich unter dem „erlebnisaktivierenden Ich". Dieser Ausdruck spiegelt das sichere Wissen wider, daß das, was ich in jenem Augenblick darstelle, meine ganze Person umfaßt: ich bin in Übereinstimmung mit mir selbst. Das zeigt sich außerdem in meinem gesamten Verhalten: meinem Blick, meinem Gang, meiner Haltung sowie meinen Worten. Das „erlebnisaktivierende Ich" hat die stärkste Wirkung auf andere.

Der Ausdruck des eigenen „Seins" ist nicht immer dramatisch. Es äußert sich in einer tiefen Gewißheit und einer stillen Überzeugung, die keiner Rechtfertigung bedürfen. Es kann unbeschwert zum Ausdruck kommen, jedoch ohne Frivolität oder Albernheit. Es kann sich langsam, jedoch ohne Zögern zeigen. Es kann spontan sein, aber es ist nie impulsiv. Es kann sich in einem ehrlichen und tränenerfüllten „Es tut mir leid" äußern oder in einem mit Tränen verbundenen Lächeln und einem Seufzer der Erleichterung, wenn etwas eingetreten ist, worauf man gehofft hat. Es kann in einer zärtlichen, wortlosen, ausgedehnten Umarmung deutlich werden, in einem unerschrockenen, unkontrollierten Lachen oder auch in aufblitzendem Zorn.

In der Therapie ist der Satz „Ich möchte gern wissen, was Sie wollen" das Erste, was der Therapeut dem Patienten gegenüber zum Ausdruck bringt, egal auf welche Art. Es steht zu hoffen, daß das in dem Augenblick das „erlebnisaktivierende Ich" des Therapeuten ist. Sollte das nicht der Fall sein, so stellt sich der Therapeut hoffentlich wenigstens so genau wie möglich dar, selbst wenn er mit dem Satz beginnen muß: „Ich bin im Augenblick mit meinen Gedanken noch woanders und bitte Sie um etwas Nachsicht..." Das ist besser als vorgetäuschtes Interesse oder die Frage, „warum" der Patient bzw. die Patientin zu ihm gekommen ist. Solche Fragen lassen den Therapeuten im Dunkeln und laden den Patienten zu einem persönlichen, nicht aber zu einem vertraulichen Gespräch ein. Dies mag als minimaler Unterschied erscheinen. Wenn es jedoch die Hauptrichtung des Therapeuten widerspiegelt und nicht nur ein Austauschen von Worten ist (wie „Ich hatte das Gefühl..." statt „Ich denke...", während man mit dem „Denken" fortfährt), verändert sich die ganze Atmosphäre des therapeutischen Gesprächs, und aus einem weitschweifigen wird ein erlebnisaktivierendes Gespräch. Das zum Ausdruck gebrachte „erlebnisaktivierende Ich" des Therapeuten ist der Inbegriff erlebnisaktivierender Interventionen.

Für den Patienten eines erlebnisaktivierenden Therapeuten ist nichts „zu hoch angesetzt". Der Therapeut weiß, daß jeder Patient immer bereit, wenn nicht sogar begierig ist, das zu bekommen, was er braucht. Der Therapeut muß lediglich seine eigene Persönlichkeit soweit entfalten und vermitteln, daß es der Aufnahmefähigkeit seines Patienten entspricht. Vom Patienten wird nicht mehr behauptet, er habe „Widerstände". Statt dessen äußert der Therapeut seine Frustrationen oder Enttäuschung über seine augenblickliche Unfähigkeit, etwas zu bewältigen. Die Behauptung, daß die Bezeichnung „Therapeut" ein kostbarer Privatbesitz sei, gilt nicht mehr. Statt dessen erkennen wir, daß die Tatsache, wer der „Patient" zu einem bestimmten Zeitpunkt ist, auf alle Anwesenden, auch auf den sogenannten Therapeuten, einen Einfluß hat. Aus der Äußerung „Ich weiß nicht, was ich im Augenblick tun soll" kann eine anregende Intervention des Therapeuten werden, wenn er in seinen therapeutischen Begegnungen mehr als ein bloßer „Therapeut" sein will. Der Therapeut soll ganz klar die Verantwortung übernehmen; wenn nicht für die gesamte Therapie, so doch zumindest für seinen eigenen Anteil an der Begegnung.

An anderen Ansätzen wurde kritisiert, daß sie ein eingebautes, luftdicht abgeschlossenes System hätten, das den Therapeuten immer als korrekt erscheinen lasse. Wenn der Patient die Meinung des Therapeuten nicht akzeptiert, so hat er „Widerstände". Man könnte argumentieren, daß der Therapeut im erlebnisaktivierenden Ansatz ebenfalls gedeckt ist, da alles, was er sagt oder tut, mit der Behauptung gerechtfertigt werden kann, er sei er selbst. Es gibt einen entscheidenden Unterschied. Im erlebnisaktivierenden Ansatz ist jeder für sein eigenes Verhalten verantwortlich, und daher kann man niemandem die Schuld geben oder das Etikett anhaften, sich unzulänglich zu verhalten. Es ist kein in sich geschlossenes System. Von niemandem wird verlangt, daß er sich in das vorgegebene System einfügt und das Risiko eingeht, irgendein Etikett verpaßt zu bekommen, wenn er es nicht tut. Alles, was der Therapeut in der Begegnung mit seinem Patienten als unvollständig ansieht, kann er für sich selbst vervollständigen. Vielleicht muß er seine Wut dem Patienten gegenüber zum Ausdruck bringen oder mit einer Familie über seine Verlassenheits- oder Versagensgefühle weinen, aber er sollte niemals Zuflucht zu dem Begriff „Widerstand" nehmen.

Es gibt keine Vorschriften, wie man Familien begrüßen sollte, wenn sie das erste Mal in die Therapie kommen. Ich begrüße sie so, wie ich sie erlebe. Ich versuche nicht, anders zu sein als ich bin. Manchmal bin ich zu einem Lächeln aufgelegt, und dann lächle ich. Ein andermal bin ich vielleicht nicht in dieser Stimmung. Schon auf den ersten Blick macht mich mancher durch sein Verhalten mißtrauisch, während ein anderer bei mir ein Lächeln bewirkt. Es gibt keine Anfangsdiskussion „über" das, was wir tun werden. Die Patienten werden es früh genug erfahren, wenn wir es tun. Manchmal fange ich sofort ein Gespräch mit jemandem an, ein andermal sage ich gar nichts.

Sie mögen vielleicht fragen, ob es für einen Fremden nicht eine angsterzeugende Situation sein muß, wenn er hereinkommt, sich hinsetzt und vom Therapeuten erwartet, daß dieser etwas tut, der Therapeut jedoch nur dasitzt und nichts tut. Zunächst einmal gibt es so etwas wie „nichts tun" gar nicht. Ich sitze ganz ruhig da und bin einfach ich selbst. Manchmal ist diese Situation für mich angsterzeugend, und dann fange ich vielleicht so an, daß ich das offen sage. Sollte mir bewußt werden, daß jemand anderes Angst hat, werde ich mit großer Wahrscheinlichkeit verbal darauf reagieren, wenn die Angst mich beeinflußt. Es ist mir nicht bewußt, daß ich „immer" etwas tue. Ich reagiere in jeder Sitzung so, wie ich bin, und da nie eine Sitzung mit einer vorangegangenen identisch ist, egal ob ich es mit der gleichen Familie zu tun habe oder nicht, fange ich mit meinen Nachforschungen jede Stunde neu an. Sowohl meine Patienten als auch ich selbst sind jedesmal, wenn wir uns treffen, anders.

Die Annahme, daß jeder derselbe bleiben kann, ist unhaltbar. Bestenfalls könnte man behaupten, daß Veränderungen nicht immer beobachtbar sind. Es ist eine existentielle Tatsache, daß ein Moment niemals mit einem anderen identisch sein kann, und ebenso kann auch kein Mensch derselbe bleiben. Dabei ist nicht nur jede Familie interessant, wenn sich jeder von uns anders entwickelt; es wird auch jedes Erlebnis mit ein und derselben Familie in einer therapeutischen Sitzung aufregend, wenn wir forschen und experimentieren.

Wenn ich die oft sehr schweigsamen Augenblicke zu Beginn einer Familiensitzung betrachte, muß ich an die poetische Bemerkung denken, daß die leere Leinwand ein äußerst vollkommenes Kunstwerk ist. In der Therapie ist natürlich jede Bemerkung oder Geste ein Ausdruck für die jedem Einzelnen in der Gruppe zugrundeliegenden Bedürfnisse und Konflikte. Wenn wir am Ende der Therapie in der Sitzung nicht mehr miteinander reden und gestikulieren müssen, ist die stille Schönheit der leeren Leinwand – hoffentlich – wiederhergestellt, und jetzt kann ein anderes Bild darauf projiziert werden. Die Zeit zwischen der ersten und der letzten Leinwand ist mit Zeilen ausgefüllt, die wieder ausradiert werden, wonach wieder Zeilen entstehen, die ebenfalls ausradiert werden. Die ersten Momente des Schweigens sind voller Spannungen; die letzten Momente des Schweigens dagegen sind sehr befriedigend. Aus der anfänglichen Fassade aus Höflichkeit und Heuchelei ist ein aktives Sich-Einlassen auf die Unvollkommenheiten der Wirklichkeit geworden. Das darunterliegende Durcheinander ist wieder aufgeräumt.

Gewöhnlich bin ich nach ein paar höflichen Begrüßungsworten erst einmal still. Dieses anfängliche Schweigen scheint mir zu entsprechen; es ist ein arbeitendes Schweigen, währenddessen jeder für sich beginnt, die gemeinsame Zeit und den Raum zu füllen. Manche füllen es mit Angst, manche mit Neugier oder Mißtrauen, und wieder andere füllen es mit Geduld und spielen ein „Wartespiel". Ich habe nicht das Gefühl, daß ich mich absichtlich zurückhalte, um z.B. Angst zu erzeugen. Wenn mir bewußt wird, daß das Schweigen der anderen mit Angst erfüllt ist, empfinde ich die Stille nicht mehr als angenehm, und ich spreche die Situation an. Durch dieses Verhalten entstehen die ersten Zeilen oder Skizzen auf unserer Leinwand. Anfängliche Äußerungen oder Handlungen meiner Patienten erregen meine Aufmerksamkeit, aber ich bin mir dann noch nicht sicher, an welchen Platz unserer Leinwand diese Zeilen gehören. In dem Augenblick, in dem eine anfängliche Handlung meine Aufmerksamkeit auf sich zieht, wird sie für mich zum Mittelpunkt unserer Leinwand. Im Verlauf der Therapie verändern diese Zeilen oder Skizzen immer wieder ihren Platz und andere rücken in den Mittelpunkt. Für mich bedeutet Therapie den ständigen Versuch, jede Geste oder Äußerung der Anwesenden richtig einzuordnen. Ich denke darüber nicht nach und rede auch nicht darüber, sondern mir ist bewußt, daß es während der Begegnungen mit mir geschieht. Um den Platz, die Stabilität und Bedeutung jeder Markierung auf der Leinwand zu verstehen, ist es oft notwendig, daß ich sie stärker sichtbar mache oder sie neben eine vorangegangene Markierung stelle, um den Kontrast hervorzuheben. Die Billigung oder Mißbilligung meines Verhaltens sind ebenfalls Markierungen, die meine Aufmerksamkeit auf sich ziehen. Das ist das Wesen erlebnisaktivierender Intervention. In der Praxis heißt das, daß Interventionen – seien es nun beiläufige katalytische Beobachtungen oder energische, erhitzte Konfrontationen – darauf ausgerichtet sind, uns unsere Unterschiede, d.h. wer jeder von uns in dem Augenblick in Beziehung zu dem anderen ist, deutlich zu machen und uns dazu zu bringen, diese Unterschiede anzuerkennen.

Wenn sich eine hartnäckige, relativ schweigsame, sich schlecht artikulierende und passive Familie bei mir vorstellt, versuche ich gleich zu Anfang herauszufinden, ob es jemanden in dieser Familie gibt, der nicht so sein möchte. Das kann z.B. durch folgende offene Aufforderung geschehen: „Ich finde die Atmosphäre in dieser Familie bedrückend und trübe, und es würde mich interessieren, wie jeder von Ihnen es empfindet, in dieser Familie zu leben." Wenn das nichts nützt, kann sich der Therapeut als nächstes jemanden aus dieser Familie aussuchen, der ein möglicher Verbündeter ist, sich jedoch nicht traut, den Mund aufzumachen. Ein solches Familienmitglied könnte seine innere Einstellung z.B. durch einen wissenden Blick oder ein Lächeln als Reaktion auf meine Aufforderung signalisieren.

Auch wenn die verbale Beteiligung nur spärlich ist, so berichtet doch jemand über die Probleme und die anderen gucken (oder gucken nicht), bewegen sich (oder sitzen reglos da) und reagieren (oder reagieren nicht). Beim Therapeuten werden diese einzelnen Verhaltensweisen etwas auslösen. Angesichts dieses reichen Gebiets beobachtbaren Verhaltens (aktives oder passives, verbales oder nonverbales) gibt es eine Vielfalt möglicher Interventionen, angefangen von provozierenden Äußerungen über das, was jeder nicht tut, bis hin zu persönlichen Bemerkungen des Therapeuten über seine eigene Frustration hinsichtlich solchen Verhaltens. Es dauert für gewöhnlich nicht lange, bis jemand die eigene Passivität nicht mehr aushält und sich dem dazu kontrastierenden Verhalten des Therapeuten anschließt.

Manchmal dauert es lange, bis es zu einer aktiven Reaktion kommt. Dann liegt es beim Therapeuten, weiterzusprechen oder auch Vorträge zu halten, wenn er spürt, daß die Unfähigkeit, sich zu artikulieren, wirklich echt ist und im Vordergrund steht. Er kann weiterhin versuchen, den Anwesenden Kommentare zu entlocken, indem er bestimmte Themen anspricht und ganz offen seine Meinung zu diesen Themen sagt. Wenn es dem Therapeuten entspricht, kann er der Familie auch eine Standpauke halten. Er kann ihnen dadurch helfen und sich gleichzeitig über seine eigene Ausdrucksfähigkeit freuen.

Bevor ich im folgenden auf persönlichere Details der Intervention eingehe, halte ich es für sinnvoll, einige der Widerstände und Bedenken, die der Therapeut in bezug auf die erlebnisaktivierende Begegnung haben könnte, näher zu beleuchten und auf ein paar Methoden einzugehen, mit deren Hilfe er versucht, dem Hier-und-Jetzt-Erlebnis zu entkommen. Zwei der von Therapeuten am häufigsten gezeigten Methoden sind: 1. sich auf biographische Daten zu stützen und 2. „warum"-Fragen aufzuwerfen, die sowohl den Patienten als auch den Therapeuten in eine Welt abstrakten Denkens versetzen und dazu führen, daß bestimmte Umstände untersucht werden, die nicht von unmittelbarer Bedeutung sind und deren theoretische Relevanz fragwürdig ist.

Der erlebnisaktivierende Ansatz ist ein ahistorischer Ansatz. Die Vergangenheit des Patienten zu erfragen, ist eine bewährte, wissenschaftlich zuverlässige Methode, um die Angst des Therapeuten zu verringern. Es ist z.B. unwesentlich, ob der Therapeut weiß, daß ein Patient in den letzten 10 Jahren viermal in der Psychiatrie gewesen ist, wenn es doch eine so einfache, direkte und aktuellere Methode gibt, Informationen zu erhalten. Man braucht dem Patienten nur einen Teil von sich selbst zu zeigen und zu beobachten, was dieser damit macht. Das führt zu Informationen, die der Therapeut unmittelbar durch direkte Beobachtung erhält: Informationen, die der Therapeut nun für die nächste Situation verwenden kann.

Das unmittelbare Verhalten des Einzelnen ist nicht nur von größerer Bedeutung als das Verhalten vom letzten Jahr; wenn man darauf achtet, wie der Einzelne auf seine Familienangehörigen und auf den Therapeuten reagiert, so erhält man zudem unmittelbar Aufschluß darüber, ob der Patient heute oder morgen in eine Klinik eingewiesen werden sollte. Das erscheint ebenfalls wichtiger, als alles über vergangene Klinikaufenthalte zu erfahren. Therapeuten haben es sich selbst beigebracht, sowohl Vergangenes als auch psychologisches Testmaterial und Daten ersten Grades zu verwenden; es ist jedoch ebenso möglich und wesentlich effektiver, die Informationen zu entschlüsseln, die man aus dem unmittelbaren Verhalten des Patienten gewinnt. Mit zunehmender Erfahrung können wir die Informationen auch rückwärts laufen lassen, d.h. wir können durch das unmittelbare Verhalten des Patienten etwas über dessen Vergangenheit erfahren und nicht umgekehrt.

Sollte der Therapeut Angst bekommen, weil er nicht auf die Vergangenheit seines Patienten ausweichen kann, so sollte er diese Angst mit seinem Patienten zusammen erforschen. Dabei kann der Patient nicht nur sehr hilfreich sein, sondern er kann von einer so ehrlichen persönlichen Darstellung des Therapeuten auch profitieren. Die Atmosphäre in den Sitzungen wird dadurch sicherlich aufregender und realistischer.

Eine andere, bereits angesprochene und sehr beliebte Methode des Therapeuten, sich einer erlebnisaktivierenden Begegnung zu entziehen, ist das Stellen von „Warum"-Fragen. Nach dem Warum zu fragen hat jedoch keinen tieferen Nutzen. Egal, ob der Patient die gestellte Frage beantworten kann oder nicht, und unabhängig davon, ob der Therapeut sie für ihn beantwortet oder nicht, handelt es sich hierbei lediglich um ein intellektuelles Spiel, das im wesentlichen keine therapeutische Funktion hat. Ich sage bewußt „im wesentlichen", weil es einen sekundären Nutzen haben kann, wenn man das Frage-und-Antwort-Spiel als Mittel benutzt, damit sich jeder mit dem anderen wohler fühlt. Das ist dann nötig, wenn weder Patient noch Therapeut einen effektiveren oder direkteren Weg kennen, sich auf den anderen einzulassen und sich trotzdem sicher zu fühlen.

Wenn in der Therapie nach dem „Warum" gefragt wird, so hat das drei Funktionen, von denen keine begegnungsfördernd wirkt. Zum einen dient die Warum-Frage dazu, Zeit und Raum zwischen Therapeut und Patient zu strukturieren, indem sie es dem Therapeuten ermöglicht, seine Ausbildung oder seinen theoretischen Hintergrund wie einen Fremdkörper in die Begegnung miteinzubringen. Zum anderen erlaubt es diese Methode, ja, sie ermutigt sogar dazu, vor dem Nachforschen oder der Bewußtheit der aktuellen Erlebnisse zu flüchten. Und drittens entsteht dadurch ein Wechselspiel, in dem der Patient der Schüler und der Therapeut der Gelehrte ist. Wenn der Therapeut nach dem „Warum" fragt, kann man annehmen, daß er die Antwort „weil..." schon kennt. Lassen Sie uns z.B. überlegen, was passieren würde, wenn ein Patient zu seinem Therapeuten sagte: „Ich bin wütend auf Sie." Ich nehme bewußt das Gefühl „Wut", denn wenn der Patient Anerkennung oder Zuneigung zum Ausdruck bringt, ist es unwahrscheinlich, daß der Therapeut ihn fragt: „Warum?" Wird jedoch Wut ausgedrückt, ist es sehr wahrscheinlich, daß der Therapeut nach den Gründen fragt. Nun kann der Patient auf dreierlei Art reagieren: Er weiß nicht, warum; er weiß, warum; es ist ihm gleichgültig, warum.

Für gewöhnlich wird geantwortet: „Ich weiß nicht, warum." Diese Antwort kann verschiedene Formen annehmen, wie: „Wenn ich es wüßte, wäre ich nicht hier", „Wie soll ich das wissen, Sie sind doch der Arzt", „Ja, es muß einen Grund geben. Können Sie mir vielleicht dabei helfen?" All diese Antworten hängen vom Interesse des Patienten am Frage-Antwort-Spiel und von seinem Wunsch, ein guter Patient zu sein, ab. Wenn der Therapeut auf einen Patienten reagiert, so ist er wahrscheinlich der Ansicht, sein Handeln sei von theoretischen Überlegungen bestimmt. In Wirklichkeit jedoch sind seine Sympathien oder Antipathien und seine Bedürfnisse dem Patienten gegenüber die entscheidenden Faktoren. Therapeuten sind keine Roboter.

Das entscheidende Ziel erlebnisaktivierender Therapie besteht darin, Verhalten zu ändern und nicht zu „verstehen". Je nachdem, wie sehr der Therapeut seinen Patienten mag, wird er sich entschließen, den Patienten ein wenig zu reizen, indem er nicht auf ihn reagiert oder ihm einen Hinweis zu geben oder, wenn der Patient bereit dafür ist, ihm eine interpretierende Antwort zu geben.

Wenn der Patient glaubt, er kenne die Antwort bereits und sie dem Therapeuten sagt, gibt es zwei Möglichkeiten: 1) Die Analyse ist falsch, d.h. sie stimmt nicht mit der speziellen Ausrichtung des Therapeuten überein – wenn z.B. einem Jungschen Therapeuten eine Freudsche Interpretation geliefert wird. 2) Die Analyse ist richtig. Richtig heißt, daß sie in den therapeutischen Rahmen des Therapeuten paßt – z.B. einem Neo-Freudianer eine kulturelle Erklärung geben.

Patienten sind selten so gesund, daß sie sagen können: „Was macht das schon?" Ich möchte auf eine solche Äußerung nicht näher eingehen. Es ist jedoch offensichtlich, daß in solchen Begegnungen die emotionale Wirkung auf den anderen verhindert wird, wenn man um die „Warum"-Frage kreist. Es ist ebenso offensichtlich, daß eine hierarchische Struktur hergestellt wird, damit ein intellektuelles Spiel gespielt werden kann, das wenig mit Therapie zu tun hat. Jede Therapie, die sich aus einer solchen Interaktion ergibt, d.h. jede Veränderung, die sich in den Beteiligten vollzieht, ist rein zufällig. Sie ist die Folge ihrer lang andauernden Beziehung und der gegenseitigen Anerkennung, daß sie dieses Spiel so gut spielen können. Wenn es auf der Ebene der Patient-Therapeut-Beziehung zu keinen intellektuellen Kompromissen kommt, bezeichnet der Patient den Therapeuten als einen schlechten Therapeuten, und der Therapeut behauptet vom Patienten, er habe „Widerstände". Etikettierungen sind ein wesentlicher Teil jedes intellektuellen Spiels.

Über den Gebrauch von Gegenübertragungsängsten als begegnungshemmendes Mittel ist bereits an anderer Stelle gesprochen worden. Deshalb soll hier nicht näher darauf eingegangen werden. Man braucht nur darauf hinzuweisen, daß es in der Fachliteratur umfangreiche, intellektuelle und theoretische Abhandlungen gibt, die Lügen verbreiten, mit denen Therapeuten jahrelang wirkungsvoll ermahnt und geängstigt wurden. Die Angst des Therapeuten vor der Begegnung wird sauber unter dem Deckmantel intellektueller und fachlicher Bedenken hinsichtlich der Gegenübertragung versteckt.

Jede begegnungshemmende Taktik eines Patienten kann genauso Teil des begegnungshemmenden Verhaltens des Therapeuten sein.

Das Fragenstellen z.B. ist ein therapeutisches Mittel, das in Begegnungen mit Patienten oft sehr wertvoll und manchmal auch erforderlich ist. Es ist für den Therapeuten wichtig, sich einigermaßen über das im klaren zu sein, was er erlebt. Wenn er in solchen Fällen direkte Fragen stellt, so ist das natürlich begegnungsfördernd. Fragen, die darauf ausgerichtet sind, die gegenwärtige Bewußtheit zu steigern, wie: „Was ist Ihnen im Augenblick gerade bewußt?", „Welche Gefühle haben Sie im Augenblick mir gegenüber?", „Was tun Sie gerade mit mir?" oder „Was wollen Sie jetzt von mir?" sind ebenfalls besonders wichtig, da sie zu einer größeren Bewußtheit über das Verhalten des Patienten führen. Darüber hinaus sollte es der Therapeut jedoch vermeiden, Fragen als Interventionsform zu benutzen. Man sollte auch nicht vergessen, daß selbst anscheinend begegnungsfördernde Fragen dazu dienen können, ein momentanes Unbehagen des Therapeuten zu kaschieren und somit in Wirklichkeit begegnungshemmend wirken.

Die Arbeit mit Familien bietet mir einen speziellen Rahmen, in dem ich mich meiner Meinung nach leichter offenbaren und lebhafter einbringen kann. In meinem Elternhaus lernten wir, daß das Zuhause ein Zufluchtsort ist, in dem wir mit einer freundlichen Annahme unseres Verhaltens rechnen können. Das bedeutet keinesfalls, daß unser Verhalten immer annehmbar war oder daß es immer ohne Verärgerung angenommen wurde, aber es gab keinen Zweifel an einer zugrundeliegenden und unumstößlichen Bereitschaft zur Annahme, die mit einer relativen Offenheit und Bereitschaft zur Aussprache verbunden war. Ich will nicht leugnen, daß es für meine Eltern auch „inakzeptables" Verhalten gab. Aber im großen und ganzen haben sie durch ihr Beispiel einen offenen, emotionalen Austausch gefördert. Eine Folge davon ist, daß die Arbeit mit Familien auf mich eine befreiende Wirkung hat. Ich habe die Erfahrung gemacht, daß das bei meinen Kollegen nicht immer der Fall ist. Ein Therapeut offenbarte mir nach seinem ersten Familiengespräch: „Es war wirklich beunruhigend. Es passierte soviel auf einmal. Am liebsten wäre ich weggelaufen. Ich fühlte mich so wie früher zuhause, als ich noch ein Kind war. Ich wußte nicht, was ich tun sollte (genau wie in meiner Kindheit, wo ich auch nicht wußte, was ich tun sollte)." Das einzige Mittel, das der Therapeut in dieser oder auch einer ähnlichen Situation hat, ist die Zuflucht zum Hier- und-Jetzt, d.h. sich bewußt zu werden, wer er im Augenblick ist und sich den anderen so weit wie möglich mitzuteilen.

„Aber ich möchte nicht parteiisch sein" ist ein häufiger Ausruf eines Familientherapeuten, der gerade erst angefangen hat. Ich habe keine Angst davor, parteiisch zu sein. Ich bin parteiisch, und ich weiß das auch, und das beste, was ich zu dem Zeitpunkt tun kann, ist, meine Voreingenommenheit so klar wie möglich zum Ausdruck zu bringen. Ich weiß auch, daß meine Voreingenommenheit von Launen abhängt und sich von Zeit zu Zeit verändert. Auch das muß ich klar zum Ausdruck bringen. Eine alberne Voreingenommenheit nimmt dann ab, wenn ich eine Interaktion direkt verfolgen kann. In diesem Fall macht es mir weniger aus, daß ich die Partei der Frau ergreife, weil ich sie attraktiv finde oder des Mannes, weil ich mich mit ihm identifiziere. Die „anderen" Parteien werden wirklich und ihre Standpunkte verständlicher. Manchmal ergreife ich sehr lautstark und energisch Partei, manchmal aber auch behutsam. Mal ergreife ich für einen, zwei, drei oder jeden Partei und mal für gar keinen. Ich verändere mich von Moment zu Moment. Es hat meines Erachtens wenig Sinn, so zu tun, als sei man objektiv. Wie ich bereits früher erwähnte – und ich wiederhole es noch einmal –, ist Objektivität, also das Konzept der unbefleckten Wahrnehmung, ein absurder Begriff. Wenn man für sich selbst immer so ehrlich wie möglich Partei ergreift, so ergreift man damit letzten Endes auch Partei für alle anderen.

Manchmal, wenn ich ein Familienmitglied energisch konfrontiere, schließt sich mir ein anderes Familienmitglied an, weil es durch meinen Angriff ermutigt wurde. Wenn ich das Gefühl habe, daß der Gefühlsausbruch für diese zweite Person wichtig ist, ermutige ich sie für gewöhnlich noch dazu. Wenn ich jedoch den Verdacht habe, daß sie sich mir anschließt, um dem anderen heimlich eins auszuwischen, statt sich ehrlich mit ihm auseinanderzusetzen, greife ich sie für gewöhnlich an und verlange, daß sie ihren eigenen Kampf ausficht. Ich mag nicht alle Menschen gleich gern, und ich schätze nicht jedes Verhalten gleichermaßen hoch ein. Meine Aufgabe besteht nicht darin, dies zu leugnen, sondern es so stark zu einem Teil von mir werden zu lassen, daß ich mich so effektiv wie möglich als der darstellen kann, der ich bin.

Wenn der Therapeut alte, begegnungshemmende Taktiken, die von alten, begegnungshemmenden psychologischen Theorien gestützt werden, aufgibt, wird er höchstwahrscheinlich erst einmal sehr aufgeregt sein. Ein Therapeut, der gerade von einem Familienerstgespräch, in dem er diesen erlebnisaktivierenden Ansatz ausprobiert hatte, zurückkehrte, beschrieb seine Angst folgendermaßen: „Die Mutter fing an, mir zu erzählen, wie schrecklich ihr Sohn sei. Als ihr Sohn versuchte, sich zu verteidigen, ignorierte ihn seine Mutter einfach. Ich fühlte mich sofort mit vielen eigenen Gefühlen hineingezogen. Das war mir bei einem Erstgespräch noch nie so gegangen, wenn es eine Einzeltherapie war und ich einen konventionellen Ansatz verfolgt hatte. Ich machte die Frau darauf aufmerksam, daß sie ihren Sohn ignoriert hatte, und daraufhin ignorierte sie mich genauso. Mir gefiel nicht, wie sie sich verhielt. Der Junge tat mir leid. Sie wollte untadelig dastehen. Ich wollte etwas dagegen tun, wußte aber nicht, was. Ich hatte Angst, mit meinen eigenen Gefühlen darin verwickelt zu werden, weil es sich vielleicht nur um Gegenübertragungsprobleme handelte. Ich wollte nicht meine eigenen Probleme mit einbringen."

Dieser Therapeut hatte sich den Luxus geleistet, sich einiger Gefühle, die durch solch eine Situation hervorgerufen werden, bewußt zu werden. Er war jedoch bisher nicht in der Lage, sich über seine persönlichen und fachlichen Vorurteile hinwegzusetzen, um diese Gefühle für sich selbst und seine Arbeit mit Familien zu verwenden. Es hat wenig Sinn, die Frage aufzuwerfen, ob er seine „Probleme" mit einbringen sollte oder nicht. Sie *sind* mit dabei. Sie sind *immer* mit dabei. Es geht nicht darum, ob sie mit eingebracht werden sollten, sondern darum, wie man seine Gefühle am wirkungsvollsten einsetzen kann. Versucht der Therapeut, seine Gefühle draußen zu lassen, so kostet ihn das viel Energie und Aufmerksamkeit. Sich selbst zu verstecken, ist außerdem ein schlechtes Vorbild.

Lassen Sie mich nun noch auf einige der „Was ist, wenn-Fragen" eingehen, die bei Konferenzen, in denen es um erlebnisaktivierende Psychotherapie ging, gestellt wurden.

„Was ist, wenn eine Familie mit niedrigem Bildungsniveau in die Therapie kommt und in der keiner mehr etwas sagt, nachdem ein Familienmitglied das Problem in der Familie beschrieben hat?" Als ich meinen Kollegen darum bat, die Frage als Aussage zu formulieren, sagte er: „Ich habe Angst, daß ich mit einer Gruppe von Leuten konfrontiert werde, die nichts sagen und von mir erwarten, daß ich die Verantwortung übernehme, ich aber nicht weiß, was ich tun soll." Ich drängte meinen Kollegen, seinen Phantasien weiter nachzugehen, indem er einen projektiven Ansatz benutze. Ich schlug ihm vor, sich die Situation vor Augen zu führen und damit anzufangen, der Familie von seiner Unerfahrenheit auf diesem Gebiet und seiner damit verbundenen Angst zu erzählen. Er antwortete: „Ich glaube nicht, daß ich das kann." Anstatt ihn nach den Gründen zu fragen, schlug ich vor, daß wir seine Hemmung im Augenblick übergehen und einfach annehmen, er hätte es der Familie gesagt. Ich fragte ihn dann, wie die Familie wohl reagieren würde. Er dachte eine Weile nach und antwortete: „Sie würden mich für inkompetent halten. Sie erwarten von mir, daß ich weiß, was ich tue." Ich wollte auf die Projektionen dieses Therapeuten in dem Augenblick nicht weiter eingehen und schlug ihm vor, daß er dieses Problem als seine Projektion ansehen sollte und die Möglichkeit in Betracht ziehen solle, mit der Familie über seine Inkompetenzgefühle zu sprechen, wenn er jemals wieder in eine solche Situation komme.

Was Sie gerade im Dialog zwischen meinem Kollegen und mir miterlebt haben, ist ein Beispiel erlebnisaktivierender Psychotherapie auf der ersten oder katalytischen Ebene. In einer konkreten Therapiesituation wäre ich dem noch stärker nachgegangen. Ich hätte den Therapeuten/Patienten dann gebeten, eine projektive Technik anzuwenden, auf die ich später noch eingehen werde, und zu versuchen, den von ihm nicht akzeptierten Anteil, den er als „Inkompetenz" bezeichnete, wieder in sich zu integrieren.

Um die anfängliche Frage direkter beantworten zu können, muß ich etwas zum Schweigen sagen. Wie ich bereits früher erwähnte, kann Schweigen „arbeitendes Schweigen" oder „nicht arbeitendes Schweigen" bedeuten (cf. begegnungshemmende Taktiken). Bei länger andauerndem Schweigen fühle ich mich irgendwann nicht mehr wohl und werde aktiv. Ich versuche dann durch das, was ich wahrnehme oder was ich erlebe, herauszufinden, wer ich bin. Oder ich stochere ein wenig bei den einzelnen Gruppenmitgliedern herum, um zu sehen, ob es bei einem von ihnen ein Gefühl des Unbehagens gibt, dem es lohnt, nachzugehen. Wenn ein Familienmitglied – so, wie es in der Anfangsfrage dargestellt wird – etwas gesagt hätte, gibt es unzählige Möglichkeiten, die Begegnung zu fördern. Der Sprecher der Familie kann ermutigt werden, seine Worte direkt an jemanden zu richten. Wenn er den Therapeuten ansieht, könnte sein Schweigen der Versuch sein, dem Therapeuten die Frage zu entlocken: „Und was erwarten Sie von mir?" Das könnte zu einer Klage über ein anderes Familienmitglied führen, und dieses Familienmitglied wiederum könnte sich dadurch zu einer Reaktion genötigt fühlen. Man kann auch einfach verbal auf das Schweigen eingehen, um herauszufinden, was die Familie damit anfängt. Alle Familienmitglieder könnten z.B. gebeten werden, sich zum Schweigen zu äußern. Irgendein Familienmitglied könnte vom Therapeuten aufgefordert werden, zu der anfänglichen Beschreibung der Familienproblematik Stellung zu nehmen. Und schließlich kann der Therapeut auch direkt auf den Sprecher reagieren, indem er zu dessen Problembeschreibung oder zu der Art seiner Darstellung seine Meinung sagt.

Es gibt unendlich viele Interventionsmöglichkeiten. Der Therapeut sollte die Richtung wählen, die seinem augenblicklichen Bedürfnis am ehesten entspricht und sich nicht nach bestimmten Formulierungen oder Theorien richten, die er sich durch die Lektüre von irgendwelchen Büchern – wie diesem hier – angeeignet hat. Wenn Sie sich in einer Therapiesitzung befinden, seien Sie bei der Familie und nicht bei dem Inhalt des Buches, das Sie gerade gelesen haben.

„Was ist, wenn die Familie immer wieder dasselbe sagt, und es anscheinend überhaupt keine Fortschritte gibt? Es verändert sich nichts. Es ist ziemlich frustrierend, und ich weiß nicht, was ich tun soll." „Es" ist nicht frustriert, sondern der Therapeut. Als ich den Therapeuten fragte, ob er die Familie mit seinen Frustrationsgefühlen konfrontiert habe, sagte er nein. Als ich ihn fragte, welche Gefühle er der Familie gegenüber gehabt habe, antwortete er: „Ich hatte die Nase voll von diesen ständigen Wiederholungen. Alle meine Versuche, sie daran zu hindern, schlugen fehl. Ich war frustriert angesichts dieser unerträglichen Situation und wußte nicht, was ich tun sollte."

An diesem Punkt der Therapie ist es wahrscheinlich, daß sowohl die Gefühle des Therapeuten als auch die der Familie miteinander identisch sind. Keiner wußte, wie man aus dieser Sackgasse wieder herauskommen könnte. Vielleicht haben sie sich in ihrem Frustrationsgrad unterschieden, aber in dem Augenblick, in dem keiner weiß, was er tun soll, sind die Gefühle im wesentlichen gleich. Wenn das geschieht, kann es keine Fortschritte geben. Der Sehende und der Gesehene sind eins geworden; Familie und Therapeut sind gleich. Dieses Einssein oder diese Homöostase lähmt die Therapie. Die Sackgasse kann folgendermaßen definiert werden: Es ist der Augenblick, in dem weder Patient noch Therapeut wissen, was sie tun sollen: der Augenblick, in dem keiner weiß, wie er etwas anders tun oder sagen könnte: wenn jeder, wie bei einer zerkratzten Platte, seinen Anteil mutig verteidigt hat, ohne jedoch die erwünschte Wirkung zu erzielen. Dann sind wahrscheinlich beide Seiten frustriert. Das heißt nicht, daß es keine Motivation für eine Weiterentwicklung gibt oder daß es keine Weiterentwicklung geben wird. Hoffentlich bringt die Dynamik des Therapeuten das Ganze wieder in Bewegung, aber das muß nicht notwendigerweise so sein und ist auch keine Bedingung für ein gutes therapeutisches Erlebnis.

Einen Ausweg aus diesem Dilemma kann man nur finden, wenn man die Sackgasse untersucht. Erst wenn der Therapeut aufhört, den Therapeuten zu spielen und anfängt, als Mensch – oder, falls notwendig, als Patient – zu reagieren, kann die Therapie weitergehen. Erst wenn der Therapeut seine Frustration, seine Enttäuschung, seinen Ärger oder was auch immer er fühlen mag, zum Ausdruck bringt, kommt wieder Bewegung in die Therapie. Erst wenn der Therapeut weiß, was er im Augenblick erlebt und diese Gefühle effektiv in die Therapie einbringen kann, hat die Therapie wieder angefangen. Das ist nicht nur ein wertvolles technisches Hilfsmittel für den Therapeuten, sondern vermittelt dem Patienten auch gleichzeitig ein Bild von anderen Reaktionsmöglichkeiten.

Jeder Sackgasse geht unmittelbar eine Interaktion voraus, bei der der Patient ein ineffektives (neurotisches, krankes, ineffizientes, sinnloses etc.) Verhalten zeigt. Der Therapeut wiederum hat alles versucht, um dieses Verhalten zu ändern, jedoch ohne Erfolg. Und nun sind beide frustriert und wütend – der Patient, weil er beim Therapeuten versagt hat, und der Therapeut, weil er beim Patienten versagt hat.

Der Therapeut sollte in diesem Augenblick wissen, daß die Frustration, die er gerade erlebt, mit der Frustration des Patienten identisch ist, die dieser im Laufe seiner Kindheit viele Male erlebt hat.

Hinzu kommt, daß das Verhalten des Patienten in diesem Moment *mit dem frustrierenden Verhalten seiner Eltern identisch ist, das er damals als Kind erlebt hat.* So kommt es, daß der Therapeut nun unbewußt die Rolle des frustrierten Kindes spielt und der Patient der frustrierende Elternteil ist – also eine seltsame Rekonstruktion einer damaligen Situation. In diesem Augenblick kann der Therapeut zwei Wege einschlagen: 1) Mit dem Kind, das nun die Rolle der Eltern spielt, weiterarbeiten, es bekämpfen, mit ihm experimentieren, es herausfordern, verfolgen und besiegen, um so ein längst fälliges Beispiel zu geben. Oder 2) Sich geschlagen zurückziehen, so wie es der Patient damals in seiner Kindheit getan hat. Wenn der Therapeut den zweiten Weg wählt, ist es ihm nicht gelungen, das hungernde, bedürftige Kind zu sehen, das in dem vor ihm sitzenden frustrierenden Wesen eingeschlossen ist, und das nur genug Kraft hat, schwach um Hilfe zu bitten, zu mehr jedoch nicht fähig ist. Wenn der Therapeut die Gründe für die Sackgasse erkennt, kann er energisch kämpfen, denn er weiß aus den Erfahrungen, die er mit dem Kind in sich gemacht hat, daß das Kind in seinem Patienten durch seine Bemühungen Mut fassen wird, auch wenn der elterliche Anteil in diesem Kind dagegen protestiert.

Ein harter, intelligenter, 40 Jahre alter Mann in guter Position ist über sein ineffektives Verhalten beunruhigt. In der Therapie lächelt er ständig, antwortet vernünftig und durchdacht. Je mehr ich mit ihm spreche, desto gereizter werde ich, denn jedes Angebot, das ich mache, geht in einem Schwall von vernünftigen, durchdachten Worten unter, die noch dazu von einem unechten Lächeln begleitet werden. Jede Aktion von mir wird entschärft, bis bei mir die Stunde der Wahrheit schlägt: ich befinde mich in einer Sackgasse und muß mich entscheiden, ob ich ihn töte oder verlasse. Dann wird mir plötzlich klar, was er getan hat: Er hat das Kind in sich verlassen, statt sich seiner Mutter zu widersetzen oder ihr damit zu drohen, sie zu töten. Er „hat sich mit dem Aggressor identifiziert“ und ist zum frustrierenden Elternteil geworden. Das werde ich nicht tun. Ich werde mich ihm widersetzen. ich werde ihm sagen, was für Gefühle ich ihm gegenüber habe. (Ohne daß ich es anfangs bemerke) übernehme ich die Rolle des frustrierten Kindes, das *er einmal war*, mit dem Unterschied, daß ich mächtiger und wortgewandter bin. Nach einigen Minuten, in denen ich mich von seinen vernünftigen Argumenten nicht überschwemmen lasse, fängt er plötzlich an zu weinen und sagt: „Ich weiß nicht mehr weiter. Ich weiß noch nicht einmal, warum ich überhaupt weine. Ich muß verrückt sein."

Ich wußte, warum er weinte. Das gefangengehaltene Kind in ihm hatte aus dem Gefängnisfenster geschaut und gesehen, daß ihm Hilfe entgegenkam. Jetzt waren wir soweit, daß wir miteinander arbeiten konnten. Ich blieb standhaft, während er vergeblich versuchte, sein Selbstbild von dem zu einem Elternteil gewordenen Kind wiederherzustellen. Als das Kind in ihm (sein Selbst) dankbar weinte, wurde er stärker. Ich ermutigte ihn dann, sich vom Bild des lächelnden, analytischen, vernünftigen Elternteils zu lösen und das nun stärkere Kind zu bleiben.

Ich werde auf dieses Beispiel nicht länger eingehen, da der Zweck dieser Ausführungen nur darin lag, die Sackgasse zu erforschen und nicht, den Verlauf der Therapie zu beschreiben. Es soll nur noch erwähnt werden, daß das Ziel der Therapie darin lag, das Kind (Selbst) und die Eltern (Selbstbilder – denn sein ineffektiver Vater hat ebenfalls einen wesentlichen Anteil an seiner Unfähigkeit) in einen erbitterten Kampf zu schicken, aus dem eine integrierte Persönlichkeit hervorgehen sollte. Das war jedoch erst der Anfang.

Bei der Supervision von Psychotherapeuten, die sich der Familientherapie gewidmet haben, bin ich immer wieder überrascht, wie oft die besten Interventionen aus der Therapie ausgeschlossen und für ein Supervisionstreffen (oder für ein Gespräch unter Kollegen) aufgespart werden.

Ein Therapeut berichtet: „Die ganze Familie schien nur über Kleinigkeiten und oberflächliche Dinge sprechen zu wollen. Sie schienen sich zwar alle wohlzufühlen und wirkten interessiert, aber sie langweilten mich. Ich sah in dem Gespräch nichts Gewinnbringendes. Eine Zeitlang versuchte ich, mich zu beteiligen, dann schlug ich vorsichtig vor, das Thema zu wechseln. Das nützte nichts, und ich wurde immer frustrierter, je mehr meine Langeweile zunahm." Diese Äußerungen wären für den Fortlauf der Therapie äußerst wertvoll gewesen, wenn der Therapeut seine Gefühle von Frustration und Langeweile mobilisiert und dann vollen Herzens in die Therapie eingebracht hätte.

Ein anderer Therapeut erzählt: „Ich habe eine Gruppe von Patienten, mit denen mir aus irgendeinem Grund die Therapie keine Freude macht. Ich bin mir nicht sicher, ob es daran liegt, daß ich sie vielleicht nicht mag oder ob ich einfach nicht weiß, wie ich mit ihnen arbeiten soll. Ich bin mir nicht sicher, woran es liegt. Es ist mir aufgefallen, daß sie alle mexikanischer Abstammung sind und habe den Verdacht, daß mein Unbehagen damit zu tun haben könnte. Ich kann jedoch bei mir keine speziellen Vorurteile feststellen, zumal ich auch Freunde mexikanischer Herkunft habe und das bei ihnen keine Rolle zu spielen scheint. Meine Patienten sprechen alle ausreichend gut Englisch, so daß ich sie verstehen kann. Das scheint also auch kein Hindernis zu sein. Sie sind durchschnittlich intelligent und wirken auf mich auch nicht besonders lustlos. Jetzt, wo ich Ihnen das erzähle, fällt mir eine Patientin mexikanischer Herkunft ein, bei der mir die Therapie sehr viel Freude bereitete und mit der ich äußerst angenehm und erfolgreich arbeiten konnte. Der einzige Unterschied, der mir zwischen ihr und den anderen Patienten einfällt, ist zunächst einmal der, daß sie eine Frau ist, während die anderen Patienten Männer sind. Außerdem (er lacht) war sie sehr attraktiv, und das kann ich von den Männern nicht unbedingt behaupten. (Er errötet.) Es ist mir peinlich, wenn ich mir vorstelle, daß mir meine Patienten gefallen müssen, damit ich nichts an ihnen auszusetzen habe. Jetzt, wo ich das ausgesprochen habe, geht es mir besser, und ich fühle mich auch wohler bei dem Gedanken, mit diesen Männern zu arbeiten."

Dieser Monolog zeigt die Suche des Therapeuten und die zumindest teilweise Lösung seines Konflikts. Wie kommt es aber, daß er das bei mir, seinem Supervisor, tun kann, nicht jedoch bei seinen Patienten? Ich nehme an, daß dies etwas mit Rollenerwartungen zu tun hat. Von mir erwartet er, da ich es gutheiße, wenn er sich selbst erforscht und ihn belohne, wenn er introspektiv und einsichtsvoll ist. Von seinen Patienten meint er, daß sie eine bestimmte Haltung von ihm erwarten, die seinem Bedürfnis nach Introspektion oder Befriedigung entgegenstehen. Diese Haltung oder dieses Bild von einem Therapeuten behindert ein weiteres Erforschen seines therapeutischen Erlebens mit Patienten. Wenn er diese Äußerungen seinen Patienten gegenüber gemacht hätte, so hätte das zu einer noch stärkeren persönlichen Bewußtheit führen können, und gleichzeitig wäre es für seine Gruppenmitglieder ein therapeutisches Erlebnis gewesen.

Es hat den Anschein, als ob man alle Fragen von Therapeuten, was sie tun sollen, wenn sie während der Familientherapie in schwierige oder unsichere Situationen kommen, in der Frage zusammenfassen könnte: „Was tue ich, wenn ich nicht weiß, was ich tun soll?" Diese Frage rückt dann in den Mittelpunkt, wenn es dem Therapeuten nicht erlaubt ist, auf biographische Daten zurückzugreifen, nach dem „Warum" zu fragen oder von seinen Patienten zu behaupten, sie haben „Widerstände". Dabei ist die Antwort recht einfach. Wenn Sie nicht weiter wissen, ziehen Sie sich auf sich selbst im Hier-und-Jetzt zurück. Versuchen Sie sich, so gut es geht, darüber bewußt zu werden, was Sie erleben. Bringen Sie diese Erkenntnis in die Therapiesituation mit ein, indem Sie Ihre Gefühle so genau wie möglich der Person gegenüber zum Ausdruck bringen, die am stärksten damit in Verbindung zu stehen scheint.

Ein Therapeut, der gerade erst angefangen hatte, mit Familien zu arbeiten, berichtete: „Ich empfinde die Einzeltherapie als sehr viel angenehmer. In der Familientherapie scheint es immer schon gleich beim ersten Besuch richtig loszugehen. Ich werde von Anfang an gefühlsmäßig mit hineingezogen, und das finde ich etwas beängstigend. Z.B. kam vor kurzem ein Ehepaar mit seinem straffälligen Sohn zu mir. Schon gleich zu Anfang wollte mir die Mutter einen Brief an einen Verwandten vorlesen, in dem sie alle Straftaten ihres Sohnes aufgelistet hatte. Ich fragte den Jungen, wie er sich dabei fühle, und er gab zu, daß er die Idee seiner Mutter, den Brief vorzulesen, nicht gut finde. Sie aber machte trotzdem weiter. Ich wies sie darauf hin, daß sie den Wunsch ihres Sohnes ignoriere, weil sie mich genauso ignorierte wie den Jungen. Ich fühlte mich schlecht, weil ich so wütend auf sie geworden war. Ich wußte nicht, was ich tun sollte, deshalb sagte ich ihr einfach, daß ich den Brief nicht hören wolle. Es war eine ziemlich anstrengende Sitzung."

Bei der Familientherapie sind die Interaktionen von Anfang an viel vitaler. Der Konflikt liegt offen da, und wir müssen nicht darauf warten, daß sich Konflikte entwickeln oder die Anfangszeit damit verbringen, daß wir über Konflikte sprechen, die ganz woanders, d.h. nicht in der Therapiesitzung, zum Ausdruck kommen. Aber lassen Sie uns auf die Bedenken des Therapeuten eingehen. Er ist deshalb beunruhigt, weil die Geschehnisse Gefühle in ihm auslösen. Ich sehe das als einen Vorteil und nicht als einen Nachteil an. Der Therapeut empfindet das als Nachteil, weil er Bedenken hat, sein Unbehagen offen zu zeigen. Sein „Bild" von dem ruhigen, alles verstehenden, weisen, emotionslosen Guru würde dadurch ins Wanken geraten. Außerdem würde er nicht den unausgesprochenen ethischen Anforderungen des Mittelstandes entsprechen, die uns ganz genau vorschreiben, wie sich jeder Mensch in einer bestimmten Situation zu verhalten oder „darzustellen" hat. Darstellen ist ein besserer Ausdruck, denn genau das ist es – eine Darstellung.

Was wirksame Alternativen in dieser Situation anbelangt, so würde ich zwei Wege vorschlagen: 1) als Katalysator zu fungieren oder 2) zum Hauptakteur zu werden. Welchen Weg der Therapeut wählt, hängt davon ab, wie stark er gefühlsmäßig involviert ist. In manchen Situationen bin ich weniger involviert als in anderen. In der gerade beschriebenen Situation wäre ich wahrscheinlich nicht besonders involviert gewesen und wäre deshalb auch nicht unbedingt zum Hauptakteur geworden – zumindest nicht zu Beginn der Sitzung. Ich würde den Jungen vielleicht auffordern, seine Mißfallensbekundung der Mutter gegenüber zu wiederholen und würde die Mutter ersuchen, diesen anklagenden Brief nicht vorzulesen. Ich würde ihr außerdem nahelegen, daß sie versuchen sollte, ihrem Sohn zuzuhören. Auf die Weise bliebe ich ein beobachtender Teilnehmer. Ich würde jedem ein Verhalten vorschlagen, das ich für hilfreich halte und sie somit ermutigen, ihre Meinungsverschiedenheiten zu lösen. Sollten mich beide ignorieren, würde meine Frustration zunehmen, und meine Interventionen würden energischer werden und sich an jeden einzelnen richten. Vielleicht würde ich dem noch eine Beschreibung meiner Gefühle hinzufügen, d.h. wie ich es empfinde, wenn sie meine Angebote ignorieren. Die andere Alternative bestünde darin, schon früher zum Hauptakteur zu werden. Das wäre dann der Fall, wenn ich schon gleich zu Beginn starke Gefühlsregungen verspürte (obwohl ich bis zu dem Zeitpunkt, zu dem mich die Mutter tatsächlich ignoriert, eher durch Identifikation mit dem Jungen reagieren würde und weniger, weil ich mich persönlich ignoriert fühle). Wenn ich zum Hauptakteur werde, bin ich ein teilnehmender Beobachter und kein beobachtender Teilnehmer. Das ist ein Verhalten, das sich lohnt, denn dadurch lernt jedes Familienmitglied, wie es sich gegen den Schmerzverursacher zur Wehr setzen kann, und sie lernen es zudem anhand eines Beispiels und nicht mittels einer Beschreibung. Das ist ein entscheidender Vorteil. Außerdem bewahrt das den Therapeuten davor, einen Teil seiner Aufmerksamkeit auf die Kontrolle seiner eigenen Gefühle verwenden zu müssen, wodurch seine Effektivität eingeschränkt würde und er sich nicht so stark auf die Familie einlassen könnte. Und um es noch einmal zu sagen: es entsteht dadurch eine gesunde Arbeitsatmosphäre, in der die eigentlichen Probleme angegangen werden können.

Wohin kann das führen? An diesem Punkt bin ich immer wieder überrascht, daß andere Therapeuten, die Zeuge dieses Augenblicks der „Wahrheit" werden, so sehr befürchten, das Ganze könne in einer Katastrophe enden. Die Annahme, daß Offenheit und Wut zu schlimmen Vergeltungsmaßnahmen führen, entspringt unserer Phantasie. Das passiert nicht. Vielleicht würde die Mutter in dieser Situation streitsüchtig reagieren – dann würden wir das sofort austragen. Vielleicht zieht sie sich zurück und fühlt sich mißverstanden – dann können wir an dem Punkt weitermachen, indem ich im Hier-und-Jetzt bleibe und darauf achte, wie sie auf meine Offenheit reagiert. Vielleicht behauptet sie, daß man sie nicht richtig verstehe, daß ich Unrecht habe und daß sie hauptsächlich daran interessiert sei, dem Jungen zu helfen. Wenn sie sich verbal so einsichtig zeigt, werden wir die Sache verbal, auf der Inhaltsebene erforschen. Wenn sie sich nur schweigend zurücklehnt, werde ich sie darauf aufmerksam machen und sie vielleicht sogar bitten, uns die Gedanken und Gefühle, die sie in dem Augenblick hat, mitzuteilen. Dieser Augenblick ist kein Schlußpunkt – er ist ein Anfang.

„Bei einem Ansatz, wie er hier beschrieben wird, besteht doch die Gefahr, daß man ab und zu etwas Falsches sagt. Was macht man dann?" Es gibt nur einen Fehler, den man machen kann: Fehler nicht zuzugeben. Es ist nicht „falsch", eine unkorrekte oder ungenaue Bemerkung zu machen, und es ist genausowenig „falsch", mal einen unangebrachten Gefühlsausbruch zu bekommen. Falsch ist es dagegen, einen solchen Fehler zu leugnen, wenn er dem Therapeuten bewußt geworden ist.

Gute Therapieergebnisse werden im allgemeinen guten Therapiemethoden zugeschrieben – richtige Interpretationen, fundierte Analysen, angemessene Interventionen oder bedeutungsvolle Begegnungen. Es hängt alles von der Lehre ab, der man sich verschrieben hat. Manchmal, wenn wir in einer großmütigen Laune sind, geben wir zu, daß wir für die positive Wirkung keine Erklärung haben. Das folgende Beispiel gibt eine Erklärung dafür, was passieren kann, wenn man etwas „Falsches“ sagt.

Er kam wie so oft mir mürrischer Miene ins Zimmer. Sie versuchte wie so oft, klein und lieblich auszusehen, als sie das Zimmer betrat. Wenn die beiden so hereinkamen, hatten sie für gewöhnlich vorher gestritten, und sie machte dann den Anfang in Richtung Versöhnung.

Sie: Möchtest du, daß ich anfange, Liebling, oder willst du?

Er (will nicht offen antworten; wütend): Du schreibst mir doch sowieso alles vor. Warum fragst du mich dann?

Sie (nimmt noch mehr Zuflucht zu lieblichen Äußerungen): Du scheinst dich nicht so wohl zu fühlen, und da dachte ich, du möchtest vielleicht mit uns darüber sprechen.

Er (gleiche Haltung): Du bist immer so verdammt hilfsbereit!

Sie: Nun, wenn du nicht anfangen willst, darf ich dann?

Er (will immer noch nicht antworten): Du tust so, als würde ich dich daran hindern. Ich bin immer schuld, nicht wahr?

Sie (verteidigt sich; das Lächeln ist verflogen): Ich habe nicht gesagt, daß du schuld bist. (Pause) Es ist nur so, daß das immer so läuft und wir nie dazu kommen, uns auszusprechen. Schon seit Wochen möchte ich mit dir über diese Sachen reden.

Und so ging es noch einige Minuten weiter. Ich machte ihn auf seine Art, immer nur zu kontern, aufmerksam, aber er machte genauso weiter. Ich erwähnte ihren eingeschüchterten, lieblichen Rückzug, und sie erklärte, sie habe Schwierigkeiten, mit dieser Wand, die er aufbaue, umzugehen. Ich ergriff für sie Partei und wußte aufgrund vergangener Erlebnisse, daß sie diese Mauer nicht würde durchbrechen können. Deshalb beschloß ich, zu intervenieren. Ich war wütend auf ihn geworden und sagte ihm das. Energisch attackierte ich seine undurchdringliche Haltung, die soviel besagte wie: „Unterste h' dich, mich zu erreichen“. Dann fing ich an zu verallgemeinern. In meiner Wut beschuldigte ich ihn, daß er sich in seiner Ehe öfter so verhalte. Z.B. würde ihn seine Frau schon jahrelang darum bitten, sich um notwendige Reparaturen im Haus zu kümmern – er aber hätte ständig eine Entschuldigung für sein Nichtstun parat: Es gefiele ihm nicht die Art, wie sie ihn fragen würde ... und warum, verdammt noch mal, mußte man ihn immer erst fragen ...

Voller Wut drehte er sich zu mir und zeigte mit dem Finger auf mich: „Jetzt hören Sie mir aber mal zu. Sie achten auf das, was meine Frau sagt, als wäre es die ganze Wahrheit, und dann nehmen Sie an, daß das die ganze Geschichte ist. Jetzt will ich Ihnen einmal erzählen, was ich alles gemacht habe." Er begann, all das aufzuzählen, was er getan hatte, und das war beachtlich. Es stimmte, daß er es in den Sitzungen nie erwähnt hatte, und ich hatte es auch nie für nötig gehalten, danach zu fragen. Für gewöhnlich arbeite ich nicht mit dem „Inhalt", aber wenn ich auf etwas reagiere, benutze ich manchmal den Inhalt von vorangegangenen Sitzungen, um meine Gefühle auszudrücken, wie in diesem Fall. Er wütete noch weiter, dann wurde er langsam ruhiger, aber an seinem Blick sah ich, daß er noch nicht fertig war. Also stachelte ich ihn weiter an: „Dann halten Sie mich wohl für einen Gedankenleser? Schließlich haben Sie ja nie etwas gesagt." Und sofort konterte er: „Sie sollten eigentlich ein Therapeut sein und nicht gleich alles glauben, was Sie von einer Seite gesagt bekommen, schon gar nicht von ihr. Sie müßten eigentlich längst wissen, daß sie übertreibt. Das habe ich Ihnen bereits gesagt." Nachdem seine Wut verflogen war, sah er sich selbst und fing an, leise in sich hineinzulachen.

„Haben Sie gemerkt, wie ich es Ihnen eben gegeben habe? Das habe ich noch nie zuvor gemacht. Das ist nicht schlecht für einen Typ, der sonst immer nur den Beleidigten spielt. Haben Sie vielen Dank, daß Sie so sehr im Unrecht waren; (nachdenklich) sonst hätte ich das niemals geschafft. Ich fühlte mich so im Recht. Es ist schade, daß ich immer erst sicher sein muß, daß ich im Recht bin, ehe ich wütend werden kann. Ich weiß, daß ich mit meiner Schmollhaltung eine Wand aufbaue. (Dreht sich zu seiner Frau und lächelt.) Also gut, fangen wir an. Worüber wolltest du die ganze Zeit mit mir sprechen?"

Er ist noch längst nicht „geheilt", und sie wird sich weiterhin in ihr nutzloses liebliches Verhalten zurückziehen. Die Interdependenz des Problems war noch nicht angegangen worden, aber die Luft war wieder klar, so daß die beiden in dieser Stunde arbeiten konnten. Sein

Wutausbruch mir gegenüber war ein wichtiges Erlebnis für ihn und wird sich auf Ihr Zusammenleben positiv auswirken.

Wie sich herausstellte, reinigte sein Wutausbruch nicht nur die Atmosphäre für diese Sitzung. Er signalisierte auch, daß er jetzt fähig war, sich selbst zu behaupten. Das bestätigte sich in den noch verbleibenden Therapiesitzungen.

Für Therapeuten, die erst kurz mit dem erlebnisaktivierenden Ansatz arbeiten, besteht die Gefahr weniger darin, etwas „Falsches" zu sagen als darin, sich nicht persönlich mit einzubringen. Oft machen Therapeuten aufgrund ihres Lerneifers erste Versuche, eine offene Interaktion in Gang zu bringen, werden jedoch sofort gestoppt, weil der Patient verzweifelt reagiert. Der Patient rächt sich vielleicht, indem er weint, sich in seinen Gefühlen verletzt zeigt, sich verrückt aufführt oder einfach, indem er dem Therapeuten sagt, er solle wieder sein therapeutisches Gewand anlegen, statt ein Verhalten zu zeigen, daß ausschließlich der privilegierten Klasse – dem Patienten – vorbehalten bleiben sollte. Welche Reaktion der Patient auch zeigt – einen unerfahrenen Therapeuten kann ein solches Verhalten ängstigen und/oder in Verlegenheit bringen, so daß er sich entschließt, sich zurückzuhalten. Der Einsatz der ganzen Persönlichkeit in der therapeutischen Begegnung ist nicht mit einem Kleidungsstück zu vergleichen, das man einfach überstreift. Er ist nur dann sinnvoll, wenn der Therapeut diese Prinzipien in sich verankert hat und damit sein Verhalten in der Therapie unterstützen kann. Wenn der Therapeut Angst bekommt oder verlegen wird, liegt es an ihm, diese Gefühle mit einzubringen. Die Effektivität liegt darin begründet, daß der Therapeut eine Person wird und bleibt und nicht, daß er seine Person nur ab und zu einmal einsetzt. Denken Sie daran: Ein Therapeut ist ein Mensch, der ganz er selbst und zudem noch fachlich kompetent ist – nicht jemand, der nur fachlich kompetent ist.

Ich hatte mehrere Monate mit einem Ehepaar gearbeitet. In den letzten Sitzungen ging es immer wieder um die Impotenz des Mannes, die die Frau wütend und dem Mann Angst machte und die mich provozierte und interessierte – zumindest bis zu dieser Sitzung. Ich hatte ihn mit seinem kriecherischen Verhalten, das ich als die Ursache ansah, konfrontiert. Ich hielt seine Impotenz nur für einen Ausdruck seiner Hemmungen, wodurch er versuchte, bei seinen

Mitmenschen freundschaftliches und kameradschaftliches Verhalten zu erreichen. Effektivität war für ihn sekundär. Er war ein fähiger, einigermaßen erfolgreicher Mann in der Gesellschaft, wußte es jedoch noch nicht.

An diesem speziellen Tag war mir meine Bewußtheit darüber verlorengegangen, daß auch ich ein einigermaßen erfolgreicher Mann in der Gesellschaft war. An dem Morgen fühlte ich mich äußerst unfähig. Als wir miteinander arbeiteten, wurde mir immer stärker bewußt, wie ineffektiv das war, und ich fühlte mich zunehmend unbehaglich. Ausgelöst durch die Kritik einiger Kollegen an meiner Arbeit, befand ich mich gerade in einer Phase der Neubewertung. Die Wut, die ich auf meine Kollegen hatte, weil sie so unschön über mich hergezogen hatten und besonders, weil sie unfähig waren, mich direkt damit zu konfrontieren, hatte sich in Selbstzweifel verwandelt. Solche Erlebnisse hatte ich schon früher, wußte also, was mit mir geschah, aber ich war unfähig, meinen Kurs zu ändern. Die Tatsache, daß ich das „Warum" meines Verhaltens kannte und verstand, hatte in dem Augenblick für mich keinen Wert. Ich traute mich nicht, mit dem Ehepaar darüber zu sprechen, denn ich hatte entschieden, daß „es" nicht relevant war. Damit hatte ich entschieden, daß „ich" nicht relevant war. Es war eine fürchterliche Sitzung.

Unmittelbar nach der Sitzung rief ich eine befreundete Kollegin an und schüttete ihr mein Herz aus. Ich gestand ihr, wie unfähig ich als Therapeut sei und versuchte, meiner Unzulänglichkeit als Person auf den Grund zu gehen. Sie hörte mir gut zu, als ich mich durch den dornigen Weg der Selbstkritik und Reue tastete. Zum ersten Mal riskierte ich es, von einer geachteten Kollegin Mißbilligung zu erfahren und verletzt zu werden, was dann noch zu meiner eigenen mitschwingenden Selbstkritik hinzukam. Es war fast zu viel für mich. Nach einer Weile spürte ich etwas Erleichterung und traute mich, sie um ihre Meinung zu bitten. „Stimmt es, was die anderen sagen? Werde ich langsam alt?" Sie ist eine gute Therapeutin und antwortete: „Es ist an der Zeit gewesen, daß du diesen Schmerz in dir zuläßt. Ich bin, ehrlich gesagt, erleichtert."

Ich war ebenfalls erleichtert, dann dankbar und schließlich ziemlich überrascht. Am liebsten wäre ich rausgerannt, um zu spielen. In der heimlichen Sicherheit, die mir diese Freundin (oder „Mutter" für diejenigen, die es so sehen wollen!) gab, konnte ich mich öffnen und wachsen. „Diese Mutter/Ehefrau in der Sitzung war mir zu riskant“, dachte ich bei mir und lachte verstohlen in mich hinein, d.h. ich lachte eher über mein Selbstbild.

Obwohl mir in der Sitzung mein Unbehagen bewußt wurde, ich auch andeutungsweise darüber sprechen konnte und den Bezug zu dem Paar sah, konnte ich nichts erreichen. Die Ehefrau, die ebenfalls Therapeutin war, brachte ihre Enttäuschung über mich zum Ausdruck und äußerte den Wunsch, unsere Sitzungen nicht weiterzuführen. Ich wies sie darauf hin, wie ähnlich ihr Verhalten ihrem Mann und mir gegenüber sei, aber ich war irgendwie gelähmt. Ich „wußte“ es zwar besser, aber ich konnte nichts besser „machen“. Ich brachte meine Enttäuschung über ihre Entscheidung zum Ausdruck und stimmte doch heimlich dieser Entscheidung zu. Ich war deprimiert.

Ihr Mann beschloß, weiterzumachen.

Am gleichen Abend rief sie mich an, brachte ihre Betroffenheit über die Sitzung zum Ausdruck und wollte noch einmal mit mir darüber sprechen. Ich hatte ebenfalls vorgehabt, sie anzurufen. Seit dem Telefongespräch mit meiner Freundin fühlte ich mich sehr viel besser und freute mich, von ihr zu hören. Sie klang deprimiert, und ich schlug vor, sie solle nicht alles so ernst nehmen, da ich mich schon wieder besser fühle und auch wieder mehr Selbstvertrauen habe (sehen Sie, ich bin immer noch potent, kein Grund zur Sorge...). Ich erzählte ihr, daß ich mir auch viele Gedanken gemacht und Gefühle durchlebt habe, die ich in die nächste Sitzung einbringen wolle.

All das ist als Vorspann nötig, wenn ich nun zur Beschreibung der nächsten Sitzung komme.

Drei Menschen trafen sich, jeder von ihnen mit dem Wunsch, einen Weg zu finden. Sie ergriff die Initiative, brachte zunächst ihre Traurigkeit zum Ausdruck, sprach über ihre Zuneigung zu mir und über ihren Wunsch, eine Brücke zu schlagen, sie wisse jedoch nicht, wie. Ich erzählte daraufhin von meinem Telefongespräch, von meiner Unfähigkeit, ihr meine Unzulänglichkeitsgefühle mitzuteilen, und von meiner Erkenntnis, daß ich es noch immer nicht fertigbringe, ihr gegenüber solche Gefühle zu äußern, da ich Angst habe, sie würde sich mir gegenüber genauso verhalten wie ihrem Mann gegenüber. Ich sagte ihr auch, daß ich diese Enthüllung aus der Sicherheit meines heutigen Selbstvertrauens heraus mache.

Ihr Mann antwortete: „Was ich letzte Woche und heute erlebt habe, hat mich mehr berührt als unsere ganze vorherige gemeinsame Arbeit. Ich weiß jetzt irgendwie, daß das, was zuvor gesagt wurde, wahr ist. Je mehr ich Sie respektiere, desto mehr kann ich mich akzeptieren. Es tut mir leid, daß Sie sich unbehaglich fühlen, aber ich bin sehr dankbar, daß Sie dieses Unbehagen mit uns geteilt haben." Er wandte sich seiner Frau zu und sagte: „Ich hoffe, daß du mich eines Tages so akzeptieren kannst, wie ich bin. Ich werde nicht mehr versuchen, alles für dich zu sein, und ich habe dir gegenüber auch keine Schuldgefühle oder Wut mehr, weil du so viel von mir erwartest." Er hatte in den Sitzungen tatsächlich Entscheidendes erlebt.

Seine Frau fing wieder an zu weinen und sagte: „Ich liebe euch beide, und ich nehme an, daß es die Angst vor meinem eigenen Versagen ist, die mich so erschreckt hat. Ich bin immer noch böse auf Sie (zu mir), weil Sie meine Stärke und Zuneigung Ihnen gegenüber nicht gesehen haben."

Ich fing an zu weinen, als mir bewußt wurde, daß ich ihre Anerkennung brauchte und das zum Ausdruck brachte. Ich hatte früher einmal an ihr kritisiert, daß sie mich idealisierte, um dadurch Distanz zu schaffen. Das sah ich immer noch so. Jetzt erkannte ich jedoch, daß auch ich diese Idealisierung benutzt hatte – um mein eigenes Bedürfnis nach Anerkennung zu leugnen.

Jetzt weiß ich, daß wir unser gemeinsames Erleben noch hätten vertiefen können, wenn ich mein eigentliches Selbst schon früher eingebracht hätte.

Der Vorschlag, daß sich Therapeuten intensiv einbringen sollten, ruft oft bei den Therapeuten Bedenken hervor, ob ihre Patienten auch fähig seien, damit umzugehen. Auch wenn das häufig ein Vorwand ist, um die eigenen Ängste zu verstecken, so stellt sich doch jedem verantwortlichen Therapeuten die vernünftige Frage: „Welches psychotische Potential hat dieser Patient?" oder „Wieweit kann ich einen Patienten antreiben, bei ihm nachbohren, ihn erforschen und mit meinem eigenen Verhalten konfrontieren, und trotzdem sicher sein, daß er nicht mit psychotischer Ideenbildung oder psychotischem Verhalten reagiert?" Die starke Wirkung, die der hier beschriebene Ansatz hat, läßt diese Frage als sehr vernünftig und angemessen erscheinen. Die Sicherheit liegt darin begründet, daß der Therapeut sich selbst und das, was er erlebt, äußerst bewußt wahrnimmt. Dieser therapeutische Ansatz entblößt oft sehr schnell die psychologischen Schutzmechanismen des Patienten, indem er dessen alte, stereotype Abwehrmuster vereitelt, bevor der Patient (der nun sein Ich wahrnimmt) überhaupt die Gelegenheit hat, neue Schutzmaßnahmen zu entwickeln und sich dadurch wieder zu verhüllen.

Die Begriffe „verhüllt" und „entblößt" passen sehr gut, denn die Reaktionen von Patienten auf Konfrontationen sind oft so, als wären sie in der Öffentlichkeit entkleidet worden. Sie zeigen Verlegenheit, verlegenes Lachen, Rotwerden, Verwirrung, Angst, Schamgefühle und häufig auch Verlorenheitsgefühle. Der Therapeut hat die Pflicht, zu erkennen, inwieweit die Reaktion des Patienten einen echten inneren Kampf widerspiegelt oder inwieweit sein Verhalten manipulierend ist und nur den Zweck hat, weitere zwischenmenschliche Interaktionen zu verhindern.

Wenn das Verhalten eines Patienten einen echten inneren Kampf widerspiegelt, wird er den anderen Personen wenig Aufmerksamkeit widmen oder wenig Energien an sie verwenden. Das heißt nicht, daß er sich der Anwesenheit der anderen nicht bewußt ist sondern nur, daß er diese Bewußtheit nicht als Manipulationsmittel verwendet. Wenn ein Patient entblößt wurde und nun in seinem Inneren mit seiner Bewußtheit kämpft, braucht der Therapeut erst einmal nicht weiter zu intervenieren. Interpretationen würden hier nur eine Unterbrechung bedeuten. Der Therapeut sollte zu diesem Zeitpunkt keinerlei Hilfestellung oder Unterstützung geben, es sei denn, er hat den Eindruck, daß der Patient im Augenblick nicht fähig ist, das Problem selbst zu bewältigen. Diese Entscheidung kann der Therapeut treffen, indem er einfühlsam auf das Verhalten des Patienten achtet.

Eine unnötige Hilfestellung behindert die Therapie, weil sie es dem Patienten nicht erlaubt, dieses grundlegende Stadium einer Krise zu erleben, wodurch er – hoffentlich – eigene Ressourcen entwickelt, statt den Augenblick mit Hilfe einer äußeren Instanz zu überbrücken. Dies war ja ein Teil des ursprünglichen Dilemmas und sollte möglichst nicht durch den Therapeuten wiederholt werden. Wenn der Therapeut sieht, daß der Patient ohne Hilfe nicht weiterkommt, sollte er die kleinstmögliche Hilfestellung geben, um die größtmögliche Eigenaktivität des Patienten bei dessen Selbstentwicklung zu fördern. Jede übertriebene Hilfestellung an diesem Punkt wäre schädlich, da sie den Patienten von einer inneren Neustrukturierung ablenkt und dessen Aufmerksamkeit statt dessen auf zwischenmenschliche Interaktion gerichtet wird. Das wiederum könnte später zu Manipulationsverhalten anderen gegenüber führen. Geben Sie dem Patienten soweit wie möglich die Gelegenheit, seine Persönlichkeit selbst zu reintegrieren. Der Therapeut ist nur ein Gerüst für den Wiederaufbau, das dann verwendet werden sollte, wenn der Patient es braucht.

In den letzten Jahren – als ich mir in den Therapiegesprächen einen größeren Spielraum als Person zugestand – mußte ich manches Mal erleben, wie ich zusammenbrach (was für eine unglückliche Formulierung) und über irgend etwas in mir hilflos weinte. Das wurde immer dadurch ausgelöst, daß ein Familienmitglied irgend etwas zu einem anderen Gruppenmitglied sagte. Bei diesen Gelegenheiten merkte ich, daß ich fähig war, durch mein Schluchzen hindurch zu sprechen und daß ich nur das, was ich erlebte und die Gedanken, die damit zusammenhingen, mitteilte. Danach war ich überrascht, wie unwichtig die unterstützenden Reaktionen der anderen für mich waren. Es machte kaum einen Unterschied, daß sie mich trösteten, mit mir weinten oder zu mir traten und einen Arm um mich legten. Bei beiden Malen empfand ich unmittelbar danach eine tiefe Zuneigung für alle Anwesenden, und zwar unabhängig davon, wie sie reagierten. Ich fühlte mich im Einklang mit mir selbst, und nachdem ich mich noch einige Augenblicke mit mir beschäftigt hatte, wurde mir die Anwesenheit der anderen wieder bewußt, und mein Interesse für sie nahm wieder zu.

Es gibt drei Kriterien, nach denen ich die psychische Gesundheit oder Ich-Stärke einer Person, die zu mir in die Therapie kommt, beurteile. Zunächst einmal achte ich darauf, inwieweit diese Person klar sagen kann, wer sie ist und was sie von unserer Begegnung erwartet. Vergleichen Sie zum Beispiel jemanden, der das Zimmer betritt, sich mit Namen vorstellt, sich hinsetzt und sagt: „Ich brauche Hilfe. In den vergangenen Monaten war ich unfähig, mit .... fertig zu werden" mit einem anderen, der gleich im Türrahmen stehenbleibt und gar nichts sagt; wenn man ihn bittet, doch Platz zu nehmen, sieht er mehrere Möglichkeiten und fragt: „Soll ich mich auf einen bestimmten Platz setzen?“ Wenn er dann endlich sitzt, ist er entweder still oder er fragt zögernd: „Worüber soll ich denn sprechen?“ Ermutigt man ihn, über das zu sprechen, was ihm wichtig ist, überlegt er eine Weile und sagt dann: „Ich weiß nicht, was los ist... es scheint so... vielleicht sollte ich besser nicht hier sein... Sie haben wirklich eine hübsche Praxis.“

Das zweite Kriterium ist dynamischer und bezieht sich auf mehrere Begegnungen. Dabei geht es um die Fähigkeit des Patienten, damit zufrieden zu sein, daß er eine andere Identität hat als der Therapeut. Ist er rigide und undurchlässig? Ist es so, daß er sofort all das, was man ihm anbietet, angreift, kritisiert und/oder „nicht versteht“? Wenn ich darüber unglücklich bin, daß es uns nicht gelingt, miteinander in Kontakt zu kommen und ihm das sage – zeigt er dann weiterhin sein Abwehrverhalten oder gibt es einen Annäherungsversuch seinerseits? In solchen Fällen ist der Preis des Getrenntseins „keine Begegnung“.

Anscheinend gibt es auch das andere Extrem, d.h. die Patienten, die keine Fragen stellen und darauf erpicht sind, den Therapeuten regelrecht in sich aufzusaugen. Alles, was der Therapeut sagt, wird einfach geschluckt, ohne daß es irgendwie verarbeitet oder verdaut wird. Sie stimmen allem zu und ihr ernsthaftester Einwand lautet: „Ja, damit haben Sie wahrscheinlich recht.“ Das andere Extrem nehmen sie nie ein. Sie können es nicht akzeptieren, daß sie eine andere Identität haben als der Therapeut, und der Preis ihres Nichtgetrenntseins ist der gleiche – keine Begegnung.

Je gesünder der Einzelne ist, desto größer ist seine Fähigkeit, Unterschiede offen anzuerkennen. Je gesünder der Einzelne ist, desto größer ist seine Fähigkeit, Gleichheit offen anzuerkennen. Je gesünder der Einzelne ist, desto größer ist seine Fähigkeit, die Unterschiede oder Ähnlichkeiten, die ihm mißfallen, zur Kenntnis zu nehmen und damit umzugehen. Das gilt natürlich sowohl für den Patienten als auch für den Therapeuten.

Bei dem dritten Kriterium geht es darum, wie gut die Person im Hier-und-Jetzt verbleiben kann. Damit meine ich nicht nur, daß derjenige körperlich im Raum anwesend ist oder daß er mit sozialen Gegebenheiten vertraut ist, sondern daß er fähig ist, bei einem aktuellen Thema zu verbleiben, auch wenn das in ihm – im Hier-und-Jetzt – Schmerzen hervorruft. Wenn zum Beispiel die augenblickliche Begegnung schmerzhaft wird – wie schnell verläßt die Person das Hier-und-Jetzt – „Das erinnert mich doch an..." –, statt ihr gegenwärtiges Unbehagen zum Ausdruck zu bringen? Und wenn ich sie darauf aufmerksam mache – wird ihr dann ihr Unbehagen bewußt und kann sie darüber sprechen? Oder reagiert sie auf diese Konfrontation ähnlich oder mit vermehrtem Rückzug, wie Schweigen oder Themawechsel? Wenn das Thema über unsere aktuelle Begegnung hinausreicht und dadurch schmerzliche Erinnerungen hervorgerufen werden, interessiert es mich, wie stark der Patient den Blick für die aktuelle Begegnung verliert und wie groß der Stimulus sein mußte, damit er sich in die Vergangenheit begab. Ein Erwachsener, der plötzlich anfängt, so mit einem verstorbenen Elternteil zu sprechen, als sei dieser anwesend, unterscheidet sich stark von einem, der sich so als Reaktion auf ein Experiment verhält, das der Therapeut vorgeschlagen hat.

Ein Kriterium allein deutet noch nicht auf Ich-Stärke oder eine drohende Psychose hin. Extreme von irgendwelchen Aspekten des Vorhergesagten können bei den meisten von uns zu unterschiedlichen Zeitpunkten auftreten. Sogar Kombinationen können simultan zum Ausdruck kommen, ohne daß man gleich als psychisch gestört gilt. Wenn jedoch eine Person auf äußere Einflüsse so gut wie gar nicht reagiert, so läßt das auf eine Zerbrechlichkeit oder auf ein sogenanntes „Psychotisches Potential" dieses Menschen schließen.

Das Ausmaß und die Qualität des Ich-Seins einer Person – das erste Kriterium – kann man nicht nur früh daran messen, wie klar sie zum Ausdruck bringt, wer sie ist und was sie vom Therapeuten will, sondern auch daran, wieviel sie verbal ausdrückt und wieviel in nonverbale Gesten verpackt ist. Wenn die Gestik hervorstechend ist, interessiert es mich, ob diese Angewohnheiten recht alltäglich oder eher ungewöhnlich sind. Die Fähigkeit zu gutem Blickkontakt ist ein Zeichen von Stärke, aber fehlender Blickkontakt allein bedeutet nicht unbedingt Gefahr.

Viele Menschen, die eine einigermaßen gesunde Psyche haben, sind unfähig, eine andere Person anzusehen, wenn sie mit ihr reden, aber sie können sofort Blickkontakt aufnehmen, wenn sie aufhören zu sprechen und anfangen zuzuhören. Es gibt verschiedene Arten von Blickkontakt: den anderen heimlich anzusehen, um sich ein Bild von ihm zu machen, ist zum Beispiel ein beliebtes Verhalten. Jedes einzelne Verhalten muß im Kontext mit dem gesamten Verhalten des Menschen gesehen werden.

Das Ausmaß an Ich-Sein, d.h. wie oft eine Person sagen kann: „Ich mag..." oder „Ich bin..." oder sogar „Ich mag nicht..." ist ein wichtiger Hinweis auf sein Selbstwertgefühl. Und natürlich hat das Selbstwertgefühl etwas mit Persönlichkeitsstärke zu tun. Manchmal handelt es sich um eine soziale Fassade, wenn jemand dazu erzogen wurde, dadurch Selbstlosigkeit vorzutäuschen, daß er nie das Wort „ich" gebraucht. „Fange nie einen Satz mit ich an", ist wohl die am nachhaltigsten wirkende Ermahnung, die uns beim ersten Aufsatzschreiben an der Schule erteilt wurde. Dieses soziale Vermeidungsverhalten hat keine wesentliche Folgen, und der Betreffende ist im allgemeinen sehr zugänglich für den Vorschlag, „ich" zu sagen, wenn er „ich" meint, statt Begriffe wie „sie" oder „man" zu verwenden. Dies ist eine elementare kommunikationsverbessernde (begegnungsfördernde) Handlung. Wenn wir das jedoch vorschlagen, kann es sein, daß wir anhand seiner Bereitschaft, ein solches Verhalten zu ändern, eine noch tiefere oder qualitative Bedeutung im Ich-Sein dieses Menschen entdecken.

Es ist ein wichtiger qualitativer Aspekt des Ich-Seins, wieviel vom „Ich" tatsächlich ein Teil dieses Menschen ist und wieviel lediglich dazu dient, ein Selbstbild aufrechtzuerhalten, wobei dann nur ein geringer Teil der Gesamtpersönlichkeit gezeigt würde.

Lassen Sie uns einmal die beiden Äußerungen „Ich bin der Ansicht, man sollte nicht fordernd sein" und „Ich will das, was ich will, genau dann, wann ich es will, und ich werde alles Vernünftige tun, um es auch zu bekommen" genauer betrachten. In der ersten Äußerung generalisiert der Sprecher. Das Subjekt ist „man", wodurch eine persönlichere „Ich"-Aussage vermieden wird. Außerdem gibt der Sprecher durch die Verwendung des Begriffs „sollte" eigentlich zu, daß die Äußerung nur einen geringen Teil seines ganzen Seins widerspiegelt. Durch die andere Äußerung kommt dagegen ganz klar das „Ich" des Sprechers zum Ausdruck. Dadurch, daß er sagt, was er will und zudem die Notwendigkeit anerkennt, vernünftig zu sein, zeigt er eher seine Gesamtpersönlichkeit.

Obwohl dieser Vergleich zugegebenermaßen nur skizzenhaft ist, so zeigt er doch die auf der verbalen Ebene festzustellenden qualitativen Unterschiede des Ich-Seins. Das ganze Verhalten und der Gesamtausdruck des Menschen, die mit seinen Äußerungen einhergehzen, sind in der ganzheitlichen Wahrnehmung dieser Person durch den Therapeuten bestens vereinigt.

Die Distanz zwischen dem Subjekt (der Person) und dem Gegenstand der Diskussion ist oft ein Indikator für psychotisches Potential und stellt unser zweites Kriterium dar. In einer Paartherapie-Gruppe murmelte ein Teilnehmer, den ich Art nennen werde, leise und kaum hörbar vor sich hin: „Die Leute sprechen hier so tief". In dieser Aussage gab es keine klare „Ich"-Darstellung, und sie wurde auch an keine bestimmte Person gerichtet. Die fast unhörbare Botschaft war ein wichtiger Teil dieses Menschen, in dem sein Bedürfnis nach Distanz zum Ausdruck kam.

Jemand erwiderte: „Ihre hohe Stimme klingt in meinen Ohren weiblich und schwach." Diese Bemerkung war keine klare „Ich"-Aussage, wie „Ich mag Ihre hohe Stimme nicht...", aber sie war doch verbindlicher und engagierter als Arts Äußerung. Art antwortete: „Ihre Stimme hört sich nett an." Dadurch, daß Art der Stimme des anderen und dem Thema „Stimmen im allgemeinen" Aufmerksamkeit schenkte und die persönliche Botschaft ignorierte, sagte er im Grunde: „Lassen Sie uns nicht über uns sprechen, sondern lieber über unsere Stimmen." Die Tatsache, daß Art es vorzog, die eindeutig negative Botschaft zu ignorieren, zeugt von seiner Zerbrechlichkeit. Der andere sagte aggressiv: „Sie sprechen nicht über das Thema, das ich angeschnitten habe. Wenn Sie nicht über sich selbst, über Ihre Schwäche und Weiblichkeit reden wollen, warum sagen Sie es dann nicht einfach?" Art antwortete wieder: „Ihre Stimme hat einen schönen Klang." Art war zu diesem Zeitpunkt nicht psychotisch.

Ich intervenierte und sagte: „Es ist wichtig für Sie, *über* die Stimmen anderer Leute zu sprechen." Daraufhin zeigte er sichtbar mehr Interesse und fing an, vage über die Stimmen anderer Menschen zu sprechen. Er konnte immer noch nicht über seine eigene Stimme sprechen, und diese distanzierte Art war für ihn zu diesem Zeitpunkt die einzige Möglichkeit, über sich selbst zu sprechen. Die Schwierigkeit mit seinem Ich-Sein und die Tatsache, daß er nur ganz am Rande dem Gespräch beiwohnen konnte, machten jedem Teilnehmer bewußt, daß dieser Mann psychisch sehr zerbrechlich war und daß bei ihm ein gewisses psychotisches Potential vorhanden war. Da die Zeit um war, beendete ich die Interaktion mit Art und auch gleich die ganze Sitzung. Ich sagte zu ihm: „Da jetzt keine Zeit mehr ist, diese Sache weiter zu verfolgen, möchte ich Ihnen nur noch sagen, daß ich Angst hätte, mich heftig mit Ihnen auseinanderzusetzen. Ich hätte Angst, daß Sie eher verrückt würden statt zurückzuschlagen. Da mir das nicht gefällt, werde ich Ihnen bei Gelegenheit beibringen, wie man kämpft." Offensichtlich erleichtert lächelte er mich an, und *machte keine Bemerkungen über meine Stimme.*

Dies war eine „Ich"-Aussage des Therapeuten. Später, wenn die Interventionen näher beleuchtet werden, werde ich in diesem Kapitel auf die Intervention „Königliches Ich-Sein" als die optimale Intervention eingehen. Dies war ein Beispiel.

Was bisher erörtert wurde, basiert größtenteils auf Beobachtungen über das „Was" und das „Wie" der Botschaften einer Person. Das dritte Kriterium für psychotisches Potential ist, wie bereits angedeutet, die Interaktion: Was geschieht mit dem Ich eines Menschen, wenn er gestoßen, herausgefordert oder konfrontiert wird. Im vorangegangenen Beispiel verharrte Art, als er herausgefordert wurde, noch stärker in seiner ursprünglichen Haltung. Obwohl er zu diesem Zeitpunkt nicht verrückt war, enthüllte seine Reaktion auf den Stimulus anderer Gruppenmitglieder sein Potential für etwas, das wir als Psychose bezeichnen würden. Er war nicht in der Lage, frei über das angeschnittene Thema zu sprechen. Lassen Sie uns dieses Verhalten mit dem eines anderen Gruppenmitglieds vergleichen, der immer ärgerlich zurückschlug, und das auf eine oft sehr ungeschickte Art und Weise. Die anderen Gruppenmitglieder waren über ihn verärgert. Sein „Ich" schien so unzugänglich zu sein wie das von Art, obwohl er sich stärker auf den Inhalt bezog.

So sagte zum Beispiel jemand zu ihm: „George, Sie sehen schon die ganze Zeit so wütend aus, und Sie sprechen kaum mit uns." Er starrte ihn nur an. Jemand anderes sagte zu ihm: „Nun machen Sie schon, George. Warum sagen Sie denn nichts?" Daraufhin reagierte George. „Was ist los? Haben Sie ein Problem?" antwortete er. „Worüber sind Sie denn wütend?" Ein anderer versuchte es mit den

Worten: „Ich möchte mit Ihnen über Ihr offensichtliches Unbehagen sprechen und würde Ihnen gern helfen." George erwiderte: „Wenn ich reden will, dann werde ich auch reden, aber wenn Sie etwas zu sagen haben, warum sagen Sie es dann nicht?"

Dann machte jemand eine „Ich"-Aussage: „Ich fühle mich durch Ihr Verhalten geängstigt." George antwortete mit einem zynischen Lächeln: „Warum sprechen Sie nicht mit mir darüber?" Der andere sagte: „Ich kann nur sagen, daß ich Angst habe, mit Ihnen zu sprechen, weil Sie immer alles so abschmettern." George taute sichtlich auf, und sein harter Ausdruck wurde weicher, als er antwortete: „Ich bin aufgeregt, wenn ich mit Ihnen spreche, aber ich bin mein ganzes Leben über herumgestoßen worden, und an diesem Punkt hier habe ich beschlossen, ein Risiko einzugehen und verdammt noch mal das zu sagen, was ich will, und es ist mir egal, ob es Ihnen oder den anderen gefällt oder nicht." Dieser letzte Stimulus führte zu einer Schwächung seiner Haltung und stärkte seinen Bezug zum Inhalt und sein „Ich". Das Vorantreiben der Begegnung durch den letztgenannten Gruppenteilnehmer führte zu einer Stärkung und nicht zu einer Schwächung von Georges „Ich". Durch die anderen ermutigt, machte er so weiter und gab bereitwillig Informationen über sich preis. Er erzählte, daß er in den letzten Wochen nichts habe essen können, weil er immer Bauchschmerzen gehabt habe. Als er aufhörte zu reden, stellte er fest, daß seine Bauchschmerzen nachgelassen hätten.

Um die Ich-Stärke eines Menschen beurteilen zu können, ist es hilfreich zu sehen, wie gut er angesichts heftiger Begegnungen im Hier-und-Jetzt verbleiben kann. Viele Menschen können ganz gelassen in der „Ich"-Form sprechen und sich sogar auf den Gegenstand der Diskussion beziehen, solange sich dieses Thema auf ihre Vergangenheit oder Zukunft bezieht. Sie können zum Beispiel oft sehr genau von ihren Erinnerungen oder vergangenen Erlebnissen sprechen, können sich jedoch plötzlich nicht mehr klar ausdrücken, wenn sie über ihre offensichtlichen Ängste in der gegenwärtigen Begegnung sprechen sollen.

Patienten, die schon Therapieerfahrung haben, können oft äußerst gelassen über Themen wie ihr Sexualverhalten und ihren Haß auf die Mutter sprechen. Sie können sogar bei diesen Themen stark erscheinen. Wenn es jedoch darum geht, über ihre Liebe oder Wut, die sie einem anwesenden Familienmitglied – oder vielleicht auch dem Therapeuten – gegenüber empfinden, zu sprechen, ziehen sie sich psychisch aus der Begegnung zurück.

Lassen Sie uns zwei depressive Patienten, die zum ersten Mal zu mir kommen, miteinander vergleichen. Der eine kommt herein, setzt sich hin, sieht mich traurig an und beginnt das Gespräch mit den Worten: „Ich weiß nicht, was los ist. Ich bin so unendlich traurig, und ich weiß, daß ich Hilfe brauche. Aber ich weiß nicht, ob Sie mir helfen können oder ob das überhaupt jemand kann." Er fängt an zu weinen. Mir ist sofort klar, daß dieser Mann in einer relativ guten Verfassung ist. Er spricht in der „Ich"-Form und bezieht sich auf den augenblicklichen Moment.

Ein anderer kommt herein, setzt sich hin und fängt an zu weinen. Nachdem er eine Zeitlang geweint hat, sagt er – entweder mit oder ohne Einladung des Therapeuten, seine Tränen in Worte auszudrükken: „Das Leben hat keinen Sinn. Keiner interessiert sich für den anderen. Das war schon immer so. Daran wird sich nie etwas ändern." Hier gibt es keine „Ich"-Aussage. Außerdem nimmt der Patient nicht direkt Kenntnis von der Anwesenheit des Therapeuten (aber das ist immer noch ein besseres Zeichen als wenn er überhaupt nicht spontan reden würde). Er unternimmt auch keinen Versuch, die gegenwärtige Situation kritisch zu beleuchten. Das „Jetzt" ist ganz an den Rand seiner Bewußtheit gerückt. Wenn man die Art vergleicht, wie sich diese beiden Männer bei mir vorgestellt haben, so kann man sagen, daß der zweite Mann sehr viel schlechter zugänglich ist.

Das psychotische Potential eines Menschen kann nicht allein anhand dieser Merkmale bestimmt werden, da die beschleunigenden Faktoren, die zu der Depression geführt haben, und die Dauer der Depression noch nicht geklärt wurden. Diese Informationen sind jedoch nicht notwendig, um das psychotische Potential eines Menschen einschätzen zu können. Die biographischen Daten sind unwichtig, wenn der Therapeut bereit ist, sich in der augenblicklichen Situation auf den Patienten einzulassen. Wenn er den Patienten konfrontiert, kann er unmittelbar und ohne Risiko herausfinden, wie mächtig und wie stark formbar die depressive Haltung des Patienten ist und inwieweit der Therapeut fähig ist, damit umzugehen. Meiner Erfahrung nach erfordert die unzugängliche Art des zweiten

Patienten eine sehr viel festere therapeutische Hand und ein stärkeres Angreifen, um diesen Menschen ins Hier-und-Jetzt zu holen, wo die therapeutische Wirkung größer ist.

Die Bereitschaft und die Fähigkeit, im Hier-und-Jetzt teilzunehmen, sind wichtige Hinweise für die psychische Vitalität. *Es ist immer wieder erstaunlich, wieviel Zeit ihres Lebens die Menschen außerhalb des gegenwärtigen Moments verbringen.* Das Vermeiden des Hier-und-Jetzt ist allein noch kein Zeichen für psychotisches Verhalten oder für ein starkes psychotisches Potential, da es sehr häufig anzutreffen ist. Die andauernde Unfähigkeit jedoch, im Hier-und-Jetzt zu sein, und das Fehlen des Ich-Seins werden zur Definition für den Begriff „psychotisch".

Therapeuten neigen oft dazu, sich von sogenannten Borderline-Patienten oder Psychotikern gefühlsmäßig zurückzuziehen, indem sie ganz vorsichtig, um nicht zu sagen überempfindlich reagieren. Meiner Erfahrung nach werden Patienten durch solch rührseliges Verhalten immer apathischer. Der Zustand von Verrückten verbessert sich jedoch dramatisch, wenn man energisch und trotzdem feinfühlig auf sie eingeht. Das folgende Beispiel soll als Beweis dafür dienen.

Frau S. war eine 35jährige, verheiratete, spanisch sprechende Mutter dreier Kinder, die ungefähr zwei Jahre vor unserem Gespräch wegen eines psychotischen Schubes in die Klinik eingewiesen worden war. Die vorstechenden Merkmale waren damals wie heute Depressionen und Paranoia, was in Weinen, Hoffnungslosigkeit, Selbstverachtung, in der Wahnvorstellung, Männer würden sie beobachten und ihr vorwerfen, sie sei in sie verliebt, sowie in Eifersucht ihrem Mann gegenüber zum Ausdruck kam. Sie dehnte diese Wahnvorstellungen noch weiter aus, indem sie Gegenständen wie ihrem Kühlschrank menschliche Züge verlieh, d.h. sie hatte das Gefühl, daß diese Gegenstände sie beobachteten und nur darauf warteten, sie bei einem inakzeptablen Verhalten zu erwischen.

Nach mehreren Monaten Klinikaufenthalt, etwas Psychotherapie und einer Menge Medikamenten ging es der Patientin besser. Solange sie unter Beruhigungsmitteln stand, schien sie zu funktionieren und sich etwas Objektivität bezüglich ihrer Wahnvorstellungen zu bewahren, die jedoch nie ganz verschwanden. Die Therapie hörte auf, und die Patientin ging wieder zur Arbeit. Anderthalb Jahre lang sah man sie nicht mehr. Mehrere Wochen vor unserem Gespräch verschlimmerten sich ihre Symptome und sie erschien wieder zur Behandlung. Da ich kein Spanisch sprach, arbeiteten wir mit einer Dolmetscherin mittleren Alters, die verheiratet war und im Büro der Klinik angestellt war, in die Frau S. zwei Jahre zuvor eingeliefert worden war.

Beim letzten Besuch beklagte sich die Patientin, daß man mich so schlecht wahrnehmen könne, daß ich ihr so verschwommen vorkomme und daß sie sich unwohl fühle, wenn ich meine Hände ständig so bewege. Ich konnte sie nicht dazu bringen, sich mit ihren Phantasien über meine Hände auseinanderzusetzen, also versuchte ich, ihre Schwierigkeiten beim Sehen zu erforschen. Ich bat sie, ihre Augen zu schließen und sich vorzustellen, sie trüge die stärkste und beste Brille der Welt und könne alles ganz deutlich sehen. Ich bat sie, sich umzuschauen und mir zu sagen, was sie sehe. Am Anfang war die Brille ganz offensichtlich rosarot gefärbt, denn sie brachte ihre idealisierten Wünsche, die sie an die Welt um sich herum hatte, zum Ausdruck, d.h. sie sah die Welt konfliktfrei und angenehm. Ich kam in ihren Bildern nicht vor. Ich forderte sie auf, mich in ihren Vorstellungen zu suchen. Nach kurzem Schweigen fing sie an zu weinen und sagte: „Es löst Gefühle in mir aus, wenn ich Sie ansehe."

Die Tatsache, daß sie mich nicht sehen wollte und ihre Beunruhigung über meine Hände weckten in mir die Vermutung, daß sie Angst vor einem näheren Kontakt mit mir habe, sei er liebevoller oder aggressiver Art. Ich mußte an ihre Vergangenheit denken und an ihr Bedürfnis, ihre Phantasien über Liebesbeziehungen auf andere zu projezieren. Ich fragte sie nach ihren Gefühlen, aber sie schüttelte nur schweigend ihren Kopf. Menschen, die eine gesündere Ich-Struktur haben, erzähle ich oft meine Phantasien, damit sie darüber nachdenken können. Menschen gegenüber, die schon psychotische Schübe gehabt haben oder deren Ich-Struktur aus irgendeinem Grund sehr zerbrechlich erscheint, werde ich von Mal zu Mal direkter. So verhielt ich mich auch in diesem Fall, als ich sagte: „Sie haben Phantasien und Gefühle, wie es wäre, mit mir zu schlafen, und das können Sie nicht an sich akzeptieren." Sie brach in Tränen aus, nickte und sagte: „Ich fühle mich gerade wie ein Tier."

Ich zog wieder ihr psychotisch strukturiertes Ich in Betracht, versetzte mich in ihre Psyche, und griff ihr Gewissen an: „Jetzt bin ich aber wütend. Ein Gewissen, das es dem Menschen nicht erlaubt, Phantasien zu haben, kann ich nicht tolerieren. Ich kann genausowenig ein Gewissen tolerieren, das nicht zwischen Tatsachen und Phantasien unterscheiden kann. Ich hasse so eine Art von Gewissen."

Die Patientin hörte auf zu weinen, sah mich und die Dolmetscherin an und sagte, daß es wahr sei, daß sie diese Phantasien habe, daß dies nach ihrer Religion Sünde sei und daß sie nicht verstehen könne, was ich gesagt habe. Diese Äußerung weckte in mir das Gefühl, daß sie begann, meine Worte zu verstehen. Ich fuhr fort: „Phantasien sind die Nahrung der Psyche, und ohne Nahrung verhungert die Psyche. Wir haben alle die verschiedensten Phantasien, und wir haben alle schon einmal solche Phantasien gehabt wie Sie. Ich hatte die Phantasie, mit Ihnen zu schlafen, ebenso wie mit Frau ... (die Dolmetscherin). Ich habe keine Angst vor diesen Phantasien. Ich kenne den Unterschied zwischen Phantasie und Realität. Ich verurteile mich nicht dafür, daß ich solche Phantasien habe. Ich verurteile nur ein Gewissen, das so gehässig ist, daß es solche Phantasien nicht toleriert."

Die Dolmetscherin, eine religiöse Frau mittleren Alters, verheiratet und Mutter mehrerer Kinder, die einen gepflegten und gesetzten Eindruck machte und auf deren genaue Übersetzungen man sich verlassen konnte, wiederholte diese letzte Äußerung auf Spanisch und fügte dann aus eigenem Entschluß hinzu: „Und sogar ich habe solche Phantasien." Die Patientin sah uns beide überrascht und etwas verwirrt an. Sie sprach klar und deutlich über ihre Probleme mit der Kirche, über einige ihrer Kindheitserlebnisse und über die kulturellen Umstellungsschwierigkeiten, die sie beim Umzug in die Vereinigten Staaten hatte. Nach ungefähr drei oder vier Minuten schloß sie mit den Worten: „Ich sehe Sie jetzt deutlich, Doktor, und ich habe keine Angst mehr davor, daß Sie Ihre Hände bewegen." Die Stunde war zu Ende.

Es gibt im wesentlichen zwei Arten von Interventionen: die katalytische Beobachtung und die aktive Teilnahme.

Die katalytische Beobachtung ist ein relativ unbeteiligter, begegnungsfördernder Dienst des Therapeuten. Es ist ein grundlegendes therapeutisches Vorgehen und besteht darin, daß die Familienmitglieder aufgefordert werden, den anderen jeweils direkt zu konfrontieren. Der Therapeut beobachtet diese Konfrontationen und macht

Veränderungsvorschläge, die sie in ihren Begegnungen weiterbringen sollen: er schlägt ihnen z.B. vor, den anderen beim Sprechen anzusehen oder er bittet darum, daß eine Geste in Worten ausgedrückt und in den verbalen Austausch einbezogen wird. Der Therapeut ist weitgehend ein Beobachter und nimmt nur minimal am Geschehen teil.

Während der therapeutischen Arbeit gibt es unweigerlich Zeiten, in denen der Therapeut über die katalytische Ebene hinausgeht. In diesen Fällen ist es besser, wenn der Therapeut sich intensiver auf die Begegnung einläßt und zu einer Hauptperson in dem Kampf wird, statt eine gleichgültige Haltung zu bewahren und zu versuchen, die Vorgänge zu interpretieren, bzw. mit Etiketten wie „er hat Widerstände" zu versehen. Der Therapeut ist dann weitgehend ein Teilnehmer und nur am Rande ein Beobachter. Interventionen bringen zum Ausdruck, wie stark der Therapeut involviert ist. Es können einfache, ruhige Anweisungen sein, wie: „Ich schlage vor, Sie sagen das Ihrer Frau und nicht mir" oder auch tiefgehende, erregte Gefühlsäußerungen, wie: „Ich kann es nicht ausstehen, wie Sie ständig Ihre Frau mit Fragen bombardieren. Wenn das alles ist, was Sie können, dann halten Sie lieber den Mund." Solche Äußerungen können mit wenigen oder auch vielen Worten vorgebracht werden, man kann dabei leise oder auch laut sein, heftig gestikulieren oder völlig bewegungslos sprechen – das Charakteristische der optimalen Intervention, das die ganze Bandbreite therapeutischer Intervention durchzieht, ist immer die „Ich"-Aussage.

Ich nenne dies liebevoll das Konzept von unserem „königlichen" Ich. Die optimale Intervention spiegelt deutlich wider, wer der Therapeut zu dem bestimmten Zeitpunkt ist, und das kommt durch die „Ich"-Aussage zum Ausdruck. Das soll jedoch nicht heißen, daß das Wort „ich" unbedingt ausgesprochen werden muß. Das ist nicht immer möglich. Manchmal bezweifle ich sogar, daß es immer wünschenswert ist, denn in der Hitze des Gefechts könnte es eher gestelzt klingen.

Die puristische Ebene erlebnisaktivierender Psychotherapie ist eine einschneidende, ständige Konfrontation damit, was für begegnungshemmende Verhaltensweisen eine Person zeigt, und wie sie sie zeigt. Im weiteren Verlauf der Therapie wird streng darauf geachtet, wie die Person mit den einzelnen Konfrontationen umgeht und wie der Therapeut auf dieses Verhalten reagiert. Damit Interventionen auch effektiv sind, müssen sie mit einer Bewußtheit einhergehen, welche Intensität der Interaktion der Patient ertragen kann. Außerdem muß eine gewisse Flexibilität da sein, die Intensität dann zu verändern, wenn sich bei der anderen Person zeigt, daß sie mit dieser Ebene der Begegnung nicht fertig wird.

Die optimale Ebene bei einer Therapie ist nicht unbedingt die reinste. Die Geschwindigkeit und Effizienz des therapeutischen Prozesses hängen nicht davon ab, was der Therapeut allein tun kann, sondern davon, was die ganze Familie, den Therapeuten eingeschlossen, zusammen tun kann. Die reinste oder intensivste Ebene der Therapie sollte ausschließlich denjenigen vorbehalten bleiben – und das ist bisweilen bei jedem möglich –, die fähig sind, sich selbst in bezug auf eine andere Person genaustens zu beobachten, ohne von dieser anderen Person Unterstützung zu bekommen. Das Schweigen hat auf dieser Ebene der Interaktion oft eine solche Funktion.

Jede Abweichung von diesem intensiven Ansatz ist eine Abschwächung. Daß heißt nicht, daß eine Veränderung der Intensität „weniger gut" ist, denn eine Therapie gilt dann als „gut", wenn sie effektiv ist und nicht, wenn der Therapieansatz rein ist. Eine Abschwächung ist immer dann nötig, wenn ein Patient in einer Begegnung nicht mehr sinnvoll auf der intensiven Ebene arbeiten kann, die von ihm verlangt, daß er ohne fremde Hilfe sein gegenwärtiges Erleben integriert.

Eine Möglichkeit, die Intensität abzuschwächen, ohne die Kontinuität zu stören, besteht darin, die Aufmerksamkeit oder Bewußtheit des Patienten auf das zu lenken, was er im Augenblick gerade erlebt. Eine solche Bewußtheit kann dazu dienen, daß bei dem Patienten Gefühle freigelegt werden, die er die ganze Zeit zu verbergen suchte und die nun dabei helfen können, das Erlebnis zu vertiefen statt es abzuschwächen, gesetzt den Fall, daß es dem Patienten gelingt, seine Bewußtheit auszudehnen und die damit verbundenen Gefühle zu erleben.

Diese Art der Intervention gestattet es dem Patienten, aus der Rolle des aktiven Teilnehmers in die Rolle des Beobachters zu wechseln. Er bekommt somit die Gelegenheit, „über" das Geschehen zu sprechen, und es wird ihm dadurch, daß ihm eine vorbereitende intellektuelle Bewußtheit zugestanden wird, eine allmähliche Integration ermöglicht. Diese Bewußtheit sollte nicht als persönlichkeitsverändernde Intervention mißverstanden werden. Sie soll nur die Fähigkeit des Patienten stärken, bis zu einer späteren Begegnung, die in der Tat persönlichkeitsverändernd sein soll, durchzuhalten.

Distanz kann durch Fördern des Nachdenkens, durch Gespräche und durch „darüberreden" herbeigeführt werden. Das fördert oft die Interaktion, weil Respekt und Vertrauen dem Therapeuten gegenüber aufgebaut werden. Das allein ist keine Therapie, aber es ist eine hilfreiche Einleitung in die Therapie.

Es gibt noch andere, jedoch weniger wertvolle Arten der Abschwächung. Jedes Verhalten, das ganz klar begegnungshemmend wirkt, kann dazu verwendet werden, die Intensität einer Begegnung zu verringern. Das geschieht dadurch, daß man dem Teilnehmer, der sonst vielleicht „geflüchtet" wäre, indem er sich von der Therapie zurückgezogen oder zu einem weniger umgänglichen Verhalten Zuflucht genommen hätte, erlaubt, in der Begegnung zu bleiben.

Es kann zum Beispiel notwendig sein, einem Patienten, der zu große Schwierigkeiten hat, mit der aktuellen Begegnung fertig zu werden, die Frage zu stellen: „Haben Sie das, was Sie gerade erleben, schon bei anderen Gelegenheiten erlebt?" Das gestattet es dem Patienten, aus dem Hier-und-Jetzt zu fliehen, und trotzdem ganz nahe am Thema zu bleiben. Der Therapeut kann dann hoffentlich von dem „darüberreden" zu einem anderen Zeitpunkt und an einem anderen Ort wieder zum gegenwärtigen Erlebnis im Hier-und-Jetzt zurückkehren. Wie man feststellt, ob ein Patient adäquat mit der aktuellen Begegnung fertig wird, ist bereits auf den vorangegangenen Seiten besprochen worden. Im wesentlichen kann man sagen, daß dann eine Abschwächung der Intensität in Betracht gezogen werden sollte, wenn sich die Reaktionen des Patienten verschlechtern und weniger effektiv sind.

Eine weitere Möglichkeit, aus einer intensiven Begegnung mit einem Patienten herauszugehen, ohne den Fortlauf der Arbeit zu stören, besteht darin, den Patienten für eine Weile in Ruhe zu lassen, sich den anderen Familienmitgliedern zuzuwenden und diese zu bitten, sich über ihre augenblicklichen Gefühle, die sie dem Geschehen gegenüber haben, klar zu werden.

Das folgende Beispiel zeigt sowohl die intensive Konfrontation als auch die zeitweise Distanzierung. Es war die sechste Sitzung. Die heranwachsende Tochter hatte sich mit Erlaubnis aller von der Therapie zurückziehen dürfen. Seitdem arbeiteten Mutter und Vater allein, wobei die Mutter immer der treibende Faktor war. Die vorherrschende, von der ganzen Familie geteilte und bisher unveränderte Auffassung war, daß die Mutter das Problem darstellte und daß der Vater nur mitkam, um ihr zu helfen. Bisher stand ihre Problematik – ihre Depression und ihr offener Konflikt mit der Tochter – in scharfem Kontrast zu seiner ruhigen, jedoch scheinbar sehr interessierten Haltung. Sein ruhiges, man möchte fast sagen unbeteiligtes Verhalten war bisher nie in Frage gestellt worden. Er war praktisch ohne Symptome. In der Fachsprache würde man ihn als „persönlichkeitsgestört" bezeichen. Er hatte keine Beschwerden, aber er löste sie aus. Bis zu diesem Zeitpunkt war das noch nicht einmal angesprochen worden.

Dieser Ehemann – ein Professor – war sehr intellektuell und korrekt. Oberflächlich gesehen wirkte er sehr gleichgültig, sagte nicht viel und wenn, dann nur, wenn er angesprochen wurde. Er schien seine ganze Aufmerksamkeit auf seine Frau und seine Pfeife zu richten. Er benahm sich wie ein Außenseiter, blieb immer oberflächlich und zeigte keine Gefühlsregungen. Seine Frau dagegen war impulsiv, ja fast schon fahrig in der Art, wie sie leichthin von Thema zu Thema hüpfte. So nebenbei beklagte sie sich mit spöttischem Humor über die Trägheit ihres Mannes. Das war ein Fortschritt, verglichen mit der ersten Sitzung, in der sie in einem depressiven Zustand gewesen war, der mehrere Monate angedauert hatte. In der im folgenden beschriebenen Sitzung begann der Mann zum ersten Mal das Gespräch.

Ehemann: Es scheint so, als will ich nicht hierher kommen, denn ich neige dazu, die Sitzungen zu vergessen. Das letzte Mal habe ich sie auch total vergessen und für die Zeit ein Treffen ausgemacht. Dieses Mal habe ich sie fast vergessen.

Ehefrau: Letztes Mal, als wir gingen, hast du gesagt, daß du es für eine gute Idee hältst, hierher zu kommen.

Er (*mit breitem Lächeln*): Habe ich das wirklich gesagt?

Sie: Ja, du schienst sehr enthusiastisch, was das Ganze anbelangt.

Er: Ich kann mich an nichts dergleichen erinnern.
Sie: Doch, du hast das gesagt. ich erinnere mich genau.

(Mir fiel ein, daß es die Frau gewesen war, die ursprünglich die Therapie initiiert hatte. Sie wurde immer ängstlich, wenn ihr Mann Widerwillen gegen die Therapie zeigte. Nach kurzem Schweigen, das mir signalisierte, daß sie beide nicht wußten, wo sie nun weitermachen sollten, machte ich die folgende Bemerkung:)

Therapeut (*zur Frau*): Heute zeigt er uns einen Teil von sich, der nicht hier sein will, und Sie scheinen sich genötigt zu fühlen, „das Positive zu betonen". (*Dreht sich zum Ehemann:*) Ich würde gern mehr über den Teil von Ihnen erfahren, der heute nicht hier sein möchte.

Sie (*lachend*): Ich habe diesen Teil, der nichts tun will, langsam satt.

Therapeut (*zur Frau – ich möchte aufgrund vergangener Erfahrungen mit beiden den Ehemann direkt mit einbeziehen*): Ich habe den Verdacht, daß Ihnen das mehr zu schaffen macht, als man aufgrund Ihres Lachens annehmen könnte, aber im Augenblick möchte ich lieber diesen widerwilligen Teil Ihres Mannes genauer betrachten, denn er scheint heute bereit zu sein, uns mehr darüber mitzuteilen.

Er (*zum Therapeuten*): Nun, ich weiß, daß ich gewisse Ängste habe, hierher zu kommen. Ich freue mich nicht darauf. (*Lange Pause.*) Ich glaube, daß diese so gänzlich unstrukturierte Art der Therapie auf mich bedrohlich wirkt.

Therapeut (*zum Mann*): Könnten Sie das mal auf Sie und mich bezogen ausdrücken? (*Ich weiß, daß er zu mir spricht, und ich möchte unsere Begegnung intensivieren.*)

Er (*zum Therapeuten*): Nun, ich weiß nicht – ich weiß, daß ich in so eine Art Panik gerate, wenn ich bei Zusammenkünften aufgefordert werde, zu etwas Stellung zu nehmen, und ich nicht darauf vorbereitet bin, verstehen Sie? Ohne vorherige Warnung aufgefordert zu werden, spontan etwas zu bieten, z.B. meine Meinung zu etwas zu äußern. Das macht mir irgendwie Angst.

(Ich hatte vorgeschlagen, daß er im Hier-und-Jetzt über sein Unbehagen in bezug auf ihn und mich spricht. Er reagiert jedoch so, daß er über einen anderen Zeitpunkt und in bezug auf andere Personen spricht. Also stelle ich einfach fest:)

Therapeut: Das, was Sie sagen, bezieht sich nicht auf uns.

Er (*zum Therapeuten; antwortet schnell und mit erhobener Stimme*): Nun, die Situation hier ist einfach die, daß ich zur Tür hereinkomme und nicht die geringste Ahnung habe, worüber wir sprechen werden. Ich habe nicht darüber nachgedacht, ich habe mich in keinster Weise darauf vorbereitet, und ich weiß, daß wir versuchen werden, in neue Bereiche vorzudringen oder irgend etwas anderes, aber ich weiß nicht im voraus, was es ist. Als ich damals in Therapie war, konnte ich über alles sprechen, was mir in den Sinn kam, und ich konnte mir vorher überlegen, ob ich über einen Traum sprechen will oder über einen Vorfall bei der Arbeit, und ich hatte keine Angst dabei. (*Dieser Mann hatte vor dieser Therapie ungefähr sieben Jahre lang eine Einzeltherapie gemacht.*)

Therapeut (*zum Mann*): Ist Ihnen bewußt, wie Sie immer noch Distanz zwischen uns beiden schaffen? Jetzt sprechen Sie z.B. über die Vorteile, die die damalige Therapie für Sie hatte, statt über Ihr augenblickliches Unbehagen zu sprechen.

Er: Ich weiß nicht, ob ich den Bezug zu Ihnen herstelle; ich habe weder für das eine noch für das andere ein besonderes Gespür. Mir ist nur bewußt, daß Sie sehr kompetent wirken und daß Sie alles geschickt auf die blinden Flecken konzentrieren, d.h. daß Sie als Therapeut äußerst kompetent sind. Was meine Gefühle Ihnen gegenüber anbelangt, so weiß ich nicht recht. Ich kann es nicht genau ausmachen.

Therapeut (*fungiert immer noch als Katalysator*): Ich habe das Gefühl, daß die Angst, von der Sie sprechen, mit mir zu tun hat.

Er: Ja, mit Ihnen und der Situation und scheinbar auch mit meiner Frau.

Therapeut: „Situation" ist ein vager Begriff. Solange Sie hier sind, bin ich die Situation für Sie. Und was Ihre Frau angeht, so werde ich sie ausschließen, denn Sie haben dieses Gefühl nur dann nicht, wenn sie anwesend ist.

(Hier können wir sehen, wie er seine Gefühle auf einen toten Gegenstand – die Situation – lenkt, wo er vor einem möglichen Vergeltungsschlag sicher ist. Andere machen das gleiche mit der Zeit. „Es macht mich verrückt, daß ich nicht die Zeit habe, ..." Ach, wieviel sicherer ist es doch, sich über die Zeit, das Schicksal, die Umstände oder die Situation zu ärgern!)

Er: Ich habe das Gefühl, daß ich weder hier noch woanders spontan reagieren kann. Ich spiele eine Rolle. (*Pause*) Ich wünschte, ich würde mich weniger kontrollieren und könnte spontaner sein. (*Lange Pause über anderthalb Minuten.*) Ich weiß nicht, wie ich mich hier fühle. Ich bin mir nicht ganz sicher, aber ich glaube, ich weiß, welche Gefühle ich dem letzten Therapeuten meiner Frau gegenüber habe.

(Seine immer stärker werdende Unsicherheit wird mir schmerzlich bewußt. Ich merke, daß diese Unsicherheit etwas Grundlegendes ist, daß sie mehr blockiert als seine Gespräche über andere Leute oder andere Orte, und daß sie ihn davon abhält, sich auf mich einzulassen. Also schlage ich vor:)

Therapeut: Sie verbinden Ihre Angst bzw. Ihr Unbehagen mit Unsicherheit, und gleichzeitig sehe ich, daß Sie unsicher sind. (*In dem Versuch, herauszufinden, was in ihm vor sich geht, schlage ich vor:*) Könnten Sie einmal diese Unsicherheit gegenständlich machen? Könnten Sie mir einen Gegenstand nennen, der für Sie Unsicherheit repräsentiert? Mir scheint, daß ich ein solcher Gegenstand bin, daß Sie jedoch Schwierigkeiten haben, direkt mit mir zu sprechen. Wie würde Unsicherheit für Sie aussehen, wenn Sie eine Gestalt annehmen könnte?

(Dieses Vorgehen hat sich zuweilen als wirksam erwiesen, wenn der Patient diesen Vorschlag aufnimmt und seine Unsicherheit mit einem bestimmten Erlebnis oder einer bestimmten Person in seiner Vergangenheit identifiziert. Wenn er das macht, arbeite ich damit, indem ich eine projektive Methode anwende, die im folgenden dargestellt werden soll.)

Er: Ich glaube, ich weiß, was Sie meinen, aber ich bin mir nicht sicher.
Therapeut: Noch mehr Unsicherheit.
Er (*nach einer langen Pause*): Ich weiß, daß mir Sicherheit lieber ist als Unsicherheit. Wenn ich zu einem Interview oder etwas ähnli-

chem gehen müßte, wäre ich sehr angespannt, auch wenn ich in solchen Situationen nicht mehr ganz so angespannt bin wie früher.

Therapeut: Ist Ihnen bewußt, daß Sie gerade wieder von mir weg zu einem anderen Zeitpunkt und Ort gegangen sind.

Er: Ach, Sie meinen, daß ich diese Situation verlassen habe?

Therapeut: Ja, Sie sind wieder davongelaufen.

Er (*nach einer weiteren Pause*): Sie haben mich aufgefordert, mich mit der Unsicherheit dieser Situation zu befassen, und schon bin ich aufgeschmissen. Ich weiß nicht, wovor ich hier Angst habe, wenn man einmal von der Unsicherheit der Situation absieht. (*Er spricht noch immer über die Unsicherheit, statt sie zu erleben.*) Ich glaube, das Schlimmste, was passieren könnte, wäre, daß ich sehr emotional würde, zusammenbräche, weinte und ganz außer mir wäre, aber das ist ja so weit weg – es erscheint mir sehr unwahrscheinlich.

Therapeut (*zu sich selbst insgeheim: „Ach wirklich?" und zum Patienten*): Ich bin mir da nicht so sicher, aber ich bin davon überzeugt, daß Sie mich meiden.

Er: Ja, ich weiß. Besonders, wenn ich es mit Männern zu tun habe, verhalte ich mich so; Frauen gegenüber ist das nicht so stark ausgeprägt.

Therapeut: Ich möchte Sie noch einmal darauf aufmerksam machen, daß Sie sich mit jedem Ihrer Sätze von mir weg bewegen. Jetzt haben Sie gerade allgemein über das Thema Männer gesprochen. Sie vermeiden es, direkt mit mir über sich und mich zu sprechen.

Er: Es ist sehr schwer für mich, mit Ihnen zu reden. (*Sein Lächeln ist jetzt verschwunden.*) Ich weiß nicht, wovor ich Angst habe oder was ich tun muß, um es herauszufinden oder etwas dagegen zu unternehmen.

Therapeut: Jetzt bleiben Sie zumindest hier bei mir. Aber während Sie hier bei mir bleiben, werden Sie vage und spekulativ in Ihren Äußerungen. Aber zumindest versuchen Sie, hier bei mir zu bleiben. (*Ich sage das, um die Sache klarzustellen und ihn gleichzeitig zu ermutigen. Ich bin nicht unsicher. Ich bin dabei, ihn zu konfrontieren.*)

Er (*nach weiterem langen Schweigen*): Nun, ich habe versucht, mich auf diese Sache zu konzentrieren, aber es scheint mir nicht zu gelingen.

Therapeut: Auf diese „Sache"?

Er: Mich auf das zu konzentrieren, was Sie scheinbar herausbekommen wollen – mich auf Sie zu beziehen. Es gelingt mir nicht.

Therapeut: Selbst mit dieser Aussage meiden Sie mich. Sie konzentrieren sich auf diese „Sache", als hätten Sie das Subjekt isoliert und würden es von außen als Beobachter betrachten.

Er: Es *ist* ziemlich formlos.

Therapeut: „Es", das bin ich, auf den Sie sich konzentrieren sollen. Wer bin ich? Sie ziehen sich einfach zurück, indem Sie über eine „Sache" sprechen, so als ob es zwischen uns ein Gesprächsthema gäbe, das wir distanziert und objektiv betrachten könnten. Ich interessiere mich für das, was in Ihnen vorgeht, wenn Sie mich ansehen. Ich interessiere mich für Sie und mich, jetzt, in diesem Augenblick.

Er: Nun, es scheint nichts direkt durchzukommen.

(Das sagt mir nichts, also warte ich. Dann merke ich, daß er nicht fähig ist, so weiterzumachen, und so schlage ich eine Alternative vor.)

Therapeut: Ich frage mich, ob Sie außer Ideen und Worten noch etwas anderes in sich bewegen, während Sie hier so bei mir sitzen.

Er: Nein, höchstens noch ein gewisses Maß an Angst.

Therapeut: Könnten Sie mich bitte direkt ansehen und diese Angst beschreiben?

Er: Sie beschreiben?

Therapeut: Ja, beschreiben Sie, was Sie fühlen, wo Sie es fühlen und was Sie empfinden, wenn Sie es fühlen.

Er: Ich habe das Gefühl, als würde sich mein Magen zusammenziehen. (*Pause*) Meine Gedanken scheinen hin und herzuspringen, als wenn sie mal hier gucken und mal dort. Es scheint, als würde es mir nicht besonders viel ausmachen, was Sie über mich denken. Ich bin blockiert, weiter an der Therapie teilzunehmen.

Therapeut: Können Sie diese Blockierung sehen?

Er: Es ist eine weiße Wand.

Therapeut: Können Sie sich als diese weiße Wand sehen, die zwischen uns steht?

Er: Ja, das kann ich. Wenn ich die Wand bin, dann sehe ich mich als ein ganz kleines Ding dahinter. Bemerkenswert klein.

(Er macht den Vorschlag, daß die Wand das Subjekt und er selbst das Objekt ist – also schlage ich vor, daß sie sich begegnen und versuchen, das Prädikat zu finden.)

Therapeut: Was sagt diese Wand zu der kleinen Person?
Er (*schweigt einen Augenblick und fängt dann an zu weinen*): Du bist so klein und hilflos. Ich schäme mich für dich.

(Der Patient hat jetzt eine wichtige Aussage über sich gemacht, die er weder sich selbst noch einem anderen gegenüber bisher eingestehen konnte. Ist es da verwunderlich, daß dieses kleine Selbst so ängstlich und unsicher ist? Der Beginn der Therapie besteht darin, daß man diese Angst und Scham den anderen mitteilen kann.)

Therapeut: Könnten Sie mir das, was Sie gerade als Wand gesagt haben, in der Ich-Form wiederholen? Könnten Sie diese Aussage mir gegenüber machen?
Er: Das ist so beschämend. Ich fühle mich so klein und hilflos. (*Er weint stärker.*) Er ist so klein, er kann gar nichts tun. (*Der Mann hat sich wieder von sich entfernt, indem er von sich in der dritten Person spricht. Auf diese Weise wird aus dem Teilnehmer wieder der Beobachter.*)
Therapeut (*ganz behutsam*): Könnten Sie mir das in der ersten Person sagen? Ich möchte gern diesen Teil von Ihnen ebenfalls kennenlernen.
Er (*versucht, sich abzuwenden, damit er diesen Teil von sich nicht wahrnehmen muß*): Ich fühle mich nicht auf allen Ebenen so.
Therapeut: Das glaube ich Ihnen. Aber ich interessiere mich für diese Ebene und für diesen Augenblick. Ich fände es gut, wenn Sie diesen hilflosen Teil von sich nicht allein ließen. Dieser Teil von Ihnen scheint sehr einsam zu sein und hat Angst, verlassen zu werden.
Er (*wischt sich seine Tränen ab und reißt sich zusammen*): Ich bekomme einfach keinen Kontakt zu dieser kleinen Figur, die da so hilflos und mit ausgebreiteten Armen herumrennt.
Therapeut: Sprechen Sie mit ihm. Was können Sie zu ihm sagen?

(Er muß sich offensichtlich von diesem anderen Teil in ihm distanzieren, also stelle ich mich darauf ein. Wenn er nicht dieser Teil sein kann, kann er vielleicht wenigstens seine Angst davor verlieren, sich aus der Entfernung dieses Teils anzunehmen. Das wäre auch schon ein Schritt nach vorn. Was bisher geschah, war schon ein bedeutender Schritt, denn er hat jemanden hinter seine Wand sehen lassen.)

Er: Er ist so unglaublich klein, nur ungefähr ein tausendstel von der Wand.

Therapeut: Können Sie zu ihm sprechen? (*Ich versuche wieder, eine Interaktion zwischen diesen beiden Teilen in Gang zu bringen, damit nicht nur darüber geredet wird.*)

Er: Ich versuche zu sagen: „Was willst du?" Aber er antwortet nicht. Er läuft nur hilflos und mit ausgestreckten Armen im Kreis herum. (*Eine lange Pause.*) Jetzt hat er sich in eine Tomate verwandelt (*lächelt*).

Therapeut: Und wie ist es, eine Tomate zu sein?

Er (*antwortet schnell*): Sie verdirbt, vermodert.

Therapeut: Es muß sehr schmerzlich sein, mit diesem Teil von Ihnen, der sich so hilflos und vermodert vorkommt, in Kontakt zu treten. (*Ich sage das nach langem Schweigen, in dem der Patient nicht weiterarbeiten konnte. Nach erneutem Schweigen biete ich mehr Hilfe an.*) Dieser Teil scheint so isoliert zu sein und kann irgendwie nicht um Hilfe bitten.

Nach langem Schweigen stimmte er mir zu und verließ dann die augenblickliche Situation, um zu beschreiben, zu welchen Zeiten und an welchen Orten er diese Hilflosigkeits- und Minderwertigkeitsgefühle schon erlebt hat. Er hörte auf zu weinen und wurde wieder die Wand, aber es war nicht dieselbe Wand wie vorher. Bis zu diesem Therapiegespräch war er immer ziemlich schweigsam gewesen. Jetzt aber beschrieb er sehr detailliert die Dinge an sich, mit denen er unzufrieden war. Den Rest unserer Zeit verbrachte er damit, frei über sich zu sprechen. Er befand sich zwar immer noch in der Welt des „Darüberredens", wenn man es jedoch näher betrachtete, teilte er sich viel stärker mit als zuvor. Er weinte noch ein weiteres Mal kurz vor Ende des Gesprächs, als ihm wieder einfiel, was er heute erlebt hatte und er dieses Erlebnis mit einem anderen Erlebnis aus seiner Vergangenheit in Verbindung brachte. Diese frühere Situation bezeichnete er als den einzigen anderen Zeitpunkt, zu dem er sich in einer Beziehung mit einem anderen Menschen vollständig akzeptieren konnte.

Am Ende dieses Gesprächs lud ich die Frau ein, noch einmal etwas zu sagen. Mir war aufgefallen, daß sie während des Gesprächs ganz ruhig dagesessen hatte und an dem Geschehen sehr interessiert zu sein schien. Ich hatte zu keiner Zeit das Gefühl, daß sie aktiv teilnehmen müßte. Das bestätigte sich am Ende der Sitzung, als sie schlicht und mit ernstem Gesicht sagte: „Ich weiß nicht, was ich sagen soll, außer, daß ich wünschte, ich könnte ihm helfen." Darauf antwortete ich: „Sagen Sie ihm das."

Die ganze Sitzung galt im wesentlichen einem Familienmitglied. Es ist ungewöhnlich, daß man eine ganze Sitzung mit nur einem Familienmitglied verbringt. Es kommt jedoch oft vor, daß sich in einer Sitzung die Aufmerksamkeit ausschließlich auf ein Familienmitglied richtet, weil man ihm helfen möchte, ein intrapsychisch bedingtes Verhalten, das es an einer Begegnung hindert, zu überwinden. Wenn man eine Zeitlang auf diesen Menschen eingegangen ist und das Erlebnis abgeschlossen ist, ist es hilfreich, die anderen Familienmitglieder dazu zu ermutigen, daß sie erzählen, was sie in bezug auf dieses Geschehen erlebt haben. Das dient einem doppelten Zweck. Zum einen gibt es den anderen die Gelegenheit – falls sie sie nicht spontan ergreifen –, etwas über sich in bezug auf das, was geschehen ist, zu lernen, und zum anderen ist es immer sehr beruhigend für die „arbeitenden Mitglieder, wenn sie sehen, daß ihre Enthüllungen mit soviel Verständnis aufgenommen werden".

Oft wird die Frage gestellt: „Gibt es bei all den möglichen Bemerkungen, die man über Interaktionen im Hier-und-Jetzt machen kann, auch irgendwelche Richtlinien, wie man den optimalen Zeitpunkt für eine Intervention findet?" Der Therapeut ist ein feinfühlendes Wesen, das auf vielen Ebenen arbeitet. Während einer Begegnung bringt jeder Teilnehmer – auch der Therapeut – Bedürfnisse mit ein, die er befriedigt haben möchte. Diese Bedürfnisse ändern sich ständig, und die Aufgabe des Therapeuten besteht darin, die Bewußtheit in dieser Richtung zu vergrößern.

Der Therapeut ist ständig am aushorchen und sondieren, zunächst hinsichtlich der Gesamtsituation und später bei einer bestimmten Konfiguration oder Interaktion. Seine Aufmerksamkeit bewegt sich hin und her, das eine Mal vielleicht zu einer anderen Person, die ruhelos geworden ist, und dann wieder zurück zu seinem eigenen Unbehagen. Bei allem, was der Therapeut wahrnimmt und erlebt, sucht er den spezifischen gemeinsamen Nenner: das Hindernis in dieser Begegnung, das mehr als alles andere einer Entwicklung der Interaktion im Wege steht. Einmal mag es die Traurigkeit eines Menschen sein, auf die man seine Aufmerksamkeit lenken muß, bevor die Interaktion weitergehen kann; dann droht plötzlich ein anderer damit, die Sitzung zu verlassen, und nun wird das zum Haupthindernis, das unsere Aufmerksamkeit beansprucht. Jedes Verhalten, das der Therapeut beobachten kann, wird zu einem Teil der Gesamtgestalt, und das hilft ihm, zu bestimmen, welches Hindernis als nächstes angegangen werden muß. Manchmal schaltet sich ein Familienmitglied ein, und man begrüßt das; ein andermal unterbricht man es mit den Worten: „Warten Sie bitte einen Moment. Ich möchte diesen Punkt hier erst fertig besprechen." Einmal erfordert die Unruhe der anwesenden Kinder unsere gesammelte Aufmerksamkeit, ein andermal fordern wir sie auf, draußen im Aufenthaltsraum zu warten. Es ist außerordentlich schwierig, die Mechanismen von etwas zu erklären, was eigentlich das intuitive Verhalten des Therapeuten ist. Für mich ist es eine Mischung zwischen dem, was ich zu einem bestimmten Zeitpunkt als das größte Hindernis in einer Familie ansehe und dem, was ich in bezug auf unsere gemeinsame Zeit erlebe.

Als eine fünfköpfige Familie zu einem Erstgespräch zu mir kam, redete die Mutter zuerst, und ich wurde mir ihrer Depression bewußt. Da sonst kein anderer Anknüpfungspunkt vorlag, wurde dies zum wichtigsten Hindernis, dem ich meine Aufmerksamkeit schenkte. Als es zu Interaktionen in der Familie kam, fing eines der Kinder an zu weinen und beklagte sich bitterlich darüber, daß seine Eltern es nicht verstünden. Nun stand die Depression der Mutter nicht mehr im Vordergrund. Als ich mit dem Jungen arbeitete, warf dieser dem Vater äußerste Gleichgültigkeit vor. Somit wurde das gleichgültige Verhalten des Vaters seiner Familie gegenüber zum offensichtlichen Hindernis für die Entwicklung in dieser Familie. Ich beschloß, in den folgenden drei Stunden hauptsächlich den Vater anzusprechen, da ich der Überzeugung war, daß die Distanz des Vaters von seiner Familie eine entscheidende Rolle bei der Depression des

Jungen wie auch bei der Depression der Mutter spielte. Mit Hilfe der restlichen Familienmitglieder wurde der Vater wieder in die Familie integriert, und das Verhalten der anderen veränderte sich zum Positiven hin.

Wenn ich merke, daß ich das Interesse an der Interaktion einer Familie verliere, werde ich sehr wahrscheinlich meine Langeweile mit einbringen, damit wir sie alle genauer prüfen können. Vielleicht bin ja ich in dem Augenblick das größte Hindernis, und dann sollten das alle wissen. Es kann jedoch auch sein, daß meine Langeweile präzise eine Oberflächlichkeit zum Ausdruck bringt, die den anderen zwar zu einem gewissen Teil bewußt war, jedoch nicht soweit, daß sie etwas dagegen unternommen hätten.

Gelegentlich kommt es vor, daß ich mich auf eine bestimmte Ebene der familiären Interaktion konzentriere und dann von einem Familienmitglied mit den Worten angegriffen werde: „Das ist nur Ihre Meinung." Darauf antworte ich: „Natürlich, mehr kann ich auch nicht bieten." Ich ordne mich weder einfach unter, noch beharre ich stur auf meinem Standpunkt. Meistens kann man mit mir verhandeln. Es kann sein, daß diese Herausforderung die wichtigste Ebene für unsere weitere Interaktion wird und das ich dann zu weiterem Erforschen ermutige. Einmal empfand ich es als Unterbrechung, als ein Familienmitglied zu mir sagte: „Das ist nur Ihre Meinung." Darauf habe ich dann ärgerlich erwidert: „Und das ist nur Ihre" und mit dem anderen Familienmitglied weitergemacht. Egal, was für eine Reaktion ich zu einem bestimmten Zeitpunkt zeige – und mir ist klar geworden, daß meine Reaktion für gewöhnlich den Emotionen des anderen entspricht –, ich habe immer das Ziel, die Entwicklung unserer Begegnung so gut wie möglich zu fördern.

Der erlebnisaktivierende Ansatz fordert vom Therapeuten, daß er seine wichtigsten Gefühle erkennt und sie in die Begegnung mit einbringt. Das erleichtert es dem Therapeuten, die angemessenen Interaktionsebenen zu finden. Sollten bestimmte Gefühle in mir hochkommen, und ich versuche, sie draußen zu lassen, so müßte ich einen Teil meiner Energie und meiner Bewußtheit darauf verwenden, mit diesen Gefühlen fertigzuwerden. In dem Maße, in dem meine Bewußtheit in eine andere Richtung gelenkt wird und Teile von mir ausgeklammert werden müssen, in eben dem Maße ist meine Fähigkeit gehemmt, frei und einfühlsam eine Interaktionsebene auszuwählen.

Entscheidend ist nicht, wie wir unsere Selbst-Bewußtheit mit einbeziehen, sondern ob wir das tun. Wenn wir unsere Selbst-Bewußtheit im Vordergrund stehen lassen und sie ständig in unser aktuelles Verhalten integrieren, so bereichert das unsere Erlebnisse, und unsere Wahrnehmung bleibt ungetrübt. Das folgende Beispiel soll zeigen, wie es die Therapie beeinflussen kann, wenn der Therapeut seine Gefühle nicht mit einbringt.

Ein Kollege brachte seine Unzufriedenheit über den Verlauf eines Therapiegesprächs zum Ausdruck. Der identifizierte Patient war ein Junge im Teenageralter – ein Einzelkind –, dem man „unsoziales Verhalten" vorwarf. Er wurde von seiner Mutter und seinem Vater zur Therapie gebracht, und beide begannen sofort, sein Verhalten vor dem Therapeuten zu verurteilen. Während sie so redeten, sank der Junge immer mehr in seinem Stuhl zusammen und drehte sich von der Gruppe weg. Der Therapeut, der das genau beobachtete, setzte diese Bewußtheit nicht ein. Statt dessen ließ er es zu, daß die Eltern noch eine Weile so weitermachten, wandte sich schließlich an den Jungen und sagte hoffnungsvoll: „Ich würde jetzt gern deine Meinung dazu hören. Wie siehst du denn dein Verhalten?" Der Junge weigerte sich, mit dem Therapeuten zu sprechen. Dieser verbrachte dann den Rest der Zeit damit, mit den Eltern zu reden und versuchte, ihren Ärger auf den Jungen zu mäßigen. Er hatte bei ihnen genausowenig Erfolg wie bei dem Jungen. Was für ein Trauerspiel.

Als der Therapeut sein Erlebnis beschrieb, wurde ihm als erstes bewußt, daß er schon gleich zu Beginn der Stunde feindselige Gefühle den Eltern gegenüber hatte. Ihm gefiel die gefühllose und selbstgerechte Art nicht, wie sie ihren Sohn kritisierten. Das sagte er jedoch nicht. Als nächstes wurde ihm sein Wunsch bewußt, ihnen gegenüber ein faires Verhalten zu zeigen. Von diesem Punkt an zeigt die Sitzung die Auswirkung davon, daß der Therapeut versucht hat, einen wichtigen Teil seiner Person aus der Begegnung auszuklammern.

Im Gegensatz dazu möchte ich jetzt einmal der Phantasie nachgehen, was wohl passiert wäre, wenn der Therapeut nicht durch seinen Versuch, seine Gefühle zurückzuhalten, blockiert gewesen wäre, sondern auf das Zusammensinken des Jungen unter den Angriffen seiner Eltern reagiert hätte. Der Therapeut könnte zum Beispiel für den Jungen sprechen: „Eure Äußerungen und eure Haltung verletzen mich. Bitte hört auf damit." Darüber hinaus könnte er sagen: „Ich bin nicht fähig (aus irgendeinem Grund, über den wir hier nicht zu spekulieren brauchen), euch zu sagen, wie weh es mir tut, mir eure Vorwürfe anhören zu müssen. Das einzige, was ich tun kann, ist, mich von euch zu entfernen, so wie ich es in der Vergangenheit getan habe. Ich hoffe, daß ich mich nicht noch öfter so schlecht verhalten werde, aber ich befürchte, daß es doch so sein wird. Ich verstehe das alles nicht." Ob er sich dessen bewußt ist oder nicht, so wissen wir doch, daß sein unsoziales Verhalten sich verschlimmert, je unwohler er sich fühlt und je einsamer und wütender er ist.

Diese Botschaft hätte auf irgendeine Weise Teil des verbalen Austauschs werden müssen. Ob der Therapeut den Jungen ermutigt hätte, sich selbst zu äußern oder ob der Therapeut für ihn hätte sprechen müssen, spielt dabei keine Rolle. Es ist natürlich besser, den Jungen selbst sprechen zu lassen, sofern das möglich ist. Egal, wie die Äußerung des Jungen ausgesehen hätte, wichtig ist nur, daß Sie überhaupt gemacht wird, damit die Eltern die Gelegenheit haben, darauf zu reagieren, und zwar möglicherweise auf eine andere Art und Weise. Zumindest wäre dadurch das Tor für Verhandlungen geöffnet worden, und das Kind wäre nicht geächtet worden.

Dadurch, daß der Therapeut dem Gesprächsinhalt, so wie er von den Eltern dargestellt wurde, seine Aufmerksamkeit widmete und nicht darauf achtete, was während dieses Gesprächs vor sich ging, wirkte er unabsichtlich seinem Bedürfnis, den Jungen zur Teilnahme zu ermutigen, entgegen. Durch seine Frage an den Jungen bestätigte er ihm nur, daß er tatsächlich der Patient war und daß sein „schlechtes" Betragen wirklich Gegenstand der Sitzung war. Bei seinem Versuch, den Jungen zur Teilnahme zu ermutigen, hatte sich der Therapeut unwissentlich mit den Eltern verbündet, indem er das Verhalten des Jungen als Problem identifizierte. Aus diesem Grund wurde er von dem Jungen natürlich genauso behandelt wie dessen Eltern.

Die pathologische Art der Begegnung in dieser Familie, die während dieses Gesprächs deutlich zum Ausdruck kam, offenbarte Eltern, die keinerlei Verantwortung für das Verhalten ihres Kindes übernehmen wollten und sie offenbarte ein Kind, dem es wehtat, daß man sein Betragen als „schlecht" abstempelte und das gleichzeitig unfähig war, in dieser Familie, die ihm so gefühllos gegenübertrat, darüber zu sprechen. Durch das Senken seines Kopfes und sein Sich-Zurückziehen von der Gruppe brachte der Junge seine Gefühle über die aktuelle Begegnung zum Ausdruck. Das wäre der Punkt gewesen, auf den der Therapeut seine Aufmerksamkeit hätte richten müssen. In diesem Augenblick hätte der Therapeut den Jungen zum Sprechen ermutigen können. Falls der Junge nicht in der Lage gewesen wäre, in eigener Sache zu sprechen, hätte der Therapeut entweder sagen können, was der Junge seiner Meinung nach für Gefühle haben könnte oder er hätte den Eltern gegenüber seine eigenen negativen Gefühle zum Ausdruck bringen können.

Unglücklicherweise empfand es der Therapeut als unvernünftig, seine eigenen negativen Gefühle auszudrücken und versagte dem Jungen somit diese Gelegenheit. Wäre er dazu fähig gewesen, hätte er vielleicht zu dem Jungen gesagt: „Wenn ich du wäre, wäre ich sehr unglücklich über die Art, wie sie mir die ganze Schuld zuschieben, wo ich mich doch sowieso schon so mies dabei fühle. Ich würde gern wissen, ob du tatsächlich solche Gefühle hast." Er hätte dem Jungen gesagt, daß er zu wissen glaube, wie er sich fühle und ihm gleichzeitig angeboten, mit ihm darüber zu sprechen. Ich hätte dem Jungen keine direkte Frage gestellt, weil der Zwang, die Frage beantworten zu müssen, ihn wieder belastet hätte, und er war offensichtlich schon von Gewissensbissen geplagt. Ich würde seinen offensichtlich schon erdrückenden Versagensgefühlen nicht noch ein weiteres hinzufügen wollen. Sollte er nicht reagieren, würde ich auf das horchen, was sich als nächstes in mir tut und ihm das wiederum mitteilen.

Als ich ein paar von meinen Gedanken mit meinem Kollegen durchsprach, sagte er: „Als ich den Jungen bat, mir seine Einstellung darzulegen, dachte ich, daß seine Eltern sehr hart mit ihm umgegangen waren. Ich wollte, daß er sich zur Wehr setzte und sagte, daß es nicht alles seine Schuld sei." Der Therapeut hatte augenscheinlich sowohl für den Jungen als auch für dessen Eltern eine Botschaft. Der erste Teil seiner Botschaft hätte an die Eltern und der zweite Teil an den Jungen gerichtet werden müssen. Die Wut auf die Eltern, die im ersten Teil der Bemerkung zum Ausdruck kam, war unglücklicherweise in der Botschaft an den Jungen enthalten. Wäre die Botschaft ehrlich an jeden einzelnen gerichtet worden, hätte der Therapeut zu den Eltern gesagt: „Ich finde, Sie gehen sehr hart mit ihm um" und zu dem Jungen: „Ich fände es gut, wenn du dich zur Wehr setzen und ihnen sagen könntest, wie sehr sie dich mit ihren Vorwürfen verletzen."

Die wütende Verurteilung seitens der Eltern war das erste Hindernis, das in der Begegnung auffiel. Die Unfähigkeit des Jungen, auf ihre Angriffe verbal zu reagieren, erschien als das nächste wesentliche Hindernis. Und schließlich entpuppte sich das Bedürfnis des Therapeuten, seine Wut auf die Eltern aus der Begegnung herauszuhalten, als das wichtigste Hindernis in diesem therapeutischen (?) Gespräch.

Lassen Sie uns einmal übungshalber die Interventionsmöglichkeiten betrachten, die ein Therapeut in einer Begegnung hat, wenn er das Grimassenschneiden eines Familienmitglieds als begegnungshemmend empfindet. Der Therapeut möchte, daß die Grimasse in Worte gefaßt wird, damit das Grimassenschneidende Mitglied intensiver an der Begegnung teilnehmen kann. Zunächst einmal hat der Therapeut entschieden, daß das Grimassenschneiden zu diesem Zeitpunkt das größte Hindernis für ein weiteres Beleuchten der Begegnung ist. Der Gesichtsausdruck mag für den Empfänger von Bedeutung sein oder auch nicht; er ist deshalb auch nicht in der Lage, sich energisch dagegen zur Wehr zu setzen. Es ist daher die Aufgabe des Therapeuten, für eine gewisse Zeit eine neue Begegnung mit dem Grimassenschneider zu finden, bis das Grimassenschneiden ganz aufhört. Dann kann der ehemalige Grimassenschneider zur ursprünglichen Begegnung zurückkehren.

Es ist sehr wahrscheinlich, daß der Therapeut etwas über den Grimassenschneider erfahren hat. Er wird in seine eigene Verhaltens-Trickkiste greifen und das Grimassenschneiden auf eine Art unterbrechen, die allen Beteiligten am wenigsten ausmacht. Die einfachste Bemerkung wäre: „Sie haben gerade Ihr Gesicht verzogen." Sollte das fehlschlagen, könnte sich der Therapeut entschließen, diese Bemerkung weiterhin immer dann zu machen, wenn der Betreffende während der Begegnung sein Gesicht verzieht. Sollte er damit immer noch keine Wirkung erzielen, hat er vielleicht das Bedürfnis, stärker auf die Person einzuwirken und sagt: „Achten Sie darauf, wie Sie Ihr

Gesicht verziehen und versuchen Sie, das jedesmal, wenn sie es bemerken, in Worte zu fassen." Der Therapeut wird den Grimassenschneider des öfteren und hoffentlich in verärgertem Ton daran erinnern. Sollte das fehlschlagen, schlägt er vielleicht vor: „Versuchen Sie es weiter" und kommentiert die Grimassen, z.B. durch Sätze wie: „Versuchen Sie einmal, immer dann, wenn Sie das Gesicht verziehen, zu sagen: ‚Aua, diese Bemerkung hat mir wehgetan.'" Sollte der Therapeut immer noch keinen Erfolg haben, hat er vielleicht den Wunsch, seine eigene Schwäche oder auch die Sturheit des Patienten zu thematisieren, je nachdem, wie er die Situation sieht. Wenn der augenblickliche Gegenspieler ein ziemlich unkomplizierter Mensch ist, der vernünftigen Argumenten zugänglich ist, tut der Therapeut gut daran, ihm zu „erklären", „warum" er mit diesen Grimassen aufhören sollte. Das könnte dann für den Patienten der notwendige Auslöser sein, dem Wunsch des Therapeuten nachzukommen.

Es ist unwichtig, wie der Therapeut sein Ziel, das begegnungshemmende Verhalten zu unterbinden, erreicht. Wichtig ist nur, daß er es erreicht und daß dem Patienten in dieser Zeit die Bedeutung des Verhaltens klarer wird. Wenn z.B. die Grimasse bedeutet: „Mir gefällt das nicht, was Sie sagen", so hat das Verbalisieren dieses Gesichtsausdrucks für die Person einen viel größeren Nutzen, denn sie kann dadurch ergründen, was ihr nicht gefällt, wenn sie das gerade will. Das Verhalten ist flexibler. Das Ziel besteht nicht darin, daß das Verhalten aufgegeben wird, sondern daß es funktionaler wird. Dann kann der Patient frei entscheiden, ob, wie, wann und für wie lange er das Verhalten aufgeben will.

Gleichgültig, ob eine Begegnung zu einem bestimmten Zeitpunkt intrapsychisch oder zwischen zwei Personen abläuft – die begegnungsfördernden Maßnahmen des Therapeuten bleiben dieselben. Ziel ist es, das Subjekt und Objekt jeder Begegnung im Hier-und-Jetzt deutlich zu machen, so daß eine Situation vervollständigt werden kann.

Wenn ein Gruppenmitglied das augenblickliche Erlebnis mit dem Inhalt einer früheren, unerledigten Situation vermengt, ist es notwendig, diese beiden Situationen – die augenblickliche und die frühere – voneinander zu trennen. Erst dann kann die gegenwärtige Begegnung erfolgreich fortgesetzt werden.

Das kann man erreichen, indem man die gegenwärtige zwischenmenschliche Begegnung eine Zeitlang unterbricht und ein Familienmitglied ermutigt, in seiner Phantasie zu der unerledigten Situation zurückzukehren und zu der Person zu sprechen, mit der es diese Situation zu bereinigen hat. Dadurch wird ein neues „Jetzt" geschaffen, denn der Betreffende wird ermutigt, sich in eine alte Situation zu begeben und nicht nur *darüber* zu sprechen. Das ist der Anfang. Wenn er dann seinen Monolog beendet hat, soll er die Rolle der anderen Person übernehmen und auf seine ursprüngliche Haltung reagieren.

Eine Angelegenheit ist eigentlich nur im Kopf des Betreffenden „unerledigt". Sie ist dort zu einem unvollständigen oder nicht integrierten Aspekt seiner psychischen Struktur geworden. Mit der damit in Verbindung stehenden Person hat das wenig zu tun. Es ist manchmal nötig, Patienten daran zu erinnern, daß die Gefühle, die sie heute z.B. ihrer Mutter gegenüber haben, auf die sie in ihrer Kindheit einmal wütend waren, nichts mehr mit der alten Frau zu tun zu haben, die ein paar Kilometer entfernt wohnt und die einmal ihre Mutterfigur war. Manchmal kommen Einwände wie: „Ich weiß nicht, was sie sagen würde" oder „Wie kann ich denn mit ihr die Situation bereinigen, sie ist doch schon drei Jahre tot." Nein, im Kopf dieser Person ist sie sehr lebendig, denn sonst gäbe es diese Vermengung der Situationen nicht. „Es ist nicht wichtig, was Ihre Mutter tatsächlich gesagt hätte. Denken Sie sich etwas aus, irgend etwas" antworte ich dann.

Alles, was diese Person sich nun ausdenkt, stammt von Überresten an unerledigten Situationen, die der Betreffende noch in sich hat. Es gibt vielerlei Einwände gegen diese Art von Experiment. Manchmal antwortet ein Patient auf meinen Vorschlag, er solle seine Mutter auf den leeren Stuhl setzen und mit ihr sprechen: „Ich kann nicht zu einem leeren Stuhl sprechen." „Natürlich nicht", erwidere ich dann. „Ich habe ja auch vorgeschlagen, daß Sie zu Ihrer Mutter sprechen und nicht zu dem leeren Stuhl. Meinen Sie damit, daß der Stuhl leer bleiben muß?" Ein anderes Mal kann es ratsam sein, eine veränderte Version dieses Experiments vorzuschlagen; z.B. könnte man den Patienten bitten, seine Augen zu schließen, damit er sich leichter in ein anderes „Jetzt" hineinversetzen kann. Bei Beginn der Interaktion muß der Therapeut sorgfältig darauf achten, ob die Person tatsächlich mit einem intrapsychischen „Anderen" verhandelt oder ob sie lediglich mit dem Therapeuten verhandelt, um ihn zufriedenzustellen. Wie kann man das unterscheiden? Wenn der Patient sich ehrlich auf das Experiment einläßt, beginnt er zögernd, oft erst nach einem Augenblick des Schweigens, wenn er sich in die neue Situation hineinversetzt hat. Körperhaltung und Bewegung stimmen dann mit seinen Äußerungen überein. Der Patient wendet sich nicht nach jeder Bemerkung mit einem Lächeln, das sagt: „Sehen Sie nur, wie gut ich das gemacht habe" oder mit einem unsicheren Blick, der fragt: „Ist das so richtig, Herr Lehrer" zum Therapeuten. Wenn das der Fall *ist*, muß man die Person damit konfrontieren und die Situation klären, bevor intrapsychisch gearbeitet werden kann.

In dem Fall verhandelt der Patient in Wirklichkeit mit dem Therapeuten, statt das Experiment so durchzuführen, wie es der Therapeut vorgeschlagen hat. Anfangs braucht der Therapeut den Patienten nur auf Verhaltensweisen aufmerksam zu machen, die auf den Therapeuten ausgerichtet sind, und dann sollte er abwarten. Wenn das keine Wirkung zeigt, kann der Therapeut die Person bitten, ihre Widerstände gegen das Experiment genauer zu erforschen, indem er ihr vorschlägt, einmal der Widerstand zu „sein". Dieser Ansatz kann und sollte solange verfolgt werden, bis die Person entweder mit Hilfestellung das Experiment vollenden oder sich energisch und offen weigern kann, dieses vom Therapeuten vorgeschlagene projektive Experiment durchzuführen. Wenn letzteres der Fall ist, kann das Experiment als Teilerfolg angesehen werden, da der Patient in dieser aktuellen Begegnung die Verantwortung für sein Widerstreben übernommen hat, und zwar nicht in Form eines Eingeständnisses sondern in Form einer festen Behauptung.

Es ist auch wertvoll, von einer zwischenmenschlichen zu einer intrapsychischen Begegnung überzuwechseln, wenn jemand z.B. blokkiert ist. In dem Augenblick wird aus seiner Begegnung mit der anderen Person eine Begegnung in seiner Psyche: Ein Teil sagt: „Ich möchte mit der Person weiterverhandeln" und der andere Teil, der blockiert, sagt: „Ich lasse dich nicht". Nun ist es notwendig, diese beiden Teile sichtbar zu machen und eine Begegnung zwischen ihnen herbeizuführen.

Wie das geschieht, ist ganz unterschiedlich. Die einfachste Methode ist die, dem Betreffenden ein Experiment vorzuschlagen, in dem er die Rolle eines Teils von sich übernimmt, mit dem er sich bisher noch nicht identifiziert hat. In diesem Fall wäre das die „Blokkierung", und man würde den Patienten bitten, *als* (nicht *für*!) die Blockierung zu sprechen. Wieder ist die Begegnung erst dann vollständig, wenn sich der Betreffende soweit auf die beiden Teile einläßt, daß es zu einer Lösung kommt, wie in dem Beispiel von dem Mann, der seine Blockierung als weiße Wand sah. Dadurch, daß der Therapeut, der nun als Katalysator fungiert, diese belebende projektive Technik anwendet, kann er dem Patienten dabei helfen, mit intrapsychischen Hindernissen, die vielleicht in Zukunft der Begegnung im Hier-und-Jetzt im Wege stehen könnten, besser umzugehen. Außerdem kann diese Methode sinnvoll eingesetzt werden, wenn man Erinnerungen und Träume genauer ergründen möchte. Wird dieses Material in eine aktive Begegnung eingebracht und nicht nur „darüber gesprochen", kommt es unvermeidlich zur Lösung und Integration.

Eine weitere Methode, eine intrapsychische Begegnung zu fördern – sie ist dann besonders nützlich, wenn der Patient die Sicherheit des passiven Verhaltens braucht – besteht darin, den Patienten zu bitten, seine Augen zu schließen und wie in einem Theater nur Zuschauer zu sein. Er soll dann einfach beobachten, was mit ihm geschieht, wenn er so außerhalb seiner phantasierten Begegnung steht. Das ist eine Methode, um ein arbeitendes Schweigen herbeizuführen. Wie bereits zuvor erwähnt, kann der Therapeut den Patienten bitten, das zu beschreiben, was er gesehen hat, wenn es den Anschein hat, daß das arbeitende Schweigen an einem Wendepunkt angelangt ist. Ein solches Distanz schaffendes Vorgehen kann als anfängliches aufdeckendes Verfahren sehr wertvoll sein.Es ist jedoch trotzdem noch notwendig, daß sich der Patient aktiver auf die Phantasie einläßt. Erst dann kann sich sein gegenwärtiges Verhalten entscheidend verändern.

Während es manche Patienten vorziehen, alles aus dem Hier-und-Jetzt auszuklammern, beschließen andere Patienten, den Therapeuten oder ein Familienmitglied als die phantasierte andere Person anzusehen.

Wenn der Patient den Therapeuten dazu benutzt, durch ihn mit einer Person aus seiner Vergangenheit zu sprechen, muß sich der Therapeut überlegen, wie sein Verhalten während dieser erdachten

Begegnung aussehen soll. Soll der Therapeut als er selbst im Hier-und-Jetzt bleiben oder wäre es für den Therapeuten vorteilhafter, wenn er die Rolle der Person aus der Vergangenheit annähme? Wenn ich mich einmal damit einverstanden erklärt habe, daß der Patient mich als Objekt benutzt, mittels dessen er arbeitet, versuche ich, mich selbst in den Hintergrund zu stellen. Das geschieht dadurch, daß ich ruhig dasitze, ihm direkt in die Augen sehe und sämtliche Bemerkungen vermeide, mit Ausnahme von denen, die zur Strukturierung der Begegnung notwendig sind. Ich könnte ihm z.B. vorschlagen, seinen Stuhl herumzudrehen, so daß er mich bequemer ansehen kann. Für gewöhnlich mache ich ihm den Vorschlag, mich direkt anzusehen.

Während eines Familiengesprächs diente ich einmal bei einer solchen intrapsychischen Begegnung als Bruder der Frau. Als sie sich gefühlsmäßig immer stärker auf ihre Phantasien einließ, brach sie plötzlich in ein anklagendes Weinen aus und machte mir (als ihrem Bruder) Vorwürfe, eine ernsthafte Paranoia entwickelt zu haben, die dann in den Selbstmord geführt habe. Ich fühlte mich immer mehr in die Begegnung hineingezogen und sagte plötzlich etwas, was vielleicht ihr Bruder gesagt hätte, wenn er fähig gewesen wäre, sich so klar auszudrücken. „Siehst du denn nicht, daß ich in dieser Familie genauso verzweifelt bin wie du? Du machst mir Vorwürfe, daß ich nicht mehr für dich gewesen bin, aber du warst genauso unfähig, mehr für mich zu sein." Sie reagierte darauf mit zunehmender Traurigkeit, mehr Kritik und steigendem Interesse daran, wer ich, als ihr Bruder, eigentlich war. Es war ein bewegendes Erlebnis für mich, als sie zum Abschluß unter Tränen sagte: „Es hätte uns soviel geholfen, wenn wir früher einmal so miteinander hätten sprechen können. Ich verstehe jetzt vieles besser."

In Anlehnung an unsere Begegnung ermutigte ich sie, mit ihren jetzigen Familienmitgliedern, die alle anwesend waren, und mit mir herauszufinden, wie sie jeden von uns in bezug auf sich selbst sah. Daraufhin begann sie, zu ergründen, wer jeder von uns, unabhängig von ihrem Bruder, war, und das half ihr später, sich über viele Gefühle, die mit ihrem Bruder zusammenhingen klar zu werden. Sie konnte nun zum ersten Mal mit ihrer Familie über den Tod ihres Bruders sprechen.

Eine solche intrapsychische Arbeit, wie sie während der Sitzungen von Zeit zu Zeit bei einzelnen Familienmitgliedern erforderlich ist, muß immer im Zusammenhang mit dem Hier- und-Jetzt der bestehenden Familie während unserer Therapiegespräche gesehen werden. Die individuelle intrapsychische Arbeit kann ein paar Minuten aber auch eine ganze Sitzung in Anspruch nehmen. In einigen Fällen hat sie sogar den größten Teil mehrerer Sitzungen beansprucht.

Es ist gleichgültig, wieviel Zeit dafür notwendig ist; solange es noch eine unerledigte Angelegenheit gibt, die einer effektiveren aktuellen Begegnung im Wege steht, ist dieses Vorgehen gerechtfertigt. Es ist solange gerechtfertigt, wie bei den übrigen Familienmitgliedern in dieser Zeit keine anderen kritischen Hindernisse auftauchen. Wenn eine intrapsychische Arbeit abgeschlossen ist – egal, ob diese nur kurz war oder mehrere Sitzungen in Anspruch genommen hat – werden die anderen Familienmitglieder aufgefordert, darauf zu reagieren. Es ist äußerst hilfreich, wenn man sowohl das „arbeitende" Mitglied als auch den Rest der Familie dazu ermutigt, das, was sie während dieser Zeit erlebt haben, zu integrieren. Das ist ein wertvolles „Durcharbeiten", durch das eine abschließende Differenzierung und Trennung der Personen in unserem jetzigen Leben möglich wird.

Hier ist dafür ein kurzes Beispiel. Während eines Therapiegesprächs fordert der Vater seine Tochter auf, ihre Meinung zu äußern und freiheraus alles zu sagen, was sie möchte, obwohl es ganz offensichtlich ist, daß die Tochter ihre Meinung klar und deutlich sagen kann. Er wiederholt jedoch ständig: „Du mußt dich äußern. Ein Kind sollte die Möglichkeit haben, zu Wort zu kommen. Bitte sag, was du willst, Liebes. Ich möchte, daß du dich frei fühlst beim Sprechen..." Es ist ganz deutlich, daß seine Bitte wenig mit seiner Tochter zu tun hat. Ich weise ihn darauf hin. Nachdenklich folgert er, daß es wohl mit ihm selbst in seiner Ursprungsfamilie zu tun haben muß. Ich schlage ihm vor, daß er nun in seiner Phantasie zu seiner Ursprungsfamilie zurückkehren und sie um das Recht, sprechen zu dürfen, bitten soll. Als er das tut, werden alle Gefühle, die mit diesem lange versagten Geburtsrecht zusammenhängen, deutlich. Er ballt seine Fäuste und Tränen treten in seine Augen, als er mit ihnen spricht. Ich ermutige ihn, seine Fäuste und Tränen in Worten auszudrücken. Wut und Gewissensbisse beherrschen für ein paar Minuten das Geschehen. Als er damit fertig ist, beschließt er, dieses Mal nicht weiterzugehen. Er ist jetzt jedoch viel besser in der Lage, sich getrennt von seiner Tochter zu sehen.

Der Rest dieses Kapitels enthält Beispiele für katalytische und grundlegende Interventionen, die eher den Geist anregen sollen als spezifische und präzise therapeutische Handlungsanweisungen zu geben.

„Was wollen Sie in diesem Augenblick von mir?" ist der Kern der katalytischen Intervention. Beispiele dafür sind: „Das war letztes Jahr. Was wollen Sie jetzt?" oder „Sagen Sie ihm das", wenn der Betreffende über einen anderen Anwesenden tratscht. Beharrlichkeit ist oft sehr sinnvoll. Wenn der Betreffende antwortet: „Ich kann ihm das nicht sagen", schlagen Sie vor: „Dann sagen Sie ihm das!" Erwidert er: „Er würde es nicht verstehen", dann wiederholen Sie: „Sagen Sie ihm das!" („Sagen Sie ihm, warum" kann als Ausgangspunkt für einen wortkargen Patienten dienen. Wenn möglich, sollte man jedoch „Warum"-Erklärungen vermeiden.)

Wenn der Punkt erreicht ist, an dem der Patient klipp und klar „Nein!" sagt, ist eine positive Äußerung gemacht worden, und die Begegnung ist vollständig, es sei denn, dem Therapeuten werden unerledigte Gefühle in ihm selbst oder im Patienten bewußt. Wenn dem so ist, sollte man das auf die verbale Ebene bringen. Den Patienten könnte der Therapeut dann fragen: „Wie fühlen Sie sich im Augenblick?" Über sich selbst könnte er sagen: „Es gefällt mir nicht, daß Sie hierherkommen und um Hilfe bitten und dann die Hilfe, die ich Ihnen anbiete, ablehnen."

Sollte es nach dem kategorischen „Nein!" des Patienten keinerlei Anzeichen für Restgefühle geben, wird sich die Bewußtheit wahrscheinlich auf die ganze Gruppe ausdehnen, und der Therapeut kann nun auf nachfolgende Zeichen warten, z.B. eine Bemerkung eines Familienmitglieds über das, was passiert ist oder auch die Verlagerung der Hauptaufmerksamkeit auf ein anderes Thema. Man könnte leicht der Versuchung erliegen, diese Gelegenheit für Erklärungen und Interpretationen neu zu nutzen, wie: Der Patient hat den Therapeuten auf die gleiche Stufe gestellt wie die anderen Familienmitglieder, die ihn seiner Meinung nach nicht verstehen, und das nur, weil der Therapeut auf seinen Wunsch nicht eingeht. Oder: Der Patient hat eine verbale Auseinandersetzung gehabt, und als es darum ging, um Hilfe zu bitten, hat er sich entschlossen, stur zu sein, um die Auseinandersetzung in dem Augenblick zu gewinnen. Solche Interpretationen wären nicht nur sinnlos, sondern würden dem Patienten auch die Möglichkeit nehmen, den Austausch mit eigenen Worten und in seinem eigenen Tempo zu bewerten. Außerdem würden die anderen Familienmitglieder daran gehindert werden, auf das, was sie gesehen haben, zu reagieren.

Der Satz „Erzählen Sie mir etwas über ..." ist ebenfalls eine sinnvolle Starthilfe auf der katalytischen Ebene, wenn der Therapeut mit einer ziemlich wortkargen, verschlossenen Familie zusammentrifft. Jede Aufforderung, sich auf ein intellektuelles Gespräch einzulassen, sollte ganz klar als das gesehen werden, was es ist: ein Hilfsmittel, um eine Interaktion in Gang zu bringen. Es sollte dann so schnell wie möglich zugunsten einer Begegnung von Angesicht zu Angesicht aufgegeben werden. Wenn in einer Begegnung Verhandlungen möglich sein sollen, ist es nötig, daß die Beteiligten mehr als nur „Erzähler und Zuhörer" sind. Das „Darüberreden" muß durch ein „Miteinander sein und Handeln" ausgetauscht werden.

Therapeut (*als er während eines Gesprächs eine unausgesprochene Gefühlsreaktion bemerkt*): Welche Anteile in Ihnen sind Ihnen in diesem Augenblick bewußt?
Patient: Das ist eine gute Frage.
Therapeut: Das ist eine schlechte Antwort.

Hier wollte der Therapeut eine Vertiefung der Bewußtheit herbeiführen. Der Patient geht jedoch lieber auf die seichtere Inhaltsebene, was der Therapeut wiederum abwehrt.

Oft erhält der Therapeut auf die Bemerkung „Mir ist aufgefallen, daß Sie Kritik üben, jedoch nicht sagen, was Sie wollen" vom Patienten die aufrichtige Antwort „Tut mir leid." Der Betreffende ist also auf die Inhaltsebene gegangen, statt sich zu bemühen, die Intervention zu einer Vertiefung seiner Bewußtheit zu nutzen. Der Therapeut kann den Patienten einfach darauf aufmerksam machen oder aber er beschließt, diesem Hindernis durch die Frage „Bei wem entschuldigen Sie sich?" auf den Grund zu gehen. Er kann aber auch einfach feststellen: „Ich will Ihre Entschuldigung nicht. Mir ist es lieber, wenn Sie sich das zunutze machen, was ich Ihnen gesagt habe." Die genaue Intervention hängt davon ab, wie der Therapeut den Patienten erlebt.

Der Therapeut ist aufgefordert, seine Vorstellungskraft zu benutzen. Oft kommt mir während eines Gesprächs ein Satz in den Sinn, der das zusammenzufassen scheint, was jemand zu sagen versucht. Wenn das geschieht, sage ich: „Versuchen Sie es weiter." Dadurch kann ich ohne Schaden anzurichten viele Hindernisse umgehen, die der Bewußtheit, die in dem „Versuchen Sie es weiter" enthalten ist, im Wege stehen. Wenn der Patient darauf ehrlich eingeht, kann es sein, daß er eine tiefgehende Reaktion zeigt. Die Hindernisse, die dem Erlangen einer Bewußtheit im Wege stehen, brauchen nicht analysiert oder diskutiert zu werden. Es geschieht jedoch häufig, daß der Patient, kurz nachdem ihm der Therapeut etwas bewußt gemacht hat, sich der Hindernisse bewußt wird. Oft hat es eine äußerst klärende Wirkung, wenn man das Subjekt und das Objekt in einer Aussage vertauscht. Man kann das ebenfalls durch ein „Versuchen Sie es weiter" bewirken.

Das „Versuchen Sie es weiter" ist ein wertvolles Hilfsmittel, wenn man verschiedene Möglichkeiten ausprobieren will, um die Interaktionen während einer Begegnung in Gang zu bringen. Das ist sowohl bei dem Patienten als auch bei dem Therapeuten anzuwenden und dient dazu, wichtige emotionale Anteile, die anfangs vielleicht als unwichtig erscheinen, hervorzulocken.

„Ich bin so müde. Ich kann kaum meine Augen offen halten" sagte eine Frau gleich zu Beginn der Sitzung mit ernster Miene. Wir erforschten diese Aussage einige Minuten lang, kamen jedoch zu keinem Ergebnis. Dann sagte sie: „Ich glaube, ich könnte gerade so einschlafen", worauf ich antwortete: „Dann tun Sie es doch." Lächelnd und etwas halbherzig fügte ich noch hinzu: „Vielleicht träumen Sie ja etwas, das uns helfen könnte." Sie lehnte sich zurück und schloß ihre Augen, während ich mich ihrem Mann zuwandte.

Einige Minuten lang grübelten wir über ihre Müdigkeit und verglichen, welche Gefühle wir dabei hatten. Sie rührte sich in dieser Zeit gar nicht und fing dann an, im Schlaf zu weinen. Wir warteten eine Zeitlang, ohne etwas zu sagen, dann bat ich sie, zu sprechen. „Ich kann den Berg nicht erreichen. Dabei ist er doch so schön..." sagte sie unter Tränen. „Beschreiben Sie ihn" schlug ich vor. „Er ist wunderschön. Er ist kalt und unzugänglich. Er ist so stark, daß er nicht verletzt werden kann." Sie beschreibt präzise und auf poetische Weise ihr Selbstbild, das sie versucht hatte, aufzubauen. Das sagte ich ihr jedoch nicht, sondern forderte sie auf, diese intrapsychische Begegnung weiterzuführen, indem sie zunächst das „er" in ein „ich" verwandelt, d.h. daß sie versucht, der Berg zu sein. Als wir dem Traum weiter nachgingen, kam das, wovon sie sich im Augenblick „verletzt" fühlte, zum Vorschein. Am Ende dieses Erforschens verschwand ihre Müdigkeit, und sie wurde weit weniger „kalt und unzugänglich".

Katalytische Bemerkungen passen sowohl zu intrapsychischen als auch zu innerfamiliären Begegnungen. In einer Familie wurde die Leblosigkeit des Vaters zum beherrschenden Hindernis in der Familie. Er sah grau aus, sein Gesicht war ausdruckslos, seine Stimme monoton und seine Bewegungen waren auf die notwendigen reduziert. Laut seiner Frau war er schon so, als sie ihn kennenlernte, aber es würde langsam fortschreiten.

Ich beschloß, etwas herumzustochern, so wie man es mit einem Stock tut, wenn man einen toten Vogel am Wegesrand findet und herausfinden will, ob er wirklich tot ist. Ich war überrascht, daß er diese Anreize zu begrüßen schien – zumindest krächzte er gelegentlich ein „Ja" oder „Da stimme ich Ihnen zu" oder „Sie haben wahrscheinlich recht". Obwohl ich immer energischer stocherte, blieb er an der Pforte des Todes, aber er sagte zumindest, daß er sich ändern wolle. „Und was wäre, wenn Sie so würden wie ich?" schrie ich ihn an und schlug mit der Hand auf den Tisch. „Was ist denn bloß so fürchterlich daran?" Er krächzte in seiner monotonen Stimme: „Bei Ihnen ist das in Ordnung. Sie wissen, was Sie tun. Als ich noch ein Kind war, war ich feindselig und habe den Mund sehr voll genommen. Damit habe ich viele Menschen verletzt."

Therapeut: Zum Beispiel?
Patient: Ich sagte zu einem Kind, daß es zu große Ohre habe.
Therapeut: Was noch? *(Er schaut einige Minuten lang schweigend zu Boden. Dann bemerke ich eine plötzliche Veränderung in seiner Körper-*

haltung und sehe, wie er kurz das Gesicht verzieht.) Woran haben Sie gerade gedacht?

Patient: Ich habe die Augen eines Spatzen gesehen, den ich mal geschossen habe. *(Pause)* Ich war wie gelähmt... *(Pause)* Zum Glück war ein Freund da... *(Eine weitere Pause von mehreren Sekunden.)* Er hat ihn für mich getötet (*langes Schweigen*).

Therapeut: Sprechen Sie zu dem Spatzen.

Patient *die Tränen schießen ihm in die Augen; nach einem Augenblick des Schweigens sagt er*): Ich kann nicht sprechen.

Therapeut: Was hindert Sie?

Patient (*greift sich an die Kehle*): Es ist alles so zusammengeschnürt.

Therapeut: Sagen Sie dem Spatzen, wie schlecht Sie sich damals gefühlt haben.

Patient: Nein.

Therapeut (*Ich erinnere mich, wie schwierig es für manche Leute ist, für sich selbst zu sprechen und denke mir, daß er sein Leben für den Spatzen aufgegeben hat. In gewisser Weise lebte er als der tote Spatz. Mit diesen Gedanken in mir sagte ich nun*): Könnten Sie einmal der Spatz sein? Der Vogel hat das Bedürfnis zu sprechen...

Patient (Pause): Ich will es versuchen. *(Nach mehreren Augenblicken des Schweigens.)* Warum hast du das mit mir gemacht? Was habe ich dir denn getan? *(Er fängt jetzt an zu weinen.)*

Therapeut (*als das Weinen schwächer wird*): Und zu wem könnten Sie das sagen?

Patient *(nach weiteren Augenblicken des Schweigens):* Mutter, warum hast du es zugelassen, daß ich so grausam bin? Warum hast du mich nicht daran gehindert? Warum hast du mein Verhalten immer entschuldigt? *(Seine Worte werden durch sein Weinen unterbrochen.)*

An diesem Punkt entschied ich mich dafür, seine Gefühle nicht dadurch zu unterbrechen, daß ich ihm z.B. vorschlage, seine Fragen in Aussagen zu verwandeln. Das hätte eine grobe Unterbrechung seiner Begegnung mit der Mutter bedeutet. Als sein Weinen nachließ, bat ich ihn, das Gespräch mit seiner Mutter weiterzuführen. Er richtete sich in seinem Stuhl auf, als hätte man eine Last von seinen Schultern genommen, sah mir direkt in die Augen, lächelte leicht und sagte :„Für heute habe ich genug." Ich stimmte ihm zu.

Der folgende Auszug aus einem Familiengespräch zeigt eine Anzahl katalytischer Interventionen während einer Begegnung innerhalb der Familie.

Oft sagt ein Familienmitglied etwas zum Therapeuten, das sich völlig verändert, wenn es das zu dem betreffenden Familienmitglied sagt.

Frau (*spricht zum Therapeuten*): Ich möchte ihm (dem Ehemann) mehr helfen können, aber ich weiß nicht, wie. Ich fühle mich so unfähig.

Therapeut (*sie „tratscht" über ihren Mann; also schlage ich vor*): Sagen Sie ihm das.

Frau (*dreht sich zu ihm, sammelt sich und sagt dann nach einem Moment des Schweigens in kaltem Ton*): Wenn du nur wüßtest, was du willst und mir das klar sagen könntest. Wenn du nur...

Therapeut (*unterbricht sie*): Das ist nicht das, was Sie zu mir gesagt haben. Mir gegenüber haben Sie von sich selbst gesprochen, von Ihrer Hilflosigkeit, Ihrem Gefühl, unfähig zu sein und von Ihrer Trauer. Ihm gegenüber beklagen Sie sich über *sein* Verhalten.

Frau: Ich glaube, ich habe Angst, ihm diese Dinge zu sagen.

Therapeut (*sie „tratscht" noch immer*): Sagen Sie ihm das.

Frau: Das macht mir Angst. Er würde – ich glaube, daß er mich nicht mehr mag, wenn er weiß, daß ich unfähig bin.

Therapeut: Können Sie ihm das sagen?

Ehemann: Ich wünschte, du könntest so mit mir reden. Deine andere Art drängt mich in die Defensive, und ich will dann mit dir kämpfen. Wenn ich dich so sprechen höre wie eben, habe ich positive Gefühle dir gegenüber.

Frau (*sieht ihren Mann an*): Es ist verrückt, aber jetzt, wo ich dich ansehe, weiß ich, daß du es akzeptieren würdest, wenn ich so mit dir spräche.

(Ich dachte, daß das möglicherweise ein Trick sein könnte – ein Versuch, lieber über das, was ich vorgeschlagen habe, zu sprechen als es zu tun, d.h. ihm von ihrer Hilflosigkeit zu erzählen. Aber irgend etwas in der langsamen, nachdenklichen Art und Weise, wie sie sprach, ließ darauf schließen, daß sie ernsthaft suchte und nicht manipulierte. In dieser Annahme bestärkt drängte ich sie, diesen Weg weiter zu verfolgen.)

Therapeut: Wenn er es nicht ist, zu wem möchten Sie dann diese Dinge sagen?

Frau (*nach einem Augenblick nachdenklichen Schweigens*): Ich vermute, meiner Mutter.

Therapeut: Setzen Sie sie auf diesen leeren Stuhl, sehen Sie sie an und sprechen Sie mit ihr.

(Bei einer anderen Gelegenheit hätte ich sie vielleicht erst einmal aufgefordert, die Unsicherheit auszumerzen, indem ich sie mit den Worten „Sie vermuten das?" konfrontiert hätte. Das hätte ich getan, um ihre Identität zu stärken oder um zu prüfen, ob das nur eine schlagfertige Antwort war. In diesem Fall schien sie zur Arbeit bereit zu sein, und somit sah ich das „ich vermute" als eine Redewendung an, die wenig Bedeutung hatte. Als sie auf den Stuhl starrte und anfing zu weinen, fühlte ich mich in meiner Annahme bestätigt.)

Frau (*nachdem sie eine Zeitlang geweint hatte*): Du hast mir nie vertraut. Du hast immer nur angenommen, daß ich alles falsch mache. Daher mußte ich dann auch alles falsch machen. Oh, wie sehr wünschte ich, daß du Vertrauen in mich gehabt hättest. Ich hätte das so nötig von dir gebraucht, aber alles, was du getan hast, war, auf mir herumzuhacken und dich zu beklagen.

(Es freute mich, wie sie anhand der Kritik an ihrer Mutter ihr eigenes Verhalten beschrieb. Irgendwie bedeutete das einen Erfolg bei der Arbeit, die sie zu leisten hatte, um den Konflikt mit ihrer Mutter zu lösen. Dieses Muster bestand in ihrem Kopf weiter und störte ihre gegenwärtige Beziehung zu ihrem Mann, obwohl ihre Mutter schon lange tot war.)

Therapeut: Seien Sie nun Ihre Mutter und antworten Sie.

Frau: Sie würde das nicht verstehen und nur noch stärker auf mir herumhacken.

Therapeut: Sie „tratschen". Entweder Sie tun das jetzt oder Sie weigern sich.

Frau (*ahmt ihre Mutter nach*): Nun, wenn du gleich zu Anfang alles richtig gemacht hättest, bräuchte ich auch nicht auf dir herumhacken.

Therapeut (*nach einigen Momenten des Schweigens, in denen sie nur vor sich hinstarrt*): Antworten Sie ihr.

Frau (*zuerst äußerst wütend, dann unter Tränen*): Ich bin nicht vollkommen. Ich bin nicht vollkommen. Ich bin nicht vollkommen. Warum kannst du das nicht verstehen? (*Brüllend*) Ich *kann nicht* alles gleich beim ersten Mal richtig machen. Du warst auch nicht so vollkommen, warum hast du es dann von mir verlangt? *(Dann, so als wäre sie von etwas getroffen worden, hörte sie plötzlich auf zu weinen.)* Das ist der Grund! Du wolltest, daß ich vollkommen bin, *weil* du es nicht warst. Ich will nicht. Ich bin nicht vollkommen, und ich will es nicht sein. Ich muß nicht immer vollkommen sein. Ich will nicht. *(Dann, nach kurzem Schweigen, wendet sie sich ihrem Mann zu und sagt)*: Ich schäme mich so. Deshalb hacke ich so auf dir herum, gerade so, wie sie immer auf mir herumgehackt hat. Und du hast eigentlich nie von mir verlangt, daß ich vollkommen sein soll. Es tut mir leid *(sie weint leise vor sich hin)*.

Ehemann (liebevoll): Du brauchst nicht vollkommen zu sein.

Therapeut (*ich begrüßte seine liebevolle Unterstützung, aber ihre Entschuldigung gefiel mir nicht. Für mich bedeutete das, daß sie noch nicht fertig war.*): Es tut Ihnen leid? Warum? Weil Sie im Augenblick nicht vollkommen sind?

(Ich hätte sie arbeiten lassen können, statt ihr die Antwort zu geben. Ich hätte z.B. sagen können: „Könnten Sie Ihrem Mann erklären, wofür Sie sich entschuldigen?" Oder, zwar unehrlich aber auffordernd: „Ich verstehe Ihre Entschuldigung nicht." Aber ich *verstand* sie ja, und sie hatte eine Menge Arbeit geleistet. Wenn ich jetzt daran zurückdenke, glaube ich, daß sie noch mehr hätte arbeiten können, aber ich wollte ihr etwas geben, um ihr zu zeigen, wie sehr ich ihre eifrigen Bemühungen anerkannte. Das ist eine unerledigte Sache meinerseits, die mir erst jetzt, wo ich diese Aufzeichnungen mache, klar wird. Damals war mir dieser Aspekt meines Vorgehens nicht bewußt.)

Ehefrau (*lachend und errötend*): Es geht eben nicht alles auf einmal weg, nicht wahr? Aber ich fühle mich anders. Außerdem glaube ich, daß es einem ruhig leid tun darf, wenn man jemandem unnötig wehgetan hat.

(Sie spricht jetzt zu mir wie eine selbstsichere Frau und nicht mehr wie ein weinerliches Kind. Das gefällt mir und ich halte das für wichtiger, als darüber zu diskutieren, ob es einem „leid tun" sollte oder nicht. Ich merkte, daß ich lächelte und bei ihr auf eine Äußerung wartete, die ich als Schlußpunkt verwenden könnte, denn die eigentliche Zeit unserer Sitzung war schon längst überschritten.)

Therapeut: Inwiefern fühlen Sie sich anders?
Frau: Ich habe nicht mehr so stark das Gefühl, daß man auf mir herumhackt. Ich habe liebevolle Gefühle meinem Mann gegenüber.
Therapeut *(steht auf)*: Sie „tratschen" schon wieder.

(Sie sah ihren Mann warmherzig an, und er reagierte wie schon während der ganzen Sitzung in liebevoller Weise. Ich hatte ein gutes Gefühl.)

Humor kann sowohl eine therapeutische als auch eine ablenkende Wirkung haben. Die folgenden Beispiele sollen das verdeutlichen.

Eine junge Frau, die frisch verheiratet und schon wieder geschieden ist, zieht wieder ins Haus ihrer Eltern. Ich sollte wohl besser von „Wohnung" sprechen, denn mit der Heirat ihrer Tochter hatten die Eltern das Haus verkauft und sich eine kleine Ein-Zimmer-Wohnung genommen. Jetzt schläft die Tochter unbequemerweise im Wohnzimmer. Alle drei sind der Meinung, daß die Tochter eine Therapie nötig hat, und alle drei sind einverstanden, daran teilzunehmen. Bei dieser Sitzung fängt die Mutter an, indem sie sachte versucht, die Tochter aus der Wohnung zu treiben. Das macht sie so: „Du bist gestern spät nach Hause gekommen und hast mich aufgeweckt, als du das Badezimmerlicht angeknipst hast."

Scheinbar hatten sie schon vorher darüber gesprochen, und nun schreit die Tochter die Mutter wütend an: „Wie sollte ich das wohl getan haben? Ich war so vorsichtig. Ich habe absichtlich erst das Licht angeknipst, nachdem ich die Tür zugemacht hatte, und ich habe es ausgeknipst, bevor ich die Tür wieder öffnete. Wie sollte dich da das Licht aufgeweckt haben?" „Das Geräusch des Lichtschalters weckt mich auf", antwortet die Mutter unschuldig. Völlig außer sich und wütend erwidert die Tochter: „Ach, du lieber Himmel", worauf alle in peinliches Schweigen verfallen. Ich biete der Tochter eine Interpretation an: „Es handelt sich lediglich um ein Mißverständnis. Sie dachten, Ihre Mutter würde vom Licht aufwachen, dabei reagiert sie in Wirklichkeit auf Geräusche." Die Tochter lacht und antwortet: „Ach laßt mich doch in Ruhe. Ich werde dort ausziehen."

Im nächsten Beispiel hat der Patient – ein energischer reicher, 50 Jahre alter Mann – gerade ein Gedicht zuende gelesen und damit einen nicht so ernst gemeinten Vorschlag, den ich am Ende der vorangegangenen Sitzung gemacht hatte, strikt befolgt. Anschließend interpretiert er das Gedicht ganz vage. Ich mache nur die Bemerkung, daß er meinem Vorschlag von der letzten Sitzung nachgekommen sei, daß er jedoch das Thema nicht gründlich genug behandelt sondern lediglich Bezug darauf genommen habe. Er nimmt das als wichtige Äußerung hin und sagt, daß er bei dem Erforschen dieser Sache nicht mehr um Hilfe bitten werde, da er wisse, daß es von ihm selbst kommen müsse. All das sagt er mit einem breiten Lächeln. Dann berichtet er fast unter Lachen, daß er mit dem Anwalt seiner Mutter gesprochen habe. Dieser habe ihm erzählt, daß bei seiner Mutter seit dem Tod ihres Mannes (dem Vater des Patienten) vor drei Wochen eine bemerkenswerte Besserung eingetreten sei. Aus einer bettlägerigen, fast apathischen Frau sei eine wache, intelligente, gesunde Frau geworden, die nun das Sanatorium verläßt, um ihr aktives Leben wieder aufzunehmen. Bei vorangegangenen Besuchen hatte sich der Patient bei mir bitterlich über die Gefühllosigkeit seiner Frau und deren Abhängigkeit von ihm beklagt. Beides deutete auf Projektionen hin, die der Patient zwar durchdacht hat, die er aber an seine Gefühle nie hat herankommen lassen.

Er lächelt und gibt zu, daß er die Arbeit allein leisten muß. Dann erzählt er einen Witz über einen Geistlichen, der zu einem Bauern, der gerade einen heruntergekommenen Hof gekauft und ungeheuer viel Arbeit in die Renovierung gesteckt hat, sagt: „Sie und der liebe Gott haben ausgezeichnete Arbeit beim Aufpolieren dieses alten Hofes geleistet." Der Bauer antwortet: „Als Gott diesen Hof noch alleine hatte, sah er nicht so aus wie jetzt, nicht wahr?" Meine Antwort darauf ist: „Aus Ihren Worten spricht zurückgehaltene Wut." Für einen Augenblick bekommt mein Patient ein ernstes Gesicht und sagt: „Ich glaube, das ist sehr gut möglich", kehrt dann jedoch schnell zu seinem lächelnden Verhalten zurück und bemerkt:

„Ich glaube, es ist Ihre Aufgabe, darüber besser Bescheid zu wissen als ich."

Ich spüre seine Wut und er spürt sie ebenfalls, aber keiner von uns ist in der Lage, sie zum Vorschein zu bringen. Ich habe plötzlich die Phantasie, ihn nicht nur mit mir, sondern auch gleichzeitig mit seiner Mutter und seiner Frau zu konfrontieren, so daß wir zusammen einen stärkeren Anreiz bilden als ich allein. Ich sage zu dem Patienten: „Ich sehe plötzlich Ihre Mutter als Ihre damalige Frustrationsquelle, Ihre Frau als die gegenwärtige und mich machen Sie zu Ihrer zukünftigen Frustrationsquelle. Ich frage mich, ob Sie sich uns alle drei hier vorstellen könnten und nicht nur mich allein. Was würden Sie sagen, wenn Ihre Mutter und Ihre Frau zusammen mit mir hier vor Ihnen säßen?" Der Patient sieht mich sehr ernst an und sagt dann in aufrichtigem Zorn: „Ich brauche keinen von euch. Ich komme auch ohne euch alle zurecht. Keiner von euch ist für mich wichtig. Ich kann auch ohne euch alle überleben." Ich antworte: „Damit machen Sie es sich leicht. Das Schwierige ist, *mit* uns zu überleben." „Treffer" erwidert der Patient mit nachdenklichem und ernstem Gesicht.

An diesem Punkt versagte ich. Sein Ausruf „Treffer" war eine Art, sich auf meine Seite zu schlagen und meinen intellektuellen Sieg bei diesem Schachzug anzuerkennen, ohne die so wichtige Versöhnung auf der Gefühlsebene weiter zu verfolgen. Man hatte mich verführt, und nun lehnte ich mich bequem zurück und genoß seinen Applaus. Es wäre besser gewesen, wenn ich es nicht zugelassen hätte, daß er die Rolle des aktiven Teilnehmers verläßt und zum Beobachter unserer Interaktion wird. Schweigen oder der Vorschlag „Machen Sie weiter" hätten es ihm vielleicht ermöglicht, von sich aus zu sagen: „Ich *kann nicht* mit euch überleben, aber ich habe zu große Angst, mir dessen bewußt zu werden."

Zu einem späteren Zeitpunkt in diesem Gespräch schien der Patient ins Schwimmen zu kommen. Er bemerkte: „Ich bin mir nicht sicher, ob das, was ich gerade tue, irgendeine Bedeutung für mich hat. Haben Sie eine Idee, Doktor?" Ich erwiderte: „Im Augenblick bin ich mir auch nicht sicher, was Sie eigentlich tun." Er antwortete ärgerlich: „Ich kann verstehen, daß ich es nicht weiß, aber wie erklären Sie sich, daß Sie nicht wissen, was ich tue?" Ich erwiderte: „Nun weiß ich es." Lachend und mit rotem Kopf antwortete der Patient wieder:

„Treffer". Und wieder erlag ich seiner Schmeichelei und erlaubte ihm, sich von der Bewußtheit wegzubewegen, daß er mit seinem Lachen seine Verlegenheit zu überspielen versucht.

Als er wütend gesagt hatte „Ich brauche euch nicht", wäre es besser gewesen, ihm den Vorschlag zu machen, daß er einmal zu uns dreien sagt: „Ich *will* euch nicht brauchen müssen, weil ihr mir wehtut." Um das zu verstärken, hätte ich ihm vorschlagen sollen, daß er diesen Satz immer lauter sagt. Das hätte vielleicht den Kern von dem berührt, was er meiner Meinung nach zu sagen versuchte, nämlich: „Ich möchte dich erreichen oder mit dir zusammen fühlen, aber du machst mich so wütend, daß ich es nicht kann." Das würde ich als kleiner Junge empfinden, der einer fordernden, kritischen Mutter antwortet. Ich würde außerdem sagen wollen: „Bitte hab mich lieb und hilf mir, Selbstvertrauen zu bekommen. Das tust du nicht, wenn du mich ewig kritisierst. Das macht es mir schwerer und verwirrt mich. Ich schaffe es auch ohne dich, jawohl, aber mir wäre es anders lieber, denn allein ist es viel schwieriger."

Ich stelle mir vor, daß der Widerstand des Patienten sich folgendermaßen entwickelt hat:

Ich brauche dich.
Ich brauche dich; du erfüllst meine Bedürfnisse nicht, also bin ich wütend auf dich.
Ich bin so wütend auf dich, daß ich versuchen will, dich nicht mehr zu brauchen.
Ich bin so wütend auf dich, daß ich dich nicht brauchen werde.
Ich brauche dich nicht.
Du brauchst mich. (Das ist die Schlußfolgerung, die er gezogen hat, als er seine chronisch kranke Frau heiratete.)

Diese Methode umgeht die Widerstände, die der Patient einer zentralen Aussage (dem zentralen Gefühl, das abgespalten wurde) gegenüber hat und führt den Patienten direkt dorthin, vorausgesetzt, daß das Erleben dieses abgespaltenen Teils der direkte Weg zu einer Wiedereingliederung ist. Er kann intellektuell damit spielen, daß er „verstehe", wie sich seine Widerstände entwickelt hätten, aber das ist für die Wiedereingliederung nicht so wichtig.

Am Ende der Stunde war ich mir darüber bewußt, wie sehr dieses intellektuelle Spiel uns beide befriedigt hatte. Ich äußerte mich zu dieser Befriedigung, indem ich es intellektuell als ungeheure Schwierigkeiten hinstellte, die wir beide hätten. Ich bin mir nicht sicher, welchen Wert das hat. Ich erkläre es mir so, daß ich die Schwierigkeiten sehe, mit ihnen kämpfen möchte, aber keinen anderen Weg weiß, als dem Patienten meine Erkenntnis mitzuteilen. Ich bin nicht sicher, ob das irgendeinen Wert hat. Ich sage mir, daß ich auf diese Weise von beiden Seiten aus angreife: zum einen dränge ich den Teil des Selbst, der nicht integriert ist, zum Vorschein zu kommen, und zum anderen dränge ich den Patienten dazu, dieselbe Waffe zu benutzen, die er für seinen Widerstand verwendet (logisch zu denken), wenn er seinen Widerstand angreifen will. Auf diese Art und Weise bringe ich ihn dazu, seinen Verstand dafür zu gebrauchen, daß er seine alten „befriedigenden" intellektuellen Ablenkungsmanöver, wie zu lachen und witzige Bemerkungen zu machen, kritisch betrachtet.

Es ist schon oft darüber diskutiert worden, ob der Therapeut in der therapeutischen Begegnung die Funktion einer aktiven, identifizierbaren Person haben sollte. Immer mehr Therapeuten sind dafür, sich in die Therapie einzubringen. Oft übersteigt das Maß der Beteiligung, das dann befürwortet wird, die Gesprächsebene. Manche Therapeuten wagen es, persönliche Angelegenheiten zu offenbaren, indem sie den Patienten von ihren Träumen erzählen oder etwas aus ihrem Sexualleben berichten. Ein paar ganz kühne Therapeuten gestehen sogar ihre physiologischen Bedürfnisse ein, indem sie das Gespräch unterbrechen und auf die Toilette gehen. Einige sind so kraß, daß sie es wagen, den Patienten zu sagen, was sie an ihnen nicht mögen und erklären ihnen, daß das dazu diene, eine offenere und damit therapeutische Atmosphäre zu schaffen.

Die meisten Therapeuten würden es jedoch niemals wagen, einen Traum, den sie hatten und der für den Patienten wichtig wäre, mit dem Patienten zu erforschen und zu untersuchen. Die meisten Therapeuten würden über ihre negativen Gefühle, die sie einem Patienten gegenüber haben, nicht sprechen, nur weil diese Gefühle nun mal da sind. Immer wenn ich solch „schreckliche" Dinge tat, habe ich die Erfahrung gemacht, daß meine Patienten mit mir zusammen davon profitierten, wenn ich meine Gefühlswege von dem Schutt befreite, der sich in der gemeinsamen Zeit angesammelt hatte. Der folgende

Dialog aus meinem ersten Gespräch mit Molly soll das veranschaulichen.

Molly war eine 40 Jahre alte, gelähmte Frau, die von ihrem Mann verlassen worden war. Sie wurde auf Krücken humpelnd hereingeführt, denn sie war außerdem auch noch blind. Damals mußte sie wohl attraktiv gewesen sein, aber jetzt sah sie aus, als käme sie gerade von einer Inquisition. Ich war von ihr abgestoßen. Ich brachte meinen Abscheu zum Ausdruck. Sie lächelte süßlich. Ich haßte dieses süffisante Grinsen und sagte ihr das in ärgerlichem Ton. Sofort versuchte sie, es abzustellen. Diese Selbstlosigkeit machte mich krank, und das sagte ich ihr. Ich verbrachte die ganze Stunde damit, daß ich meinen Abscheu vor fast allem, was mit ihr zu tun hatte, zum Ausdruck brachte. Ich haßte sie für das, was sie sich angetan hatte. Am Ende der Stunde fragte sie mich süßlich, woher ich denn weiß, daß sie nicht das Opfer eines Unfalls ist? Ich wußte es nicht genau, aber meine Reaktion hatte etwas mit ihrer ganzen Gestalt zu tun, mit jeder krankmachenden, süßlichen, selbstlosen Reaktion, die von ihr kam. Ich wußte, daß man im Leben für jede Frustration jemanden verantwortlich macht und daß sie offensichtlich nur sich selbst verantwortlich machte. Ich weiß immer noch nicht, wie ich das wissen konnte, aber aus meinem Erleben mit ihr wußte ich es.

Die zweite Sitzung verlief nicht viel anders. In der dritten Sitzung fing sie an, sich zu wehren und ich begann, sie zu schätzen. Ich weiß nicht, was zuerst kam. In der fünften Sitzung offenbarte sie, daß sie einen Alptraum, den sie in den letzten zehn Jahren dreimal gehabt habe, jetzt wieder geträumt habe, und sie erzählte ihn bereitwillig. Es war ein körperliches Erleben, kein visuelles Bild. „Er kam wieder herein, stülpte mir das Kissen über das Gesicht und versuchte, mich wieder zu ersticken. Ich habe die ganze Zeit über gewußt, daß er mich töten wird, daß ich so sterben werde, aber dieses Mal war es anders. Dieses Mal habe ich mich gewehrt und koannte ihn daran hindern. Ich habe mich auf üble Weise gewehrt, ich habe ihn in seinen Arm gebissen (lächelt verlegen), aber ich konnte ihn daran hindern. Ich habe ihn tatsächlich daran gehindert. Und als ich aufwachte, war ich nicht in panischer Angst, sondern fühlte mich stark und mit mir zufrieden und dachte : ‚*Vielleicht* wirst du mich eines Tages töten – aber nur *vielleicht*'." Sie sprach natürlich auch mich damit an. Jetzt war da etwas (jemand) Greifbares, worauf sie sich stürzen konnte, und vielleicht, ja vielleicht ging es nun bergauf. Sie hatte angefangen, ihre Kraft wiederzugewinnen.

Die Tatsache, daß der Therapeut Angst hat, dem Patienten schaden zu können, ist ihm hoch anzurechnen. Er hält sich damit an das bekannte medizinische Gesetz „Schaden Sie vor allem niemandem". Zu oft wird dieser Satz jedoch als „Schaden Sie vor allem Ihrem Ruf nicht" interpretiert. In Handlungen übersetzt bedeutet das: „Tun Sie nur das, was jeder andere Therapeut auch tut, und denken Sie daran, daß es immer potentiell verwerflicher ist, etwas zu tun, als nichts zu tun." Mit einem Patienten fünf Jahre lang in der Therapie zu sitzen und im Namen der Therapie behutsam mit ihm umzugehen, ruft bei weitem weniger Kritik von Kollegen hervor, als zum Beispiel den Patienten wütend zu beschuldigen, seinen Zorn heraufzubeschwören oder ihn zum Weinen zu bringen, weil man in fünf Monaten eine Veränderung des Verhaltens erreichen möchte. Dem Patienten unbeteiligt zuzusehen, wie er schüchtern leidet und ihm ähnlich schüchterne, hohle Interpretationen anzubieten, wird ganz klar akzeptiert. Wenn man jedoch von dem Patienten verlangt, daß er sein Verhalten ändert und aufhört zu leiden, so wird das von manchen Therapeuten als Zumutung angesehen. In den Augen einiger Kollegen gehe ich zuviele Risiken ein. Zugegeben, es ist mir wichtiger, effektiv zu sein, als vorsichtig. Meine eigenen Lebenserfahrungen haben jedoch bewiesen, daß das, was sie als Risiko bezeichnen, gar keines ist. Ich bin kein besonders mutiger Mann. Ich habe nur das Bedürfnis, effektiv zu sein.

Einen Patienten unberührt gehen lassen zu müssen, ist für mich das Schmerzlichste, das mir bei einer Therapie passieren kann. Deshalb muß ich ihm etwas zumuten. Ich muß klar und deutlich von ihm gefühlt werden – nicht morgen, nicht nächstes Jahr, nicht in fünf Jahren, sondern jetzt. Jede Sitzung muß ihre Existenz rechtfertigen; jeder Augenblick muß seine eigene Bedeutung tragen. Ich fordere keine unmittelbare, bedingungslose Veränderung. Ich bestehe jedoch darauf, daß sich der Patient auf diesen und jeden Augenblick unserer gemeinsamen Zeit einläßt. Ich ernte dafür eine befriedigende Verhaltensänderung.

Verstehen Sie mich bitte nicht falsch, ich habe nicht den Wunsch, von meinen Patienten oder Kollegen geächtet oder verlassen zu werden, wenn ich auch feststellen mußte, daß das manchmal unvermeidlich ist. Das tut mir weh und lähmt mich zeitweise in meiner Arbeit, wenn ich versuche, ein liebenswerter Kerl zu werden. Aber ich bin hoffnungslos rückfällig und werde ständig auf meine alten jähzornigen Bahnen zurückgeworfen.

Manchmal werden sich Therapeuten Gefühle bewußt, die durch ein Therapiegespräch und während dieses Gesprächs ausgelöst wurden, die der Therapeut jedoch als irrelevant ansieht. Der Therapeut wäre wahrscheinlich besorgt darüber, daß solche Gefühle seine Wahrnehmung beeinträchtigen und somit seine Effektivität als Therapeut verringern könnten. Ich hatte mehrere Erlebnisse, die das Gegenteil beweisen. Eins davon möchte ich nun schildern.

Als das Paar sich setzte – beide machten einen betrübten Eindruck – sagte sie: „Ich habe das Gefühl, es ist sinnlos, diese Ehe weiterzuführen." Er sagte nichts. Ich stocherte vorsichtig etwas herum, zuerst bei ihr und dann bei ihm, aber es kam nichts dabei heraus. Sie wurde immer fester in ihrer Meinung und weigerte sich, ihre Drohung in eine offene Schimpfkanonade umzuwandeln, die meiner Ansicht nach die Luft ein wenig gereinigt hätte. Er verharrte in seiner mürrischen und ebenso festen Haltung. Er wollte nicht ausziehen, und sie drohte ihm damit, ihn notfalls mit Gewalt aus dem Haus entfernen zu lassen, wobei sie hinzufügte, daß sie natürlich das Haus, die Kinder und, falls er nicht freiwillig ginge, die Hälfte des Geschäfts behalten würde. Sie schloß mit den Worten: „Und außerdem werde ich ziemlich viel Stunk machen." Er blieb starr in seiner Haltung und konstatierte: „Ich werde weder ausziehen noch meine Kinder hergeben."

Ich mußte an meine eigene Scheidung denken, die ein paar Jahre zurücklag, und an die unbändige Wut, die ich verspürt hatte, als man mir in ähnlicher Weise drohte. Nun war es leichter. Ich erkannte auch, daß sie hoffte, er würde sich gegen sie wehren und bei ihr bleiben – aber sich auf sie einlassen. Ich bat ihn, etwas zu erwidern, aber er war zu sehr bedroht. Er konnte kaum ein „Ich werde nicht ausziehen" von sich geben. Ich bat sie, ihm von ihrer noch nicht allzulang zurückliegenden Einsamkeit und Sorge zu erzählen, die eindeutig mit seinem plötzlichen verstärkten Arbeitseinsatz zusammenhingen. Sie leugnete das. Ich wollte sie nicht weiter drängen, weil ich Angst hatte, parteiisch zu sein, aber ich kochte innerlich vor

Wut über ihren Angriff, den ich als ungerecht empfand. Auf ihn war ich nur wütend, weil er sich nicht zur Wehr setzte.

Sie waren an einem toten Punkt angelangt. Wir waren an einem toten Punkt angelangt. Das Schweigen wurde nur ab und zu durch bissige Bemerkungen von ihr durchbrochen und von dem Geräusch, das seine Zähne auf seiner Pfeife machten, die zwischen seiner Faust und seinem Mund fest eingeklemmt war.

Ich dachte: „Zur Hölle mit meiner Parteilichkeit" und legte los. Ich verurteilte sie heftig und vorbehaltlos und nannte ihr Ultimatum und ihre Überheblichkeit beim Namen. Ich sagte ihr, daß ich, wenn sie meine Frau wäre, ihr die Hölle heiß machen würde. Ich beschuldigte sie, ihren Mann mit Gehässigkeiten zu belasten, die wahrscheinlich eher ihrem Vater gebührten. Ich interpretierte. Ich analysierte. Ich klagte an. Jedes Mittel, meine Wut zum Ausdruck zu bringen, war mir recht. Als ich fertig war, erwartete ich einen sofortigen Gegenangriff. Sie starrte mich jedoch nur an und sagte: „Warum kann er nicht so mit mir sprechen? Warum braucht er Sie, damit Sie es für ihn tun?"

„Weil er wahnsinnige Angst hat, deshalb."

„Nun, das ist wirklich schade. Ich möchte nicht mit einem verängstigten Mann zusammenleben. Ich brauche jemanden, der sich auf mich einläßt."

Da meine Wut verraucht war, sagte ich lachend: „Tut mir leid, aber ich bin nicht verfügbar. Sie müssen wohl den umgestalten, mit dem Sie zusammen sind."

„Das ist nicht lustig, und ich empfinde immer noch das gleiche" sagte sie mit viel weicherer Stimme.

„Sie lügen" antwortete ich ernst.

Sie lachte: „Also gut, ich fühle mich besser, aber ich glaube noch immer, daß es hoffnungslos ist, und ich denke, daß ich ihn verlassen werde."

Der Ehemann faßte sich ein Herz, nachdem er das alles miterlebt hatte und sagte in energischem Ton: „Ich werde nicht nur nicht ausziehen, ich werde dich auch nicht ausziehen lassen."

„Oh ja", knurrte sie, „versuch doch mal, mich aufzuhalten. Und überhaupt, hast du denn gar keine Selbstachtung? Warum willst du denn jemanden, der dich nicht will?"

„Ich will meine Familie, und damit hat es sich", antwortete er entschieden. Und zu mir sagte er: „Wir werden zu unserem nächsten Termin wiederkommen."

Sie sagte: „Es kann sein, daß ich nicht mitkomme."

Ich erwiderte aufrichtig: „Ich werde Sie vermissen, wenn Sie nicht kommen."

Sie mißverstand mich und dachte, ich hätte das sarkastisch gemeint, und als sie in der Tür stand, sagte sie: „Ach gehen Sie doch zum Teufel."

Sie kamen wieder.

Manchmal kommen im Therapeuten Gefühle hoch, die eindeutig nicht durch das Gespräch hervorgerufen wurden und auch eindeutig keinen Bezug zu dem aktuellen Erlebnis haben. In diesen Situationen ist es sehr viel besser für den Therapeuten, wenn er die Ablenkung sofort eingesteht. Wenn möglich, sollte der Therapeut die Therapiezeit nutzen, um kurz darzustellen, wie er sich fühlt. Das kann schon dazu ausreichen, daß der Therapeut eine für ihn noch nicht abgeschlossene Situation klärt oder sogar beendet, wodurch seine Energie freigesetzt wird, und er dem aktuellen Gespräch wieder volle Aufmerksamkeit schenken kann. Wenn sich der Therapeut jedoch nicht in der Lage fühlt, seine Gefühle der Familie mitzuteilen, sollte er ihnen zumindest das sagen und ihnen auch erklären, ob er versuchen will, das gegenwärtige Gespräch zuende zu führen oder nicht.

Eine Familientherapeutin, die mit einkommensschwachen Familien arbeitete, die ihr von einer Sozialstation überwiesen wurden, sagte einmal während einer Unterhaltung über Familientherapie zu mir: „Ich habe nur eine Hauptregel – kein Schlagen, kein Treten, kein Beißen und kein Spucken." Ich erkundigte mich: „Gilt das für den Therapeuten oder für die Familie?" Auch wenn ich einen guten Kampf befürworte, so verabscheue ich doch körperliche Gewalt. Im Umgang mit Kindern, wo es relativ sicher ist, ertappe ich mich manchmal dabei, daß ich sie körperlich angreifen will. Aber es ist immer eine Tragödie, denn ich weiß, daß es meine eigene mangelhafte Begegnungsfähigkeit ist, die uns in die Sackgasse geführt hat, und die Strafe dafür sollte zumindest geteilt werden.

Aber das ist nicht der Hauptgrund für meine Abneigung. Wir haben neben der Anwendung von körperlicher Gewalt das Privileg, neue Wege lernen zu können, mit dem anderen umzugehen und die Konsequenzen zu tragen, die nur durch unser eigenes Verhalten entstanden sind. Deshalb habe ich immer einen Anreiz, die Verantwortung für mich selbst zu übernehmen. In dem Augenblick, in dem sich Gewalt einschleicht, geht es nur noch um Macht, und es gibt keine Möglichkeit mehr für mich, die Situation so zu bewältigen, wie ich es gelernt habe. Wie man sich vorstellen kann, trifft das auch weitgehend auf Krieg, Todesstrafe und Kindesmißhandlung zu. Egal, worin der Konflikt besteht: in dem Moment, in dem auf einen anderen Menschen Gewalt ausgeübt wird, ist der eigentliche Kampf schon verloren. Das soll nicht heißen, daß ich nie den Wunsch verspürt hätte, jemanden zu töten. Ich hatte ihn viele, viele Male. Es zu denken, zu sagen, herauszuschreien – und zwar nicht über die Person, sondern direkt *zu* ihr – ist für mich ein völlig akzeptables Verhalten. Ich bin sicher, daß niemand mehr mörderische Gefühle in seinem Herzen aufzubieten hat als ich sie schon hatte. Was mich gerettet hat – denn ich bin derjenige, der verloren gewesen wäre – ist das unveräußerliche Recht, meine Gefühle zu kennen und sie verbal auszudrücken. Um meine Seele wiederzugewinnen, muß ich manchmal die Beherrschung verlieren.

Wenn Familien zum ersten Mal in die Therapie kommen, ist mindestens ein Familienmitglied, vielleicht aber auch alle, unfähig, mit den anderen zu verhandeln. Es gibt verschiedene Möglichkeiten, darauf einzuwirken. Wenn es zwischen ihnen zu Begegnungen kommt, richtet sich meine Aufmerksamkeit oft auf die Person, die am wenigsten verhandlungsfähig erscheint. An diesem Punkt gebe ich eine Anregung: vielleicht mache ich den Vorschlag, auf Aspekte im Verhalten der Person zu achten, die man bisher nicht betrachtet hat; vielleicht schlage ich vor, es mit einem Satz „weiter zu versuchen"; vielleicht mache ich auch nur eine einfache Bemerkung. Wenn solche Versuche fehlschlagen, neige ich eher dazu, energischer zu werden, statt mich aus der Begegnung zurückzuziehen. Energischer zu werden bedeutet, anzugreifen. Anzugreifen bedeutet, soziale Umgangsformen abzulegen und jedes Mittel zu benutzen, zu dem ich fähig bin – mit Ausnahme von Körperverletzungen. Das soll dazu dienen, das Hindernis zu beseitigen und die Person soweit zu bringen, daß sie verhandlungsfähig ist. Die Person braucht nicht einverstanden zu sein oder sich meinen Handlungen zu unterwerfen; sie braucht sich nur ernsthaft auf mich einzulassen. Wenn jemand nur so tut, als sei er verhandlungsbereit, kann ich das nicht akzeptieren. Die Worte „Ich will ja" oder „Sagen Sie mir nur, wie" bedeuten gar nichts. Nur Handlungen zählen. Der Wille und die Kooperationsbereitschaft müssen sichtbar sein. „Aber wenn ich das könnte, wäre ich nicht hier". Das ist teilweise richtig, und ich antworte: „Und ich habe die Absicht, Ihr Verhalten so zu verändern, daß Sie nicht den Rest Ihres Lebens hier verbringen müssen." Mein Verhalten bewegt sich von sanften, liebevollen Angeboten, beiläufigen Bemerkungen, Sarkasmus und Wut bis hin zu Spott und Beleidigung, wenn das nötig ist. „Kein menschliches Verhalten, zu dem ich fähig bin, wird Ihnen versagt bleiben", lautet meine Antwort.

Ein Vater bringt seine Frau und seine vier Kinder in die Therapie (gewöhnlich ist es die Mutter, die die Familie bringt) und beginnt redselig und vertrauensvoll, seine „unmöglichen, aber im Grunde guten" Kinder zu beschreiben. Alle lachen über seine Worte und machen einen vergnügten aber wachsamen Eindruck. Ich bitte ihn, nicht zu „tratschen", sondern jeden von ihnen mit dem zu konfrontieren, was er von ihm will. Er beginnt bei seinem ältesten, 17jährigen, wortkargen Sohn und konfrontiert ihn mit seinem „unmöglichen" Verhalten.

Vater: Da wir so oft aneinandergeraten, Ted, nehme ich dich zuerst. Wieso hast du gestern geleugnet, deine schmutzige Wäsche in meinen Korb gelegt zu haben? Wieso streitest du das ab? Es waren doch deine Socken, oder?

Ted: Bill *(der jüngere Bruder)* und ich benutzen dieselben Socken. Ich kann mich nicht erinnern, daß ich sie dort hineingetan haben soll. Du hast darauf beharrt, daß ich es gewesen bin und mich in die Enge getrieben.

Vater: Du lügst. Ich habe dich mit Sicherheit nicht in die Enge getrieben. Wir waren im Flur. Wie ist es möglich, daß man sich nicht erinnern kann? Entweder du warst es oder du warst es nicht. Du hast es auch vorher schon mal gemacht, deshalb weiß ich, daß du es warst. Man vergißt nie etwas. *(Versucht jetzt, vor mir vernünftig zu erscheinen und läßt ein wenig von ihm ab.)* Wie kannst du behaupten, ich hätte dich in die Enge getrieben?

Ted: Du hast mich angeschrien und mit dem Finger auf mich gezeigt.

Vater: Du übertreibst das Ganze jetzt wegen des Doktors. *(Dreht sich zu mir.)* So ist er auch zuhause: vage, kann sich an nichts erinnern und ist nicht ehrlich in bezug auf das, was passiert ist.

Zuvor hatte ich ohne Erfolg auf die auffallende Polarität zwischen der Redseligkeit und der Genauigkeit des Vaters und der Unbestimmtheit und Unfähigkeit der Kinder, sich klar auszudrücken, hingewiesen. Meine indirekte Kritik am Vater schien zu dem Zeitpunkt für die Kinder ein Anreiz gewesen zu sein, sich verbal zur Wehr zu setzen, aber ich bin mir da nicht sicher. Ich hatte ebenso auf die Fragen des Vaters aufmerksam gemacht, mit denen er sein despotisches Verhalten zu kaschieren suchte, aber auch das hatte keine Wirkung. Jetzt war ich wütend. Ich fühlte, daß Ted es richtig machte, aber ich konnte mich nicht mehr zurückhalten. Ich war noch nicht fertig. Wütend wandte ich mich an den Vater.

Therapeut *(zum Vater)*: Sie haben sich gerade wieder so verhalten. Sie sind ihm gerade über den Mund gefahren, oder, wie er es treffend ausdrückt, Sie haben ihn „in die Enge getrieben". Es gibt für ihn keine Möglichkeit, einen eigenen Standpunkt zu beziehen. Es gibt nur *Ihren* Standpunkt – und solche, die falsch sind. Er kann sich nicht frei bewegen. Alles, was er sagt oder tut, wird kritisiert, wenn es nicht Ihren Vorstellungen entspricht.

Vater: Finden Sie nicht auch, daß man nie etwas vergißt? Besonders dann nicht, wenn es sich um so etwas Grundlegendes handelt wie: was man mit seinen Sachen macht, wenn man sie auszieht. Was meinen Sie damit, daß ich ihm über den Mund fahre? Er kann antworten. Ich schreibe ihm nicht vor, was er sagen soll, aber er sollte zumindest logisch denken. Er ist doch nicht dumm.

Therapeut *(immer noch wütend):* Jetzt machen Sie dasselbe mit mir. Ich fühle mich gerade so, wie sich wahrscheinlich Ted fühlt. Sie hören mir nicht zu. Sie versuchen nur, mich davon zu überzeugen, daß Sie recht haben. Sie stellen Fragen, ohne daß Sie wirklich eine Antwort darauf erwarten. Sie sind ein Schwindler, denn Ihr vernünftiges Verhalten ist nur Schein. *(Meine Wut ist verraucht, und ich höre auf, alles als „Du-Aussage" zu formulieren.)* Ich stimme Ihnen zu, daß Ted nicht dumm ist. Er hat die beste Möglichkeit ausgewählt, mit jemandem, der ihn in die Enge treibt, umzugehen: er ist vage. Er hat Sie in die Enge getrieben. *(Lächelnd)* Sie sind jetzt quitt.

Vater: Was soll ich denn tun?

Therapeut: Ich bin mir nicht sicher, ob diese Frage ernster gemeint ist als die vorangegangenen, aber ich entscheide das in diesem Fall zu Ihren Gunsten. *(So empfand ich es, und so habe ich es auch gesagt.)* Sie scheinen Eingeständnisse von Inkompetenz einem effektiven Verhalten vorzuziehen. Ted sagt, daß er sich nicht erinnert. Hören Sie ihm zu. Das ist Ted, so wie er ist. Sie wollen nicht, daß er Ihren Korb benutzt. Sagen Sie ihm das. Wenn das nichts nützt, tun Sie etwas. Verschwenden Sie Ihre Zeit nicht damit, daß Sie ihm ein Geständnis abringen wollen. *(Ich brachte dann ein Beispiel von mir zuhause.)* Mein 16jähriger Sohn hatte die Angewohnheit, Werkzeuge aus meinem Werkzeugkasten herauszunehmen und sie nicht wieder zurückzutun. Das erste Mal bat ich ihn freundlich, das zweite Mal wurde ich nachdrücklicher und hielt ihm einen Vortrag über Eigentumsrechte und das dritte Mal machte ich ein Schloß an den Kasten. „Du übertreibst", sagte mein Sohn. Ich lachte, stimmte ihm zu und behielt das Schloß dran.

Ich beendete die Sitzung, indem ich meine Zweifel darüber zum Ausdruck brachte, daß diese Worte und dieses Beispiel eine Wirkung erzielen könnten. Ich hoffte, daß *beide* etwas daraus lernen würden, so daß sie bessere Freunde werden könnten. Mehr hatte ich nicht zu sagen. Die beiden waren in Gedanken vertieft und still, als die Tochter Diane, die etwas aus meiner Rede für sich selbst verwendet hatte, mich fragte, ob ich der Ansicht sei, daß Kinder auch eine Privatsphäre haben sollten. „Auf jeden Fall" antwortete ich und fügte hinzu: „Wenn ihr die nicht habt, kann ich nur daraus schließen, daß eure Eltern auch keine Privatsphäre haben – und das vermute ich beinahe, wenn ich diese Korb-Geschichte betrachte." Die Mutter stimmte nun wehmütig mit ein: „Keiner von uns hat seinen eigenen Bereich, aber als Eltern müssen wir doch überprüfen, ob sie ihre Sachen in Ordnung halten. Ted verstreut einfach seine Sachen auf dem Boden seines Wandschranks..." Ich erzählte ihnen daraufhin, wie wir es zuhause machten. Ich war mit ihnen einer Meinung, daß eine gewisse Aufsicht notwendig ist, bestand jedoch darauf, daß sie an die Schubladen ihrer Kinder nicht drangehen sollten. Dann fragte mich der 12jährige, der bisher noch gar nichts gesagt hatte, ob er ein Problem vorbringen dürfe. Ich freute mich über diese Familie. Es würde mir nicht schwerfallen, mit ihnen zusammenzuleben. Sie hatten zwar Probleme, aber es waren leichte Probleme, und die Familienmitglieder waren alle interessiert und verantwortungsbewußt. Ich mochte sie. „Natürlich, Steve, worum geht's?"

„Mutter wird so schnell wütend, und wenn sie auf Ted sauer ist, bekommen wir es alle ab. Alle, mit Ausnahme von ihren Freunden, wenn die anrufen."

Wir begannen, daran zu arbeiten und forderten die Mutter auf, sich zu beteiligen. Zuerst lachte sie, dann verteidigte sie sich verzweifelt, dann wurde sie wütend und schließlich weinte sie und erzählte, wie peinlich ihr diese ungerechtfertigten Wutanfälle seien. Ihre Familie reagierte warmherzig und verständnisvoll. Sie fing an, ihre Kinder weniger als schwierig und widerborstig sondern mehr als liebevolle und manchmal aufmüpfige Teenager zu sehen.

Ich schlug vor: „Ich möchte, daß Sie ihnen sagen, was sie – abgesehen davon, daß sie vorbildliche Kinder sein sollen – tun können, um Ihnen in bezug auf Ihre Wutanfälle zu helfen." Sie sah ihre Kinder an und versuchte, ihre Tränen zurückzuhalten. Ich bat sie, über ihr Bedürfnis, Traurigkeit von der Familie fernzuhalten, zu sprechen, und sie weinte laut und voller Schmerz. Interessanterweise versuchte Steve, sie vom Weinen abzubringen. Ich beruhigte ihn und bat ihn, die Traurigkeit der Mutter zur Kenntnis zu nehmen und der Traurigkeit zuhause einen Platz einzuräumen. Nun fing Steve an zu weinen. Die Mutter sprach kurz über ihre Einsamkeit und über ihr Gefühl, sich von der Familie entfremdet zu haben. Die Stunde schloß mit dieser Bemerkung. Es war eine erfüllte Stunde gewesen.

Als sie hinausgingen, lächelte mich der Vater an und sagte: „Sie sind ein ziemlicher Kraftprotz, aber ich mag Sie, und ich weiß, daß Sie uns helfen können." Ich lächelte ebenfalls und brachte meine Gefühle ihm gegenüber zum Ausdruck: „Sie sind auch nicht gerade ein Schwächling. Sie und Ihre Familie sind ein großartiger Haufen, und ich freue mich, daß ich eine Zeitlang Teil Ihrer Familie sein darf.

In der nächsten Familie gab es eine Mutter, einen Vater und zwei Kinder, eine 12jährige Tochter und einen 6jährigen Sohn namens

Dan. Dies war die dritte Sitzung, und ich hatte viel Zeit darauf verwendet, die Eltern dazu zu bringen, daß sie energischer mit ihren Kindern umgingen. Dan hatte eine gekonnte Art, allmählich immer lauter zu werden und sich so aufdringlich zu verhalten, daß es schon ans Absurde grenzte, bis er endlich die Aufmerksamkeit seiner Eltern erregte. Seine Eltern machten hervorragend bei diesem Spiel mit, indem sie ihm ständig zusahen bzw. durch ihr Verhalten zum Ausdruck brachten: „Du kannst das ruhig weitermachen, was du machst, aber versuche doch bitte, dich langsamer zu steigern." Als die Eltern und ich uns dieses Mal gerade über etwas auseinandersetzten, in das der Junge nicht einbezogen war, fragte er, ob er nach draußen gehen könne. Seine Mutter erlaubte es ihm erleichtert, und sein Vater sagte wie gewöhnlich nichts dazu. Aber dann kam der Junge zurück. Er klopfte an die Tür und als die Mutter ihm öffnete und ihn aufforderte, hereinzukommen, sagte er: „Nein." Sie antwortete: „Nun gut, dann klopf aber nicht an die Tür und bleib draußen", worauf er erwiderte: „Ich will aber nicht draußen bleiben."

Mutter: Was willst du dann?
Dan: Ich weiß nicht.
Mutter *(zu ihrem Mann)*: Was soll ich tun?
Vater: Ich weiß nicht. Bist du sicher, daß er nicht hereinkommen will?
Mutter *(zum Sohn)*: Warum kommst du nicht herein, Dan?
Dan (*mit verschmitztem Lächeln*): Nein.

Aus meinen vorangegangenen Erfahrungen mit dieser Familie wußte ich, daß Reden wenig Zweck hätte. Ich war wütend. Ich war auf alle drei wütend. Ich ging zur Tür, schnappte mir Dan und pflanzte ihn auf einen Stuhl. Dazu sagte ich: „Und hier bleibst du den Rest der Stunde sitzen, ohne dich fortzurühren."

Er sah mich zutiefst bestürzt an und brach dann in Tränen aus. Ich befahl der Mutter sich hinzusetzen und ging zurück zu meinem Stuhl. Die Mutter sah immer abwechselnd zu mir und zu ihrem Mann und über ihre Schulter hinweg zu ihrem Sohn. Der Vater schaute etwas überrascht, und der Junge weinte weiter. Ich forderte die Mutter auf, den Jungen zu ignorieren und auf das zu hören, was ich ihr zu sagen hätte.

Als ich fertig war, über ihre Unfähigkeit zu schimpfen, tat ich das in ähnlicher Weise mit ihrem Mann, wobei ich mich nach meinem

Eindruck von ihm richtete. Ich schloß unter anderem mit dem sarkastischen Vorschlag, sie sollten sich vielleicht überlegen, ob sie Dan nicht zur Adoption freigeben wollen, wenn sie nicht fähig wären, ihn zu führen. Das stieß zunächst auf ungläubiges Schweigen. Dann kam schließlich – nachdem ich ihn ein wenig dazu ermuntert hatte – eine wütende Reaktion vom Vater. Allmählich entwickelte sich eine sinnvolle Exploration zwischen Mutter und Vater. Ich empfand zu diesem Zeitpunkt keinerlei Groll mehr und war darauf bedacht, ihnen zu helfen. Dan weinte ungefähr fünf Minuten lang und saß dann den Rest der Stunde schweigend und regungslos auf seinem Stuhl.

Am Ende der Sitzung machte ich die Eltern noch einmal auf den Zusammenhang von meinem Verhalten Dan gegenüber und Dans Musterverhalten während der übrigen Stunde aufmerksam. Bei den folgenden Sitzungen war es dann nicht mehr nötig, daß ich mich auf Dans Erziehung einließ. Es ist schwierig, zu sagen, wer von den dreien sich am meisten verändert hatte, aber es gab kaum einen Zweifel, daß eine Veränderung eingetreten war.

Ich hatte nicht den Wunsch gehabt, die Führung zu übernehmen und eine Elternrolle in dieser Familie zu spielen. Als ich mit meiner verbalen Unterstützung nicht weiterkam, wurde ich immer gereizter und mußte das zum Ausdruck bringen. In diesem Fall geschah das durch eine Handlung, d. h. dadurch, daß ich den Eltern ein Beispiel gab und ihnen ganz offen den Rat gab, diesem Beispiel zu folgen. Das würde ich nicht bei allen Eltern tun.

Bei der nächsten Familie rief die Frau an und erklärte, daß sie nach nunmehr 12 Jahren und zwei Kindern die Launenhaftigkeit ihres Mannes nicht mehr ertragen könne: sein Schmollen, seine Ausschreitungen, sein bockiges Verhalten. Sie waren übereingekommen, sich zu trennen, hatten aber nachträglich die Idee gehabt, noch eine Familientherapie zu machen, bevor die Trennung erfolgen sollte. Beide hatten mehrere Jahre hindurch eine Einzeltherapie gemacht. Ich entschied mich dafür, die Kinder aus der Therapie herauszuhalten.

Es war unsere zweite Sitzung. Der Ehemann erschien wieder wie ein forscher Jugendlicher: Tennisschuhe, leichte Hose, Sporthemd und äußerst wißbegierige Miene. Die Ehefrau trug einen schwarzen Rock, eine weiße Bluse und machte einen verhärmten und besorgten Eindruck. Sie sagte, daß sie mit unserer aktiven Arbeit in der ersten

Stunde sehr zufrieden sei und verglich sie positiv mit den Jahren ihrer früheren Psychotherapie, von der sie nur noch in Erinnerung hatte, daß der Therapeut sie ab und zu leidenschaftslos gefragt hatte: „Und was fühlen Sie dabei?" Ihr Ehemann stimmte dem eifrig zu und brachte seine Dankbarkeit darüber zum Ausdruck, daß ich ihn mit seinem jugendlichen Gebaren, das sein ganzes Wesen ausmachte, konfrontiert habe. „Das war sehr hilfreich. Es ist absurd, wenn sich ein Erwachsener wie ein Kind benimmt. Ich habe damit jetzt aufgehört", sagte er mit einer Miene, die Reife vortäuschen sollte. Er verhielt sich nicht nur wie ein Heranwachsender, er dachte auch wie ein Heranwachsender.

Nachdem sie zu dem Schluß gekommen waren, daß die Woche zwischen den beiden Therapiesitzungen ausgesprochen angenehm gewesen sei, verfielen sie in Schweigen. „Das ist die ‚Honeymoon'-Phase" dachte ich bei mir. „Sie besteht mehr aus Hoffnungen als aus Veränderungen." Ich war mit der ersten Sitzung zufrieden und mochte die beiden recht gern – und zwar schon, bevor sie mich priesen. Mehrere Minuten vergingen. Ich sprach als erster: „Es scheint so, als sei ich heute der einzige, der etwas vorzubringen hat. Also werde ich anfangen."

Zu ihr: „Ihnen habe ich heute nichts zu sagen. Wir kennen uns noch nicht so gut" (obwohl ich der Ansicht war, daß sie ein paar interdependente Persönlichkeitszüge haben mußte, wenn sie 12 Jahre mit diesem 45 Jahre alten Heranwachsenden gelebt hatte). Ich drehte mich zu ihm und sagte: „Ich mag Sie. Mir gefällt die Bereitwilligkeit, mit der Sie erwachsen werden wollen. Aber Sie benehmen sich noch immer wie ein Heranwachsender. Sie haben zum Beispiel einen wichtigen Teil von dem, was ich gesagt habe, nicht mitbekommen. Es ist unreifes Denken, wenn Sie meinen, Erwachsene dürften sich nicht wie Kinder verhalten und man könne das einfach so (ich schnipse dabei mit dem Finger) stoppen. Ich habe etwas dagegen, daß Sie so tun, als sei von Ihrem unreifen Verhalten nichts mehr übrig."

Ich fing auf der Inhaltsebene an, denn mehr stand zu dem Zeitpunkt nicht zur Verfügung. Es gab weder Gefühle noch Verhaltensweisen, auf die wir uns hätten konzentrieren können. Da waren lediglich unsere ideologischen Differenzen und meine Unzufriedenheit darüber. Er reagierte wie in der ersten Sitzung. Er guckte äußerst nachdenklich, mit gerunzelter Stirn. Zuerst sah er an die Decke, dann auf den Boden und kratzte sich dabei am Kinn. Seine lebhaften, großen baby-blauen Augen schweiften überall herum, ziellos, jedoch mit der Absicht, meinen Augen nicht zu begegnen. Dann tauchte er schweigend wieder auf. Ich konfrontierte ihn erneut damit, daß er Reife vortäuschte. Da ich jedoch in der vorangegangenen Woche keinen Erfolg gehabt hatte, karikierte ich ihn dieses Mal und bat ihn, dazu Stellung zu nehmen. Er lachte und schimpfte dann wieder über sich selbst: „Ist das nicht lächerlich von mir? Das war mir noch nicht einmal bewußt."

Der Unterschied zwischen unseren Einstellungen war das Einzige, wo ich weitermachen konnte. Also sagte ich: „Sie verleugnen, daß Sie den Zwang verspüren, sich wie ein Heranwachsender zu verhalten, und wenn Ihnen Ihr Verhalten bewußt wird, verteufeln Sie es. Mir ist Ihr Verhalten auch bewußt, aber ich verurteile nur, daß Sie Ihr Verhalten nicht offen akzeptieren oder zumindest eingestehen."

Ehemann: Wie kann ich denn so ein Verhalten befürworten? Es ist für mich einfach inakzeptabel.

Therapeut: Das ist ebenfalls unreifes Denken. Es ist mir egal, ob Sie es mögen oder nicht. Das sind Sie. Nehmen Sie es zur Kenntnis. Ich fände es angemessener, zu fragen: „Wie können Sie sich selbst denn nicht annehmen?"

Ich bin immer noch auf der Inhaltsebene und versuche, ihn stärker einzubeziehen. Für mich ist das jetzt der intellektuelle Weg. Das ist einer der vielen Wege, die man gehen kann, wenn man das Wesen eines Menschen erreichen will. Ich verhandele mit seinem intellektuellen Selbstbild von einem kompetenten Erwachsenen und benutze es für mein weiteres Vorgehen. Man kann ihn durch Logik und durch die Tatsache, daß er mir als Autorität Bedeutung beimißt, beeinflussen.

Ehemann (*fühlt den Druck, den ich auf ihn ausübe und beginnt, sich zurückzuziehen, immer noch Grimassen schneidend*): Ich will kein Kind sein. Ich bin verwirrt. Ich kann ein solches Verhalten nicht akzeptieren. (*Schüttelt den Kopf und sieht sich um.*) Wie könnte ich das?

Jetzt habe ich beschlossen, von der Inhaltsebene wegzugehen. Mir gefällt, wie er sich ehrlich bemüht. Ich will näher an ihn herankommen.

Therapeut: Könnten Sie mich ansehen, wenn Sie mit mir sprechen?
Ehemann: Es fällt mir schwer, Menschen anzusehen.
Therapeut: Sehen Sie mich trotzdem an. Sie können mir sagen, wie schwer es ist oder irgend etwas anderes darüber, während Sie es tun. Aber tun Sie es.

Er versucht es jetzt, aber es fällt ihm außerordentlich schwer. Als ich behutsam aber bestimmt meine Aufforderung mehrmals wiederhole, sagt er zwischendurch: „Es tut weh." „Ich möchte am liebsten weglaufen." „Ich bin verwirrt und weiß nicht, was ich sagen soll." „Es ist lächerlich, daß ich eine so einfache Sache nicht tun kann." Ich bemerke mehr als Verwirrung, die meistens nur eine Tarnung des Selbstbildes ist, damit man mit seinen Gefühlen nicht in Berührung kommt. Ich sage: „Ich spüre ein wenig Traurigkeit." (Ich denke, daß er sich selbst dafür bestraft, daß er meinem „einfachen" Wunsch nicht nachkommt, aber ich ignoriere meine Gedanken.)

Er wirkt noch trauriger, wendet sich ab und sagt: „Ist das nicht lächerlich?" Statt seine Widerstände, lächerlich zu sein, aufzugreifen, was einer richtigen Gestaltmanipulation gleichgekommen wäre, entschloß ich mich, Teilnehmer zu sein, so wie ich mich auch fühlte. „Es ist lächerlich, daß Sie die Traurigkeit, die Sie empfinden, leugnen. Das ist der lächerliche Teil an Ihnen." Ich glaube, daß ich dem Jugendlichen in ihm, der sich Gehör verschaffen will, zu seinem Recht verhelfe. Er holt sein Taschentuch heraus, wendet sich von mir und seiner Frau weg und wischt sich die Tränen ab. Mehrere Minuten vergehen. Ich habe ein zärtliches Gefühl für ihn, habe jedoch Angst, ihm noch näherzukommen, weil ich ihn sonst verschrecken könnte. Schließlich sagt er: „Ich möchte schon wieder weglaufen. Ich fühle mich so schwach."

Therapeut (*unterstützend*): Sie sind stark genug, hierzubleiben und es zu sagen, statt wegzulaufen. *(Und um weiterzuarbeiten)* Stellen Sie sich vor, Sie würden weglaufen. Wohin würden Sie gehen, und was würden Sie tun? *(Ich bestehe nicht mehr darauf, daß er mich ansieht. Wir lassen uns immer tiefer auf das Geschehen ein, und das ist das Wichtige.)*

Ehemann *(nach einem Augenblick des Nachdenkens, durch sein Taschentuch hindurch)*: Hört sich verrückt an, aber ich würde zu Claire *(seine Frau)* gehen.

Therapeut: Und was würden Sie tun?

Ehemann *(weint stärker)*: Ich würde sie bitten, mich wie ein Baby zu halten. Ist das nicht beschämend?

Therapeut: Nein, das ist nicht beschämend. Gehen Sie jetzt zu ihr.

Ehemann *(dreht sich noch weiter von uns weg; immer noch unter Tränen)*: Ich kann nicht.

Therapeut: Was hindert Sie daran?

Ehemann: Ich weiß es nicht.

Therapeut: Wenn Sie jetzt Ihre Frau wären, was würden Sie denken?

Ich möchte herausfinden, warum er sich als weinendes Kind nicht akzeptiert fühlt. Ich bat ihn, zu seiner Frau zu gehen, weil ich ihre Tränen sah und wußte, daß sie ihn annehmen könnte. Also lag das Hindernis offensichtlich in ihm selbst und mußte mit einem anderen Zeitpunkt und einem anderen Ort zu tun haben. Dieser Ansatz soll uns dort hinführen.

Ehemann: Ich weiß, daß sie mich annehmen würde, aber ich kann es trotzdem nicht.

Therapeut *(merkt, daß sie sich vorlehnt)*: Soll sie zu Ihnen kommen?

Ehemann: Nein, nein.

Therapeut *(liebevoll)*: Ich mag Ihre Tränen. Ich würde gern näher zu Ihnen kommen, aber ich habe Angst, Sie zu verschrecken.

Ehemann *(nachdrücklich)*: Mein Vater hat es nicht getan. Ich kann mich erinnern, wie ich einmal *(bricht schluchzend zusammen)*... Ich kann mich erinnern, wie ich einmal in Tränen aufgelöst zu ihm kam, und er stieß mich weg. Er war wütend darüber, daß Tränen auf seine Jacke gekommen waren. *(Er weinte heftig, das Gesicht zur Wand gedreht.)*

Meine Angst war verflogen. Ich ging zu ihm hinüber, setzte mich vor ihn auf die Ottomane und drückte ihn an mich. Er und seine Frau weinten. Ich wiegte ihn hin und her und kümmerte mich nicht darum, ob meine Tränen auf ihn fielen. Als wir uns wieder zurücklehnten, bat ich ihn, sich seinen Vater vorzustellen und ihm von seiner Traurigkeit zu erzählen.

Ehemann: Er würde mir nicht zuhören.

Therapeut: Dann sagen Sie ihm, was das für Gefühle in Ihnen auslöst.

Ehemann: Nein. Das würde nichts nützen.

Ich stoppe dieses Experiment. Meine Bewußtheit richtet sich auf die Frau, die schweigend mit uns geweint hat. Ich bitte sie, etwas zu ihm zu sagen.

„Ich fühle mich im Augenblick so frei mit dir" war alles, was sie sagen konnte. Er antwortete ernst: „Ich würde jetzt gerne aufhören."

Das taten wir.

Die „Ich"-Aussage, sei sie nun ein einfaches „Ich möchte..." oder ein wütend geschrienes „Ich hasse...", ist in der Regel jeder anderen Intervention überlegen. Sie ist das Grundgerüst für den stärksten persönlichen Ausdruck und bietet dem Gesprächspartner gleichzeitig ein klar umrissenes Ziel, auf das er reagieren kann. Zugegeben, manchmal würde es aufgesetzt oder unangebracht wirken, z. B. wenn man damit einen ständigen Quasselkopf nicht zur Ruhe bringen kann. Ein „Halten Sie endlich den Mund" ist in dem Fall wirksamer. Die „Ich"-Aussage ist hier lediglich umgewandelt worden, damit sie auch zu hören ist. Die „Ich"-Aussage wirksam zu vermitteln ist natürlich genauso wichtig, wie sie überhaupt hervorzulokken.

Es gibt nur eine ernsthafte Gefahr, auf die man achten sollte, wenn man den Gebrauch der „Ich"-Aussage in Betracht zieht: die Tendenz, nach der ersten „Ich"-Aussage aufzuhören und sie nicht zu Ende zu verfolgen. „Ich habe ganz genau beschrieben, wie ich mich gefühlt habe, aber dann lief es nicht mehr so richtig, und ich wußte nicht, wie ich weitermachen sollte" ist die gängige Erfahrung des Anfängers. Weitermachen sollte man immer und immer wieder mit „Ich"-Aussagen. In diesem Beispiel wäre der Satz „Ich weiß nicht, was ich jetzt machen soll" ein angemessener Anfang.

Eine solche Bemerkung kann mit einem leichten Verlegenheitsgefühl verbunden sein. Für die Intervention ist es besser, wenn die ganze Botschaft vermittelt wird: „Ich bin unsicher, wie wir weiter vorgehen sollen und das macht mich verlegen." Allmählich werden während dieser Begegnung noch andere Gefühle aufkommen, die dann ebenfalls sinnvoll mit einbezogen werden können. Natürlich ist es sein eigenes kritisches Selbstbild, das den Therapeuten dafür verurteilt, daß er nicht weiß, was er als nächstes tun soll und das seine Verlegenheitsgefühle hervorruft. Manchmal ist das eigene Selbstbild so beherrschend, daß man noch nicht einmal seine Verlegenheit wahrnimmt, sondern statt dessen seine Gefühle als Verwirrung oder Gereiztheit identifiziert. Um was für Gefühle es sich auch handeln sollte, das *Selbstbild* des Therapeuten ist seinem *Selbst* gegenüber, das es wagt, vorübergehend Unwissenheit zu zeigen, tolerant. Zunächst einmal ist es notwendig, daß sich der Therapeut der Intoleranz bewußt wird, und dann, daß er das Gefühl der Unsicherheit ohne Kritik annehmen kann. Unsicherheit ist ein genauer Indikator dafür, wer der Therapeut zu dem Zeitpunkt ist, und sollte deshalb eher geschätzt als abgelehnt werden. Sehr wahrscheinlich wird ein ganzes Kaleidoskop von Gefühlen vorliegen: die Verlegenheit des Selbstbildes, die Aufregung des Selbst und die Unsicherheit des Seins. Das alles sind Aspekte der Person zu diesem Zeitpunkt der Umgestaltung. Versuche des Selbstbildes, die Beherrschung wiederzuerlangen, sollten unterbunden werden.

Die vollständige „Ich"-Aussage ist die treibende Kraft für erfolgreiche Begegnungen und therapeutische Interventionen. Lassen Sie uns noch die Langeweile des Therapeuten betrachten. Zuerst wird sie wahrscheinlich aus der Therapie und möglicherweise sogar aus der Bewußtheit des Therapeuten ausgeklammert. Dann, durch das „Konzept des königlichen „Ich"-Seins" angeregt, wird der Therapeut vielleicht die Bewußtheit in die Therapie mit einbeziehen: „Ich langweile mich mit Ihnen, und es ist mir peinlich, das zuzugeben." Mit der Zeit nimmt die Verlegenheit ab, und die Intervention lautet nur noch: „Ich langweile mich." Schließlich wird dem Therapeuten diese langweilige Intervention langweilig und er sucht stattdessen nach anderen Worten, die seine Langeweile vertreiben sollen. Das bloße Mitteilen seiner Langeweile genügt ihm nicht mehr. Dadurch werden Interventionen vereitelt, die schon vorher durch Verlegenheit verringert worden waren (durch das Selbstbild auferlegt). Wenn der Therapeut allein durch das *Sein* motiviert ist – bei seinen eigenen Erlebnissen aufgeregt zu sein – kommt es zu neuen, provozierenden Interventionen: „Mir gefällt das nicht, was wir gerade tun (oder nicht tun). Ich schlage vor, daß wir..."

Jeder Patient ist es wert, die Verwirrung und Neustrukturierung eines Teils der Persönlichkeit des Therapeuten miterleben zu dürfen.

„Mir graut vor meiner nächsten Therapiesitzung. Diese Leute sind die langweiligsten, die ich je gehabt habe" berichtet ein Kollege. „Sag es ihnen", schlage ich vor. „Soll ich das wirklich?" fragt er aufgeregt. „Du meinst, ich soll ihnen genau das sagen, was ich fühle? Das ist so ungewohnt...so einfach...so offensichtlich...und so angemessen." Mit jedem Zögern, von „ungewohnt" bis „angemessen" wägt sein Gehirn (ohne daß es ihm bewußt ist) in Windeseile seine Einwände gegeneinander ab, die ihn davon abhalten, durch und durch er selbst zu sein.

Auf diese Weise wird das, was die eine Seite vielleicht als Berufsrisiko ansieht, wenn sie es erkennt und weiterverfolgt, zu einem ständig verfügbaren Mittel, einem Punkt, von dem aus es ein Zurück gibt.

Wenn du im Zweifel über das Wie,
Zum ewigen Jetzt eilends flieh.
In deiner Angst laß ihn ruhig zu:
Den belebenden Reiz des „Ich" und „Du".

Zum Schluß möchte ich noch eine Warnung aussprechen:

Erlebnisaktivierende Psychotherapeuten, seien Sie auf der Hut! Hüten Sie sich davor, an irgendwelchen Regeln streng und unnachgiebig festzuhalten, selbst wenn sie vernünftig klingen, wie z.B. „Stellen Sie keine Fragen!" Ein solches Verhalten seitens des Therapeuten wird sich begegnungshemmend auswirken. Eine Atmosphäre des Experimentierens und Erforschens sollte immer Vorrang haben. Wenn man gleichzeitig noch offen zum Ausdruck bringt, wer man zu dem Zeitpunkt ist, wird die Atmosphäre zur letzten begegnungsfördernden Zuflucht für den vorübergehend frustrierten oder momentan abgelenkten Therapeuten. Das ist die Richtschnur bei unserer Suche nach besseren Möglichkeiten, zu hören und gehört zu werden, zu sehen und gesehen zu werden. Methoden allein funktionieren nicht und Verhalten allein ist nicht therapeutisch. Sämtliche Regeln, Ideen oder Handlungen sollten vorher vom Therapeuten/Menschen gefiltert werden, damit sie schließlich zum Kontext passen.

Eine Intervention hat dann die stärkste therapeutische Wirkung, wenn der Therapeut totale und für den jeweiligen Zeitpunkt relevante „Ich"-Aussagen macht, und zwar dergestalt, daß sie von den anderen „erlebt" werden.

Abschnitt II

Ein Beispiel für erlebnisaktivierende Familientherapie

8 Erstes Gespräch

Dieser Abschnitt enthält Gesprächsprotokolle (Kommentare des Therapeuten werden in Klammern beigefügt) von einer drei Sitzungen umfassenden Therapie mit einer vierköpfigen Familie. Im Anschluß daran folgen Kommentare der Familienmitglieder, die diese zwei Monate später bei einem Besuch bei mir machten.

Nicht jede Familientherapie ist so kurz. Ich will damit auch nicht sagen, daß die Fortführung der Therapie nicht sinnvoll gewesen wäre oder in Zukunft nicht nötig sein wird. Nachdem wir alle Umstände (auch die finanzielle Situation der Familie) berücksichtigt hatten, hatten wir uns zu Beginn auf die Dauer dieser Therapie geeinigt.

Anfangs machte die Mutter in dieser Familie einen ziemlich mürrischen, leidenden Eindruck. Sie konnte sich klar ausdrücken, war diejenige, die die Klagen vorbrachte und die Therapie initiiert hatte. Der Vater hatte nach einigem Zögern eingewilligt, mitzukommen; er vertraute dem Urteil seiner Frau, daß die Therapie helfen könnte, die Probleme ihrer Kinder zu lösen. Der jüngste Sohn Steve wird als das Problem angesehen. Nach Aussage der Mutter „steckt er Sachen in Brand, lügt und stiehlt, ist aber im Grund ein guter Junge". Steve ist 12 Jahre alt. Steve ist der Zündfunke, die Mutter der Motor und der Vater der widerwillige Mitfahrer. Der 14jährige Bruder Don nimmt auf Drängen des Therapeuten an der Therapie teil, da der Therapeut darauf besteht, daß alle verfügbaren Familienmitglieder bei den Sitzungen dabei sind. Die Namen der Kinder wurden geändert, um ihre Identität zu wahren.

Die Mutter führt die Familie vorsichtig und höflich in die Praxis. Beim gegenseitigen Vorstellen ist nichts Ungewöhnliches zu bemerken. Während des anfänglichen Schweigens überprüft die Mutter mit Blicken jedes ihrer Familienmitglieder und sieht dann den Therapeuten an, während der Vater abwechselnd seine Frau und den Therapeuten beobachtet. Schießlich heftet sich sein Blick auf seine Frau. Sie beginnt das Gespräch.

Mutter *(zum Therapeuten)*: Wo sollen wir anfangen?

Therapeut: Zum Beispiel damit, was Ihnen an Ihrer Familie nicht gefällt.

Mutter: Damit anzufangen, was ich nicht mag, ist gut. Was ich nicht mag, ist das Gefühl...

Therapeut *(unterbricht sie)*: Ich schlage vor, Sie sprechen zu einer bestimmten Person statt zu mir.

Mutter *(nachdenklich)*: Also gut, ich fange bei Don an, obwohl er meiner Meinung nach nicht das Problem ist.

Therapeut: Möchten Sie nicht bei dem Problem anfangen?

Mutter: Ach, ich dachte, es wäre für Steve ziemlich schlimm, gleich mit ihm anzufangen, aber vielleicht sollte ich es doch tun. Er tut nicht das, wozu er fähig wäre. Er ist weder zufrieden noch glücklich mit dem, was er kann.

Therapeut *(unterbricht sie)*: Ich möchte, daß Sie zu Steve sprechen.

Mutter *(dreht sich zu Steve und fährt mit sanfter Stimme fort)*: Ich habe nicht das Gefühl, daß du in der Schule oder im Umgang mit deinen Freunden deine Fähigkeiten zeigst, und es macht mich unglücklich, daß du unglücklich bist und ich dir nicht helfen kann. Ich kann dir nicht dabei helfen, herauszufinden, wer du bist; ich kann dir nicht dabei helfen, dich in einer Gruppe wohl zu fühlen, so daß du dich nicht die ganze Zeit daneben benehmen mußt; und ich kann dir nicht dabei helfen, dich in der Schule wohl zu fühlen und dort deine Fähigkeiten zum Ausdruck zu bringen, anstatt nach Hause zu kommen und mir irgendwelche Geschichten zu erzählen. (*Wendet sich den anderen zu.*) Ich denke, das ist es, was mir an unserer Familie die meisten Sorgen macht, und daß wir nicht so liebevoll miteinander umgehen, wie wir es eigentlich sollten, (*dreht sich zu Steve*) aber das alles konzentriert sich auf dich, weil du der Unglückliche in der Familie ist. Das ist alles, was ich dir zu sagen habe, Steve. (*Wendet sich wieder dem Therapeuten zu.*)

Therapeut (*mit einladender Geste zu Steve*): Was hältst du von dem Ganzen, Steve?

Steve (*verlegen lächelnd*): Ich weiß nicht. Ich verstehe das alles nicht.

Therapeut: Soll dir jemand helfen?

(*Steve nickt*)

Therapeut (*da ich sein Zögern zu sprechen spüre und ihn nicht drängen *will, schlage ich vor*): Dafür sind Eltern da. Also bitten wir sie doch, dir zu helfen. In Ordnung?

(Er nickt wieder und wir schauen von einem Elternteil zum anderen und warten. Nach kurzem Schweigen):

Therapeut (*zu den Eltern*): Es ist anscheinend schwierig für Sie, anzufangen. Ich bitte um Freiwillige.

Mutter: Sehen Sie, genau darum brauche ich Hilfe. Wir haben darüber schon gesprochen.

Therapeut: Und dann?

Mutter: Ich komme zu Ihnen und bitte Sie um Hilfe. Ich weiß wirklich nicht, was ich sonst tun sollte.

Therapeut: Dann schlage ich vor, daß Sie mit Ihrem Mann darüber sprechen. Dafür sind Partner ja da.

Mutter: Ich habe mit ihm drüber gesprochen, aber er konnte auch nicht helfen. Es ging einfach weiter, es änderte sich nichts. Wir haben mit Steve über die Dinge gesprochen, die er tut, wenn er unglücklich ist. Lange Zeit hatten wir Schwierigkeiten mit Streichhölzern. Überall wurde „gezündelt" und dann nimmt er auch Sachen an sich, die ihm nicht gehören. Wir haben darüber gesprochen, weil wir das nicht dulden können. Meistens sagt er nicht die Wahrheit. Ich möchte nicht, daß Sie mich mißverstehen. Im Grunde ist er ein guter Junge, und wir lieben ihn von Herzen.

Therapeut: Ich frage mich, was Ihren Unterredungen fehlt, daß sie so gar nichts bewirken. Haben Sie (*zu den Eltern*) eine Ahnung?

Das ist ein vorsichtiger Versuch, die Familienstruktur wieder in den Mittelpunkt zu rücken und gleichzeitig die Interaktion, wenn auch auf der Inhaltsebene, in Gang zu bringen.

Mutter: Wir könnten liebevoller zu ihm sein, das könnte helfen. Ich wüßte nicht, was sonst noch. Vielleicht mehr Gewicht darauf zu legen, was er richtig macht und nicht immer zu betonen, was er falsch macht – das würde ihm helfen. Er steht unter solchem Druck, da sich soviel Aufmerksamkeit auf das richtet, was er falsch macht, und es kommt oft vor, daß er etwas falsch macht. Sonst fällt mir nichts mehr ein. (*Zu ihrem Mann*:) Wenn du nach Haus kommst und wenn du zu Hause bist, bestimmst du die Atmosphäre im Haus, und die ist meiner Meinung nach sehr oft von

Disziplin geprägt. Es wird immer betont, was jeder falsch gemacht hat und mir scheint, daß es Steve härter trifft als Don.

Vater: Ich glaube nicht, daß das Steve etwas ausmacht; ich glaube nicht, daß er darauf achtet.

Mutter (*lächelt*): Du irrst dich.

Bis jetzt bin ich mir noch nicht im klaren, inwieweit ich die Begegnung verstärken soll. Die Mutter scheint mir hartnäckig und kooperativ zu sein und ich weiß, daß sie motiviert ist, denn sie hat ja das Gespräch angeregt.

Therapeut: Sie lächeln.

Mutter: Ich lächle immer beim Sprechen.

Therapeut: Das stimmt nicht. Sie lächeln nicht immer beim Sprechen.

Mutter: Wahrscheinlich benütze ich das Lächeln als Verteidigung, ich lächle immer beim Sprechen.

Therapeut: Nein, Sie lächeln nicht immer beim Sprechen.

Mutter: Doch, das tue ich.

Therapeut: Nein, das tun Sie nicht.

Mutter: Darf ich Sie etwas fragen: Warum machen Sie sich darüber Gedanken?

Sie ist ziemlich hartnäckig.

Therapeut: Weil es eine Täuschung ist. Wenn Sie nämlich, wie gerade eben, etwas mit Nachdruck sagen und so dazu lächeln, vermute ich, daß Sie verärgert sind. Das ist es, was ich sehe. Es war kein glückliches Lächeln. Lächeln bedeutet Glück. Ihr Lächeln war todernst.

Vater (*zum Therapeuten*): Sie haben ja so recht.

Therapeut: Ich vermute, Sie haben sich damit abgefunden und hinterfragen es nicht.

Vater: Auch damit haben Sie völlig recht.

Therapeut: Ich wünschte, ich hätte unrecht.

Mutter: Ich glaube, daß Wut destruktiv ist.

Therapeut: Ich weiß nicht, woher Sie das haben. Ich genieße meine Wut.

Mutter: Für mich gibt es dabei nichts zu genießen. Ich mag die Dinge nicht, die ich dann sage. Ich habe nicht das Gefühl, daß ich etwas Nützliches damit bewirke.

Therapeut: Ich glaube kaum, daß Ihr falsches Grinsen etwas Nützliches bewirkt.

Mutter: Die ganze Zeit zu brüllen hilft aber auch nicht.

Therapeut: Ich empfehle es nicht als Allheilmittel. Ich sage nur, wenn die Wut da ist, kann man sie auch wahrnehmen, sie zulassen und benützen, sonst verblaßt Ihr Gespräch zu einem Nichts, was noch viel destruktiver wäre.

Vater: Das passiert nicht, wenn ich nicht etwas Konstruktives anzubieten habe. Ich bin so zäh wie die anderen. Bei den Jungs habe ich versucht, mein Temperament zu zügeln; ich habe versucht, sie für Dinge, die sie getan haben, zu loben und dankbar zu sein für das, was richtig gemacht wurde. Mein Jähzorn ist zugegebenermaßen ein Problem. Ich rege mich über mehr auf als meine Frau.

Therapeut (*zum Vater*): Ich vermute, Sie verschwenden viel Energie darauf, vernünftig zu sein und sind zur gleichen Zeit auf unvernünftige Weise Ihrer Wut gegenüber intolerant.

Vater: Meine Söhne wissen, was mich aufregt, besonders, wenn sie keine Hausarbeit erledigen, so daß ihre Mutter ihre Zimmer putzen und hinter ihnen herräumen muß. Aber es hilft, wenn sie diese Dinge von alleine tun, ohne daß man es ihnen jedesmal sagen muß. So weiß Don, daß es seine Aufgabe ist, jeden Tag den Müll rauszubringen und Steve muß den Gehsteig und Hof fegen und das muß bis 5 Uhr erledigt sein. Wenn es dann 6 oder 7 Uhr ist, ist noch immer nichts passiert, der Mülleimer ist gestopft voll und sie sagen: „Oh, ich hab's vergessen". Wenn ich heimkomme und alles erledigt ist, versuche ich ein paar dankbare Töne als Anerkennung von mir zu geben. Was mich richtig ärgert, ist die Tatsache, daß ihre Mutter alles selbst erledigt, anstatt sich auf sie zu verlassen und ihnen zu sagen, was sie tun sollen. Und sie nützen sie aus. Wenn sie sie ausnützen, kann ich sie nicht mehr in Anspruch nehmen. Ihr ganzes Leben lang wird man Dinge von ihnen verlangen und sie werden nicht immer jemanden haben, der sie für sie erledigt.

Er ignorierte meine Provokation. Ich beschließe, mich nicht auf eine fruchtlose Diskussion oder eine leidenschaftliche Debatte über sein Verhalten einzulassen. Da er so verschlossen und unmotiviert war, wollte ich nicht wütend werden. Ich hatte Angst, ihn damit zu verjagen. Statt dessen beschloß ich, auf der Inhaltsebene zu bleiben und wählte als Thema, was mir als kritisches Muster in der Familienkonstellation auffiel.

Therapeut: Mir fällt auf, daß Sie Ihre Kinder für Schwierigkeiten verantwortlich machen.

Vater: Sie sind für Verantwortung alt genug.

Therapeut: Das ist Ihre Frau auch. Sie ist alt genug und Sie können von ihr erwarten, daß sie die Verantwortung übernimmt, aus ihren Kindern das Verhalten herauszuholen, das Sie beide erwarten. (*Nach mehreren Minuten des Schweigens:*) Ich habe den Eindruck, daß es in dieser Familie gar keine Eltern gibt. Von den Kindern wird erwartet, daß sie die Verantwortung tragen. (*Zur Mutter:*) Sie erwarten von Steve, daß er jemand ist. An Ihren Mann stellen Sie nicht dieselben Erwartungen. Von ihm erwarten Sie nicht, daß er sich als Ehemann und Vater verhält, sich einbringt, an Diskussionen teilnimmt, sie überwacht und Konstruktives dazu beiträgt. Bis jetzt bietet er Ihnen sehr wenig. Und doch behaupten Sie, Steve sei das Problem. (*Zum Vater:*) Sie tun dasselbe, wenn Sie sich einerseits darauf versteifen, daß die Kinder nicht ihren Teil der Hausarbeit erledigen, andererseits aber Ihrer Frau anscheinend keinerlei Verantwortung zutrauen. (*Zu beiden:*) Sie trauen sich gegenseitig nicht zu, daß Sie Verantwortung übernehmen können, aber laden alles auf Ihren Kindern ab. (*Zu den Jungen:*) Ich möchte, daß ihr mir ohne Scheu sagt, ob ich eurer Meinung nach recht habe oder nicht.

Don: Irgendwie glaube ich schon, daß Sie recht haben. Ich glaube nicht, daß sie genug für uns tun.

Therapeut: Was empfindest du dabei?

(*Don fängt an zu weinen.*)

Therapeut: Das ist sehr traurig, nicht wahr?

(*Don schluchzt*)

Therapeut: Komm her und setz dich neben mich, Don. (*Don kommt von der anderen Seite des Zimmers und setzt sich auf einen Stuhl dicht neben den Therapeuten, der die Hand auf seine Schulter legt.*) Erzähl mir mehr über deine Traurigkeit.

Don: Ich glaube, sie wissen gar nicht, wie wir sind... Manchmal erwarten sie zuviel von uns.

Therapeut: Kannst du dich an ein Beispiel erinnern?

Don (*überlegt kurz*): Nein.

Therapeut: In Ordnung. Das macht nichts. Wenn dir später etwas einfällt, wäre das sehr nützlich. Erzähl es uns dann. Manchmal verstehen Eltern etwas nicht, aber sie würden es gerne. Wir vergessen manchmal, wie es ist, Kind zu sein. (*Zu den Eltern*) Möchte jemand von Ihnen Don dazu etwas sagen?

Vater: Ich finde das etwas verblüffend. Ich muß dagegen einwenden, daß meine Frau dauernd etwas für die Jungen tut und sich mehr Arbeit auflädt, als sie sollte, und jetzt sagt er, er bekommt nicht genug.

Therapeut: Daß Sie das für verblüffend halten, reicht mir nicht. Wollen Sie damit sagen, daß er uns was vorspielt, daß er nicht ehrlich ist?

Vater: Nein. Ich kann nachvollziehen, daß er aus seiner Sicht vielleicht nicht genug von seinen Eltern bekommt. Jedoch weiß ich nicht, von was er denn nicht genug bekommt.

Therapeut: Interessiert es Sie, das zu erfahren?

Vater: Natürlich.

Therapeut: Ich bemerke nicht, daß Sie ihm oder sich selbst Fragen stellen, um herauszufinden, was er eigentlich meint.

Vater (*zu Don:*) Was meinst du damit, Don?

Don: Du machst genug für mich, aber zu wenig mit mir.

Mutter: Könntest du mir das erklären, denn ich hatte bisher das Gefühl, ich würde dich verstehen.

Don: Du unternimmst nichts Schönes mit mir. Ich glaube nicht, daß du oder Paps mich wirklich verstehen. Er erwartet immer mehr von mir. Er weiß gar nicht, wie ich wirklich bin.

Vater: Wann habe ich von dir mehr erwartet?

Don: Zum Beispiel bei den Pfadfindern.

Vater: Du wolltest bei den Pfadfindern bestimmte Dinge tun und ich dachte, wenn du diese Dinge willst, mußt du dich auch dafür einsetzen.

Don: Du hast so viel mehr von mir erwartet, als ich geben konnte.

Vater: Nein, ich hatte eigentlich das Gefühl, daß du dazu fähig bist. Ich denke gerade an die Abzeichen, die du vor ein oder zwei Jahren hättest gewinnen können, wenn du nicht die Abschlußprüfung verweigert hättest. Du hast zwar angefangen, das

Fahrrad-Abzeichen, das Kochabzeichen und das Camping-Abzeichen zu machen, hast es aber nie fertiggemacht. Ich glaube, du wärst sehr wohl dazu fähig gewesen. Die anderen Jungen im Zeltlager waren weniger fähig als du und haben es auch geschafft.

Don: Du hättest dich mehr um mich kümmern sollen, anstatt mir vorzuschreiben, was ich tun soll und mich dazu zu drängen.

Vater: Was die Abzeichen betrifft, die hättest du dir selbst verdienen sollen, nicht ich für dich. Ich bin nicht da, um dir zu helfen. Du bist fähig und...

Therapeut (*unterbricht ihn – ich entschied, daß der Junge dem Vater nicht gewachsen war und mehr Hilfe brauchte. Ich entschloß mich, für ihn zu sprechen.*): Aber Paps, jetzt machst du dasselbe wie zuvor. Du sagst mir, was du willst und was du von mir erwartest, anstatt mich als der zu akzeptieren, der ich bin.
(Zu Don) Ist es so richtig ausgedrückt?

Don (*trocknet sich die Tränen*): Ja, das trifft es ziemlich genau.

Therapeut (*fährt für Don fort*): Wenn ich fähig gewesen wäre, das zu machen, dann hätte ich das auch gemacht. Tatsache ist, daß ich es nicht konnte, und für das, was ich konnte, habe ich keine Anerkennung bekommen. Wenn du mehr ein Freund für mich wärst, und ich ein bißchen mehr Unterstützung – Anerkennung – von dir bekommen hätte, dann hätte ich vielleicht mehr Selbstvertrauen gehabt, um diese Dinge zu tun.

Vater: Aber er wäre dazu fähig gewesen.

Therapeut: Wenn er dazu fähig gewesen wäre, dann hätte er es auch getan.
(Mit Nachdruck:) Sie machen es schon wieder.

Vater: Ich glaube, es war sein zögerndes Verhalten.

Therapeut: Sie kritisieren ihn schon wieder. Er möchte Hilfe von Ihnen. Er möchte Anerkennung für das, was er ist und alles, was er bekommt ist, daß er nicht einem Bild entspricht, das Sie von ihm im Kopf haben. Irgendein Bild, wie Don auszusehen hat, wie er sein soll und wie er zu funktionieren hat.

Vater: Jeder macht sich ein Bild von dem, was seine Kinder leisten können.

Therapeut: Don sagt, ‚Löse dich von diesem Bild und sieh mich. Ich möchte, daß du mich siehst, mich, mich. Nicht irgendein Wunschbild.'

Vater: Und ich soll einfach vergessen, daß er all die Monate so hart für die Abzeichen gearbeitet hat.

Therapeut: Vergessen Sie, was er nicht getan hat, erkennen Sie ihn für das an, was er getan hat. Das will er von Ihnen. Genau das wird ihm das Vertrauen geben, weiterzumachen. Er weiß genau, was er nicht erreicht hat. Sie müssen ihn nicht daran erinnern.

Don: Du kritisierst mich mehr als alles andere.

Vater: Ich kritisiere ihn nicht mehr als andere.

Therapeut: Nicht mehr als jemand anderen, sondern mehr als alles andere. Es hat nichts mit anderen zu tun.

Vater: Er beklagt sich ständig, daß dies immer...

Therapeut: Sie sind schon wieder dabei. Zu Beginn des Gesprächs baten Sie ihn, Ihnen zu sagen, was er gerne hätte und jetzt, wo er das tut, versuchen Sie seine Wünsche beiseite zu schieben, statt ihm zuzuhören und zu überlegen, was Sie damit tun können.

Vater: Ich versuche überhaupt nicht, seine Wünsche beiseite zu schieben.

Therapeut: Das haben Sie aber gerade getan. Wenn Sie ihn jetzt wieder fragen, haben Sie die Verpflichtung, seine Antwort anzuhören, zu überlegen, was sie bedeutet und sie nicht wegzuargumentieren. Denn das würde ihn davon abhalten, mit Ihnen zu reden.

Vater: Bemerkst du, wenn ich nicht unzufrieden mit dir bin?

Therapeut: Ich bin dagegen, daß Sie solche Fragen stellen. Keine Fragen – wenn Sie etwas zu sagen haben, sagen Sie es.

Vater: Wenn du dich bei den Dingen anstrengen würdest, bei denen ich dich kritisiere, dann würde ich dich auch nicht kritisieren.

Therapeut: Sie haben gar nicht verstanden, um was es geht. Er bittet Sie um Hilfe und Sie kritisieren ihn. Er möchte mit Ihnen besser befreundet sein und Sie sagen ihm nur: „In Ordnung, aber dann sei so, wie es meiner Vorstellung von dir entspricht und kümmere dich nicht darum, wie du wirklich bist". Er sagt Ihnen: „Ich möchte nicht dem Bild entsprechen, das du von mir hast. Ich möchte dein Sohn sein, der Sohn, der ich bin – Don." Und Sie antworten: „Als Don bist du nicht akzeptabel. Du mußt dem Bild entsprechen, das ich von dir habe."

Vater: Ich glaube, für ihn ist es wichtig, daß er Dingen gewachsen ist.

Therapeut: Das will auch er. Aber zuerst braucht er Anerkennung. Zuerst – nicht später. Nicht später, wenn er dem Stereotyp entspricht, das Sie sich vorstellen. Es geht nicht, daß er erst dann ernst genommen und anerkannt wird.

Vater: Die Schwierigkeit ist nur, daß ich nicht weiß, wie es anders geht.

Therapeut: Wenn Sie dabei Hilfe brauchen, schlage ich vor, daß Sie mit Ihrer Frau darüber sprechen.

Vater (*zu seiner Frau*): Was denkst Du darüber?

Er hat sich wieder zurückgezogen, diesmal in totale Unwissenheit. Er wechselt zwischen dem Sprecher, den nichts aus der Ruhe bringt und dem Zuhörer, zu dem nichts durchdringt, der Fragen stellt und die Antworten ignoriert. Er hat nur umgeschaltet. Er ist bis jetzt noch nicht verhandlungsbereiter.

Therapeut *(zum Vater):* Ich bin gegen Ihre Frage. Ich hatte Ihnen vorgeschlagen, mit Ihrer Frau zu reden und ihr nicht aus einer Haltung totaler Unwissenheit heraus Fragen zu stellen.

Vater: Wenn ich die Antworten hätte, wäre ich nicht hier. Wo soll ich anfangen?

Therapeut: Das ist eine Frage.

Nach einigem Schweigen kommt ihm die Mutter zu Hilfe.

Mutter *(zu Don, voller Zärtlichkeit, jedoch gleichzeitig den Vater von der Verantwortung befreiend):* Kannst du uns sagen, was wir richtig machen, so daß wir uns besser vorstellen können, was du meinst?

Obwohl sie es offenbar ernst meint, hat sie doch wieder vom Vater abgelenkt und gleichzeitig die Verantwortung, selbst darüber nachzudenken, abgegeben. Don wird aufgefordert, die Antworten zu finden. Der Vater bleibt still. Anstatt ihn stärker zu drängen, auf meine Konfrontation zu reagieren, entscheide ich mich, mit ihr zu sprechen und gefaßt zu bleiben. Das ist leichter für mich, denn auf ihn wäre ich wütend geworden. Ich beschreibe ihnen die Phantasien, die ich darüber habe.

Therapeut *(zur Mutter)*: Ich möchte Ihre Frage unterbrechen. Ich möchte es noch einmal erklären, was ich sehe. Don ist in einer Zwickmühle. Sie beide fordern dauernd das verantwortungsvolle Verhalten eines Erwachsenen von ihm, wie z. B. Ihre Frage gerade eben zeigte, die ihm wieder einmal die Last der Verantwortung auferlegt. Vorgeblich fragen Sie ihn, um Informationen zu bekommen, in Wirklichkeit wollen Sie eine Lösung von ihm. Der Vater verlangt ebenfalls ein Verhalten von Don, das ihm nicht entspricht. Sie kritisieren jedoch beide all das, was er tut, und er fühlt sich als Versager. Egal was er tut, es ist nicht genug, und wenn er es nicht tut, wird er dafür kritisiert. Zunächst einmal braucht er Unterstützung und die Gelegenheit, sich mit dem Vater als Mann identifizieren zu können. Das kann er nicht, wenn ihn der Vater ständig heruntermacht, weil er nicht einem Phantasiebild entspricht. Er muß mehr über seine offensichtlichen Erfolge erfahren. Er sehnt sich jetzt nach jemandem, der ihn anerkennt und ihm die Unterstützung gibt, die er braucht. Ihre Aufgabe ist es, Ihrem Mann zu helfen, daß er sich damit auseinandersetzt, nicht Don. In diesem bestimmten Fall und vielleicht auch in anderen Fällen ist es notwendig, daß Sie sich mit Ihrem Mann beschäftigen, ich aber sehe, daß Sie sich von ihm zurückziehen.

Mutter *(zu ihrem Mann)*: Ist dir bewußt, daß du meist zu müde oder schlecht gelaunt bist, um dich mit mir oder Don zu unterhalten? Ich versuche, einen Anfang zu finden, um jetzt mit dir zu sprechen.

Vater: Ich denke, das habe ich schon mal gehört.

Mutter: Wenn du nach Hause kommst oder zuhause bist, spüre ich oft, daß du dir wünschst, woanders zu sein – wo es ruhiger ist und nicht so viele Leute sind. Ich glaube, du hörst weder mir noch Don zu.

Vater: Das ist sehr gut möglich. Wenn ich heimkomme, hätte ich erstmal gerne meine Ruhe und etwas Frieden. Zuhause ist es nicht immer ruhig, wenn man Familie, Kinder und Plattenspieler hat – zuhause ist es nicht immer ruhig. Ihr alle kommt mit vielem zu mir, was mich nicht interessiert. Wenn ich nach Hause komme, bin ich nicht sehr daran interessiert, ob Toby eine Tomate gegessen hat oder nicht. *(Zum Therapeuten:)* Toby ist übrigens eine Ratte, nicht eines der Kinder. *(Wendet sich wieder seiner Frau zu:)* Wenn ich nach Hause komme, bin ich müde und da ist es doch verständlich, daß ich ein bißchen Ruhe und Entspannung brauche. Aber ich öffne die Tür und werde mit allem konfrontiert, was passiert ist und was den ganzen Tag für mich aufgespart wurde.

Mutter: Das kann ich verstehen. Aber wir – Don und ich und alle in der Familie – würden nicht mit dir darüber sprechen, wenn es nicht für uns wichtig wäre. Vielleicht können wir damit beginnen, daß wir eine Vereinbarung treffen, daß du erstmal etwas Ruhe und Frieden hast und uns hinterher wirklich zuhörst.

Vater: Das hört sich nach einem fairen Geschäft an.

Mutter *(fängt an zu weinen)*: Weil du mit Don kein gutes Verhältnis haben wirst, wenn du ihm nicht zuhörst, wenn er mit dir spricht. Damit ihr wieder die Beziehung habt, von der du gesprochen hast. Das soll das Ganze erst einmal in Gang bringen. Glaubst du, du könntest das tun?

Vater: Ich kann es versuchen.

Therapeut: Ich bin dagegen. Ich will nicht, daß Sie es versuchen.

Vater: Sie wollen, daß ich es tue.

Therapeut: Nein. Ich möchte eben nicht, daß Sie es tun. Ich möchte nicht, daß Sie etwas für *die beiden* tun. Die beiden sagen folgendes: „Du bist uns wichtig, wir brauchen dich, wir brauchen deine Zustimmung, deine Führung, deine Anteilnahme. Wir möchten gehört werden, denn wenn du uns zuhörst, bedeutet es, daß wir etwas wert sind." Das ist eine deutliche Bitte. Aber auch Sie haben Bedürfnisse. Ich möchte nicht, daß Sie nach Hause kommen und sagen: „Für alle hier muß ich eine Funktion erfüllen." Das wird nichts. Mir wäre es lieber, Sie kämen nach Hause und würden etwas über sich erzählen. Sagen Sie ihnen, was Sie brauchen. Sagen Sie ihnen, wie sehr Sie etwas Ruhe und Frieden wollen. Offensichtlich wissen auch Sie nicht, wie man mit einer Familie umgeht. Sagen Sie ihnen, wie sehr Sie etwas Ruhe wollen.

Vater: Das stimmt und außerdem habe ich sehr oft das Gefühl, in der Familie nicht gebraucht zu werden.

Therapeut: Das wundert mich, da Ihre Familie ja ausdrücklich betont hat, wie sehr sie Sie braucht.

Vater: Sehr oft habe ich das Gefühl, daß sie ohne mich viel glücklicher wären.

Therapeut: Ohne Ihre Kritik bestimmt. Aber Sie bestehen nicht nur aus Kritik. Sie bedeuten Ihrer Familie sehr viel mehr.

(Längeres Schweigen, offensichtlich denkt der Vater darüber nach).

Vater: Anscheinend bin ich das Problem.

Für mich war das ein bemerkenswerter Schritt für diesen Mann, der ursprünglich pflichtbewußt auf Drängen seiner Frau gekommen war, um ihr und den Söhnen zu helfen.

Therapeut *(seine neue Bewußtheit etwas abschwächend)*: Anscheinend sind die beiden auch ein Problem für Sie.
Vater: Und ich für sie.
Therapeut: Haben Sie jemals gedacht, daß Sie die ganze Familie am liebsten loswären?

Ich möchte ihm helfen, seine bis dahin geleugnete Negativität auszudrücken und zu akzeptieren.

Vater: Nein. Vor einem Problem davonzulaufen, ist keine Lösung. Ich will sie ganz bestimmt nicht loswerden.
Therapeut: Haben Sie jemals daran gedacht?
Vater: Sicher, ich glaube, das tut jeder. *(Gibt es zu, aber zieht Verstärkung zu Hilfe und fügt dann schnell hinzu.)* Es hält aber nie lange an.
Therapeut: Und je weniger Sie darüber sprechen, desto länger hält es an.

Nach mehrminütigem Schweigen bringe ich eine andere Phantasie ein, um ihm diese bittere Erkenntnis sozusagen etwas zu versüßen.

Therapeut: Ich sehe Sie außerhalb Ihrer Familie, Sie wollen hinein; die Familie ist drinnen und möchte, daß Sie hereinkommen und zwischen Ihnen ist eine unsichtbare Wand.
Vater *(nachdenklich, weniger unzugänglich, nicht fragend)*: Vielleicht erwarte ich zuviel von ihnen, und ich bin mir nicht sicher, was sie von mir erwarten oder wie ich ihnen das geben soll, was sie von mir erwarten.
(Pause)

Es ist ein guter Zeitpunkt, die Sitzung zu beenden, da er beginnt, über sich nachzudenken. Ich hatte wenig Hoffnung gehabt, da er zu Beginn so verschlossen und unzugänglich wirkte. Die Mutter konnte sich viel klarer ausdrücken und zeigte mehr Interesse für psychologische Vorgänge, von ihr hatte ich mehr Veränderung erwartet als von ihm.

(Ich werde mir Don bewußt, der immer noch neben mir sitzt.)

Therapeut: Don, du weinst zwar nicht, aber du siehst so aus, als wärst du noch immer sehr traurig.

Don: Ja.

Ich möchte ihn umarmen, merke aber, daß nicht ich es bin, von dem er sich das wünscht.

Therapeut *(zum Vater)*: Ich denke, Sie sollten hier sein, nicht ich.

Vater: Es wird Ihnen zwar nicht gefallen, aber mir wäre es lieber, Don käme hierher.

Therapeut: Machen Sie sich doch nicht so viele Gedanken darüber, was mir gefallen könnte oder nicht. Sagen Sie ihm, was Sie wollen.

Vater *(mit zärtlicher Stimme zu Don)*: Komm her, Don. *(Don setzt sich vorsichtig auf einen Stuhl neben seinem Vater. Der Vater legt den Arm um ihn. Das ist nicht die Lösung, aber es ist ein Anfang. Nach langem Schweigen sagt der Vater zu Don:)* Wir beide haben ganz schön viel zu tun. Ich glaube, wir können es schaffen, oder nicht? *(Don nickt zaghaft.)*

Ich entschließe mich, die Tatsache, daß der Vater in Frageform redet und daß Don nur zögernd zustimmt, nicht aufzugreifen. Statt dessen antworte ich hoffnungsvoll.

Therapeut (*zu Don*): Wir haben einen Anfang gemacht und ich möchte, daß du wiederkommst, damit wir noch mehr erarbeiten können, Don. Wirst Du kommen?

Don (*noch immer traurig):* Ja, ich komme.

Therapeut *(zur Mutter):* Ich hätte gerne von Ihnen eine Stellungnahme. Ich weiß, daß Sie wiederkommen möchten *(sieht ihren traurigen Gesichtsausdruck)* aber ich bin neugierig: Sind sie jetzt zuversichtlicher als zu Beginn, oder war Ihnen gar nicht klar, wie wenig Hoffnung Sie hatten? Auch Sie haben das Recht zu weinen.

Mutter: Ich hätte nicht gedacht, daß man meine Traurigkeit bemerkt.

Therapeut: Was man bemerkt, ist Ihr „edler" Kampf, Ihre Traurigkeit zu verbergen.

Mutter *(mit tränenerstickter Stimme):* Ich wußte das alles schon vorher, so daß ich nicht zuversichtlicher bin. Ich will oft mit „ja" antworten, aber in Wirklichkeit stimmt das gar nicht.

Therapeut: Sie haben einige Fortschritte gemacht. Sie sind jetzt ehrlicher. Sie lächeln nicht. *(Ich bohre nach, um ihren Gefühlen auf die Spur zu kommen:)* Vielleicht habe ich Unrecht. Wenn Sie nicht mehr Zuversicht haben, warum sollten Sie dann überhaupt wiederkomen?

Mutter: Als wir kamen, hatte ich schon Hoffnung. Die habe ich immer noch. Ich habe die Hoffnung nicht aufgegeben, aber die Mauern sind immer noch da.

Therapeut: Ich stimme Ihnen zu, daß die Mauern noch nicht eingerissen sind. Ich bin zuversichtlicher, was Ihren Mann anbelangt. Ich glaube nicht, daß Ihre alte Taktik, sich als gequälte und traurige Frau darzustellen, bei ihm noch etwas bewirkt. Er und ich werden wahrscheinlich einen fürchterlichen Kampf austragen, bevor wir da durch sind. Ich kann manchmal nur durch Kämpfen die Mauern niederreißen – ich spreche von verbalen Kämpfen – von energischen Verhandlungen. Ich möchte keine blauen Flecken kriegen.

Mutter: Und was machen Sie, wenn das nicht hilft?

Therapeut: Das überlege ich mir, wenn ich an dem Punkt angelangt bin. Wie ich schon gesagt habe, ist das kein Allheilmittel. Es ist ein Teil der Arbeit. Es hilft mehr als herumzujammern. Ich glaube nicht, daß die Mauern noch genau dieselben sind, wie zu Beginn. Ihr Mann hat eine Bewußtheit erlangt, die er zuvor nicht hatte. Das ist alles ein Teil der Arbeit an der Mauer. Einfach nur wütend zu werden ist nichts Besonderes, aber es kann Teil von dem sein, was wir tun müssen. Ich sage nur, daß ich weniger Angst habe, wütend zu werden als Sie. Wut gehört zu unserem Geburtsrecht, und sollte Teil unserer Kommunikation sein. Ich sage dies alles, da ich sehe, wie jeder von Ihnen viel Energie verschwendet, um die Wut zu verdrängen, die diese frustrierende Situation auslösen muß – anstatt die Wut zu verringern, indem Sie sie rauslassen und sich selbst befreien, um weiter miteinander verhandeln zu können.

Aufgrund meiner Überlegungen bin ich (Diagnose: aktiv-aggressive Persönlichkeit) zu der Schlußfolgerung gekommen, daß die Auseinandersetzung in der Familie dann verbessert werden kann, wenn der Vater (Diagnose: passiv-aggressive Persönlichkeit) wieder in die

Familie gebracht und die aus Bitterkeit entstandene Tränenmauer der Mutter (Diagnose: reaktive Depression) überwunden werden kann. Die Diagnose für ihn wird gestützt durch seine Unbeirrbarkeit, sein dauerndes Fragen, sein vorgetäuschtes vernünftiges Verhalten und seine verdrehte Selbstlosigkeit; ihre Diagnose wird gestützt durch ihre gequälte Traurigkeit und durch die Tatsache, daß sie ständig bei den Kindern Unterstützung sucht. Ihre Traurigkeit verstärkt sein Gefühl versagt zu haben (und verschlimmert seine passiv-aggressiven Eigenschaften), was wiederum ihre Traurigkeit verstärkt. Ich war mit dem Gespräch zufrieden.

Es ist uns gelungen, auf der ursprünglich weißen Leinwand dieser sich in Schwierigkeiten befindenden Familie die wesentlichen Barrieren sichtbar zu machen: die blindmachende Tränenmauer der Mutter und die väterliche Mauer aus Unnahbarkeit, die aus einer ineffektiven Selbstlosigkeit heraus entstanden ist. Ich bin an beide Mauern herangekommen und konnte in die väterliche Mauer einen kleinen Spalt schlagen. Ich habe ihm bewiesen, daß ich ein vernünftiger Mann bin. Außerdem habe ich ihn gewarnt, daß mich sein Verhalten wütend mache und daß ich in Zukunft weniger zögern würde, diese Wut auch auszudrücken. Ich hatte das Gefühl, dies könnte der Weg sein, den wir einschlagen müßten. Don und ich sind Freunde und Steve ist sicherlich erleichtert, daß er nicht „das Problem" ist.

Ich schließe diese Angelegenheit in mir ab und habe allen gegenüber ein gutes Gefühl.

9 Zweites Gespräch

Die zweite Sitzung beginnt damit, daß Steve sich Don vornimmt, weil dieser mit Schuld war, daß ihr Haustier, ein Frosch, abhauen konnte. Sie zanken etwa zehn Minuten, bis Don genervt sagt: „Vergessen wir das Ganze. Mit ist nicht klar, was diese Herumstreiterei mit unseren Familienproblemen zu tun hat."

Vater: Das ist Teil des Familienproblems.

Therapeut: Das Problem, das ich sehe, ist, daß Don wieder einmal der zuständige Elternersatz ist, der den ganzen Unfug beenden soll, während die Eltern daneben sitzen und zusehen.

Vater: Ich wollte sehen, wie es diesmal endet. *(Schweigen)* Diese Auseinandersetzungen sind sehr unterschiedlich und enden unglücklicherweise meist in der Konstellation Steve gegen Don oder Steve gegen jemand anders, und Steve zieht dabei immer den Kürzeren, ob er will oder nicht.

Steve: Ich bin nicht immer schuld. Wie zum Beispiel in der Nacht, als mich seine Ratte nervte. Während der ganzen Nacht machte sie Geräusche, und ich konnte nicht schlafen. Don hat mich ausgelacht und aufgezogen und wollte nicht damit aufhören. Und immer hast du mir die Schuld gegeben.

Vater: Das ist wohl nachts öfter passiert und du hast mir nie etwas davon erzählt, jedenfalls glaube ich nicht,...

Steve *(unterbricht ihn):* Ich habe es dir immer am nächsten Morgen erzählt. Es ist dir einfach egal. Meine Probleme interessieren dich nicht *(fängt an zu weinen).*

Vater: Das ist nicht ganz richtig. Was hast du mir am nächsten Morgen erzählt?

Steve: Du hast gesagt: „Du versuchst nur, gemein zu sein...also hör auf!"

Mutter: Kommt das öfter vor, daß du uns um Hilfe bittest und wir dir nicht zuhören?

Steve: Was Paps anbelangt, so kümmert er sich einfach nicht darum, er sagt bloß ‚Hör auf'.

Vater: Ja, da muß ich dir recht geben. Oft ist es mir gleichgültig. Das kommt, weil du es erst viele Stunden später erzählst. Die Aufregung hat sich dann schon gelegt und jeder hat sich wieder beruhigt.

Steve: Ich werde wohl kaum morgens um drei Uhr in dein Zimmer trampeln und dich aufwecken, um es dir gleich zu erzählen. Dann wärst du bestimmt wütend.

Vater: Einiges passiert auch tagsüber, aber wenn du mir etwas erzählst, dann denke ich, es ist gut, wenn du selbst versuchst, eine Lösung zu finden. Aber wenn ich das Gefühl habe, daß du nur jemanden ärgern willst, höre ich das ganz und gar nicht gerne. *(Schweigen)*

Steve: Sieh mal, Paps, ich habe nicht versucht, Don zu ärgern. Ich habe nur versucht, ihn dazu zu bringen, seine blöde Ratte aus dem Weg zu schaffen, da sie alles durcheinander brachte. Ich konnte nicht *(macht eine Pause und weint ein bißchen)* ruhig schlafen, da ich aufpassen mußte, daß die Ratte nicht meine Füße annagt. Diese kleine Ratte war einfach überall.

Langes Schweigen. Vater sieht sowohl verblüfft als auch hilflos aus.

Therapeut *(zum Vater)*: Wieviele Anteile in Ihnen sind Ihnen im Augenblick bewußt?

Vater: *(logisch, aber nicht psychologisch)* Ich bin mir nicht sicher. Ich habe nicht daran gedacht, ob ich mir meiner selbst oder über einen Teil meiner selbst bewußt bin. Ich habe über dieses Ereignis nachgedacht, *(kurze Pause)* über diesen Streit wegen der Ratte und was ich wohl gedacht habe, was zu tun wäre, um die Sache in den Griff zu kriegen. Ich dachte, mit der Vorausplanung sei die Sache erledigt. Von diesem Problem wußte ich nichts – daß die Ratte Schwierigkeiten macht und Steve vom Schlafen abhält, weil sie unter seiner Bettdecke rumkriecht.

Steve *(zu Don)*: Ich weiß, daß du versuchst, mich zu ärgern, hör auf damit.

Don: Hör mal, Steve, die Ratte hat überhaupt keinen Krach gemacht und du konntest sehr wohl schlafen. Im Gegenteil: Ich konnte nicht schlafen, weil du im Schlaf dauernd Geräusche von dir gegeben hast.

Steve: Du behauptest, ich wäre es gewesen, obwohl ich keinen Ton von mir gegeben habe; du behauptest, ich hätte Geräusche gemacht, aber ich glaube nicht...

Don (*unterbricht ihn*): Wie kannst du das wissen, wenn du tief und fest geschlafen hast?

Steve: Nein, du hast mich aufgeweckt.

Vater: Scheint, als ob wir den Faden verloren hätten.

Steve: In dem Moment, in dem ich es ihm beweisen wollte, war ihm klar...

Ich unterbreche. Die Jungen haben ihre Streitereien wieder aufgenommen. Vater läßt dies zu. Mein erster Vorstoß war erfolglos.

Therapeut: Was würden Sie jetzt gerne sagen? Was würden Sie jetzt gerne tun? (*Keine Antwort*) Ich habe einen Vorschlag. Versuchen Sie es bei beiden mit dem Satz: „Ihr beide seid jetzt auf der Stelle ruhig, weil ich meine Ruhe und Frieden haben will."

Vater (*Pause*): Ich bin im Moment nicht in einer Ruhe-und Frieden-Stimmung.

Therapeut: Also was wollen Sie dann. Sie sind hier und doch nicht hier.

Vater: Ja. Mein Gedanke ist gerade: Großer Gott, warum muß das jetzt nochmal aufgewärmt werden? Wenn etwas passiert, dann kann man immer noch versuchen, damit fertig zu werden.

Er nähert sich dem Problem, „tratscht" aber noch mit dem Therapeuten.

Therapeut: Was also wollen Sie jetzt zu ihnen sagen?

Vater (*wendet sich den Kindern zu*): Das nächste Mal erzählt vorher, was eigentlich los ist. Wenn du etwas über die Ereignisse der letzten Nacht erzählen willst, Steve, dann rede nicht so, als wolltest du jemanden ärgern. Deine Stimme hat immer so einen quengeligen Unterton.

Therapeut (*mit mehr Nachdruck*): Gut, was möchten Sie jetzt im Moment?

Vater: Jetzt im Moment würde ich sagen: Laßt die Sache ruhen, denn sie ist passiert und vorbei.

Therapeut: Dann sagen Sie, was ich gesagt habe: Seid ruhig, ich möchte jetzt etwas Ruhe und Frieden.

Vater: Seid ruhig und laßt die Sache ruhen.

Therapeut: Endlich! Aber Sie sagen es nicht spontan, laut und klar, sondern Sie werden verwirrt und unsicher und Ihre Worte sind so nicht besonders effektiv. Das ist wieder eines der Dinge, die Sie für sich wollen, aber sich nicht nehmen. Sie haben das Recht zu sagen: „Seid ruhig, ich möchte davon nichts mehr hören. Hört endlich damit auf."

Vater: Das sage ich ihnen ab und zu.

Therapeut: Sie haben es ihnen vorhin aber nicht gesagt. Die Jungen haben ihre Streitereien fortgesetzt und Don hat sogar eher protestiert als Sie.

Steve *(vermutlich von der vorhergehenden Sitzung inspiriert; er will jetzt seinen Auftritt haben):* Du läßt zu, daß Don mich verpetzt, aber umgekehrt darf ich es nicht. Du läßt zu, daß Don ... er ärgert mich und wenn ich dann wütend werde, ärgere ich ihn ebenfalls. Aber ich bekomme die Schwierigkeiten. Wenn ich Don dann verpetze, werde ich ...

Vater: Das wissen wir von euch beiden. Es ist also nicht nur dein Problem. Jeder Junge hat das Gefühl, auf ihm wird herumgehackt und glaubt, der andere wird nie bestraft. Das stimmt aber nicht. So läuft es nicht ab.

Steve *(fängt wieder an zu weinen):* Aber Don, ich weiß nicht warum, aber Don scheint mich richtiggehend zu hassen.

Vater: Aber ihr unternehmt doch viel zusammen und habt Spaß miteinander. Ich glaube, ein Problem besteht darin, daß ihr Jungen seid und jetzt erwachsen werdet. Ich kann mich daran erinnern, wie ich für kurze Zeit mit meinem Vetter zusammen aufwuchs und welche Schwierigkeiten wir miteinander hatten. Ganz sicherlich aber wollten wir weiter zusammen spielen dürfen. Ein klassisches Beispiel war unser Gang zur Sonntagsschule: mein Vetter, der älter war als ich, hatte die prima Idee, beim Vorbeigehen an der Tankstelle die Benzinschläuche aus den Zapfsäulen zu ziehen, was er einfach umwerfend komisch fand. Ich war zu Tode geängstigt, weil ich glaubte, der Tankwart würde herausstürzen, uns verprügeln oder ins Gefängnis stecken oder sonst was. Schließlich erzählte ich das meinen Eltern und sie schlugen mir eine sehr einfache Lösung vor. Wir sollten beide verschiedene Wege zur Sonntagsschule gehen, so daß, falls mein Vetter in Schwierigkeiten käme, ich nicht dabei wäre und falls nicht, ich mich jedenfalls nicht aufregen müßte. Das wollte ich aber ganz und gar nicht und er auch nicht. Wir wollten nicht getrennt gehen sondern zusammen. Also blieb alles beim Alten. Wir hatten also auch dieses Problem, daß wir manches nicht gerne zusammen machten, anderes aber wiederum gerne zusammen machten. Und bei euch beiden ist es genauso; solche Probleme haben nun mal Jungs, die erwachsen werden.

Steve: Ich versuche, nett zu ihm zu sein, aber er läßt mich nicht.

Therapeut *(ich werde gegenüber der Schwäche des Vaters unduldsam, übernehme die Führung und sage zum Vater):* Moment mal, mit diesem Vortrag konnte ich überhaupt nichts anfangen, und auch auf Steve hat er anscheinend wenig Eindruck gemacht. *(Zu Steve:)* Steve, haßt du Don nicht manchmal?

Steve: Ja, manchmal.

Therapeut: Herrlich. Herrlich. Und manchmal haßt er dich auch.

Dann, aus ökonomischen Gründen, da Steve zuhören kann, lese ich dem Vater wütend die Leviten.

Therapeut: Sie halten uns jetzt noch einen Vortrag statt einfach zu sagen „Seid ruhig". Sie halten ihm einen Vortrag, statt zu sagen „Don haßt dich. Warum sollte er dich auch nicht manchmal hassen? Alle Jungen hassen ihre Brüder manchmal. Ich möchte, daß du ihn ebenfalls haßt. Genieße es doch, ihn ab und zu zu hassen und sei jetzt still." Sie sagen ihm nicht, was Sie wollen. Statt dessen hacken Sie auf ihm rum. Sie versuchen, vernünftig und selbstlos zu sein, dabei meckern Sie an ihm herum, halten Vorträge und kritisieren ihn. Sie alle haben so eine Art an sich, alles zu verurteilen. Ja, Sie alle. Was Sie tun, ist, daß Sie ihn niedermachen. *(Zur Frau:)* Genau das tun Sie auch, wenn Sie versuchen, Ihrem Mann zu helfen. Mir fällt auf, daß es sich wie Kritik an ihm anhört, statt daß Sie versuchen, ihm zu sagen, was Sie wollen. Sie haben das hier auch ständig gemacht. Sie sagen ihm, was Sie nicht wollen. Aber Sie fordern nicht das, was Sie wollen. Das ist die andere Seite der Medaille, die mir so zu schaffen macht. Sie sprechen nicht über das, was Sie wollen.
(Wieder zum Vater:) Ich möchte, daß Sie von diesen Menschen hier etwas wollen und ich möchte, daß sie auch versuchen, es von ihnen zu bekommen. Ich möchte, daß Sie ihnen sagen, sie sollen ruhig sein, wenn Sie wollen, daß sie ruhig sind; ich möchte, daß Sie ihnen sagen, sie sollen mit Ihnen spazieren gehen, wenn Sie wollen, daß sie mit Ihnen spazieren gehen.

Ich sage es und tue es.

Vater (*antwortet konkret nach einer kleinen Pause*): Es ist mir egal, ob sie mit mir spazieren gehen oder nicht.

Therapeut: Sagen Sie, was Sie wollen. Sie haben meine Worte gehört, aber deren Bedeutung nicht verstanden.

Steve: Ich ...ich verstehe nicht, wieso wir jetzt überhaupt darüber reden. Vorhin haben wir doch noch...

Therapeut (*entschlossen, mit dem Vater in Kontakt zu treten):* Warte einen Augenblick, Steve. (*Zum Vater:*) Ich möchte, daß Sie versuchen, das zu bekommen, was Sie wollen.

Vater: Ich glaube nicht, daß ich unbedingt immer das bekommen sollte, was ich will, weil...

Therapeut: Versuchen Sie's! Sie können es nicht immer bekommen, aber versuchen Sie es.

Mutter: Warum nicht? Warum mußt du immer nur herummeckern?

Vater: Wieso herummeckern?

Therapeut (*zur Mutter*): Stellen Sie ihm keine Fragen. Sagen Sie ihm, was Sie möchten.

Mutter: In Ordnung.

Therapeut: Sehen Sie, die Frage „Warum mußt du immer herummeckern?" hört sich wieder nach Kritik an.

Mutter (*zum Vater; nach einer Denkpause fängt sie zögernd an und kommt dann in Schwung*): Wenn du etwas willst, dann fordere es. Du tust folgendes: Du ... du entscheidest, daß und wie du etwas für jemanden tun willst... aber du fragst denjenigen nicht, was er will. Vielleicht will er gar nicht, daß du dich aufopferst oder dir Umstände machst. Wenn du gerade heraus sagen würdest „Ich will dies oder ich will jenes", dann müßten wir nicht so vorsichtig mit dir umgehen, und wir könnten sagen: „Nein, das wollen wir nicht." Und das wäre wirklich ein besseres Arrangement als das, was wir jetzt haben.

Sie ist einer „Ich"-Aussage viel näher gekommen, und ich beschließe, nicht zu unterbrechen. Ihre Bemerkungen sind ein guter Anfang.

Vater: Ein Grundgedanke in deiner Aussage scheint mir zu sein, daß die Familie viel Rücksicht auf mich nimmt und auf das, was ich tun will oder wann ich es tun will. Das bekomme ich aber nicht so vermittelt. Ich habe immer noch das Gefühl, ich bin der Familie gegenüber in der Position des Kämpfers.

Mutter: Aber das kommt davon, weil du dich so stark ausnützen läßt und soviel Rücksicht nimmst und nicht das tust, was du tun willst, sondern das, was du nicht willst. Aber du fragst nicht. Du sagst nicht: „Soll ich dir dieses Opfer bringen oder nicht."
(*Schweigen*)

Obwohl Mutter in Fahrt kommt und mit mir auf dem richtigen Weg ist, dränge ich als eine Hauptperson vorwärts. Meine Wut muß sich entladen und außerdem weiß ich, daß ich einen stärkeren Druck auf ihn ausüben kann als sie.

Therapeut: (*mit lauter Stimme, schlägt die Hand auf den Tisch*): Oder noch besser: „Nein, ich werde dieses Opfer nicht für dich bringen." Ich wünsche, verdammt noch mal, daß Sie lernen, sich gegen Ihre Familie durchzusetzen. Sagen Sie ihnen, was Sie wollen. Sagen Sie ihnen, was Sie nicht wollen, laut und deutlich.

Vater: Sie glauben, das wäre besser als...

Therapeut: Verdammt viel besser als das, was Sie jetzt tun. Jetzt täuschen Sie nur etwas vor. (*Ahmt seine weinerliche Schwächlichkeit übertrieben nach*): „Also, ich weiß nicht, ich will doch helfen. Was willst du? Was willst du?" (*Dann in scharfem Ton*:) Sie geben niemandem auch nur das Geringste. (*Lächelnd*:) Oder geben Sie doch ein wenig?

Vater: Ich muß zugeben, nichts. Nichts.

Therapeut: Das stimmt. Das stimmt. (*Pause*) Am wenigsten sich selbst. Sie bekommen nichts von ihnen. Weil Sie sich nicht wehren. (*Pause*) Was würden sie machen, Sie verlassen? Einfach weggehen? Was? Was ist das Schlimmste, was passieren könnte?

Vater: Nun, sie würden mich nicht verlassen.

Therapeut: Was ist also dann das Schlimmste, das passieren könnte?

Vater: Daß alle in der Familie unglücklich sind, daß mehr gestritten wird...

Therapeut: Sie sind alle unglücklich. Sie sind unglücklich. Sie haben Streit. Glauben Sie mir, schlimmer würde es nicht werden.

Vater (*Schweigen*): Eine faszinierende Vorstellung.

Therapeut (*offensichtlich am Ende seiner Geduld*): Noch ist es nur eine Vorstellung. Vielleicht kapieren Sie es nur auf diese Art. Aber das reicht mir nicht. Ich will, daß Sie das Risiko eingehen, in dieser Familie so zu sein, wie Sie es wollen.

Vater: Und das ist vielleicht ein Teil des Problems. Wie will ich denn in dieser Familie sein? Ich werde vielleicht nicht...

Therapeut: Mit der Familie oder ohne sie.

Vater: Ich bin mir nicht ganz sicher... Ich glaube nicht...

Therapeut: Können Sie es diese Woche noch mal ausprobieren?

Vater: Ja.

Therapeut: Versuchen Sie es. Gehen Sie nicht nach Hause, wenn Sie es nicht wollen. Gehen Sie nicht nach Hause, bis Sie es wirklich *wollen.* Bis Sie die Kinder sehen *wollen.* Tun Sie nichts für sie, bis Sie es wollen. Nicht, weil es gut für sie ist. Kümmern Sie sich nicht darum, lassen wir das der Vergangenheit angehören. Sie machen nur das für sie, was Sie wollen, weil Sie es für sie tun wollen.

Vater: Nicht, weil es richtig wäre, sondern weil ich es tun will.

Therapeut: Genau. Genau. Ohne Rücksicht auf ihre Tränen.

Na endlich! Zum ersten Mal wird sein steinerner Gesichtsausdruck weicher, und eine Spur von Traurigkeit zeigt sich in seinen Augen.

Vater: Ich habe dieses starke Gefühl, daß ich, nachdem ich mich so lange um alles in der Familie gekümmert habe, alles was ich tue... genau überlegen muß und auf die Familie Rücksicht nehmen muß.

Therapeut: Aus diesem Grunde sind Sie hier.

Mutter: Aber du bist nicht rücksichtsvoll!

Therapeut: Das ist diese verrückte Situation, die Sie mit Ihrer Haltung geschaffen haben.

Vater (*zu seiner Frau*): Ich nehme keine Rücksicht, sagst du?

Mutter: Nein! Du nimmst Rücksicht auf eine Familie, die du dir in deinem Kopf ausgedacht hast, und du nimmst Rücksicht auf uns, so wie du uns siehst und auf die Situation, wie du sie einschätzt.

Vater: Ich dachte immer: „Mein Gott, wie schlimm wäre es erst, wenn ich nicht mal das täte."

Mutter: Ich kann mir nicht vorstellen, wie es noch schlimmer sein könnte. Ich jedenfalls wäre bereit, das Risiko einzugehen. Denn wenn du darauf achten würdest, was *du* brauchst und was *du* willst, dann könnte der Rest der Familie so sein, wie er wirklich ist.

Meine Bedürfnisse sind jetzt befriedigt. Ich bin nicht mehr wütend. Die Mutter ist inspiriert worden und hat das Kriegsbeil aufgenommen. Ich ermutige sie, jetzt energischer zu sein, während ich ihn aufstachele.

Therapeut: Das war eine nette Rede, aber ich glaube nicht, daß er Ihnen zugehört hat.

Mutter: Er versteht das einfach nicht, und ich weiß nicht, wie ich ihn dazu bringen kann, daß er versteht, was ich meine.

Therapeut (*Schweigen*): Er ist zu sehr damit beschäftigt, selbstlos zu sein.

Mutter (*mit Nachdruck zu ihrem Mann*): Aus dem Grund klappt es auch nicht. Du wirst heimgehen und nächste Woche wieder genau das tun, was du schon immer getan hast. Du wirst es nur anders nennen. Und es wird nicht den leisesten Unterschied machen.

Vater: Aber das können wir doch nicht wissen, bevor wir es nicht versucht haben, oder?

Mutter: Ich weiß.

Mutters Wolke aus Hoffnungslosigkeit beginnt sich wieder zu senken. Sie hat das Kriegsbeil begraben. Ich lenke von diesem Gespräch über die Zukunft ab und konzentriere die Aufmerksamkeit auf die Gegenwart. Absichtlich „tratsche" ich mit ihr. Ich weiß, daß er zuhört und erwarte, daß mein Getratsche ihn mehr irritiert als wenn ich ihn direkt ansprechen würde.

Therapeut (*zur Mutter*): Sie müssen nicht bis nächste Woche warten, um das herauszufinden. Er wird nicht zu etwas zurückkehren, da er noch gar nichts aufgegeben hat. Wir hacken jetzt auf ihm rum, sagen ihm, daß wir kein Vertrauen zu ihm haben und er spielt uns was vor, anstatt uns zum Teufel zu schicken.

Vater: Ich will euch jetzt nicht zum Teufel schicken, da ich an dem, was ihr alle sagt, viel Interessantes finde. Ich möchte hören, was ihr noch zu sagen habt.

Therapeut (*greift direkter an*): Dann haben Sie sich in keinster Weise verändert.

Seine Haltung hat sich verändert. Er reagiert jetzt. Er sitzt zurückgelehnt auf dem Stuhl, die Arme hinter dem Kopf verschränkt, das Hemd durchgeschwitzt.

Vater (*noch auf der Inhaltsebene*): Ja, aber es gibt vieles, was ich vorher noch nicht gehört habe. Zum Beispiel Steves Interpretation meiner Aussagen. Mir war nicht bewußt, daß er mein Verhalten so deutet.

Ich habe versucht, diese Begegnung zu intensivieren, indem ich den Inhalt von ‚Was geschieht nächste Woche' (Zukunft) auf ‚Was geschieht jetzt' verlagert habe. Vater weicht dem aus, indem er in die Vergangenheit flüchtet – zu Themen vom Beginn dieser Sitzung. Bevor ich das ansprechen kann, reagiert Steve.

Steve: Die ganzen Ferien über hast du das gemacht – uns alle ausgenützt.
Vater: Das bezweifle ich aber wirklich.
Steve: Hast du aber.
Vater: Wenn man dein Alter in Betracht zieht, ist es verständlich, daß du das denkst.

Kraß verlange ich die Rückkehr zum Hier-und-Jetzt.

Therapeut: Mich interessiert mehr, was Ihr durchschwitztes Hemd zu sagen hat. Es ist klatschnaß. Ich möchte lieber wissen, was es zu sagen hat, als zu hören, was in Ihrem Kopf vorgeht.
Vater: Ich glaube nicht, daß er weiß, worüber er spricht.
Therapeut: Dann sagen Sie es ihm. Oder wollen Sie damit erst nächste Woche anfangen?
Vater: Warum soll ich immer unhöflich sein. Man kann auch sagen was man will, ohne unhöflich zu sein.
Therapeut (*wütend*): Nein, Sie können nicht sagen, was Sie wollen. Jahrelang haben Sie nicht gesagt oder getan, was Sie wollten. Wenn Sie lernen können, das zu tun und zu sagen, was Sie wollen und noch dazu auf höfliche Art und Weise, dann ist es in Ordnung. Ich habe es offensichtlich nicht gelernt, sonst würde ich nicht hier sitzen und Sie anschreien. Und Sie haben es auch nicht gelernt, denn Sie sagen nicht, was Sie wollen.

Mutter (*zum Vater, offensichtlich erregt*): Es ist auch nicht höflich, nur dazusitzen, vor Wut zu schäumen, aber nichts zu sagen und einfach nicht zuzuhören.

Vater: Ein Ergebnis der letzten Sitzung war, daß ich die ganze Woche versucht habe, den Jungen zuzuhören...

Mir wird bewußt, wie sehr er sich durch Worte an andere anklammert. Er klebt am Inhalt als sei dies seine einzige Verbindungsleine zu anderen. Ich beschließe, ihn nicht damit zu konfrontieren, sondern mitzumachen, damit ich ihn erreichen kann. Ich unterbreche nur sein Abschweifen in die Vergangenheit.

Therapeut: Hören Sie mir zu. Ich werde Ihnen diese Woche einen neuen Hinweis geben. Hören Sie auf Ihren Körperschweiß. Lassen Sie ihn sprechen. Mir gefiel, was er zu sagen hatte. Hören Sie auch auf die Kinder. Aber das heißt nicht, daß Sie ihnen nicht so antworten, wie Sie wollen. Sie tun beides. Sie hören ihnen zu und Sie hören auf sich selbst.

Jetzt arbeitet er.

Vater: Ich bin für das, was ich will, noch nicht bereit. Ruhe und Frieden. Ich bin nicht sicher, was dieses Ruhe-und-Frieden-Gerede zu bedeuten hat. Ich habe immer geglaubt, was ich eigentlich will, seien Ruhe und Frieden. Jetzt frage ich mich, ob das nicht eine idealisierte Redewendung ist, die mir gefällt... ich weiß es nicht... ich bin mir nicht einmal mehr sicher, was ich will und von mir erwarte.

Ich bin entzückt über diese Einsichten.

Mutter: Du wirst es nicht erfahren, wenn du Angst hast, es zu versuchen. Es ist nicht fair, uns zwischen dich und das, was du willst, zu stellen.

Therapeut (*zur Mutter*): Ich frage mich, ob ich mich so anhöre wie Sie? Wenn ich Ihnen zuhöre, habe ich immer das Gefühl, Sie machen ihm Vorwürfe. Hacke ich auch auf ihm herum?

Mutter: Ja. Ich glaube, das tun wir beide.

Therapeut (*zum Vater*): Haben Sie das Gefühl, daß wir auf Ihnen herumhacken?

Vater: Bei Ihnen klingt es vernünftiger. Vielleicht weil...

Therapeut: Ich rede vernünftiger darüber?

Vater: Mmh. Vielleicht weil Sie neu dabei sind.

Therapeut: Oh?

Mutter: Ich habe selbst das Gefühl, daß ich auf ihm herumhacke. Aber ich weiß nicht, wie ich das ändern soll.

Vater: Genau über das haben wir vorhin auch schon gesprochen – ich meine mein Herummeckern mit den Kindern. Ich merke es nicht, bis mich jemand darauf aufmerksam macht. Ich glaube nicht, daß ich auf ihnen herumhacke.

Therapeut: Mir fällt ein, was meine Familie zu mir sagt. Manchmal, statt wütend zu werden – so wie vorhin mit Ihnen – und einfach zu sagen, was ich fühle, beklage ich mich, jammere und meckere so wie Sie. Und sie haben mir wieder und wieder gesagt, daß sie dieses Herummeckern nicht ertragen können. Sie können das Jammern nicht ertragen und meine Klagen genausowenig. Aber wenn ich richtig brülle, wenn ich das Gefühl habe, völlig unvernünftig zu sein, dann können sie damit umgehen. (*Pause*) Und Sie erzählen mir genau dasselbe. Sie erzählen mir, daß ich mich, obwohl ich Sie anbrülle, vernünftiger anhöre als Ihre Frau, die ruhig dasitzt und auf Ihnen herumhackt.

Vater: So wie es sich anhört, scheint es, daß ich mich besser verhalte, wenn ich glaube, daß ich etwas Schlimmes tue. Wenn ich glaube, mich nett und rücksichtsvoll der Familie gegenüber zu verhalten, erreiche ich eventuell genau das Gegenteil. Wenn ich explodiere und wütend werde, lösen sich Probleme leichter.

Therapeut (*Schweigen*): Sie wären mir dann sympathischer.

Mutter (*Schweigen*): Du wirst sehr selten wütend.

Vater: Ich finde es nicht richtig.

Therapeut: Warum glauben Sie dann, daß es für mich richtig ist zu brüllen? Sie hatten gegen meine Wut nichts einzuwenden.

Vater: Ich glaube, Sie sind besser ausgebildet, daher wissen Sie mehr über familiäre Beziehungen. Sonst würden wir nicht zu Ihnen kommen.

Therapeut: Das hat nichts mit familiären Beziehungen zu tun, es hat damit zu tun, daß ich das Recht habe, meine Wut zuzulassen, wenn sie da ist. Sehen Sie, im Augenblick fühle ich mich Ihnen gegenüber sehr viel besser als vorher.

Vater: Letzte Woche sagten Sie, Sie würden, so wie die Dinge sich entwickelten, noch sehr wütend auf mich werden.

Zurück zur Vergangenheit.

Therapeut: Ja, ich habe es gespürt. Wie fühlen Sie sich jetzt?

Vater: Die ganze Sache interessiert mich.

Therapeut: Das ist das, was Sie gerade denken. Fühlen Sie denn jetzt irgend etwas? Verstehen Sie, was ich damit meine? Haben Sie gute Gefühle, schlechte Gefühle, intensive Gefühle, fühlen Sie sich angespannt?

Vater: Ich bin beherrscht.

Therapeut: Gut, ich möchte, daß Sie mit Ihrer Beherrschung Kontakt aufnehmen. Können Sie Ihre Beherrschung jetzt besser spüren? Fühlen Sie, wie Sie sich zurückhalten. Versuchen Sie, Ihre Beherrschung zu verstärken. Fühlen Sie es?

Vater: Nun, ich versuche nicht, meine Beherrschung zu verstärken.

Therapeut: Gut, dann werden Sie sich ihrer bewußt. Konzentrieren Sie sich stärker darauf.

Vater (*Schweigen*): Ich fühle, daß ich beherrscht und vorsichtig bin.

Therapeut: Gut, jetzt möchte ich, daß Sie versuchen, Ihre Beherrschung zu sein. Wir wollen versuchen, mit den Worten „Ich werde beherrscht und vorsichtig mit dir sein" mit Ihrer Beherrschung besser vertraut zu werden.

Vater: Ich weiß nicht, was ich sagen soll... Ich fühle mich ganz angespannt.

Therapeut (*Schweigen*): Ich möchte, daß Sie damit Kontakt aufnehmen. Für mich ist das im Augenblick der wichtigste Teil an Ihnen.

Vater (*Schweigen*): Wie meinen Sie das – mit dem Angespanntsein Kontakt aufnehmen?

Therapeut: Beschreiben Sie es. Wo ist es?

Vater: Ich halte ab und zu den Atem an...

Therapeut: Weiter.

Vater (*nach kurzem Schweigen*): Ich verstehe nicht ganz, worauf Sie hinauswollen.

Therapeut: Vergessen Sie das mal für einen Augenblick und konzentrieren Sie sich nur auf Ihr Körpergefühl.

Vater (*versucht es offensichtlich*): Anscheinend kann ich das nicht.

Therapeut (*Schweigen*): In Ordnung, versuchen wir es mit etwas anderem. Schließen Sie die Augen und lassen Sie Ihre Phantasie schweifen – als wenn Sie sich einen Film anschauen würden. Versuchen Sie sich vorzustellen, was hier passieren würde, wenn Sie Ihre Beherrschung aufgäben.

Vater (*Schweigen*): Das müßte im Zusammenhang mit einem Ereignis sein. Ich kann hier nicht ruhig sitzen und mir das vorstellen. Die Beherrschung muß in Zusammenhang mit etwas stehen, mit einer Handlung, einem Gespräch oder einem Ereignis.

Alle Versuche schlagen fehl. Er kann sich offensichtlich nicht mit seiner Beherrschung identifizieren, obwohl er es ernsthaft versucht.

Die unternommenen Versuche zeigten, daß er sich an Worte, an deren wörtlichen Sinn, klammert, statt deren subtilere Bedeutung herauszufinden oder sich mit seiner eigenen Person auseinanderzusetzen. Er möchte mit mir zusammenarbeiten, kann mich aber nicht lange genug loslassen, um Erfolg zu haben. Er ähnelt einem Mann, der aus einem brennenden Haus springen muß – er weiß, daß der Feuerwehrmann recht hat und kann doch nicht springen.

Ich spüre, daß er jetzt seine Verletzlichkeit zuläßt und möchte ihn beschützen; ich spreche mit sanfter Stimme zu ihm.

Therapeut: Ich habe das Gefühl, daß Sie so stark an mich und die Situation hier gebunden sind, daß Sie sich von uns nicht lösen können, um sich eine kleine Phantasiereise zu erlauben oder Ihr Körpergefühl kennenzulernen.

Vater: Ich spüre, daß alles greifbar nah ist und versuche...

Therapeut: Ich bin mir Ihrer Beherrschung bewußt und ich möchte Ihnen dabei helfen.

Vater: Aber ich kann mich jetzt nicht trennen, mir ein Phantasiebild von mir machen, weggehen, alles betrachten und mir vorstellen, was passiert.

Therapeut: In Ordnung. Lassen wir das. Wenn Sie mich nicht loslassen können, gibt es etwas, was Sie von mir wollen? Ich möchte Ihnen helfen, Ihre Beherrschung abzubauen. (*Er sieht nachdenklich aus und sagt nichts.*) Gibt es etwas, um das Sie mich oder eines Ihrer Familienmitglieder bitten können? Kann Ihnen irgendjemand von uns helfen, mit Ihrer Beherrschung umzugehen? Oder Ihnen dabei helfen, sie loszuwerden? Es hat den Anschein, als seien Sie gefesselt.

Vater: Ich weiß nicht, wie, denn es ist für mich wichtig, Selbstbeherrschung und Selbstkontrolle zu üben.

Therapeut: Heißt das, Sie wollen sie gar nicht aufgeben? Wollen Sie, daß ich Sie in Ruhe lasse, so daß Sie Ihre Beherrschung behalten können? Sie wollen nicht, daß ich Ihnen helfe, daran zu arbeiten? Wollen Sie das damit sagen?

Vater: Nein. Ich will, daß Sie weiter daran arbeiten. Aber ich bin nicht sicher, wie Sie das erreichen wollen, was Sie mit mir vorhaben, da ich Ihnen im Moment keine große Hilfe bin.

Therapeut (*seine Entschuldigung ignorierend, da ich höre, daß er weitermachen will*): Sie klammern sich an Ihre Beherrschung als sei sie Ihr Rettungsanker.

Vater: Sie wissen, daß sie das ist. Vor langer Zeit habe ich mir diese Art Schutzwall aufgebaut, in der Überzeugung, daß ich nicht so verletzt werden kann, wenn ich meine Gefühle beherrsche. Das habe ich verinnerlicht und es ist Teil meiner Maske geworden.

Therapeut: Sie wollen also sagen, daß Sie sich uns nicht öffnen, weil Sie Angst haben, wir könnten Sie verletzen.

Vater: Vielleicht nicht diese Gruppe. Ich glaube, es ist eine Angewohnheit oder eine Tarnung. Es ist ein Teil von mir, das war es schon in meiner Schulzeit.

Therapeut: Können Sie sich an eine bestimmte Situation erinnern?

Ich lasse zu, daß er sich von der Gegenwart trennt.

Vater: Ja! Es hat mit einer unglücklichen Liebesgeschichte zu tun. Ich wurde verlassen und entschied dann, daß (*Pause*) ich weniger verletzlich bin, wenn ich keine Gefühle zeige oder sie stark unter Kontrolle halte. All die Jahre hindurch habe ich mich daran gehalten, habe es benützt, manchmal auch mißbraucht.

Therapeut: Sie haben dann also auch nicht geweint?

Vater: Ja. So war's, ja. Wenigstens nicht, wenn jemand dabei war. Vielleicht habe ich geweint, wenn ich für mich war. Wenn ich verletzt war, habe ich es gespürt, aber nie den anderen gezeigt. Wenigstens hatten sie dann nicht die Genugtuung, mich verletzt zu sehen. (*Nach langem Schweigen*) Das sind meine Gefühle. Auf der einen Seite der körperliche Teil, das körperliche Gefühl, zusammengekrümmt dazusitzen; auf der anderen Seite der emotionale Teil. Ich glaube, sie sind fest miteinander verbunden.

Therapeut: Sie können sich plötzlich sehr gut ausdrücken. Ja, sie sind fest miteinander verbunden. Und ich spüre auch die Traurigkeit, die hinter Ihrer Beherrschung liegt. Mit anderen Worten sagen Sie meines Erachtens, daß Sie sich beherrschen, um Ihre Traurigkeit und Ihre Verletzlichkeit nicht mit anderen teilen zu müssen.

Vater: Ich glaube, Verletzlichkeit ist ein gutes Wort dafür.

Endlich ist er „verhandlungsbereit". Ich möchte, daß er sich seiner Frau zuwendet.

Therapeut: Haben Sie jemals mit Ihrer Frau darüber gesprochen?

Vater: Nein.

Therapeut: Könnten Sie das jetzt tun? Sagen Sie ihr, wie wichtig es für Sie ist, daß Sie sich schützen, daß Sie nicht verletzbar sind, falls...

Vater (*die Arme gesenkt, lehnt sich vorwärts*): Das würde mich noch verletzlicher machen. Wenn ich dieses Gefühl mit anderen teile, dann wissen sie soviel mehr über mich, so daß sie, sagen wir mal, im Vorteil sind.

Therapeut: Vorteil? Was für ein Vorteil denn?

Vater: Wenn jemand weiß, daß ich verwundbar bin, was er vorher nicht wußte, dann würde das sein Vorteil sein: daß er weiß, er kann mich verletzen.

Therapeut: Ich frage mich, ob wir das nicht alle schon wissen.

Vater (*lachend*): Das klingt entmutigend, nachdem ich jahrelang meine Schutzmauer um mich herum aufgebaut habe.

Therapeut: Möchten Sie sie fragen?

Vater (*nach Ermutigung suchend*): Sie schaut finster.

Mutter (*beruhigend*): Ich habe nur angestrengt zugehört.

Vater: Hast du von der Schutzmauer gewußt?

Mutter: Ja natürlich.

Vater (*zu sich selbst, mit wehmütigem Lächeln*): Das bleibt also von all der Arbeit die ganzen Jahre hindurch.

Mutter: Du hast doch wohl nicht geglaubt, du könntest diese Mauer um dich errichten, ohne daß ich es bemerke? Ich weiß nicht, wie ich den Schutzwall überwinden kann, aber ich weiß sicher, daß er da ist.

Vater: So habe ich es noch nie betrachtet... Ich benutze die Mauer nicht so bewußt wie zu Beginn. Am Anfang war sie etwas, was ich ganz bewußt einsetzte, und seitdem ist sie zu einem Teil meines Innern geworden.

(*Sieht seine Frau zögernd an:*) Ich sehe, daß etwas in dir vorgeht, was ist es?

Mutter: Du... du benutzt die Mauer die ganze Zeit. Das ist der Grund, warum man so schlecht mit dir reden kann; und ich habe dich so finster angesehen, weil ich vorhatte, solange nichts zu sagen, bis du mich danach fragst.

Therapeut (*fühlt sich zu diesem Zeitpunkt als Beschützer des Vaters*): Sie hacken auf ihm herum. Was möchten Sie über sich und Ihre Beziehung zu ihm sagen? Was können Sie über seine angebliche Mauer aus Unverletzlichkeit sagen?

Mutter: Es verblüfft mich und ich glaube, ich kann dazu nichts sagen, weil ich das Gefühl habe, nicht mit der Person hinter der Mauer zu sprechen, es geht nicht... Nein! Es geht nicht... (*Zum Therapeuten:*) Sie müssen mir helfen.

Therapeut: In Ordnung, ich werde eine kleine Karte ausbreiten – meine Phantasie. Sie können sie sich ansehen, müssen sie aber nicht akzeptieren. Meiner Ansicht nach steht er im Moment hinter seiner Mauer aus Unverletzbarkeit und spricht von dort aus mit Ihnen. Meistens sprechen Sie mit ihm, aber das ist nicht wirklich er. Sie sprechen gegen diese Wand aus Unverletzbarkeit, die er sich in den Jahren aufgebaut hat. Die Antworten, die Sie bekommen, prallen von dieser Wand ab. Und Sie sind frustriert, weil Sie gegen diese Wand stoßen, wo Sie doch glaubten, mit dem Mann hinter der Mauer zu sprechen. Heute sagt er nun zu Ihnen: „Ich habe eine Mauer aus Unverletzbarkeit um mich herum errichtet, weil ich Angst habe, verletzt zu werden". Jetzt sagt er etwas, nicht als Mauer, sondern er wagt, als ängstlicher Mann hinter der Mauer zu sprechen. Er hat Ihnen etwas von seiner Verletzlichkeit mitgeteilt. Sie sehen nun zwei Dinge: den Mann und seine Mauer. Sie sind nicht mehr eins. Als Sie sagten „Es verblüfft mich" sprachen Sie zur Mauer.

Mutter: Das mag stimmen, aber es ist ein Hindernis, daß er...

Therapeut (*unterbricht sie*): Es ist ein Hindernis gewesen.

Mutter: Das ist es noch. Ich weiß, daß die Wand noch da ist, er braucht sie und setzt sie absichtlich ein.

Therapeut: Ich bin enttäuscht, daß Sie nicht sehen, was ich heute gesehen habe: durch einen Riß in seiner Mauer konnte ich kurz den Mann dahinter erblicken. Daß er heute wirklich zu Ihnen sagen kann: „Ich habe Angst, verletzlich zu sein", ist meines Erachtens ein ziemlicher Fortschritt.

Sagen Sie, haben Sie ihm gegenüber jetzt nicht andere Gefühle als zu Beginn der Sitzung?

Mutter: Nein.

Therapeut: Sie empfinden also immer noch das gleiche?

Mutter: Ja, ja das tue ich, das tue ich.

Therapeut: Nun, ich mußte das wissen, weiß aber im Moment nicht, was ich damit anfangen soll. Meine Gefühle ihm gegenüber haben sich stark verändert.

Mutter: Ich höre nur viele Worte, während Sie etwas anderes hören.

Therapeut: Haben Sie das schon einmal gehört: daß er sich verletzlich fühlt?

Mutter: Ja.

Therapeut: Er aber sagt...

Mutter: Das stimmt nicht, er hat es schon mal gesagt.

Vater: Ich bin anderer Meinung.

Therapeut: Vielleicht hat er es vorher nicht gefühlt, wenn er es gesagt hat.

Mutter: Kann sein. Kann sein, daß es für ihn anders ist. Ich habe diese Worte schon gehört.

Therapeut (*bemerkt, daß ihre Verwirrung sich in Traurigkeit verwandelt*): Wie fühlen Sie sich im Moment? (*Nach einigem Schweigen:*) Sie sehen aus, als würden Sie gegen Ihre Traurigkeit ankämpfen, stimmt's?

Mutter (*fängt an zu weinen*): Ja, ja Sie haben recht. Ich habe nicht das Gefühl (*schluchzt*), ich habe nicht das Gefühl, daß *ich* weiterkomme (*Pause*) und ich höre auch nichts (*weint*), das mir das Gefühl gibt, daß sich etwas ändern wird...(*Pause*) Was die nächste Woche angeht, da bin ich pessimistisch eingestellt. Ich, ich habe einfach nicht das Gefühl, daß es eine Hoffnung gibt.

Vater (*mit zärtlicher Stimme*): Was für eine Veränderung möchtest du? Es betrifft mich. Was dich traurig und unglücklich macht, macht auch mir zu schaffen.

Therapeut (*zu ihr*): Sie halten Ihre Traurigkeit zurück. Da steckt mehr dahinter.

Mutter: Ich weiß nicht.

Therapeut (*zu ihm*): Fragen Sie sie nicht soviel, was sie will und entscheiden Sie, was Sie von ihr wollen. (*Zu ihr*) Im Moment habe ich den Eindruck, daß Sie Ihre Trauer mehr lieben als irgendein Familienmitglied. Ihre Traurigkeit hindert sie daran, die Veränderungen und die Veränderungsmöglichkeiten in Ihrer Familie zu sehen. Sie fragen nicht: „Wie kann ich zu Veränderungen beitragen? Was habe ich heute gelernt, das ich nächste Woche anwenden könnte, um mehr zu erreichen? Gibt es überhaupt irgendeine Veränderung?". Nichts von alledem. Sie beschließen einfach, daß es keine Veränderungen gibt. Das haben Sie letztes Mal schon zu mir gesagt, und ich war sauer, weil es für mich ganz klar nicht stimmte.

Mutter: Das weiß ich.

Therapeut: Was Don zu seinem Vater sagen konnte, war zum Beispiel anders. Beide haben erkannt, daß es anders war, doch für Sie gab es keinen Unterschied. Irgend etwas macht Sie Veränderungen gegenüber blind. Meines Erachtens ist das Ihr Tränenschleier, den Sie offensichtlich genießen.

Mutter: Ich bin mir nicht sicher, ob das so stimmt. Obwohl es möglich sein könnte, daß mich etwas hindert. Vielleicht ist es das, ich weiß es wirklich nicht. Aber was ich sehe (*Pause*)... ist das Aufblitzen von etwas, was vielleicht in die Richtung von dem geht, was Don das letzte Mal gesagt hat. Aber (*Pause*) wenn, wenn das erreicht werden kann, und wenn wir dann nach Hause gehen und in der darauffolgenden Woche dieselben Fehler wieder machen (*bricht in Tränen aus*) und ich nichts dagegen tun kann... Das ist etwas von dem, was mich bedrückt. Das ist sicher auch das, was mich traurig macht, wenn ich daran denke.

Vater: Also ich glaube nicht, daß wir dieselben Fehler wieder gemacht haben.

Therapeut (*übergeht seine beruhigende Bemerkung – zu ihr*): Warum sagen Sie traurig?

Mutter: Daß ich nichts tun kann, ihnen nicht helfen kann, daß ich nichts ändern kann.

Therapeut: Sagen Sie es jedem einzelnen. Fangen Sie bei Ihrem Mann an.

Mutter: Was könnte ich noch sagen, was ich nicht schon gesagt hätte?

Therapeut: Was Sie gerade gesagt haben. Was Sie gerade zu mir gesagt haben.

Mutter (*nach langem Schweigen zu ihrem Mann*): Ich möchte, daß du wirklich versuchst, etwas zu ändern. Die Frage ist nicht, ob es richtig oder falsch ist, ich möchte nur, daß du versuchst, etwas zu ändern. Es genügt mir nicht, daß du sagst...

Therapeut (*unterbricht sie erstaunt*): Aber das haben Sie nicht zu mir gesagt. Sie sagten zu mir, daß *Sie* sich verändern wollten. Wie sehr Sie sich wünschten, *Sie* könnten mehr helfen. So habe ich Sie jedenfalls verstanden.

Mutter: Ja, ich möchte ihnen helfen, ich möchte etwas für sie tun.

Therapeut: Aber das sagen Sie nicht zu ihm. Sie sagen etwas ganz anderes zu ihm. Sie hacken wieder auf ihm herum, statt mit ihm so zu sprechen wie mit mir. Sie vermitteln ihm eine ganz andere Botschaft.

Mutter (*zu ihrem Mann*): Ja, das stimmt. Aber ich möchte dir helfen.

Vater: Ich habe das Gefühl, daß ich auf der Prioritätenliste ziemlich weit unten stehe. Die Kinder stehen weiter oben, aber verglichen mit den vielen anderen Aktivitäten, die anscheinend so viel wichtiger sind als die Familie, ist ihr Rang auch nicht besonders. Es scheint oft wichtiger zu sein, Sachen für andere zu machen als für uns.

Mutter: Das sagst du, aber, aber das hilft mir auch nicht weiter.

Vater: Wenn es möglich wäre...

Mutter: Was kann ich tun?

Vater: Vielleicht grundlegende Dinge: Geschirr spülen, bügeln, solche Sachen.

Mutter: Das nützt doch nichts.

Vater: Doch, das tut es, weil es für mich und die Familie entmutigend ist – zumindest weiß ich, daß es für Don manchmal so ist – beim Heimkommen festzustellen, daß es zuhause nicht gerade einladend ist, weil du den ganzen Tag für andere beschäftigt warst, für die du soviel mehr tust. Aber ich weiß...

Therapeut (*unterbricht ihn*): Sprechen Sie für sich selbst? Dann sprechen Sie in der ersten Person, wie „Ich fühle mich nicht willkommen zuhause".

Vater: Das ist es nicht. Es ist eher so, daß man nach Hause kommt und Mutter zuviel tut. Ich habe immer das Gefühl, daß, wenn etwas nicht erledigt werden kann, es zu Lasten der Familie oder des Haushalts geht und nicht zu Lasten des Kindergartens oder der Pfadfinder oder worum sie sich sonst noch kümmert. Ich habe das Gefühl, daß du mehr tust, als deine Zeit zuläßt; daß die anderen Dinge Vorrang vor uns haben. Du kümmerst dich um andere Angelegenheiten, weil du denkst, daß sich sonst niemand darum kümmert, und wir bleiben uns mehr oder weniger selbst überlassen. Wir sollen mit der Situation zuhause weiterleben, weil sich sonst niemand um die anderen Sachen kümmert und sie erledigt. Ich habe das starke Gefühl, daß dir alles andere wichtiger ist.

Therapeut (*zum Ehemann*): Als Sie anfingen zu sprechen, verschwand bei mir die ganze Sympathie, die ich für Sie zu empfinden begann.

(*Zur Ehefrau:*) Ich weiß nicht, ob Sie das auch gespürt haben. Mir ist aufgefallen, daß Sie aufgehört haben zu weinen.

Mutter: Ja, ja.

Therapeut (*zum Ehemann*): Hatten Sie nicht dasselbe Gefühl wie ich? Als sie die Tränen abwischte und sich zurücklehnte, war Ihnen da nicht klar, daß Sie ihre Gefühle blockiert haben?

Vater: Ich war mir nicht sicher, ob ich an sie herangekommen war...

Therapeut: Ich möchte Ihnen sagen, was in mir vorgegangen ist. Ich hatte das Gefühl, daß sie kurz davor war, Ihnen etwas über ihren Wunsch, Ihnen zu helfen, zu sagen. Das war bei ihr mit Versagensgefühlen verbunden: daß sie als Ihre Frau völlig versagt hat, daß sie bisher nicht die Person war, die sie in der Familie gerne wäre. Ich bringe hier wieder meine Phantasie ein. Daß heißt nicht, daß es stimmt, und ... (*Zu ihr:*) hören Sie zu und überprüfen Sie es. (*Wieder zum ihm:*) So sah ich es: Sie fing an, mit Ihnen offen über einen verletzlichen Bereich ihrer Person zu sprechen, zu dem Sie früher schon einmal durchgedrungen sind. Aber Sie haben das nicht verstanden und fingen an, sie zu kritisieren, was meines Erachtens dazu beigetragen hat, daß ihre Gefühle blockiert wurden. (*Zu ihr:*) Kommt Ihnen das richtig vor oder liege ich völlig falsch?

Mutter: Ja, ja. Das ist richtig. Es stimmt.

Therapeut (*zur ihr*): Ich möchte, daß Sie wissen, daß diese Furcht, die Sie haben, so offen und frei mit ihm zu reden, dieselbe Furcht ist, über die er vorhin im Zusammenhang mit seiner Verletzlichkeit gesprochen hat. Ich kann Ihnen beiden eigentlich keinen Vorwurf machen, daß Sie so vorsichtig miteinander umgehen, da jeder von Ihnen eine Mauer um sich herum hat, die nicht nur den Leuten den Blick ins Innere verwehrt, sondern auch Sie selbst am Hinaussehen hindert. Die Mauer wirkt nach beiden Seiten hin; es ist nicht nur seine Mauer, die Ihnen im Weg steht, sondern auch Ihre eigene Furcht, verletzt zu werden. Es ist sehr schwierig für Sie, mit ihm zu sprechen. Es ist viel leichter für Sie, mir zu sagen, wie sehr Sie helfen und daß Sie ihrer Familie mehr bedeuten wollen. Aber Ihre Mauer war da, und Sie konnten ihm das nicht sagen.

Weiter möchte ich heute nicht gehen, und Sie sollen auch heute keine Hausaufgaben bekommen. Sie alle sollten über dies hier nicht nachdenken oder an irgend etwas arbeiten.

Vater: Man kann nicht anders als darüber nachzudenken...

Therapeut: Gut, dann lassen Sie das geschehen, was kommt. Ich will nur sagen, daß Sie nichts erzwingen sollen. Vielleicht möchten Sie einfach nur etwas zusammensitzen und sich das durch den Kopf gehen lassen, was wir heute besprochen haben, wobei jeder mit seiner Mauer vertrauter werden könnte. Es ist freiwillig. Wir haben heute alle hart gearbeitet.

Dies war die entscheidende Sitzung. Der Vater wurde konfrontiert und wurde zugänglicher. Seine Frau war noch nicht bereit, hinter ihrer Tränenmauer hervorzukommen. Auch sie wurde dann konfrontiert.

10 Drittes Gespräch

Die meiste Arbeit war während der zweiten Sitzung getan worden. Die folgende Sitzung war – obwohl außerordentlich nützlich – im großen und ganzen eine Abrundung, ein integrierender, befriedigender Abschluß.

Mutter: Ich habe viel nachgedacht und ich möchte Ihnen etwas sagen, weil ich mich das letzte Mal wirklich dumm verhalten habe. Ich muß mich bei Ihnen für mein starrsinniges Verhalten entschuldigen. Sie haben mir sehr geholfen und mir viel gezeigt. Zwei Stunden nach der letzten Sitzung habe ich erkannt, daß ich nur dagesessen und darauf gewartet habe, daß sich die anderen ändern, daß sie sich für mich ändern, und daß ich nicht wirklich darauf gehört habe, was ich tun könnte, oder auf das, was Sie zu mir gesagt haben, um mir zu helfen. Sie sehen, ich habe viel nachgedacht. Ich wollte damals einfach nicht hören, daß ich Dinge auch auf andere Art und Weise tun kann. Ich wollte nur hören, wie sich die Dinge für mich ändern können.

Therapeut: Das hört sich an, als wollten Sie sich selbst für Ihre Erkenntnis loben, statt sich bei mir zu entschuldigen.

Mutter: Sie haben mich um etwas gebeten, und Sie haben viel getan, um mir zu helfen, aber ich habe nicht darauf geachtet, was eigentlich vor sich geht.

Therapeut: Gut, wenn Sie das erkennen, dann möchte ich keine Entschuldigung von Ihnen, sondern effektives Verhalten.

Mutter: Ich glaube, das können Sie haben.

Therapeut: Ich verstehe. Haben Sie das Gefühl, daß Sie sich verändert haben?

Mutter (*lächelt*): Hmm.

Therapeut: Haben Sie hier alle das Gefühl?

Vater: Sie bemüht sich wirklich sehr.

Don: Also ich finde, sie macht jetzt mehr mit der Familie, statt sich um andere zu kümmern.

Therapeut (*zur Mutter*): Ich verstehe. Mögen Sie Ihre Familie jetzt lieber? Haben Sie dieses Gefühl? Ich möchte Ihnen keine Worte in den Mund legen.

Mutter: Es stimmt nicht ganz, aber ich kann es nicht besser ausdrükken. Ich fühle mich wohler mit ihnen, es läuft jetzt besser, ja.

Daraufhin bringt Steve, der zu Beginn der Therapie der identifizierte Patient war, die Wutausbrüche des Vaters ins Gespräch und gibt zu, daß er, Steve, dagegen „innerlich wütend" werde und weggehe. Das ist ein kritischer Punkt und ein wichtiger Hinweis auf Steves Frustrationsverhalten, das zu der Beratung geführt hatte.

Therapeut (*zu Steve*): Ich finde es besser, zu argumentieren als wegzugehen. Ich finde es gut, über das zu sprechen, was mich wütend macht.

Steve: Das finde ich auch. Aber ich kann es nicht.

Mutter (*zum Therapeuten*): Auch wenn jeder genug hat und wütend ist, finden Sie es dann auch besser, den anderen, falls nötig, anzubrüllen?

Therapeut: Ich glaube, es hilft, die Sache zu bereinigen. Ich tobe gerne. Ich *muß* dann nicht weggehen. Wenn ich weggehen will, *kann* ich das machen. Es ist dann freiwillig.

Mutter: Sagen Sie nie etwas, was Sie später bereuen?

Therapeut: Aber sicher. Sonst macht's ja keinen Spaß. Natürlich sage ich Sachen, die ich nicht so meine, darum geht es ja. Bei uns zuhause haben wir eine Regel: Was du im Zorn sagst, zählt nicht.

Vater: Das ist leicht gesagt, aber trotzdem wird sich irgend jemand daran erinnern.

Therapeut: Nur wenn er nicht ebenfalls wütend geworden ist und seine Angelegenheit bereinigt hat: Dann rächt er sich durch Erinnern.

Mutter: Und das funktioniert?

Therapeut: Bei mir funktioniert es.

Vater: Wir sollten über gestern abend sprechen, denn darum geht es bei dieser ganzen Unterhaltung. Als ich nach Hause kam, war meine Frau nicht da. Sie hatte den Jungen die Nachricht hinterlassen, sie würde wegen des Verkehrs am Flughafen später kommen. Die Nachricht kam mir ziemlich vage vor und mit der Zeit wurde ich immer ärgerlicher. Ich versuchte, mich nicht zu ärgern, da sie für ihre Verspätung einen guten Grund hatte. Hätte ich Ihrer Theorie nach trotzdem in die Luft gehen sollen?

Therapeut: Ja, genau. Lassen Sie es raus. Gefühle kümmern sich nicht um Vernunftgründe. Da Ihre Vernunft Sie daran hindert, können Sie Ihren Ärger in der Familie auch nicht offen zeigen. Also stauen Sie Ihren Ärger an und lassen ihn dann z.B. später an Steve wegen irgendeiner Kleinigkeit aus.

Vater: Genau das ist passiert.

Therapeut: Das ist unvermeidlich. Ihre Frau hat einen anderen Trick. Sie befolgt die Hausregel, die sagt: „Man darf nicht wütend werden, wenn man eine gute Entschuldigung bekommt", und wird dann deprimiert und schmollt.

Mutter: Das stimmt auch.

Vater (*zum Therapeuten*): Aber wenn ich explodiere, fühle ich mich hinterher schuldig.

Therapeut: Das alles sagt mir, daß Sie mit Ihrer Wut noch nicht fertig sind. Ihre Vernunft gewinnt die Oberhand, und Sie wissen nicht, was Sie mit der verbleibenden Wut machen sollen. Also kehrt Ihr kluger Kopf die Wut um und richtet sie gegen Sie selbst. So ist es immer mit Schuldgefühlen. Wenn Sie mit Ihrer Wut wirklich fertig sind, fühlen Sie sich nicht schlecht. Wenn Sie sich noch schuldig fühlen, sind Sie noch nicht ganz fertig. Fangen Sie nochmal an.

Vater: Ich weiß nicht... Das geht mir gegen den Strich. Ich versuche, rücksichtsvoll zu sein.

Therapeut (*offensichtlich gereizt*): Wie wäre es, wenn Sie mal auf Ihre eigenen Gefühle Rücksicht nähmen?

Vater: Daran haben wir letzte Woche gearbeitet.

Therapeut: Ja, es ist dasselbe.

Vater: Ich habe in dieser Richtung noch nicht viel nachgedacht. Ich finde es sehr schwierig, zu unterscheiden, was ich wirklich für mich selbst will und was ich glaube, für mich selbst zu wollen aufgrund der Gefühle anderer Leute. Das ist nicht leicht zu unterscheiden.

Therapeut (*ärgerlich*): Gefühle sind irrational. Es ist lächerlich, zu versuchen, sie rational zu machen. Das sind sie nun mal nicht. Selbst jetzt, wo ich auf Sie wütend bin, weiß ich, daß das nicht rational ist. Welchen Grund habe ich, auf Sie wütend zu sein?

Vater: Weil ich Sie aufrege.

Therapeut: Na und? Sie tun mir doch nichts. Was Sie tun, tun Sie sich selbst an. Trotzdem rege ich mich auf, und ich weigere mich, das zu unterdrücken. Was glauben Sie, würde passieren, wenn Sie wirklich wütend würden und explodierten und alles an ihr ausließen?

Vater: Da gibt es mehrere Möglichkeiten. Ich denke, sie würde ebenfalls wütend werden und explodieren oder sie würde anfangen zu weinen und sich in die Küche verkriechen.

Mutter (*zum Therapeuten*): Sie sagten, ich würde meine Traurigkeit zwischen uns stellen, und Sie hatten recht damit. Ich habe über die Dinge nachgedacht, die mich traurig machten. Ich habe viel dabei geweint, aber ich habe etwas daraus gelernt und weine nicht mehr so oft. Ich glaube nicht, daß das jemand bemerkt hat. (*Zu ihrem Mann*):

Ich glaube nicht, daß ich letzte Nacht geschmollt hätte. Ich hatte ein gutes Gefühl bei dem, was ich tat. Ich wußte, daß ich mich entscheiden mußte, und ich wußte auch, daß du über die Entscheidung nicht glücklich sein würdest, aber ich hatte einen guten Grund für das, was ich tat – einen Grund, der für mich wichtig war. Ich habe mich gut dabei gefühlt. Es wäre mir egal gewesen, wenn mich jemand angebrüllt hätte. Ich hätte dir erklärt, warum ich so gehandelt habe.

Vater: Aber hätte ich dann noch zugehört? Ich glaube nicht.

Therapeut: Es geht auch nicht ums Zuhören . Es geht darum, daß Sie Ihren Zorn zeigen und loswerden, ob sie Ihnen eine vernünftige Erklärung gibt oder nicht. Ich freue mich, daß sie sagt, Ihr Zorn hätte ihr nicht besonders viel ausgemacht. Aber anscheinend hätte es ihr doch soviel ausgemacht, daß Sie Ihnen eine Erklärung gegeben hätte. Selbst das lehne ich ab. Ich möchte, daß Sie an den Punkt kommen, wo Sie Ihren Wutausbruch haben können und sie nur dasitzt und Sie auslacht und Ihnen keinerlei Erklärungen gibt. Nachdem Sie sich beruhigt haben, haben Sie vielleicht den Wunsch, sich zu ihr zu setzen und mit ihr zu reden.

Mutter: Das wird noch viel Zeit in Anspruch nehmen, denn es bedrückt mich, wenn er oder irgend jemand anders wütend wird.

Therapeut: Und Sie versuchen, ihn mit ihren Tränen zurückzuhalten. Das ist ein sehr guter Trick und sehr beliebt bei Frauen.

Vater: Ich mag es nicht, wenn sie weint, denn das heißt, daß sie verletzt ist, und ich möchte sie nicht verletzen.

Sie gehen sehr viel besser miteinander um. Sie sprechen jetzt spontaner miteinander. Doch es gibt noch eine ganze Reihe von Regeln, nach denen sich diese Familie richtet und die sie belasten. Ich greife einen nach dem anderen an und übe dabei die Macht aus, die sie mir verliehen haben.

Therapeut (*sarkastisch*): Ach, Sie sind ja so ein netter Kerl.
Vater: Das ist keine bewußte Sache. Ich fühle einfach so.

Er sagt: „Ich bin nicht verantwortlich". Ich ignoriere das, und will ihm (und ihr ebenfalls) klarmachen, was sich in ihren Köpfen abspielt.

Therapeut: Ich glaube nicht, daß Sie ihr auch nur im geringsten helfen, wenn Sie sich so verhalten. Sie weint ja nicht einmal richtig. Sie wimmert. Wenn sie wirklich weinen würde, wäre das in Ordnung. Ich würde ihr gerne ihre Tränen lassen. Aber nicht, wenn sie sie benutzt, um andere Leute zu blockieren. Nicht, wenn sie sie benutzt. Ihre Tränen sind für sie selbst. Um ihre eigene Traurigkeit zu beenden.

Mutter: Das stimmt. Das habe ich diese Woche auch erkannt. Ich habe ein Recht auf meine Traurigkeit.

Therapeut: Ganz genau. Sie haben ein Recht auf Ihre Traurigkeit, aber Sie sollen damit nicht andere Menschen manipulieren.

Mutter (*sichtlich stolz):* Das habe ich alles selbst erkannt.

Therapeut (*lächelnd*): Sie haben ganz schön gearbeitet.

Mutter (*fröhlich*): Oh ja, das habe ich. Das habe ich wirklich.

Therapeut (*zum Mann*): Also, worauf fallen Sie noch herein? Sie fallen auf ihre Tränen herein. Was blockiert Sie noch?

Vater: Ich bin so beschränkt, daß ich sehr vieles überhaupt nicht wahrnehme.

Therapeut: Sie sind nicht beschränkt – nur überzivilisiert. Sie haben gelernt, auf manche Feinheiten menschlichen Verhaltens nicht zu achten, so wie ich das Gegenteil gelernt habe. Ich möchte nicht, daß Sie sich die Schuld daran geben. Es war ganz offensichtlich in Ihrem Leben unvermeidlich. Aber das gilt jetzt nicht mehr, und ich sehe, daß Sie eifrig daran arbeiten, sich zu verändern.

Vater (*nachdenklich*): Es klingt, als ob Sie sagen, Wut könne als Fluchtmittel verwendet werden, als eine Art Ventil. Wenn ich nicht in die Luft ginge, würde ich mich noch schlechter fühlen, und wenn ich ab und zu mal aus der Haut führe – so richtig aus der Haut führe – und die Wut loswürde, dann ginge es mir besser.

Therapeut: Nicht ab und zu.

Vater: Wann immer nötig.

Therapeut: Genau, wann immer Sie wütend sind. Ich habe eine kleine Redensart: „Wut belohnt sich selbst". Ich habe für mich selbst entdeckt, daß ich, wenn ich wegen etwas wütend werde und dann wütend bleiben kann, wenn ich versuche, diese Wut beizubehalten, statt sie zu zügeln, wenn ich mit meiner Wut weitermache, sie verbalisiere und der anderen Person mitteile, daß ich dann weine. Und wenn ich weiterhin wütend und traurig sein kann, lache ich zum Schluß über mich selbst und... Wow! Wenn das geschieht – es kommt nicht oft vor, daß ich so weit gehen kann – aber wenn es mir gelingt, fühle ich mich herrlich. Ich fühle mich so befreit. Genau diese Atmosphäre möchte ich bei mir zuhause schaffen.

An diesem Punkt streckt sich der Vater und ruft: „Aaaah!". Ich verstehe es als: „Das ist harte Arbeit, aber ich versuche es". Bevor ich Gelegenheit habe, dies nachzuprüfen und, falls es stimmt, ihn dazu zu bringen, sich nicht zu sehr zu bemühen, spricht Steve.

Steve: Papa...

Vater: Was ist?... Warte einen Moment... (*zum Therapeuten*) Ich habe über das Recht des Kindes nachgedacht, zu einem Elternteil zu sprechen, wann immer es will. Es hat auch Rechte.

Therapeut: Aber es sind nicht dieselben Rechte.

Vater: Scheinbar habe ich das Pferd von hinten aufgezäumt, als ich mir mehr um die Rechte des Kindes als um meine eigenen Gedanken machte.

Er hat zu Steve gesagt, er solle „einen Moment warten". Das ist das erste Mal, daß ich gesehen habe, daß der Vater seine eigene Handlungsweise über die eines seiner Kinder stellt. Ich sage nichts dazu, aber nehme es erfreut zur Kenntnis.

Therapeut: Stimmt genau.

Steve (*weise*): Wie gestern abend beim Zeitunglesen. Als du mir endlich sagtest, ich solle still sein, war ich still. Davor war mir nicht klar, daß ich dich so sehr störe.

Vater: Genau. Ich hätte es früher sagen können, aber ich hatte Angst, deine Gefühle zu verletzen. Deshalb habe ich versucht, dir jedesmal, wenn du mich beim Lesen unterbrochen hast, zuzuhören.

Steve: Du hättest meine Gefühle nicht verletzt, wenn du es mir einfach gesagt hättest.

Therapeut: Das ist gut so, Steve. (*Zum Vater*) Sie verletzen die Gefühle Ihrer Kinder nicht, wenn Sie Ihre eigenen Rechte in Anspruch nehmen. Sie geben ihnen damit ein gutes Beispiel. Durch Ihr Vorbild bringen Sie ihnen Selbstachtung bei. Das ist eine weitere Regel in dieser Familie, die ich nicht ausstehen kann. Verletzte Gefühle können die Rechte von anderen außer Kraft setzen. Sie lassen es ständig zu, daß die verletzten Gefühle Ihrer Frau Ihr Recht auf Ihre Gefühle außer Kraft setzen. Tun Sie das nicht.

Vater: Eine andere Regel, die wir zuhause haben, ist die, daß, wenn jemand gereizt ist, er uns warnen sollte, und wir versuchen dann, ihm aus dem Weg zu gehen. Darauf hat sich Steve gerade bezogen. Er hat gesagt, ich hätte ihn warnen sollen.

Therapeut (*kichert*): Er lockt Sie in Ihre eigene Falle... Sie haben sicherlich eine Menge schwieriger Regeln zuhause, um mit Wut umzugehen. Ich mag Sie alle recht gern, aber ich bezweifle, ob ich in Ihrer von Regeln erfüllten Atmosphäre auch nur 24 Stunden überleben könnte – alles ist darauf ausgerichtet, mir meine herrlich spontane und irrationale Wut zu nehmen. Gibt es irgend etwas, was Sie jetzt Steve sagen möchten?

Vater: Ja. Steve, diese Regel gilt nicht mehr. Halte dich daran.

Na endlich! Vater nimmt seinen rechtmäßigen Platz in der Familie ein, und ich bin zufrieden. Sein selbstbewußtes „Halte dich daran" zeigte das Ende der Therapie an. Unser Hauptziel war erreicht worden. Viele wichtige, wenn auch weniger zentrale Aspekte, wie Mutters Depressionen und Steves innerliches „Ausflippen" veränderten sich ebenfalls. Ein weiterer Erfolg war die Annäherung zwischen Don und seinem Vater und die zunehmende Bewußtheit des Vaters hinsichtlich psychologischer Vorgänge. Aber das beste war Vaters lautes „Halte dich daran", das er klar, fest und liebevoll seinem Sohn mitteilte. Damit wurde er der Vater in seinem eigenen Haus. Ich war sicher, daß er milde „reagieren" würde. Den erfreuten Gesichtern um mich herum, als er es sagte, konnte ich entnehmen, daß sie meiner Meinung waren. Die restlichen Minuten unserer Sitzung verbrachten wir damit, die Begegnung abzuschließen. Das bestand weitgehend darin, daß wir uns gegenseitig unsere Anerkennung versicherten, unsere – fast wehmütige – Erleichterung und Befriedigung formulierten, die wir nach erfolgreich getaner Arbeit empfanden.

Der erste Schritt aus der Verzweiflung bestand darin, ihnen die Tür zu öffnen, so daß sie die durch Frustrationen entstandene Wut, die sie bisher immer angestaut hatten, herauslassen konnten. Beim Vater kamen die Frustrationen durch Unnahbarkeit und Wutausbrüche gegenüber den Kindern zum Ausdruck, bei der Mutter durch Traurigkeit und Märtyrertum und bei den Kindern durch etwas, das man am ehesten mit Geschwisterrivalität bezeichnen würde. Dann gingen wir einen Schritt weiter und behandelten die Ursachen ihrer Frustrationen, z.B. die Ansicht des Vaters, daß die Wünsche der anderen immer Vorrang vor den eigenen hätten und die von ihnen allen anerkannte Prämisse, daß Übereinstimmung besser sei als das Anerkennen individueller Unterschiede.

11 Viertes Gespräch

Wie zuvor abgesprochen, trafen wir uns drei Monate später. Der Vater, der offensichtlich die Führung übernommen hatte, führte die Familie herein und begann nach einer kurzen freundlichen Begrüßung die Diskussion mit der Aussage: „Ich fühle mich sehr viel besser und habe auch meiner Familie gegenüber ein besseres Gefühl." Er fuhr in seinem Bericht fort: „Ich habe auch einen Unterschied bei meiner Arbeit bemerkt. Ich habe es gelegentlich gewagt, Kunden herauszufordern und war angenehm überrascht, wie gut sich die Dinge entwickelten. Ich habe aufgehört, jedem zuzustimmen, wenn ich nicht seiner Meinung war. Sogar meine Mutter, die sich jahrelang in unsere Familie eingemischt hat, bekommt jetzt meinen Zorn zu spüren. Sie hat sich jahrelang wirklich unvernünftig verhalten. Ich kann nicht verstehen, daß ich ihre Aufdringlichkeit so lange ertragen habe. Meine Frau sagt mir das schon seit Jahren, und ich habe nie verstanden, was sie meinte."

Vater (*zu seiner Frau*): Mutter hält sich ganz wacker, findest du nicht?

Mutter (*lächelnd*): Das ist eine Frage.

Vater (*bestimmt*): Ich möchte noch immer deine Meinung zu manchen Dingen hören.

Mutter (*immer noch lächelnd*): Du bist so anders, es ist eine Freude. Du bist jetzt viel fröhlicher. Sogar die Nachbarn haben es bemerkt. Es ist jetzt viel schöner, mit dir zusammen zu sein und du hast recht, ich könnte besser auf einige deiner Fragen reagieren. Auch mit deiner Mutter geht es jetzt besser, und ich glaube, sie ist jetzt auch glücklicher, nachdem sie den ersten Schock überwunden hat.

Vater: Ja, ich bin dankbar, daß sie sich so gut verhält.

Mutter: Ich bin dankbar, daß du dich so gut verhältst.

Therapeut (*zur Frau*): Genug mit dem Geturtel und den Komplimenten. Wo stehen Sie bei dem Ganzen?

Mutter: Ich fühle mich sehr viel besser. Ich weiß nicht, ob man mir das ansieht.

Therapeut: Ihr Lächeln erscheint mir viel ehrlicher.

Mutter: Das ist es auch. Ich habe allen gegenüber ein sehr viel besseres Gefühl (*schließt mit einer Handbewegung alle mit ein*).

Therapeut: Gut. Was ist mit den Kindern? Steve?

Steve: Es geht jetzt besser. Ich fühle mich stärker verantwortlich.

Don: Die Situation hat sich hundertprozentig verbessert.

Therapeut: Inwiefern?

Don: Mutter und Vater setzen sich jetzt intensiv auseinander. Sie hatten einige harte Kämpfe, aber es geht dann auch schnell vorüber. Früher haben sie tagelang nicht miteinander gesprochen. Jetzt vertragen sie sich immer gleich.

Therapeut: Ich bin erfreut, das zu hören. Ich bekomme nicht so oft die Gelegenheit, so klare Darstellungen von den Familienmitgliedern zu hören.

Vater: Es passiert mir jetzt, daß ich mit anderen Leuten über Familienprobleme spreche und feststelle, daß auch sie Probleme haben. Das hat mir eine ganz neue Welt eröffnet. Ich fühle mich nicht mehr so allein wie vor unserer Therapie.

Therapeut: Gut.

Vater: Als ich gestern mit der ganzen Familie im Auto fuhr, erinnerte ich mich daran, daß Sie mich mal gefragt haben, ob ich nicht manchmal die ganze Familie zum Teufel jagen wolle (*alle kichern*).

Therapeut: Haben Sie sich daran erinnert oder haben Sie es sich gewünscht?

Vater: Wir kamen von einem Wochenende in den Bergen zurück. Ich war ärgerlich, weil ich als Fahrer die ganze Verantwortung hatte; es war stockender Verkehr; irgendetwas war mit den Bremsen nicht in Ordnung; zu fünft war es sehr heiß im Auto. Ich mußte alle sicher nach Hause bringen. Niemand sonst rührte einen Finger. Sie alle konnten sich entspannen.

Don: Ich konnte mich nicht entspannen. Mir war auch heiß.

Vater: Mir war klar, daß ich auf die Verantwortung wütend war, nicht auf die Familie.

Therapeut: Was taten Sie mit diesem Gefühl?

Vater: Ich beschloß, alles zum Teufel zu schicken.

Therapeut: Haben Sie mit ihnen darüber gesprochen?

Vater: Nein. Alle waren still, und ich wollte keinen Krach anfangen.

Mutter: Ich wünschte, du hättest diese Gefühle mit uns geteilt. Wir hätten damit umgehen können. An der Hitze und dem Verkehr hätten wir nichts ändern können, aber vielleicht an deiner schlechten Laune.

Vater: So habe ich es noch nicht betrachtet. (*Nachdenklich:*) Ich muß noch einiges lernen. (*Pause – dann zum Therapeuten:*) Ich habe aber auch schon einiges erreicht. Ich habe meine Mitgliedschaft in einigen Organisationen unter Protest gekündigt, seitdem wir Sie das letzte Mal gesehen haben.

Die folgenden Minuten diskutieren die Eltern erfolgreich über den Wunsch des Vaters, nicht immer die Verantwortung zu tragen und über sein Gefühl, manchmal zu stark belastet zu sein. Ohne Schuldgefühle oder Kritik zu vermitteln, fordert die Mutter ihn auf, sich diese Gefühle klarer einzugestehen als bisher. Er spricht ernst darüber, aber ohne sich so wie früher unterdrückt zu fühlen. Sie beenden die Diskussion und nach kurzem Schweigen lächelt Steve den Vater an und sagt provozierend. „Erzähl ihm von dem großen Krach."

Vater (*zum Therapeuten*): Alles brach auseinander. Ich sagte alles, was ich im Kopf hatte und ging dann ins Bett. Am nächsten Morgen ging ich zur Arbeit und wußte nicht, ob ich noch eine Familie habe, wenn ich zurückkomme. Ich war froh, als ich sie beim Nachhausekommen sah – und erleichtert.

Mutter: Ich habe dich in der Nacht aus vollem Herzen gehaßt, aber ich dachte nie daran dich zu verlassen.

Vater: Das alles habe ich erkannt. (*Dann nach einem Moment des Nachdenkens:*) Es ist, als ob ich noch immer in dem Erkenntnisprozeß bin.

Don: Aber es ging alles so schnell vorbei. Früher wärst du (*zum Vater*) total durchgedreht und hättest tagelang kein Wort geredet, und du (*zur Mutter*) wärst sehr lange traurig gewesen.

Therapeut: Ich bin mit Ihnen allen sehr zufrieden. Aber ich frage mich, ob es heute noch etwas zu bearbeiten gibt.

Mutter: Doch, gibt es. Ich habe immer noch Angst, völlig loszulassen. Statt dessen ziehe ich mich zurück und baue mir dieses Gefühl auf, wie edel ich doch gewesen bin und wie großmütig ich bin, wenn ich mich entschließe, ihnen zu vergeben. Ich lasse sie dafür büßen. Ich will es nicht tun, aber offensichtlich kann ich nicht anders.

Therapeut: Sie armes unschuldiges Opfer (*alle lachen*).

Mutter: Also gut. Ich bin froh, wenn ich das tue. Ich will, daß ihr büßt. Aber ich wünschte, ich könnte mich anders verhalten.

Vater: Nachdem wir dich jetzt durchschauen, klappt das bestimmt nicht mehr so gut – ich werde nicht mehr so wie früher büßen.

Alle sind still und das Thema scheint beendet. Dann sagt Don zu seinem Vater: „Ich bekomme nicht immer eine Antwort von dir" (bezogen auf seinen Wunsch nach einer Erklärung, wenn der Vater „Nein" sagt). Vater erklärt in freundlichem, doch bestimmten Ton: „Ich bin dir nicht immer eine Erklärung schuldig. Ich werde dir eine geben, wenn ich das Gefühl habe, es ist nötig oder ratsam."

Am Ende der Sitzung wußten wir alle, daß weitere Sitzungen überflüssig waren. Bei einem herzlichen Abschied sagten wir, daß wir uns möglicherweise nie wiedersehen würden. Einige Wochen später schickte mit der Vater einen Zeitungsausschnitt mit einem Artikel über Bräuche der Indianerstämme in Guatemala, wo Familien zusammenkommen, um die Probleme von einzelnen Familienmitgliedern zu lösen. Er dachte, es könnte mich interessieren.

Die Atmosphäre in dieser Familie hat sich verändert. Diese Menschen haben mehr Freude aneinander, haben weniger Furcht voreinander und sind eher bereit, sich zu öffnen und aufeinander einzugehen. Sie haben erfolgreich eine schwere Krise überstanden: Vater hat seine Position als Familienvater behalten und erweitert; Vater und Mutter können ihre Schwächen zugeben und akzeptieren und verändern sich beide; die Kinder können ihre Interessen besser vertreten und mögen ihre Familie jetzt lieber; Mutters Einstellung dem Vater gegenüber hat sich völlig verändert: spielte sie zuvor das gequälte Opfer und wandte sich den Kindern zu, so erkennt sie jetzt ihre Opferrolle und kann in liebevollem Ton mit ihrem Mann darüber sprechen.

Und so, wie die Sonne nach einem Regenschauer doppelt hell erstrahlt, und das neugewachsene Grün der Bäume nach einem Waldbrand um so frischer leuchtet, so erscheint die neue Ära sehr viel herrlicher, wenn man sie mit dem Elend der alten vergleicht.

– Das I-Ging

Reihe
Innovative Psychotherapie und Humanwissenschaften
Herausgegeben von
HILARION PETZOLD

Band 1: H. Petzold, Psychotherapie und Körperdynamik
Band 2: H. Petzold, Angewandtes Psychodrama
Band 3: H. Petzold, Die neuen Körpertherapien
Band 4: D. Rahm, Gestaltberatung
Band 5: M. Argyle, Körpersprache und Kommunikation
Band 6: G. Mandler, Denken und Fühlen
Band 7: C. Brooks, Erleben durch die Sinne
Band 8: F. S. Perls, Gestalt, Wachstum, Integration
Band 9: A. Mente/H.-D. Spittler, Erlebnisorientierte Gruppenpsychotherapie (Bd. I)
Band 10: A. Mente/H.-D. Spittler, Erlebnisorientierte Gruppenpsychotherapie (Bd. II)
Band 11: R. Bandler, J. Grinder, Die Struktur der Magie I
Band 12: J. Grinder, R. Bandler, Die Struktur der Magie II
Band 13: C. Steiner, Wie man Lebenspläne verändert
Band 14: J. Zinker, Gestalttherapie als kreativer Prozeß
Band 15: R. Assagioli, Die Schulung des Willens
Band 16: H. Petzold, Psychotherapie, Meditation, Gestalt
Band 17: J. Hall, Arbeit mit Träumen in Klinik und Praxis
Band 18: R. Bandler, J. Grinder, Neue Wege der Kurzzeit-Therapie – Neurolinguistische Programme
Band 19: D. Anzieu, Psychoanalyse und Sprache
Band 20: L. J. Bischof, Persönlichkeitstheorien – Darstellungen und Interpretationen (Bd. I)
Band 21: L. J. Bischof, Persönlichkeitstheorien – Darstellungen und Interpretationen (Bd. II)
Band 22: L. Cameron-Bandler, Wieder zusammenfinden, NLP – Neue Wege der Paartherapie
Band 23: H. Petzold/H. Heinl, Psychotherapie und Arbeitswelt
Band 24: J. L. Singer/K. S. Pope, Imaginative Verfahren in der Psychotherapie
Band 25: H. Petzold, Leiblichkeit
Band 26: R. Dilts u. a., Strukturen subjektiver Erfahrung, ihre Erforschung und Veränderung durch NLP
Band 27: R. Frühmann, Frauen und Therapie
Band 28: R. Bandler/J. Grinder, Reframing – Ein ökologischer Ansatz in der Psychotherapie (NLP)
Band 29: D. Gordon, Therapeutische Metaphern
Band 30: C. M. Steiner, Macht ohne Ausbeutung
Band 31: D. A. Bakal, Psychologie und Medizin
Band 32: H. Petzold, Psychotherapie und Friedensarbeit
Band 33: G. A. Kelly, Die Psychologie der persönlichen Konstrukte
Band 34: G. Fatzer, Ganzheitliches Lernen – Humanistische Pädagogik und Organisationsentwicklung

Band 35: R. Bandler, Veränderung des subjektiven Erlebens – Fortgeschrittene Methoden des NLP
Band 36: A. Mindell, Der Leib und die Träume – Prozeßorientierte Psychologie in der Praxis
Band 37: V. Satir, M. Baldwin, Familientherapie in Aktion – Die Konzepte von Virginia Satir in Theorie und Praxis
Band 38: P. Ekman, Gesichtsausdruck und Gefühl
Band 39: M. Gazzaniga, Das erkennende Gehirn – Entdeckungen in den Netzwerken des Geistes
Band 40: W. F. Nerin, Familienrekonstruktion in Aktion – Virginia Satirs Methode in der Praxis
Band 41: A. Mindell, Die Schatten der Stadt – Prozeßorientierte Therapie in Aktion
Band 42: E. Friedmann, Laban · Alexander · Feldenkrais – Pioniere bewußter Wahrnehmung durch Bewegungserfahrung
Band 43: W. Kempler, Erlebnisaktivierende Familientherapie
Band 44: S. Bank/M. Kahn, Geschwister-Bindung